"群学新知"译丛

李钧鹏／主编

IMAGINED FUTURES
Fictional Expectations and Capitalist Dynamics

Jens Beckert

想象的未来

虚构预期与资本主义动态发展

（德）延斯·贝克特 著

黄勤 施灿 李迎 谢佳玉 译

华中科技大学出版社
http://press.hust.edu.cn
中国·武汉

IMAGINED FUTURES：Fictional Expectations and Capitalist Dynamics
by Jens Beckert

Copyright © 2016 by the President and Fellows of Harvard College
Published by arrangement with Harvard University Press
through Bardon-Chinese Media Agency
Simplified Chinese translation copyright © （2023）
by Huazhong University of Science and Technology Press Co.，Ltd. ALL RIGHTS RESERVED

湖北省版权局著作权合同登记　图字：17-2023-102 号

图书在版编目（CIP）数据

想象的未来：虚构预期与资本主义动态发展/（德）延斯·贝克特（Jens Beckert）
著；黄勤等译 .—武汉：华中科技大学出版社，2023.9
　（"群学新知"译丛）
　ISBN 978-7-5680-9825-0

Ⅰ.① 想…　Ⅱ.① 延…　② 黄…　Ⅲ.① 经济社会学　Ⅳ.① F069.9

中国国家版本馆 CIP 数据核字（2023）第 182914 号

想象的未来：虚构预期与资本主义动态发展　　（德）延斯·贝克特　　著
Xiangxiang de Weilai：Xugou Yuqi yu Ziben Zhuyi Dongtai Fazhan　　　黄　勤　等译

策划编辑：张馨芳
责任编辑：刘　凯
封面设计：孙雅丽
版式设计：赵慧萍
责任校对：张汇娟
责任监印：周治超
出版发行：华中科技大学出版社（中国·武汉）　　　电话：（027）81321913
　　　　　武汉市东湖新技术开发区华工科技园　　　邮编：430223
录　　排：华中科技大学出版社美编室
印　　刷：湖北金港彩印有限公司
开　　本：710mm×1000mm　1/16
印　　张：20　插页：2
字　　数：376 千字
版　　次：2023 年 9 月第 1 版第 1 次印刷
定　　价：98.00 元

"群学新知"译丛总序

自严复在 19 世纪末介绍斯宾塞的"群学"思想至今，中国人引介西方社会学已有一个多世纪的历史。虽然以荀子为代表的古代先哲早已有了"群"的社会概念，社会学在现代中国的发展却是以翻译和学习西方理论为主线的。时至今日，国内学人对国外学术经典和前沿研究已不再陌生，社会学更是国内发展势头最好的社会科学学科之一。那么，为什么还要推出这套"群学新知"译丛？我们有三点考虑。

首先，我们希望介绍一些富有学术趣味的研究。在我们看来，社会学首先应当是一门"好玩"的学科。这并不是在倡导享乐主义，而是强调社会学思考首先应该来自个人的困惑，来自一个人对其所处生活世界以及其他世界的好奇心。唯有从这种困惑出发，研究者方能深入探究社会力如何形塑我们每个人的命运，才能做出有血有肉的研究。根据我们的观察，本土社会学研究往往严肃有余，趣味不足。这套译丛希望传递一个信息：社会学是有用的，更是有趣的！

其次，我们希望为国内学界引入一些不一样的思考。和其他社会科学领域相比，社会学可能是包容性最强的学科，也是最多样化的学科。无论是理论、方法，还是研究主题，社会学都给非主流的研究留出了足够的空间。在主流力量足够强大的中国社会学界，我们希望借这套译丛展现这门学科的不同可能性。一门画地为牢的学科是难以长久的，而社会学的生命力正在于它的多元性。

　　最后，我们希望为中西学术交流添砖加瓦。本土学术发展至今，随着国人学术自信的增强，有人觉得我们已经超越了学术引进的阶段，甚至有人认为中西交流已经没有价值，我们对此难以苟同。中国社会学的首要任务当然是理解发生在这片土地上的经验与实践，西方的社会学也确实有不同于中国的时代和文化背景，但本土化和规范化并不是非此即彼的关系，本土化研究也绝对不等同于闭门造车。在沉浸于中国的田野经验的同时，我们也要对国外的学术动向有足够的了解，并有积极的对话意识。因为，唯有将中西经验与理论进行严格的比较，我们才能知道哪些是真正"本土"的知识；唯有在本土语境下理解中国人的行动，我们才有望产出超越时空界限的学问。

　　基于上述理由，"群学新知"译丛以内容有趣、主题多元为选题依据，引入一批国外社会学的前沿作品，希望有助于开阔中文学界的视野。万事开头难，我们目标远大，但也希望走得踏实。做人要脚踏实地，治学当仰望星空，这是我常对学生说的话，也与读者诸君共勉。

（华中师范大学社会学院教授、博士生导师）

2022 年世界读书日于武昌南湖之滨

可以肯定的是，我们大部分的生活经历取决于对未来的预期，而非取决于当前的实际情况。

——威廉·斯坦利·杰文斯《政治经济学理论》

目　录

第一章
导 言

纵观历史，经济财富水平在大部分时期变化甚微。随着工业革命的到来，这种变化才开始加速，使得经济生产和富裕程度达到了前所未有的水平（图 1.1）。这种改变始于一些欧洲国家与北美，最终经过整个 20 世纪，遍及几乎世界上的所有地区。今天，全球经济和社会发展均受到资本主义动态的影响，这种影响表现为经济增长和周期性经济危机。如何解释资本主义经济发展的这一显著势头？

资本主义研究者们将始于 18 世纪后期的巨大财富创造归结为诸多因素：技术进步、制度变迁、劳动分工、贸易扩张、商品化进程、竞争、剥削、生产要素增加和文化发展。[1] 资本主义一再经历的严重危机是由过度积累、监管失灵、投资和消费不足、心理因素以及风险误算造成的。[2]

尽管这些解释很全面，但它们对于时间顺序的关注却很有限，而时间顺序却是资本主义动态中另一个同样重要的方面。行动者的时间取向的变化和将时间范围扩大到一个未知的经济未来，是形成资本主义秩序及其动态的关键要素，也是促进经济增长和引发经济危机的关键。资本主义是一种制度，在此制度中，行动者们——无论是企业、企业家、投资者、员工，还是消费者，都将自己的活动指向开放和不确定的未来，其中蕴含着不可预见的机遇和无法估量的风险。竞争市场的扩大和货币交换规模的扩张将这种面向开放未来的时间取向建立在经济和社会的制度结构中，但它也建立在人类特有的、想象与现在不同的未来世界状态的能力之中。在追求利润、提高收入或提升社会地位时，行动者构造出对经济未来的想象，实现或规避这些想象促使他们做出决策。经济行动者面向未来的时间取向、用反事实的经济想象来预测未来的能力，对于理解资本主义如何偏离其之前的经济秩序及资本主义整体动态至关重要。本书研究这种想象的未来对资本主义动态的影响。

2

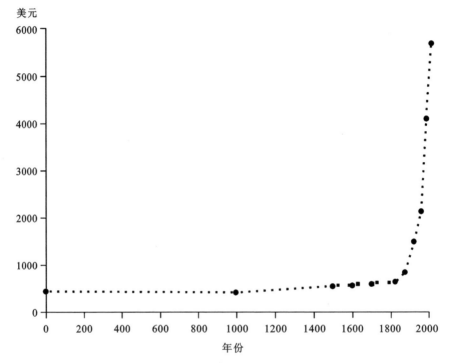

图 1.1 世界国内生产总值人均增长率

数据来源：Maddison（2001：264，Table B-21）。

◎ **未来至关重要**

　　让想象的未来成为理解资本主义动态的基石，这与目前大多数从社会学和政治学角度对经济进行的学术研究截然不同。在过去 30 年里，"历史很重要"已经成为历史制度主义和社会学持久不衰的战斗口号。为了解释当前的结果，历史制度主义者研究了形成当前发展路径和选择的长期结构性轨迹（Mahoney，2000）。制度路径因国家而异，不能轻易放弃；一般而言，只有外部震荡才会导致这些轨迹发生改变。社会学制度主义者虽然更强调认知，但他们同样面向过去，把社会变迁看作对现有制度模式的同构适应过程（DiMaggio and Powell，1991）[3]。政治学家和社会学家一致假设，现在的结果是由过去发生的事件造成的。

然而，并非所有的社会科学学科都认同"现在在很大程度上取决于过去"的观点。在关于社会学时间性概念一章的讨论中，安德鲁·阿伯特（Andrew Abbott，2005）指出，在解释现在的事件时，社会学家和经济学家采用了相反的策略。"社会学家认为现在的事件是过去发生的事件所产生的最终结果，而经济学家反过来从未来向现在进行推理，即决策是由预期未来回报的现值来解释的"。同样，阿尔让·阿帕杜莱（Arjun Appadurai，2013）观察到"经济学巩固了其作为模拟和预测人类如何构建未来的主要研究领域的地位"。虽然多数的经济学研究都将未来纳入解释性模型（见第三章），但想象未来的能力在社会学和政治学对经济行为的解释方面应该发挥更大的作用，在涉及资本主义的经济中更是如此。

当然，想象反事实未来的能力是一个脱离资本主义而存在的人类特征。想象的未来对全面理解现代性的发展至关重要；它们也以不同的形式存在于传统社会中。例如，宗教末世论预测的未来与经济无关。同样地，资本主义经济对开放的经济未来的定位并非仅存在于行动取向的层面：资本主义经济将特定的系统性压力制度化，这些压力要求人们对未来的经济机遇和风险有时间取向。只有仔细研究这些制度化的压力，我们才能全面阐明行动者的时间取向在经济过程中的作用。

尤其是，两种制度机制实现了资本主义行动者对于未来的定向，即竞争和信贷。随着市场竞争加剧而不断变化的环境迫使行动者在探寻新的机遇和方式去应对自身所觉察到的威胁时，对来自偏离既定做法的其他行动者的威胁也保持警惕。一个人如果不想落后，就必须具备不断前进的动力。竞争驱使企业寻求更为高效的生产方式，并向市场推出新的产品。当一家企业提高生产能力或提供新产品时，其竞争对手都面临着创新和开发更高效的生产方式和更好的产品的压力。当然，赢得竞争的压力也转而施加到了员工身上，他们的前途和社会地位取决于自己在劳动力市场中取得的成功，竞争要求他们通过预测和适应新的劳动力市场需求来获得并保持市场技能（第六章）。这种压力也延伸到消费者身上，因为他们要通过购买新的消费品来展示自己的社会地位（第八章）。

"资本主义的扩展动力"（Sewell，2008）也通过投资的信贷型融资得到制度化。信贷提供了非"正常索取"（Schumpeter，1934）的资源渠道，这种索取的合理性只能依靠未来的成功来证明。信贷是资本主义发展的核心支柱，因为它允许企业利用尚未拥有的资源参与原本无法从事的经济活动。与此同时，信贷收取的利息迫使企业生产出比投资本身的市场价值更高的产品。资本的"声索权"必须通过经济价值的增值来获取。这样一来，信贷体系既为增长提供了机会，又实现了这种增长。而那些不能产生足够盈余的公司则失去获得资本的渠道，最终遭到市场淘汰。

经济和社会竞争以及金融体系在创造机遇的同时，也提出一个对动态变化的系统性需求，这促使行动者在想象的未来中寻求经济机遇。这种"不安定"（Sewell，2008）使资本主义经济处于"动态不均衡"（Beckert，2009）之中，这种不均衡一直被市场行动者在竞争市场和货币经济的制度约束下执行的分散决策打破。资本主义经济通过不断破坏自身的历史形态来实现去稳定和稳定：企业不懈寻找新的盈利机会、员工努力开创一番事业、消费者寻求新的消费体验。要想在当前形态无法持久维持的环境中生存与发展，企业、员工和消费者要始终面向他们尚未看到的未来。

虽然面向未来的时间取向是资本主义的基石，但它并不是资本主义研究的基石；与在社会科学中相比，它在大众文化中出现的频率要高得多。"美国梦"也许是想象的未来最具有深远影响的文化表征，它塑造了人们的经济态度和动机。在美国社会中，以机会平等为基础向上社会流动的梦想是一股激励和凝聚力量，它至关重要。然而，尽管想象的未来具有明显的重要性，却很少有社会学家认为它们对于理解资本主义的动态有什么特别的作用，更不用说起核心作用了。但是，有两个例外值得注意，一个是马克斯·韦伯（Max Weber，[1930] 1992）关于新教伦理的研究，另一个是皮埃尔·布迪厄（Pierre Bourdieu，1979，2000）对 20 世纪中叶阿尔及利亚社会和经济转型的描述（见第二章）。其他学科的学者则突出了想象的未来的一般作用，更具体地说，是想象力的作用。在经济学中，乔治·沙克尔（George Shackle，1979）对想象力在经济中所发挥的作用给予了最大的重视，从而为本书展开的许多论点提供了启发。最近，理查德·布朗克（Richard Bronk，2009）提出了这样一个观点，即我们想象不确定未来的方式构成了我们的很多经济行为。布朗克详细讨论了自启蒙运动以来许多经济学家和哲学家的研究工作，以及想象力在他们的思考过程中所扮演的角色。人类学家阿尔让·阿帕杜莱（Arjun Appadurai）（1996，2013）呼吁人们关注对未来的想象在创造现代主体和政治参与方面的作用。本尼迪克特·安德森（Benedict Anderson，1983）的经典著作《想象的共同体》（Imagined Communities）突出强调了想象力在国家建设进程中的作用，但比起未来，安德森更关注过去和现在。也有学者致力

4

于将想象的未来的作用纳入一般社会学研究领域之中（见第三章）。[4] 或许来自阿尔弗雷德·舒茨（Alfred Schütz，1962）、尼克拉斯·卢曼（Niklas Luhmann，1976）和科尼利厄斯·卡斯特利亚迪斯（Cornelius Castoriadis，1998）的著作就是有关此方面研究最杰出的著作。最近，安·米什（Ann Mische，2009，2014）开展了"未来社会学"的课题研究，从中批判了只能根据过去发生的事件来解释现在行为的社会学研究方法。[5] 最后，在诸如创新和技术研究等专门的社会学领域，出现了关于对未来的预测在新技术发展中所起作用的活跃讨论（见第七章）。这些工作借助想象力向前推进，想象力是一种"文化资源"，"它通过树立并努力实现积极的目标来创造新的生活方式"（Jasanoff and Kim，2009）。

　　本书基于这些已有的学术贡献，认为对未来的想象是资本主义发展的一个关键要素，而资本主义的动态主要是由预期的形成而推动的。当然，过去的制度轨迹并非与解释结果无关，但基于上述提及的贡献，社会学家最好将更多注意力转向未来，特别是那些行动者憧憬的未来景象。此外，时间取向和对未来的看法远远超出了本书所研究的经济领域，但可能确实为社会学提供了一个新的研究范式。因此，本书的核心假设是：历史固然很重要，但未来同样至关重要。

◎ 微观基础

　　研究经济现象是社会学和政治学的一个重要研究领域。然而，经济社会学和政治经济学所选择的分析层面往往不同。经济社会学家多半研究的是经济行为的"嵌入性"，以说明经济结果只能参照社会生活（其结构、制度和文化）及其塑造机遇结构和行动者信念的方式来解释。通常，嵌入性被视为一种允许减少不确定性的手段。经济社会学关注的是微观和中观层面的分析，该领域的学术研究常常包括案例研究，通过案例来展现当代经济中经济行为的不同嵌入方式。

　　相比之下，政治经济学的制度研究方法侧重于解释宏观层面的结果，考察资本主义经济的发展与国家及主导利益集团之间的关系。许多沿袭这种传统的研究都试图阐释发达资本主义政权之间的制度差异，以及这些差异产生的宏观经济结果（Hall and Soskice，2001b）。近来，此类对资本主义的研究再次成为人们日益感兴趣的话题（Streeck，2011）。

　　政治经济学中的一些制度研究方法基于此种假设，即宏观层面，如法律、消费者需求、通货膨胀、财富分配或技术层面的变化无须以任何行动

5

者为具体参照来描述（Thelen and Steinmo，1992）。换言之，这些方法认为没有必要关注它们所观察到的宏观发展背后的社会互动过程。例如，利用权力资源的分配来解释个人决策和集体结果（Hall and Taylor，1996；Korpi，1985）。虽然政治经济学的其他研究方法也聚焦于经济动态的微观基础，但其假定行动者是理性的行动者，或者假定行动者遵循认知决定的脚本（Hall and Taylor，1996；Korpi，1985；Mc-Dermott，2004；Shepsle，2006）。

资本主义动态是政治经济学研究的核心，也是本书探讨的主题。[6]然而，本书并没有对资本主义动态提出一个新的结构性解释，也没有建立一个更为精练的理性行动者理论、行为分析方法或权力资源模型。相反，它探讨的是宏观变动如何建立在社会互动和对社会现实的阐释之中。从这个意义上来说，本书从那些专注于互动层面的经济社会学分支中吸收了见解；然而，与大多数的此类学术研究不同，对于试图去理解并解释资本主义动态的更广泛的问题而言，本书还仅仅是一个开端。

因此，本书从微观角度出发，把行动理论作为出发点。任何涉及未来开放性的关于资本主义动态的分析都必须从经济中发生的社会互动入手。把想象的未来看作资本主义动态中的一股力量，这种分析着眼于资本主义经济蓬勃发展和突发危机背后的社会互动。未来通过对社会世界的感知融入社会互动之中，这是由行动者决定的，即便这些感知是社会塑造的，不应从纯粹的个人主义角度来加以理解。

从微观基础理解资本主义动态是一种阐释性研究，这种研究利用主要在社会学领域开发的工具去探索一个在当前学术研究中多由政治经济学家解决了的问题，使经济社会学和政治经济学可能进行更为密切的对话。

这意味着本书肯定了经济学和政治学为试图辨别宏观经济过程中的微观基础所做的努力。然而，经济的宏观发展和资本主义动态无法用基于理性行动者理论的方法来加以解释（见第三章）。在经济环境中做出的决策可以理解为充分掌握了所有可用信息后所进行的理性计算，但这一假设受到了广泛批评。对这一假设的主要反对来自其不确定性的问题：做出决策的情况复杂，导致世界的未来状态无法预测；互动产生的无法预见的影响；不可预测的创新带来的真正意义上的新奇；以及其他行动者选择的权变。尤其是在经济快速变化或危机发生的情形中（Bronk，2009，2015），也就是现代资本主义的这些特征显现时，不确定性占据主要地位。

这种对理性行动者理论的反对不同于社会学传统中的反对意见，后者的批评是基于经济中的一些决策是"非理性的"这一事实；也就是说，决策以习惯和惯例为基础，前后反反复复地或规范地以目标为导向而不是以效用或利润最大化为导向（Beckert，2002）。虽然惯例、错误和价值理性行动也在当代经济中发挥着不可否认的影响（Beckert，2002；Camic，1986；Etzioni，1988），但如果我们的目标是理解一个使效用最大化合法化并相应地使其行动者社会化的经济体系，它们的作用则是有限的。

相反，如果行动者打算将其效用最大化，并据此考虑自己的目标、手段和行动条件，他们必须要根据对假定结果的预期做出决策。预期在此被理解为经济主体假定一个给定变量在未来将具有的价值（参见 R. Evans，1997）。理性行动者理论的失败并不是因为行动者不希望将自身效用最大化，而是因为它无法应对真正的不确定性导致的后果。就像有限理性理论一直以来所主张的那样，行动者通常只是不具备做出优化选择的信息或计算能力。在不确定性条件下，使选择最优行动路线成为可能的参数和概率变得不可知。

7

自从弗兰克·奈特（Frank Knight）（［1921］2006）提出风险与不确定性的区别以来，不确定性一直是主流经济学中的一个重要概念，也是经济学和经济社会学研究出现分歧时的重要参考点。[7] 主流经济学假设可能计算出最优选择，并由此出发全力投入到一个能消除不确定性的理论的创建中，用奈特的话来说就是通过将不确定性降低到可计算的风险范围（Beckert，2002，Hodgson，2011）来消除不确定性。相比之下，非正统研究方法和经济社会学家们已经断言，引入不确定性的意义比标准经济学已经认可的要大得多，他们认为不确定性可以成为重新理解经济现象的有力支撑。

◎ 虚构预期

本书将观察理性行动者理论在不确定性条件下的局限性作为资本主义动态理论的一个出发点。倘若行动者着眼于未来而且结果是不确定的，又如何定义预期呢？在不确定性条件下，预期是什么？这就是本书力图回答的核心问题。如果我们认真看待不确定性，而不是将其与风险一概而论，显而易见，预期不可能是对世界未来状态的概率评估。在真正的不确定性条件下，预期成为通过对世界未来状态和因果关系的想象来构建形势的解释性框架。只有通过行动者发展出的想象，预期才会变得具有确定性。

"虚构预期"这一术语指行动者在想象世界未来状态时所形成的画面，是他们将因果关系形象化的方式，是他们感知到的对结果有影响的自身行动方式。这一术语也指行动者赋予商品的超越其物质特性的象征性特质。这常常是行动者与消费品之间关系的特征，但它也适用于将价值赋予作为货币流通的代币。尽管结果无法预测，行动者依然将对未来形势和因果关系的想象以及商品的象征性特质作为阐释性框架来确定其决策方向。

正如第四章所详细解释的那样，"虚构"一词不应理解为这些预期是错误的或仅仅是幻想。这些对未来未知的预期不是作为预知存在于头脑中，而是依条件而定的想象。在想象未来的状态时，行动者受心理表征和相应的情感的驱使来组织他们的活动。在不确定性和具有象征意义的条件下，预期可以看作一种自诩，它树立了信心，并激励行动者将想象当作"未来的现在"或是商品的物质特性来做出行动。[8] 行动者做出行动，就好像未来会沿着他们设想的轨迹发展，好像一个物体具有了象征性特质。因此，经济中的决策与假扮游戏（make-believe games）有共同的特点，这是在第四章中阐述的另一个术语。

如同文学中的虚构手法一样，经济中的虚构预期的典型特征体现为它们创造了一个行动者可以置身其中的属于自己的世界（见第四章）。在虚构预期的创造过程中，出现了"双重现实"（Luhmann，1996）。作为行动者信任和用于决策参考的未来景象，预期和赋予物体的象征性意义这两者极其重要。在经济实践中，虚构预期以叙事的形式出现，并以故事的形式来讲述，这些故事勾画了未来的蓝图，以及经济将如何从当前的事态向未来发展。或者说，故事给有形物体赋予意义，并将它们与无形的理想联系起来。由此可见，故事的叙述将理论、模型、计划、营销手段和预测作为"想象的工具"加以利用（第九章和第十章）。

这里使用的"虚构预期"的概念与"理性预期"的概念相反，"理性预期"的概念提出，行动者的预期至少在总体上等于一个变量的统计期望值。正如理性预期理论所述，行动者利用所有可用的信息，这表明结果与主导的经济模型的预测没有系统性的差异。相反，用虚构性概念说明未来的开放性，这使得预期随着条件的变化而变化。不确定性否定了预期总体上是正确的这一观点：虚构预期的概念与理性预期形成了鲜明的对比，因为它假定，在不确定性条件下，存在迥然不同的预期，并且没有人可以预测其中哪一个是准确的。换句话说，未来是"一幅可能有多种解读的模糊画"（DiMaggio，2002）。

◎ 理解资本主义的影响

虚构预期对资本主义经济动态有四大影响。

第一，虚构预期可以帮助经济行动者在面对不确定性时协同工作。如果经济行动者都坚信未来会以特定的方式发展，同时其他行动者也会因此以可预见的方式行事，那么行动者就可以利用这种预期调整其决策。因此，对未来的想象是社会和经济秩序的重要组成部分。通过调整行动，这种想象也促进了资本主义的发展，因为预期的一致性或"框架对齐"（Snow and Benford，1992）决定了投资和创新决策。

第二，预期会产生现实世界的后果。预期可以帮助行动者调整其付出，因此预期也能够影响未来。社会学参考经济理论与模型，利用自我实现预言，即今天通常所称的绩效来描述这一现象（Merton，1957）。该现象一直是金融社会研究中的重要讨论主题（Callon，1998b；MacKenzie，2006）。虽然绩效方法将经济理论比作社会世界，还提出经济理论塑造经济这一观点，但本书从多个方面、以更广泛的方式理解了预期的绩效效应。经济理论并不是唯一能够影响结果的框架，预期也不一定会导致预期的未来。相反，在一个充满不确定性和开放未来的世界里，理论的影响是多方面的，不可预测的。

第三，预期的偶然性也是经济创新的源泉，虽然存在不确定性，但能够带来新想法。因为预期不局限于经验现实（抱有预期的行动者可能会否认这一点），预期可以和现实彻底背离，成为经济中的一种创造性和刺激性力量（Bronk，2009；Buchanan and Vanberg，1991；Esposito，2011）。对既定经济实践和现有技术的背离依赖于想象中的未来。

第四，预期的偶然性带来了预期政治。即使它们所代表的未来是虚构的，预期也会激发具有分配结果的真正决策，从而可能成为经济领域行动者之间利益斗争的对象。行动者试图以不同的方式影响预期，包括塑造支撑预期的社会结构和政治结构。他们能否成功取决于他们的经济、社会和文化资源。事实上，这是企业和政治行动者的主要任务之一，也是在经济领域发表言论的主要目标。经济中的物质利益受竞争者、消费者、研究人员、雇员和雇主的预期所影响，因此预期政治是资本主义动态微观基础的重要因素。权力表现为创造预期和影响预期，换句话说，虚构预期是市场竞争的核心。这与理性预期理论形成了鲜明对比，理性预期理论否认通过影响预期可能影响经济结果。理性预期理论学者认为，理性行动者总是会察觉到商品的内在价值，因此他们不会盲目预期。

这些影响是分析预期在资本主义动态中的作用的关键因素。第五章至第八章是本书的第二部分，也是本书的主要部分。这四章讲了虚构预期如何调整行动，如何产生绩效效应，以及如何助力创新。另外，在货币和信贷、投资决策、创新过程和消费选择四个资本主义经济关键领域中，行动者在虚构预期上展开了激烈的竞争。

虚构性绝不是未来充满不确定性的悲观的、无足轻重的时刻，而是包括经济危机在内的资本主义动态的构成要素。一个没有不确定性的经济体将是一个没有虚构预期的经济体，在这种经济体中，行动者可以完全理性地行事，但它也将是一个没有新奇性、不存在时间的静态经济体，经济体中的一切都会同时发生。20 世纪 50 年代，一般均衡理论的数学模型将这一观点引入其逻辑结论中（Arrow and Debreu，1954）。

相比之下，凯恩斯（［1936］1964）坚称，尽管结果无法计算，但行动者需要唤起世界理想的未来状态，以维持经济运行。凯恩斯用动物精神的概念来阐述这一观点：计算并不是推动经济增长、引发经济危机的唯一因素。当行动者感受到未来的不确定性时，会产生不安全感，而这种不安全感可能导致不作为和停滞，动物精神应对的就是这种不安全感。正如当代行为经济学家经常提出的，人们往往会严重高估自己在经济投资中的成功机会（Taleb，2010）。这种过度自信是资本主义运作的基础，与新古典经济学的理性假设相去甚远。凯恩斯还创造了"流动性偏好"一词，以表达行动者对新投资的潜在盈利能力缺乏信心的后果，这会缩小行动者的时间范围，减少投资和消费，导致因经济因素引起的就业不足，即引发经济危机。资本主义需要唤起超负荷的虚构预期才能运作。

◎ 虚构预期的社会基础

如果预期不能仅仅由信息形成，那么预期究竟从何而来？经济学中的行为方法以过度自信、厌恶损失或决策启发来表达自己的认知规律，无法在全面理解对未来结果的想象和面对不确定性时，拥有采取行动的信心，或者说，面对不确定性时，行动的信心突然崩塌。相反，在埃米尔·杜尔凯姆（Emile Durkheim）和美国实用主义的社会学传统中，预期是社会现象。

期望是社会现象而非个人现象，这一观点在埃米尔·杜尔凯姆的社会学中有着重要的根源，他在宗教社会学中着手研究宗教信仰体系的形成和强化（Durkheim，［1912］1965）。杜尔凯姆认为，宗教信仰是通过宗教仪式形成和更新的集体表征，在这种仪式中，宗教信仰者聚在一起，体验集体欢腾。虽然将当代资本主义经济中蓄意理性行动者的行为与部落社区成员的行为进行比较乍看似乎有些牵强，但杜尔凯姆的分析对资本主义经济中预期的出现和动态提供了独特的见解。尽管背景不同，但这些预期也来自交流形成的集体信念。专家团体间的话语和普通人的信念对于资本主义经济中形成的想象的未来至关重要。这样的话语，以及在任何特定时间点流行的想象，都是由公司、政治家、专家和媒体等有权势的行动者所构建的。

这些讨论同样处于文化框架和制度框架的背景下，行动者利用这些框架来解释经济世界，并告知他们的预期。这些框架包括经济理论和制度，以及对可计算性、经济增长目标或通过技术进步解决问题等概念的信念。在《想象的共同体》中，本尼迪克特·安德森（1983）解释了报纸上的地图和船期表如何帮助人们想象他们的国家。这种方法也适用于行动者想象他们的经济未来。虽然在这些认知框架内形成的预期是面向未来的，但框架本身却受到过去的强烈影响，表现在资源分配、历史形成的文化规范、社会网络和历史信息的使用方面。举个例子，宏观经济预测是基于对过去事件的统计分析。更普遍地说，过去的经验及解释和既定的结构会影响对未来的评估，这意味着在不同的历史时期、国家和社会群体中，对未来的想象方式也有所不同。预期的话语构成也通过经济和社会分层在结构上形成。在分层社会秩序中有地位以及在经济或政治上有权势的行动者和专家影响着想象中的未来的构建以及支撑这些未来的所谓因果关系。正如牧师在宗教活动中指导信徒一样，公司通过广告、游说以及大众媒体行使的权力，在经济想象的阐述方面发挥了极其重要的作用。杜尔凯姆所描述的古老世界仍然存在于资本主义现代性中。

如果将预期理解为既是偶然的，又依赖于受文化、历史和权力关系影响的集体过程，那么预期就是一种固有的社会学现象。此外，虚构预期的概念与社会学的行动概念有关，因为它关注预期形成和争议的主体间过程。这种情况下不能从目的论的意义上理解行动，因为它是由源于个体行动者的目的驱动的，并且独立于产生行动的过程。相反，行动是实用主义的过程，在这个过程中，目标和战略是根据对新情况的偶然变化的解释而形成和修订的。预期和目标是基于过去的经验并通过与他人的互动及时展开的过程的结果，参与者据此制定战略和计划并实施项目。从这个意义上说，虚构预期与杜威（Dewey）关于目的的阐述相似，即"影响当前考虑的预见性后果"（Dewey，［1922］1957）。实用主义思维将未来视为一个过程，这个过程以一种非线性的方式展开，行动者对它进行调查，并根据他们对未来的想象做出决策。

◎ 本书概述

本书的第一部分批判性地采用了社会学和经济学中现有的预期方法，以发展虚构预期的概念。这一部分首先讨论了资本主义的时间秩序及其对行动者时间取向的影响。该部分首先回顾了社会学家、历史学家和经济学家在这个问题上的相关研究，并指出，在资本主义现代性中，行动者的主要时间取向是走向开放的未来。

第三章首先对一般均衡理论和理性预期理论进行了批判性评估，认为它们是现代经济学中概念化预期最有力的方法。本章还涵盖了了约翰·梅纳德·凯恩斯（John Maynard Keynes）、乔治·沙克尔（George Shackle）和保罗·戴维森（Paul Davidson）等经济学家在经济学方面的不同观点，这些观点预示了有关经济行动预期的论点。这一章还讨论了社会学中关于预期的有限的文献。

第四章发展了虚构预期的概念，讨论了文学理论中的虚构预期概念，特别是约翰·塞尔（John Searle）（1975）的观点以及艺术哲学（Walton，1990）。本章将虚构预期的概念与希望、恐惧、信仰、意识形态、想象、想法和承诺等概念联系起来。这部分还探讨了预期政治中突出的期望的政治维度。最后，第四章讨论了想象的未来的社会来源，特别提到了实用主义的行动理论。

第二部分是本书的主要部分，也是实证性部分，逐章讨论了虚构预期的概念，并参考了资本主义经济的四个组成部分。第五章讨论了货币和信贷的运作，认为其主要前提是相信货币体系的稳定性和债务人未来的信誉。对货币体系稳定性的信念对于扩张资本主义是不可或缺的，它取决于行动者的预期，即他们能够在未来某个时间点将本身毫无价值的代币兑换成有价值的商品。本章讨论了如何维持这种"货币不变的虚构"（Mirowski，1991），如果对货币未来价值的信念消失会发生什么。与货币相关的是信贷的概念，信贷是资本主义增长的另一个组成部分，其不确定性是固有的，因为债务人偿还债务的意愿和能力无法完全知晓。与信贷和货币未来稳定性相关的风险评估都是虚构预期的形式，这些至少在一定程度上是通过债权人和国家强制遵守的权力在制度上确定和执行的。

第六章将焦点转向了资本主义动态的另一个重要组成部分——投资，讨论了工厂与设备投资、金融投资和人力资本投资。这些投资的动机是对利润的渴望，或者就人力资本投资而言，是对收入、社会地位或就业保障的期望。投资的高失败率正表明，投资从根本上来说是一种不确定的行动：行动者通常无法事先知道哪种投资会实现效用最大化，因此在决定具体投资时必须依赖对未来世界状况的想象（及惯例）。金融市场中更是充满了由虚构预期驱动的投资实例，它们以故事的形式描述了资产价值未来的发展。

第七章研究了资本主义动态的第三个关键要素——创新过程。经济增长理论将过去 250 年来前所未有的增长主要归功于技术创新（Roemer，1990；Solow，1957）。约瑟夫·熊彼特（Joseph Schumpeter）（1934）研究了微观层面，发现创新过程由行动者的想象激发。跟随他的脚步，当代创新研究调查了未来世界"预测"中技术进步的根源，本章利用这些研究说明虚构预期在创新过程中的作用。

第二部分的最后一章研究了消费。在富裕的消费社会中，资本主义增长要求需求超过必要性，消费者对商品或服务价值的看法取决于对这些商品购买后象征性"表现"的期望。在富裕社会中，商品的价值越来越基于象征意义，只有通过生产者和消费者之间的沟通来创造和维持，才能进行购买。虚构预期的另一个例子是消费者对可购买产品的价值想象。

在第二部分的四章中，估价起着核心作用：行动者只有相信通过市场交换获得的物品在未来会有价值，才会追求金钱、投资、创新和消费。行动者对价值的预期有多种形式：他们接受金钱，因为他们相信金钱的未来购买力；他们接受资本投资和创新的风险，因为他们渴望利润；他们购买消费品，是基于对未来满足感和预期社会地位的梦想。估值和想象中的未来紧密相连。当前价值基于对未来结果的虚构预期，反之亦然，虚构预期体现了对未来价值的假设。研究价值是如何基于市场产生预期的，有助于对社会学的发展进行估值（另见 Beckert and Aspers，2011；Beckert and Musselin，2013）。

本书的最后一部分重点介绍了两种生成虚构预期的工具。第九章探讨了预测（宏观经济预测和技术预测）作为一种技术，如何有助于建立虚构预期。本章探讨了这样一个问题：尽管经济预测已被广泛证明是不可靠的且错误的，为什么大量资源仍用于经济预测。经济预测是分析创造虚构预期的工具，帮助行动者在不确定的条件下做出决策。同样，第十章研究了经济理论和模型如何成为帮助产生虚构预期的工具，通过提供因果关系的说明，行动者形成认知地图，预测当前决策的未来后果。除了提出经济理论和模型在协调经济决策方面的作用外，本章还分析了经济和技术预测及经济理论如何助力创新，以及它们在预期政治中的作用。

结论部分回顾了该书的发现，讨论了其对资本主义现代性理论的影响。它对马克斯·韦伯（Max Weber）关于资本主义经济发展是一个合理化和醒悟过程的观点进行了批判和质疑。韦伯（［1930］1992）确定了现代资本主义起源中存在的宗教主题，但认为非理性影响会随着资本主义的发展而消失。他认为，自我推动的经济机制的"铁笼"最终会迫使行动者采取工具理性行为。他对现代性发展的观点影响很大，但虚构预期的核心作用表明，仍有部分资本主义动态受到非理性信念或"世俗迷惑"的影响。这并非微不足道的现象，也不是现代资本主义的浪漫化。相反，它将"铁笼"重新定义为殖民创造性和非经济动机的代理表达，使得资本主义更加躁动不安。

利用经济中的社会互动过程这一典型经济社会学方法来探讨资本主义动态的广泛问题，加强了经济社会学和政治经济学之间的联系，展现了以微观为导向的社会学对于理解宏观经济过程的作用。

本书是一篇正式意义上的"文章"：它是一次广泛的尝试，旨在提出资本主义动态的创新视角，并回应"这些动态如何与政治和文化秩序相联系"这一非常古老的问题。与许多有关资本主义主题的学术著作相比，本书更具推测性，对各种学科的方法更加开放地加以吸收，为长期以来的相关讨论提供了新的思路，并为未来的实证和理论工作开辟了一条道路。

第一部分

不确定世界中的决策

PART 1

第二章
资本主义的时间秩序

现代主义的重点在于现在和未来，从不在过去。
——丹尼尔·贝尔，《资本主义文化矛盾》

资本主义经济的兴起在市场和货币交换的扩张中最为明显。[1] 从现代早期开始，市场就在不断扩张：商品化进程加快，规模经济得以实现，以利润为导向的非个人化交易日益普遍。随着 19 世纪大规模劳动力市场的出现，劳动过程也逐渐被市场机制的竞争逻辑所支配。扩大基于信贷的投资和成本计算也因货币工具的广泛使用成为可能。虽然这一进程始于现代早期，但直到 19 世纪和 20 世纪，劳动过程才成为决定经济进程的主要因素，首先影响了西欧和北美的经济进程，如今影响范围扩大至全球。

资本主义学者详细描述了资本主义市场发展的前提条件：安全的产权、强大的国家权力、复式记账、劳动力市场的发展、基础设施的建设和标准化计量尺度的引入。这些都是资本主义扩张的必要条件，历史记载文献中也对这些条件有系统化的强调。然而，还有一个尚未被普遍认可的前提条件，即行动者的时间取向发生变化，也就是说，经济行动者在相关时间范围内的主要认知方向发生了转变（Bourdieu，1979）。这些方向是行动者信念体系的组成部分，为其实践提供信息，时间观念在历史上是特定的，它本身就是现实社会建构的一个方面（Luhmann，1976）。

本章提出，具体而言，资本主义的演变伴随着行动者时间取向的根本变化，是对未来理解的变化。这种时间取向的变化既是资本主义变革的原因，也是其结果。传统社会通常将未来视为事件循环重复的一部分，这些事件的发生往往以认知的方式通过神话表现出来。虽然这种社会存在贸易关系和市场，但它们没有自我扩张的市场范围（Polanyi，[1944] 1957）。相比之下，资本主义的时间取向描绘了未来的开放性，包括需要抓住的机会和需要计算的风险。资本主义的特点"是对未来的信念，而不是对现在的屈服或投资。未来才是这个政权独特的时间取向，而非过去"（Moreira and Palladino，2005）。事实上，资本主义这一经济体系主要通过未来评估现状，而未来本身也是通过想象中的未来状态预测尚未实现的损益。如果现代资本主义"融入未来"（Giddens，1999），就必须分析这种时间取向和行动者的相应行为，以奠定理解资本主义动态所需的微观基础。[2]

◎ 去传统化与未来的兴起

皮埃尔·布迪厄（1979）对阿尔及利亚卡拜尔（Kabyle）地区的经济和社会秩序变化的描述，是时间取向变化视角下关于资本主义历史发展最有见地的分析之一。20世纪50年代，布迪厄在阿尔及利亚进行了实地考察。当时资本主义经济开始渗透到传统的卡拜尔社会，卡拜尔既定的生活方式和经济组织形式发生了巨变。资本主义经济的货币循环给传统经济带来的压力日益增加，引起了激烈的冲突，使这个传统社会陷入迷茫。通过详细的人种学观察和统计分析，布迪厄描述了经济生活的变化及其对家庭结构和社区关系的影响。然而，这项研究最引人注目的是，它讲述了卡拜尔的时间秩序遭到破坏，又被新秩序取代的过程，这种新秩序主要产生于货币化市场交易的扩张。

对于资本主义发展与社会时间秩序变化之间的关系这一问题，布迪厄的理解是具有开创性的。通过对日常经济活动的分析，他提出，行动者只有整合新的时间取向，才能在资本主义经济中取得经济成功。这些新的时间取向将传统的生活方式连根拔起，而在传统的生活中，未来大多被视为过去事件的循环重复。这种认识基于自然界循环运动的实际经验，即过去的事情会再次发生，而未来会发生的事曾经存在。换言之，未来是封闭的。相比之下，在资本主义经济中，行动者不再认为未来是过去提示的现在的延续。相反，未来是对现在的无休止的颠覆，是一种

"不安分"的社会形态（Sewell，2008；Wagner-Pacifici，2010），行动者可以参考几种可能的未来，选择他们的行动方向。由于竞争市场的扩张和基于货币的交易的扩张，行动者的行为也发生了变化，这是资本主义经济发展的必然结果。

时间取向的差异并不意味着传统社会对未来漠不关心。正如布迪厄所言，阿尔及利亚的农民对未来的计划非常谨慎，但他们这样做是为了规划布迪厄（1979）所称的"直接商品"——能够在未来提供内在满足感且符合社区中普遍流传下来的"荣誉逻辑"的商品。粮食储备、土地投资以及改进农业和家用设备的创新都属于这种规划。农民个体"生活在与他息息相关的世界的节奏中"。因此，经济的未来与现在密切相连，是一个统一的有机实体，主要由下一个收获期"即将到来"的产品以及在社会秩序中获得的荣誉和威望地位组成。用卡尔·马克思（Karl Marx，[1885] 1993）的术语来说，传统的卡拜尔经济的特点是"简单再生产"，即为稳定状态进行生产。它服务于"群体的再生产，其关系、价值观和信念确保了群体的凝聚力"（Bourdieu，1979）。

19

这种对未来的评估与布迪厄观察到的新兴资本主义经济形成了极大的反差，布迪厄认为，这种新的经济形态"以构建一个间接的、抽象的未来为前提"（Bourdieu，1979）。资本主义的未来是基于对世界遥远未来状态的计算，这种计算形成了"一个不存在的、想象中的消失点"，一个因对可能世界的想象而设立的遥远目标，可以通过计算和理性行动实现。随着卡拜尔社会的现代化，这两种对未来的对立看法产生了冲突。

资本主义经济日益占据主导地位，但卡拜尔农民大多缺乏实现资本主义经济预期所必需的时间取向，这导致了强烈的社会冲突。这种冲突可以从多方面观察到，例如，农民强烈反对参与抽象的市场未来，他们认为那是不真实的世界（Bourdieu，1979）。那些预测未来及其可能性的人被卡拜尔农民视为杞人忧天者，卡拜尔农民认为这些人试图成为"上帝的伙伴"。出于同样的原因，行动者对金钱持批评态度，因为金钱本身是一种"间接商品"，无法带给人们满足感，也不能为人们创造金钱，认为金钱对未来效用的承诺"是遥远的、虚构的、不确定的"。他们对信贷也持有类似的批评态度，认为信贷是一种经济制度，但与前资本主义的经济逻辑最为格格不入，因为信贷不仅依赖于抽象的未来，而且通过预设"缔约方之间关系的完全客观性"来反对他们之间的团结。

农民对改进农业方法缺乏兴趣，这也表明他们抗拒抽象和经过计算的未来。布迪厄观察到，局外人提出改变生产方法"往往只会引起不理解和怀疑，原因在于，这种计算是抽象的，需要不再坚持农民所熟悉的'给定'状况，这会被想象的虚构性所玷污"（Bourdieu, 1979）。布迪厄写道，"对于前资本主义经济来说，最陌生的事情莫过于将未来视作一个可以通过计算来探索和掌握的领域"。

布迪厄还认为时间秩序的变化及其伴随的冲突对资本主义发展至关重要，有其他资本主义学者也持这一观点。许多社会和经济历史学家对这些变化展开了研究，特别是在欧洲工业化的背景下。汤普森（E. P. Thompson）（1967）调查了英国工业化进程中新的时间制度和工作纪律的出现，他的调查具有极为强大的影响力。汤普森认为，工业生产过程要求的时间取向与工人的时间取向存在激烈的冲突。19世纪早期的工人经常迟到早退，更不会在星期一和宗教节日工作。如果想解决这种冲突，工会便会为缩短工作日而进行斗争。这种斗争表明，资本主义生产的时间秩序与工人道德经济之间的关系持续紧张，而这一冲突仍然是当今许多劳资纠纷的重点。汤普森的研究只是许多历史调查之一，这些调查研究了工业化如何通过时钟、计件工资表、时间表和生产线管理来实现对工人的约束（Biernacki, 1995；Le Goff, 1960）。[3]

在19世纪末，马克斯·韦伯对西里西亚农民进行了早期研究，他描述了传统抵制资本主义时间秩序的另一个方面（Weber，［1927］2003）。大量西里西亚农民力图在全球资本主义市场中创造利润。然而，西里西亚的工人是传统的农民，工资激励不能让这些农民延长工作时间、遵守更严格的纪律。西里西亚农民决定在工资增加时减少工作时长，而不是为了提高生活水平延长工作时间。这与土地所有者（和经济学家）的预期不同，"一名西里西亚农民按照合约修剪了一大片草坪，如果你试图将他的工资翻一番，希望以此来激励他更加努力，这种做法是徒劳的，因为他只会少做一半工作"。同样地，19世纪在家工作的织布工人在经济低迷时期工作时间更长，工资较低，而在繁荣时期工作时间更短，工资较高，养家糊口付出的精力更少（Kocka, 2013）。无论是西里西亚农民还是织布工人，他们的决策都不是基于对未来更高生活水平的想象。相反，他们接受了传统的生活方式。这并不意味着传统社会对未来没有雄心壮志。但是，对传统社会来说，未来并不是一个开放领域，没有改变社会现实。然而，"既定的实践是组织未来的一种方式。因此，无须将未来划分为一个单独的领域，就可以构成未来"（Giddens, 1994）。

正如马克斯·韦伯的研究，传统的时间取向对现代资本主义发展的影响是有限的。他认为，经济理性主义"虽然部分依赖于理性技术和法律……但同时也取决于人们采取某种实际理性行为的能力和倾向。当这些类型的行为受到精神阻碍时，理性经济行为的发展也遭遇了严重的内部阻力"（Weber，[1930]1992）。资本主义经济秩序的市场主体必须摆脱传统主义，系统地寻求利润或收入的最大化，抓住未来的机会。奇怪的是，在19世纪关于废除美国奴隶制的辩论中也可以找到这种观点。在辩论中，奴隶制捍卫者和反对者都关注自由奴隶的经济行为。双方都认为，只有解放了奴隶，不把他们的经济活动限制在满足眼前的需求上，在超越对必需生活想象的基础上，这些奴隶还渴望满足"人的需求"，这样他们才能成为美国社会具有生产力的成员。换言之，只有当被解放的奴隶能够投身于一个更美好的未来，能够被未来更美好生活的想象所激励，他们才能有经济生产力（Oudin-Bastide and Steiner，2015）。

21

这些历史调查表明，我们不应该想当然地认为，未来的发展方向是一个不同的"更好"的未来，即增加消费、提高利润和新的生活方式。它是制度和文化变革的长期历史过程的产物，伴随着资本主义制度的发展，这种变革已经持续了几十年之久。换言之，这是去传统化进程的一部分，而去传统化永远不会结束。即使是现代资本主义社会中，仍然存在许多传统主义，新的传统主义也随之而来。然而，如今，世界上大部分人都受困于经济行为中，需要通过理性投资追求无限利润，或辛勤、自律地工作，提高收入，不断增加消费。这种行为体现了布迪厄和韦伯所提出的资本主义的时间秩序。

◎ 未来的开启

但是，现代资本主义特有的时间取向的起源是什么？布迪厄和汤普森指出了两个起源，一是利用胁迫和激励管理劳动力，二是通过扩大竞争市场和货币互换而引入行动逻辑。因此，可以将这一过程理解为社会统治形式改变的结果，以及资本主义制度系统性力量的作用。在资本主义中，行动者结构性地被迫放弃了传统的生活方式。

另外，在资本主义力量还没有成为"铁笼"的时候，马克斯·韦伯就调查了放弃传统生活方式的情况。他提出了一个著名的结论（[1930]1992），即民族资本主义对其行动者的要求是由吸引行动者（或行动者害怕）的宗教教义形成的，特别是新教中的宿命论。这一教义对未来的理解令人震惊。因为宿命论的信徒认为，他们无法得知自己的灵魂是否会被救赎。他们生活在持续存在的恐惧和不确定中，从上帝那里寻找可能指示着他们未来会被救赎的迹象。其中一个迹象就是经济上的成功，这只能是不懈的、系统化的努力带来的结果。探索这些迹象会激发类似资本主义所要求的行为，鼓励了面向未来的时间取向。韦伯的《新教伦理学》引用了本杰明·富兰克林的生物学类比，对货币资源的系统投资进行了著名的引用，"请记住，货币是有生命的、是有生产性的。货币可以生钱，钱又可以生更多的钱，以此类推。五先令可以变成六先令，再变成七先令三便士，以此类推，最后变成一百英镑。钱的数量越多，每次能够生出的钱就越多，利润也就增长得越快。如果一个人杀死了一头母猪，那他也杀死了三代小猪"（Franklin，引自 Weber，［1930］1992）。

请注意，这是虚构的未来，它证明了行动者对特定行为的需求是合理的。当前的行动将创造未来的财富。不仅如此，理性的经济追求被视为取悦上帝的宗教责任。这些宗教信仰及其与世俗行为的融合是反对经济传统主义的力量，鼓励韦伯提出的生活方式，这种生活方式有利于促进现代理性资本主义的兴起。韦伯认为，追求利润不是一种自然倾向，而是一种文化建构。因为新教信徒从事的活动取悦了上帝，减轻了他们对充满偶然性的未来的恐惧。有利于资本主义扩张的新的时间取向是普遍的宗教教义无意中产生的副作用。

但是，这并非说明资本主义的兴起仅仅基于文化变革。韦伯便是反对这种假设的第一人。我认为，文化变革，尤其是与时间秩序有关的文化变革，在"资本主义主体"的建立中发挥了重要作用。此外，我与布迪厄和韦伯的观点存在不同，我认为只有改变传统社会的时间取向，才能实现资本主义的发展。布迪厄认为，在殖民统治下，卡拜尔的经济向全球资本主义经济过渡，这是一个由系统力量驱动的过程。而韦伯在调查现代理性资本主义的起源时认为，行动者被这种经济行为所吸引也是出于宗教原因。到了后来，资本主义的宗教根源才成为"世界的残渣"（Weber，［1927］2003）。韦伯用铁笼的比喻表达了这样一种观点，即一旦资本主义的机制到位，宗教动机将与资本主义的进一步发展无关，有条不紊的利润追求和效用最大化将成为对市场体系压力的理性反应。

◎ 现代社会时间范围的拓展

现代性是在对未来的新理解的背景下发展起来的，这一观点并不局限于对经济变化的评估。历史学家早在中世纪就对社会时间秩序的长期变化进行了调查，他们认为，从 17 世纪开始，人们便逐渐认识到未来的事件是开放的、尚未发生的（Hölscher，1999；Koselleck，2004）。

在 16 世纪及之前的基督教历史中，未来视角的特点是对世界末日的预期。虽然这一世界末日的确切时间在神学上存在争议，因为预言通常是模棱两可的，而且经常出现改动，但是人类历史在朝着预定的、可能即将到来的未来前进。在随后的最终审判中，上帝会拯救一部分人的灵魂，而所有其他的人都将被判处终身监禁。这种世界观认为，未来是一个可以通过深思熟虑的行动来塑造的领域，然而这是不可能的。教会利用末世论来统治和整合社会，对预言加以严格的控制，任何对未来的展望都需要得到教会的批准。未来是"上帝的财产"，而不是人类意志和自由决策的目标（Hölscher，1999；Koselleck，2004）。

宗教改革推翻了这种既定未来的观点。绝对主义国家巩固了当时的权力，要求垄断对未来的解释，压制相互竞争或持不同意见的宗教和政治预言，包括启示录和占星术对未来的看法。一种新的时间体验取代了末世论，它不再认为人类历史朝着预定的终点前进。现在，这个领域"拥有有限的可能性，根据可能性的强弱进行排列"（Koselleck，2004）。对未来的评估开始依靠远见和政治计算的预测工具。政治行动者试图预测未来的事态发展，认为未来令人惊讶，需要做好准备。尽管如此，未来仍然停留在传统秩序的范围内，预期的时间结构是静态的、重复的或循环的。"一位政治家可以变得更聪明甚至更狡猾，可以磨炼技巧，可以变得更明智或更有远见，但历史从来没有把他带到未知的未来领域"（Koselleck，2004）。从这个意义上说，对未来的预测还没有脱离基督徒预期的静态范围。

启蒙运动和进步哲学的发展改变了这一切。进步的概念开创了一个超越传统秩序的未来。18 世纪和 19 世纪初出现了一股重要浪潮，产生了对未来社会秩序乌托邦式的描述，但这一变化并非偶然。1771 年，路易斯-塞巴斯蒂安·梅西耶（Louis-Sébastien Mercier）出版了一本描述未来社会的小说《梦想 2440 年，如果梦想存在》（*L'An 2440, Rêve s'il en fut jamais*）。托克维尔（Tocqueville）、圣西蒙（Saint-Simon）、傅立叶（Fourier）和罗伯特·欧文（Robert Owen）都在 19 世纪早期描述了对未来社会组织的乌托邦愿景。想象一个不确定的、可能完全不同的未来，这种兴趣从未从现代社会中消失。19 世纪末，爱德华·贝拉米（Edward Bellamy）的《向后看》（*Looking Backward*）（1887）、H. G. 威尔斯（H. G. Wells）的《时间机器》（*The Time Machine*）（1895）和儒勒·

23

凡尔纳（Jules Verne）的多部作品都体现出人们对开放未来存在兴趣，技术、社会和经济变革加剧的时代带来了希望与焦虑。科幻小说植根于那个时代，如今也在继续发挥其功能。乌托邦，始于一种"奇怪的空间治外法权，这一'非地方'，从字面意义上来说，确保我们能够重新审视我们的现实。此后，不能再将任何关于乌托邦的事情视为理所当然"（Ricoeur，1991）。

基于这种新的未来取向，当代加速社会变革的经验与当前的社会秩序存在着根本的区别。启蒙运动中出现的历史哲学讲述了人类发展的各个阶段，从而预测了未来社会变革的进程。对国家现实未来的想象以及对产生未来的过程的描述都成为科学反思的对象。例如，一方面，黑格尔（Hegel）分析了思想的运动，马克思将历史描述为阶级斗争的逻辑进展，这最终会带来无阶级的共产主义社会；另一方面，孔德（Comte）认为，人类知识的发展分为三个阶段，最后一个阶段是理性的积极阶段，在这一阶段，人们不仅可以辨别现在，还可以根据科学规律预测未来的发展。

黑格尔和孔德设想了这个变革过程的结束阶段，历史也将在这个阶段结束，可以将这个阶段看作浪漫的怀旧，他们设想在这个阶段资本主义不安分的动力终将稳定。经济自由主义超越了这种观点，将未来描述为一个无休止的财富积累过程。经济发展是进步的无限源泉，最终可以提高所有行动者和国家的生活水平。与此同时，自我调节市场这一概念使短期困难合理化，以实现尚未实现的经济未来。为了在未来获得经济利益，需要承受竞争、失业和混乱。这个过程没有最终目标，财富可以无限增长，因为可以将未来想象成尚未满足需求的无尽来源。从这个意义上说，经济自由主义既是现代社会理论，也是资本主义理论。工人运动中出现了社会主义乌托邦，这是对乌托邦未来预期的相应转变。然而，这个未来的形态是无阶级的共产主义社会。进步这一概念的文化基础是想象与现在不同的开放未来的可能性。行动者的意识陷入"尚未"，具有长期必要性的结构（Hölscher，1999；Koselleck，2004）。

◎ 计算与乌托邦

尼克拉斯·卢曼（Niklas Luhmann）（1976）认为，应该将现代性的时间顺序理解为一种进步乌托邦与预测和计算相结合的秩序。对卢曼来说，传统社会的人们认为自己生活在持久甚至永恒的当下，这与布迪厄观察到的卡拜尔的情况一样。卢曼与科泽勒克（Koselleck）的观点一致，他发现，18世纪，随着资产阶级社会的到来，人们对未来的观念发生了变化，未来成为"可能性的仓库"（Luhmann，1976）。现在，人们认为未来包含几个相互排斥的可能性，可以说明未来将如何实际展开。因此，可以将未来理解为"额外可能性的普遍范围，随着我们接近未来，这些可能性也会减少"。早在卢曼之前，沃纳·桑巴特（Werner Sombart）就提出这种变化与现代资本主义的出现有关。桑巴特认为，在早期现代社会，出现了一种他称为"规划者"的社会类型：他们是"富有创造力又足智多谋的领导人，他们的一生致力于制订改革和重组计划，并获得国家的富人、伟人和名人的支持。"（Sombart，[1902]1969）。随着现代资本主义的到来，这些规划者成为企业家，创办企业，试图说服其他人相信他们的愿景。公司的创始人"怀揣着巨大的梦想"，试图说服其他人相信，在开放未来的背景下，这些计划是可以想象的。

25

这也暗示，由于未来观念发生了改变，现代社会失去了控制。未来充满了承诺与希望，但同时也存在可能的威胁。尽管传统社会也意识到了危险，特别是来自无法控制的自然事件的危险，但故意将行动方案扩展到未知领域，导致了新的不安全感和新的危险体验。在某种程度上，社会世界的发展愈发危险，这可以归因于现代性的特征：功能分化和角色分割加剧，传统社会认为理所当然的熟悉感遭到破坏，导致社会世界显得更具偶然性（Seligman，1997）。

风险的概念与开放未来的概念有着相似的历史根源，因为利用对反事实未来的预测来决定行动方案时，行动结果可能与预测不同，而当这些决策导致任何不良结果时，风险就会出现（Esposito，2011）。事实上，在12世纪和13世纪，意大利城邦中首次出现了一种新态度，认为未来无法预知，当时商人和探险家不再认为他们需要被动承受或避免风险，而是开始将风险看作提高福利水平的机会（Zachmann，2014）。风险最初是指航行到未知水域，16世纪到17世纪，在西方探索世界的背景下，风险的概念变得突出（Giddens，1999）。随后，随着历史的发展，探险家、商人和金融家的风险观念得到了证实。在17世纪末和18世纪初，以伦敦为中心的保险市场扩张。保险使计算保险费成为必要，从而推动了概率论的进一步发展。风险和开放未来的概念属于同一个范畴："风险是指与未来可能性相关的积极评估的危险，只在面向未来的社会中广泛应用，而这个社会将未来视为有待征服或殖民化的领土。"

中世纪的欧洲和传统的卡拜尔社会没有现代意义上的风险概念，它们也不需要这个概念。无论时间最终会像中世纪的思想家所认为的那样结束，还是像卡拜尔人所相信的那样无休止地重复，都可以用多种方式解释令人失望的预言或紊乱的周期，并归因于超出人为控制的因素。干旱、洪水或地震等灾难被归咎于命运，而非基于错误预期的决策——当然，这些灾难并没有质疑传统规则的有效性（Seligman，1997）。未来的想象受限于一个总体的、不容置疑的秩序。

对于行动者而言，开放未来的世界依赖于冒险决策，低估了基于习惯或传统的反应，迫使人们遵从计算和反思的行动模式。阿尔让·阿帕杜莱（Arjun Appadurai）（2013）指出，"习惯的世界已经被即兴创作的压力逐渐侵蚀"，这意味着想象力、预期以及对未来的憧憬都是现代社会发展的关键要素。想象力已经"成为普通人日常脑力劳动的一部分"（Appadurai，1996）。事实上，对未来可能性的想象已成为社会进程和项目中的重要资源。大众媒体、移民和散居社区的生活也促使行动者考虑更广泛的可能生活。与布迪厄一样，阿帕杜莱（1996）认为去传统化是传统社会中社会经验有限性的解毒剂。然而，他认为，未来取向不仅仅主要与失去的经验有关，相反，它是一种为新的行动方案开辟可能性的资源。他认为，憧憬和想象可以成为民主政治与赋予穷人权利的基石。

虽然阿帕杜莱对现代未来理解的诠释与我的论点一致，但是我的重点在于想象的未来在资本主义经济动态中的作用。阿尔让·阿帕杜莱认为，想象的未来是为政治服务的。而我认为对未来的想象是一种认知与情感力量，有助于引导和促进资本主义经济发展，但是，出于同样的原因，对未来的想象也会让人迷失方向，产生恐惧感。如果行动者能够感知到机遇，那么开放的未来就是资本主义发展中一个充满活力的要素。资本主义经济依赖于这种观念，因为投资是资本主义运作的要素，而投资的结果是不确定的，往往只有在遥远的将来才会知道其结果。同样地，资本主义经济依赖消费者购买新的消费品，消费者能够预期消费品的效用。只有当行动者接受未来的不可预测性时，资本主义才能扩张。如果对遥远、美好未来的想象消失或被恐惧掩盖，时间范围就会缩小，行动者就会放弃进一步发展的机会。这样一来，资本主义的动力就减弱了。人们可能确实会说，资本主义"无法在时间范围大幅缩小的情况下生存"（Luhmann，1976）。

◎ 结论

经济秩序的特点是显著的时间秩序。伴随着资本主义的发展，新的经济时间秩序出现了，对未来的理解发生了变化。布迪厄、吉登斯、科泽勒克和卢曼在描述这一历史进程时，强调了传统社会和现代社会在时间取向上的差异，因而遭到批评。但即便如此，这种变化也仍然存在。过去将继续存在这种预期在现代社会中仍然具有意义，传统社会中，并非每个行动者都局限于传统的心理建构。例如，在传统占主导地位的社会中，为了寻找新的利润机会，探险家们冒险进入了迄今不为人知的世界各地。反之亦然，战后日本资本主义经济蓬勃发展，这是通过延续现有的经济模式以及模仿其他地方首次开发的产品而实现的（Miyazaki，2003）。上述学者所描述的鲜明对比，与其说是对历史形态的全面描述，不如说是最实用的理想类型。资本主义内部同时存在着传统化和去传统化的运动，线性时间与周期时间并存。然而，即使考虑到这一限定条件，随着资本主义经济的发展，行动者的时间取向仍然存在重大转变。现代社会普遍认为，未来是一个空旷的空间，等待着由行动者在对未来结果只有有限控制的情况下做出决定所引发的偶然事件来填补。

社会学家、历史学家和人类学家描述了这种新的时间取向的兴起如何导致深刻的社会冲突。然而，新的时间取向对于资本主义经济的发展的确至关重要。不能仅从技术进步、制度变迁、劳动分工或其他宏观因素的角度来理解资本主义的发展。通过新的时间取向改变认知取向，这是资本主义秩序起源的重要组成部分，解释资本主义动态时必须考虑到这部分。这一点不仅在描述增长动态时可能很明显，在经济危机中也是如此，因为应该将经济危机理解为假定的未来的崩溃。这种崩溃为新的想象开辟了空间，资本主义能够通过这种想象进行调整并重新获得动力。

资本主义秩序的时间取向具有社会前提、政治前提和制度前提。具体而言，它需要具有开放社会流动性的社会结构，以及支持创新和市场竞争扩张的制度。一旦认为未来是开放的，行动者要如何应对未来事件的不确定性，这个问题就变得非常突出。行动者如何确信与其决策相关的风险值得承担？这个问题的答案在于行动者在决定承担风险时的预期。现代社会有两种用以应对开放未来的认知手段，一是风险和机遇的概率计算，二是对未来状态的乌托邦想象。两种手段都允许扮演未来，这个过程发生在社会和体制结构范围内以及在影响预期的权力关系的背景下。

27

我关注资本主义经济，这绝不意味着其他现代社会秩序不会通过对未来的想象来扩大时间范围。例如，社会主义思想家和政治家们就大量使用乌托邦形象来描述社会主义未来如何展开。事实上，这些想象在社会主义国家以及西方的工人运动中都起着核心作用（Hölscher，1989，2002；Müller and Tanner，1988）。然而，本书仅限于研究想象的未来在资本主义动态中的作用。

第三章
预 期 与 不 确 定 性

未来事物的呈现即为预期。

——奥古斯丁，《忏悔录》

在过去的三十年里，"历史很重要"一直是全体社会科学界的口号。政治学和社会学研究坚持参照过去的事件来解释世界的现状，采用路径依赖、收益递增、轨迹和制度等概念来描述过去对现在的因果影响。威廉·休厄尔（William Sewell）（1996）简洁地总结了这一方法："在较早的时间点发生的事情将影响在较晚的时间点发生的一系列事件的可能结果。"社会学和政治学大多认为"历史很重要"是理所当然的。[1]

毫无疑问，理解历史轨迹对于理解当前的社会现象是十分重要的。然而，不能仅仅用过去来解释社会世界中的事件。行动者的决策不仅取决于现有的结构和过去的经验，还取决于他们对未来的看法。在做出决策时，行动者将某些未来结果与他们正在考虑的行动方案联系起来，将众多结果与不同可能的决策联系起来。这些感知即为预期。

如果预期与理解社会行为相关，那么社会学家要想对结果给出令人满意的解释，就不能仅仅考虑过去：他们还必须展望未来。或者，更准确地说，他们必须考虑行动者对他们当前所做决策的结果的未来预期。这些"现在的未来"是行动者对未来某个时间点的世界的看法，是用以形成决策的"现在的时间范围"（Luhmann，1976）。像地平线一样，时间范围也无法到达，但构成这个地平线的图像有助于行动者了解情况，从而确定将影响未来结果的行动方针。当然，"历史很重要"，但未来也很重要。[2]

"未来很重要"这句口号总结了本章概述的方法，包括预期在经济学和社会学中的作用，这些学科对未来的作用的认识存在显著差异。在当代经济学中，对未来的预期处于核心地位，而在社会学中，只有少数作者或流派关注预期、愿望和预测。

尽管这两个学科在对未来的作用的认识上存在显著差异，但经济学和社会学的主要分支都未能解释未来在社会互动中的作用这一重要方面。在经济学的主流方法中，人们可以确定地看待预期，因为人们认为行动者的预期是理性的。这种预期观掩盖了行动者的决策是对基于未来情况的偶然解释的创造性反应，最大限度地减少了行动者理解未来的无数种可能的方式。另外，社会学家"只在外围处理了想象的未来对社会事件的影响，如果存在影响的话"（Mische，2009）。[3] 塔尔科特·帕森斯（Talcott Parsons）和阿尔弗雷德·舒茨（Alfred Schütz）等社会学家在研究中探讨了预期，他们认为未来的概念很大程度上是由社会固定模板构成的。与经济学强调行动者预期未来并据此采取行动的偶然性认知相比，社会学家的认知一样失之偏颇。

然而，经济学和社会学都提出过将预期概念化的方式，这种方式真正考虑到了未来的开放性和对未来发展的解释的偶然性。它们不仅将未来确定为一种"文化能力"（Appadurai，2013），而且还将其视为一种经济能力。不确定性的概念在所有这些前提中都起着至关重要的作用，如果能够认真对待不确定性，想象的偶然性也必然会发挥核心作用。

◎ 经济学预期

在社会科学中，经济学无疑是预期作用最重要的学科，但情况并非总是如此。从20世纪初开始，经济学的主体部分不再是历史性的，而是开始用未来解释现在的决策。[4] 经济学家在分析社会情况时假设行动者具有前瞻性思维，试图弄清楚哪些决策可以优化他们的资源，使他们未来的福利最大化。决策基于预期的未来收益，折算成现值。例如，博弈理论谈到了"未来的阴影"。也就是说，行动者相信未来会有进一步的互动，这有助于他们克服现在的机会主义行为（Dal Bó，2005）。过去的作用仅限于解释有哪些具体的制度限制，为未来预测提供统计数据。在所有其他方面，过去都是"已经完成的交易"。经济学家用沉没成本这个术语来表达过去可能影响当前决策的投资，他们认为，在决策中应该忽略沉没成本。换句话说，经济学是关于未来的："经济学家着眼于潜在的回报，而不是沉没成本。他们利用贴现将不确定的未来结果拉回到现在，在现在做出决策"（Abbott，2005）。这一理论对未来的看法与资本主义的时间秩序特别吻合。这样一来，为了更好地理解未来如何进入行动过程，经济学似乎也是一门理想的学科。

◎ 一般均衡理论

一般均衡理论和理性预期理论是现代经济学用来理解如何认知未来的两种主要方法。在 20 世纪下半叶，一般均衡理论的发展主要与肯尼斯·阿罗（Kenneth Arrow）和杰拉德·德布鲁（Gerald Debreu）（1954）的研究有关，该理论试图为经济中存在一般竞争均衡提供数学证据，证明这种均衡满足帕累托最优的条件。[5] 在阿罗-德布鲁模型中，未来起着至关重要的作用，该模型引入了"过时偶然商品"的概念，通过假设完整的未来市场，这些商品"得以存在"。他们认为，商品由四个属性定义：物理质量、地点、交货时间和供应时的外部条件。

在他们的均衡模型中，每一种商品都有一个特殊的市场。例如，2064年 5 月 18 日巴黎的一场雨将产生一个特定的雨伞价格。由于所有未来市场的存在，公司和家庭可以"决定他们的整个生产和消费计划，因为他们知道所有未来时期的所有商品的价格。他们可以为自己投保，以应对所有可能的情况"（Backhouse，1985）。如果有完整的未来市场，那就可能将未来完全整合到均衡模型中，可以预期帕累托最优均衡（Arrow，[1969]1983；Starr，1997）。奇怪的是，尽管阿罗-德布鲁模型关注的是未来的交易，但它实际上消除了时间。所有的交易过程都可以在当下同时进行，因为已知未来世界的所有可能条件，因此可以在时间 t_0 时纳入偶然条件中。这样一来，该模型将经济还原为一种静态均衡，在这个均衡中，时间和开放的未来不会使决策的合理性受到质疑。当未来的价格被贴现到它们的现值时，未来就可以与现在连接在一起。

完整未来市场的假设使一般均衡理论免受开放未来的影响，它否认存在任何可能是未知或不可知的东西。然而，只能从理论上假设完整或偶然市场存在，而不能对实际存在的经济这样描述。所有可能的突发事件都是已知的，是相互排斥的，行动者对某一特定情况的实际发生没有影响，所有未来市场实际存在，这些假设是完全不现实的。此外，根据这个模型，行动者必须始终能够看到世界的实际状态，必须至少能够计算出每一种可能状态发生的主观概率。行动者必须有完美的预见能力，能列出所有可能事件的详尽清单（Gravelle and Rees，1992；Starr，1997）。显然，每一个假设都会面临挑战（Postlewaite，1987；Radner，1968；Vickers，1994），不应该将稳定的、市场清算的均衡经济模型与现有经济的描述混淆。

◎ 理性预期理论

　　阿罗-德布鲁模型的前提是纯理论性的，理性预期理论回避了该模型的一些假设，而理性预期理论是当今经济学中第二盛行的研究未来的方法。理性预期理论在 20 世纪 60 年代和 70 年代发展起来，最引人注目的是约翰·穆思（John Muth）（1961）和罗伯特·卢卡斯（Robert Lucas）（1972）的研究，他们都试图为宏观经济学制定一个微观基础。理性预期理论及其推论——有效市场假说是当今经济学中最有影响力的研究预期的方法。该理论在政治上也具有突出作用。本书赞同理性预期理论的观点，即预期非常重要。但是，本书不认同行动者的决策是基于有效利用现有信息的预期形成的，以及行动者的预期与主流的宏观经济模型一致。

　　可以将"理性预期"定义为基于对过去事件的统计分布的发现，利用所有目前可用信息的预期。主要的经济模型中可以体现出这种统计考察，它能正确预测未来的结果。这个"真正的"经济模型在历史上是稳定的，也就是说，支配经济活动的基本关系和规律的有效性本身并不随时间变化（Bausor，1983）。在这些条件下，可以从过去预测未来。事实上，它只是"过去的统计影子"（Davidson，2010）。[6] 由于预期是"对未来事件的知情预测"，因此预期与"真实"经济模型的预测没有区别（Muth，1961）。理性预期理论认为，尽管个人根据他们的主观概率分布做出决策，"如果预期是理性的，这些主观分布一定等于将在未来任何特定日期支配结果的客观概率分布"（Davidson，2010）。这一假设对于实现平衡是必要的。理性预期理论家和一般均衡分析都假设可能出现正确的预期，因此提倡预期的确定性模型。两种理论的不同之处在于，理性预期理论假定经济的实际结构是随机的，而一般均衡理论则假定存在完整的信息。

但是，这并不排除，个别行动者在评估有关未来的经济相关变量时，可能会出现错误。然而，从总体上看，行动者形成的预期是正确的，因为所有的个人错误都是随机的。换句话说，他们的预期是不相关的，因此没有系统性的偏差。因此，理性个人可以预测与所形成的市场均衡没有系统性差异的结果。这表明，理性预期假说是完整的信息假设的随机类似物（Bausor，1983）。与预期结果的差异只是由随机冲击造成的，这些冲击是无法预测的，是短期的干扰。因此，这些冲击最终将被克服，系统将回到其预期的路径上。

理性预期理论对经济政策具有重要意义。该理论认为，理性行动者不会被"愚弄"，任何试图"通过系统地使公众产生错误预期来操纵经济"的公共政策（Sargent，2008）都注定要失败。例如，该理论预测，利用短期减税或通货膨胀的货币政策影响商业周期，这种尝试不可能成功，因为行动者会预测长期后果并相应地调整当前价格。这种批评主要针对凯恩斯主义的政策干预，凯恩斯主义的政策干预假定增加货币供应、刺激财政需求都是有效的。自20世纪70年代以来，理性预期理论广泛用于证明国家退出宏观经济干预的合理性。该理论还用于解除金融市场管制的合法化，因为不受限制的金融市场是创造有效市场价格的最佳工具，有效市场价格是与资产基本价值相对应的价格。该理论用于抑制市场干预，将政策制定者和市场行动者降为基于完全预知的经济模型规则的被动执行者（Frydman and Goldberg，2007）。遵循这些规则会产生有效均衡，从而优化经济资源的利用。

如上所述，理性预期理论的推论是有效市场假说（Fama，1965a），该假说认为市场价格是有效的，因为它是对资产未来价值的最佳预测。当均衡价格反映资产产生的贴现未来收入（即基本价值或内在价值）时，均衡价格就是有效的。如果在没有外部干预的情况下自行设定价格，那么金融市场就是有效的，因为行动者会发现低效价格带来的潜在利润，并抓住这一机会。如果低估了证券的价值，那么购买证券将导致证券的价格向其基本价值靠拢。如果有人认为，在充分信息和无限制竞争的情况下，基本价值和市场价格会趋同，那么便能合理总结出，任何价格变化都是由无法预先了解的因素引起的。因此，价格变化是一种随机游走。

理性预期理论和有效市场假说遭遇了多方面的批评。最常见的批评是，无论是股市泡沫还是货币市场可观察到的实际情况，该理论对正确预测的记录都没有证实理性预期理论（Frydman and Goldberg，2007）。具体而言，罗伯特·希勒（Robert Shiller）（2003）认为，如公司收益所示，股票价格的波动与其基本价值之间存在显著差异。市场波动似乎过大，无法用有效市场假说加以解释。在 2008 年金融危机后，这种批评获得了大量支持："现在证明，市场预期和定价长期以来一直存在误导甚至妄想，而由经济学家提出、由大多数风险管理者和其他经济行动者长期内化的模型是系统性的错误，导致了与其高度相关的'错误'，这些错误绝非随机的"（Bronk，即将出版）。

2008 年金融危机前的房地产价格泡沫、互联网股票价值的高估，以及南欧外围债券相关风险的低估，都是金融市场错误估值的普遍例子。每个例子中，引起资产价格变化的不是关于资产基本价值的新信息，而是对现有信息的全新理解，或对市场行动者行为的再次预期。[7] 行动者在预测中会出现系统性错误，这些错误已经成为行为经济学家研究的对象。

理性预期理论的经验记录不是问题，而是该理论所做的假设。有效市场假说认为资产具有客观价值，表现为预期的未来收益，可以根据过去的信息加以确定。因此，它具有"一种将未来视为隐含的现在的世界观"（Buchanan and Vanberg，1991）。理性预期理论使用线性时间概念，假设固定值，以降低未来事件的不可预测性。该理论认为可以考虑到所有可能的偶然性，这些偶然性在未来仍然有效，但它忽略了做出每个决策的独特历史背景。它意味着"对不确定性的高度限制性观点仅仅是与完全预先决策的行为模型的随机偏离"（Frydman and Goldberg，2007）。通过其假设，理性预期理论可以展现市场的协调性，但只限于有限情况，因为只有认识到所有可能影响情境的关系时，预期才是正确的。同时，用一位理论提出者的话来说，理性预期理论"仅限于相关分布已经稳定到固定值的情况，因此交易者才能'了解'"（Lucas，1975）。必须将不可预测的因素排除在模型之外，消除真正的意外（Bausor，1983）。[8] 有效市场假说假定外部冲击是正态分布的（Muth，1961）。在复杂、开放的情况下，这些情况充满了新奇性和单一性，使用正态分布来预测未来事件会受到强烈质疑，因为经济事件是非线性的，会随时间变化，如果有人因此认为未来是开放的、不确定的，那么就无法真正精确地评估资产的内在价值。

理性预期理论中第二个有问题的假设是错误的随机性。预测中的任何系统性错误都会自行抵消，因为竞争激烈的市场会消除这些错误。然而，在现实世界中，"市场参与者之间存在知识分工，他们不仅根据不同的因素（他们的信息集）进行预测，而且还根据将这些因素映射到预测中的不同策略（他们的知识）进行预测"（Frydman and Goldberg，2007）。两个人可能会以完全不同的方式分析同一种情况，如果只有一个人是错的，那么没有人能提前知道他们中的哪一个是错的。与此同时，也有可能集中错误评估。正如金融泡沫和恐慌表现出的，假设平均而言市场参与者是正确的，但这种假设没有任何经验依据。羊群效应可能导致市场价格长期、全方位地偏离资产收益。

与理性预期理论相悖的观点是，在不确定性条件下，预期是偶然的，因为未来的开放性使"真正的"经济模型不可能存在。行动者的预期不是理性预测，而是"对未来的赌注……还无法知晓"（Orléan，2014）。从这个角度来看，最好认为对未来和资产价格的预期是基于交流建立的想象，这些想象随着对情况发展的解释和判断而变化。这种预期观否定了过去已经包含未来的说法，以及价格反映基本价值的有效市场的观点。然而，它确实提出了关于预期、价格和资本主义动态如何构成的有趣问题。

◎ 不确定性

不确定性的概念对于理解预期的偶然性至关重要，尽管它受到了经济学家的大量关注，但这种关注却受到严格限制。标准经济学试图以这样的方式解释不确定性，这种方式使人们能够继续将行动者的决策理解为理性计算的结果，并将经济视为均衡系统（Elster，2009；Hirshleifer and Riley，1992；Hodgson，2011）。然而，这种对不确定性的理解是有限的，正如弗兰克·奈特（Frank Knight）在 20 世纪初关于这一主题的开创性著作中所表明的那样。

众所周知，奈特（［1921］2006）区分了三种不同类型的概率情况。第一，可以根据先验概率分布计算结果，像机会游戏一样使用完全相同情况的绝对同质分类。第二，"统计概率"，行动者将情况分类为属于已知概率的发生率类别。虽然无法知道案例的实际风险，但可以进行概率计算。第三，奈特称为"估计"，这种情况十分独特，以至于"不可能以任何方式形成足够同质性的情况组，从而可以定量确定真实概率"。这些情况的独特性排除了可计算性。奈特建议将这三种类型简化为两类，即"风险"和"不确定性"。[9]

奈特专注于不确定的情况，他认为这种情况在"任何典型的商业决策"中都是至关重要的（Knight，［1921］2006）。虽然奈特对风险和不确定性的区分在分析上很尖锐，但很难确定任何特定情况是有风险的还是不确定的。不过，可以非常安全地假设不确定性是经济决策情况下的普遍条件。参数的复杂性和相互依赖性、相关第三方反应的不可预见性，以及经济过程的非线性使得无法做出决策结果的概率计算。即使是看似可以概率计算的决策也经常涉及"污染"风险计算的不确定因素（Ortmann，2004）。特别是在与变化、新奇和危机相关的情况下，不确定性至关重要。然而，恰恰是这些情况与资本主义动态关系最为密切。尽管计算结果的重要信息是不可知的，但它们需要做出决策。法国经济学家安德烈·奥尔良（André Orléan）（2014）写道："在这种情况下，统计理性不再适用，个人判断的因素不可避免地参与了预期的形成。"对于主要关注金融市场运作的奥尔良来说，承认奈特的不确定性的后果是"不可能确定证券的真正价值"（Orléan，2014）。因此，有效市场假说的核心原则并不成立。如果不能知道未来的基本价值，那么它们就不能成为决策的基础。[10]

如果考虑到不确定性，就不能认为行动者的决策仅仅基于数学计算。相反，奈特认为决策是"关于结果的意见"的问题（［1921］2006）。因此，对预测的信心"在很大程度上与判断和权力本身的'真实价值'无关"。或许是无意中提到了社会学家所说的托马斯定理，奈特写道："信心基于直觉的力量似乎复杂到成为无稽之谈，但只要这种无意识或未经深思熟虑的感觉存在，只要它们可能成为深思熟虑的对象，这种情况就同样真实。"

奈特认为，承认不确定性和理性计算结果的局限性的重要性，不在于它对经济学家的理性假设的怀疑，也不在于它给出的对商业决策更现实的理解。奈特认为不确定性的作用比这更重要，他认为这是资本主义自身的基石之一。[11] 这是因为，他认为，利润是激励资本主义投资的预期结果，只有在不确定的条件下才能产生利润。在有一定结果或已知风险的情况下，新古典均衡分析中使用的逻辑是成立的：竞争过程中消除了利润。换言之，面对结果完全可以计算的情况，行动者不会有动力从事创业活动。这表明，如果没有未来的开放性和随之而来的决策过程结果的不可计算性，资本主义动态就无法运作。

弗兰克·奈特认为商业决策是基于无法理性计算的预期，这与主流经济理论背道而驰。新古典主义经济理论的基础是保罗·萨缪尔森（Paul Samuelson）（1969）所谓的"各态历经"的世界观，也就是说，假设现实是预先确定的，可以全部用不变的客观条件概率函数描述（Davidson，1996）。萨缪尔森认为这是经济学中科学方法论的必要条件（另见Davidson，1996；North，1999；Samuelson，1969），因此，20世纪的大部分经济思想都试图摒弃奈特提出的不确定性，这不足为奇。经济学"假设可以客观地列举出所有可能的结果，从而解决个人与未来的关系问题。

那么，实际上，不确定性被简化为可以提前确定的事件概率清单"（Orléan，2014）。尽管一些经济学家敏锐地意识到基本不确定性对其模型的限制，但这种观点仍一直存在。理性预期理论的主要提出人之一罗伯特·卢卡斯（1981）认为，该理论显然"不能适用于人们无法猜测哪些可观察的频率是相关的这种情况，如果确实存在的话，奈特将这种情况称为'不确定性'"。

可以说，当代市场经济中的决策具有基本不确定性。行动者要么由于复杂而没有充分了解与情况结果有关的所有参数，要么所有相关因素尚未出现。在这两种情况下，缺乏预见性而导致的错误不一定是随机分布的。事实上，在这种情况下，行动者特别有可能利用某一套经济模型、他人的决策或市场趋势来确定他们的决策。如果行动者在无法充分了解其后果的情况下做出决策，并且必须得出结论，即后果的确如此，那么他们是依据什么做出这些决策的呢？

◎ 不确定性条件下的预期

基于弗兰克·奈特对不确定性条件下预期的理解，可以在凯恩斯的著作中找到经济学关于预期最有影响力的讨论。预期在凯恩斯的理论中起着关键作用，因为他认为影响商业周期的投资和消费决策很大程度上随预期的变化而发展。与理性预期理论截然不同的是，凯恩斯认为只能最低限度地预测未来。"考虑未来收益率预期的基础，部分是我们可以假设或多或少知道的现有事实，部分是只能信心时高时低地预测的未来事件"（Keynes，[1936] 1964）。凯恩斯认为，预期是不确定的，因为未来是不确定的。"它们"不可能是唯一正确的，因为我们现有的知识不能为计算出的数学预期提供足够的基础。事实上，市场估值会考虑各种因素，而这些考虑因素与未来的收益率毫无关系。[12]

一旦放弃可以理性预测证券基本价值这种想法，接受市场估值的偶然性，那么行动者可以用什么指标来进行评估呢？凯恩斯对这个问题给出了三种可能的答案。第一，行动者可以假设"现有的事态将无限期地持续，除非我们有具体的理由预期会发生变化"。如果是这样，行动者将根据惯例做出决策。第二，在不确定性条件下，行动者的决策基于情感，他在"动物精神"的概念中捕捉到了这种情感，它避免行动者退缩到无所作为的状态。"只有当动物精神补充、支持合理计算时，才会有足够的个人主动性。因此，正如经验无疑告诉世人的那样，经常笼罩在先驱者身上的

"最终损失"这一想法被搁置，就像一个健康的人搁置对死亡的预期一样。"第三，凯恩斯提出，股票市场上，个人投资者的决策基于他们对其他投资者的预期，而非基于有关资产基本价值的信息。因此，市场的投资决策受到短期市场意见预测的引导。凯恩斯用一个选美比赛的著名比喻来解释这一点：在选美比赛中，谁的选择与所有其他参与者的平均意见最接近，谁就能获得奖金。

在《就业、利息和货币通论》（*General Theory*）中，凯恩斯没有详细阐述对预期的处理，但他的处理仍然非常有影响力。20 世纪 50 年代，乔治·沙克尔（George Shackle）在凯恩斯主义传统中发展了一种方法，即以不确定性条件下的预期为出发点。沙克尔认为，只有在未来不可知的情况下才能理解预期。因为"未来时间的内容不仅是未知的，而且是不存在的，人类事务的预知概念是空洞的"（Shackle，1983），任何假设未来是可知的的理论都是错误的。然而，和奈特一样，沙克尔认为，预期的偶然性不是威胁。相反，通过基于对世界未来状态的想象的选择，它为经济中的创造性变化提供了可能性。沙克尔认为，选择发生在"想象的经验中"。在一个具有创造性思维的世界里，对反事实的未来的想象是资本主义动态的动力。[13]

不确定性是决策理论的基础，也超越了凯恩斯主义传统。"太阳黑子"是指对预期的随机影响，这些影响没有经济基本面基础，但由于行动者相信它们的相关性而变得相关（Cass and Shell，1983）。它们是基于信念的随机变量。太阳黑子是对经济均衡的影响，这些影响无法用经济基本面来预测，而且会导致低效率的结果，如银行挤兑的自我实现预言。换句话说，与理性预期理论的主张相反，如果太阳黑子影响了结果，那么政府就有理由进行干预，以稳定因市场参与者毫无根据的预期而产生的波动。

有限理性理论（Simon，1957）与凯恩斯的假设相同，即行动者缺乏计算最优选择或认知能力所需的信息。行动者有不同的愿望，会假设不同的随机事件且不能精确预测其互动伙伴的行为（Güth and Kliemt，2010），因此无法预测均衡结果。鉴于决策情况的复杂性，选择不可避免地涉及判断和心理捷径。与其说是理性行事，不如说是个人理智应对决策情况的复杂性。西蒙（Simon）创造了"满足"一词来描述这一过程。有限理性理论认为理性预期理论的错误在于它对行动者的真实认知能力的假设。"计算能力占据了主要期刊中许多页数学附录，只有通过多年的专业培训才能获得这种能力，我们怎么能把计算能力归于社会主体呢？"（Elster，2009）。

行为经济学以类似的方式对新古典模型的理性假设提出了假设，但超越了"满足"的概念，试图以系统的方式理解决策中存在的不同类型的认知偏差。行为经济学家发现了决策过程中的许多机制，包括刻板印象、过度自信、羊群效应、有限注意力、沉没成本谬误或预测偏差，所有这些都可能使行动者偏离最佳选择。行为经济学家认为，根据新古典模型设定的标准，主体的行为是非理性的。预期在他们的研究中起着至关重要的作用。例如，"羊群行为"描述了行动者对其他行动者的未来行为形成预期的方式。然而，非理性决策的原因在于个人的认知局限性，而不在于未来的开放性和不可预测性。因此，行为经济学家的目标是通过准确解释某些认知机制如何影响决策过程，从而发展一种卓越的预测性理论。一旦系统地理解了认知"错误"，就可以解释并纠正这些错误。尽管行为经济学对新古典模型的不现实假设的批判是正确的，但由于它继续"接受经济模型应该产生敏锐预测的传统信念"（Frydman and Goldberg，2007），且忽视了"未来是开放的和不可预见的，所以预期可能会失望"这一事实，因此，它也存在缺陷。

奥地利经济学是另一个强调不确定性的重要性的经济研究分支，它同意凯恩斯对主体预见未来的能力的批评性评估。弗里德里希·哈耶克（Friedrich Hayek，[1968] 1969）也相信各态历经现实，但他和其他人都承认，个人不可能完全了解各态历经现实。从这个角度来看，竞争成为发现迄今为止未知的可能性的过程。虽然奥地利学派的大多数人都认为，这种发现发生在一个预先设定的可能性范围内，但少数研究传统的人打破了这种对未来开放性的有限理解，强调了真正的新奇性的作用。

詹姆斯·布坎南（James Buchanan）和维克多·范伯格（Victor Vanberg）（1991）的著作是这方面最有趣的贡献之一，他们认为经济均衡观点是错误的，因为它假设存在一套预先设定好的只需要分配的商品。他们主张，"市场的未来部分根本不存在；它们在定义上就不存在。任何时候，基于或多或少的信息思考，都有许多潜在的未来可以想象。然而，哪个未来会出现，将取决于尚未做出的选择"。因此，市场不仅是哈耶克所说的发现过程或信息问题，它是一个创造性的过程，在这个过程中，行动者的想象潜力创造了真正的新奇性。这种对未来的不可知性的关注，将不确定性的概念与新奇性的概念联系起来，这是资本主义经济动态的一个核心特征。预期是由人类"以新奇的方式看问题和做事情"的能力形成的（Dequech，1999）。同时，未来的不可知性导致了"理性信念的不确定性"（Elster，2009）。奥地利学派认为，这种思路有一个政治后果：应该将自由市场制度化，以便个人可以追求自己的目标，新的想法能够存在。换句话说，在制度层面上允许进步的不确定性是确保进步发生的最佳方式（Robin，2013）。这与凯恩斯关于不确定性的结论相悖，凯恩斯认为不确定性可能导致生产要素不足，因此应通过国家监管和干预加以应对。

◎ 社会学中的预期

经调查，社会学对未来在经济行动中的作用的贡献要少得多。没有"预期的经济社会学"，而且，如上所述，即使是社会学的学术研究，总体上对理解未来在行动过程中的作用的兴趣也是有限的（Emirbayer and Mische，1998；Mische，2009；Tavory and Eliasoph，2013）。社会学倾向于关注"最终结果，即最终检查过程的结果"（Abbott，2005）。用阿尔弗雷德·舒茨（1962）的话说，社会学主要对"因为动机"感兴趣，也就是说，决定行动的过去经验。只有少数的学术流派讨论了预测和预期的作用。这些学术流派认为，"因为动机"（Schütz，1962）是行动因果解释的重要部分。行动者在做决策时会预料到某些后果，包括其他行动者的反应。虽然在解释社会现象时纳入行动者意图的社会学家可能不会明确地使用预期的概念，但他们会采用许多相关的概念，如信念、目标、意义构建、意义或想法。这些方式都表明，结果只能将预期影响作为因果关系加以解释。

与经济学一样，社会学处理预期的方式也只能部分地令人信服。尽管方法上存在显著差异，但社会学和经济学一样，试图"消除"不确定性的后果，在理解其行动的过程中掩盖未来的开放性。在大多数社会学家眼中，未来是过去的延长。社会学与经济学的不同之处主要在于所认定的通向未来的道路，经济学家假定，这要么是完美的远见，要么是基于有效利用现有信息的理性预期，而社会学家则倾向于从规范和社会结构的角度来解释对未来的评估，不过，有一些社会学方法确实认识到了未来的开放性和不可预测性。

◎ 作为规范的预期

塔尔科特·帕森斯（Talcott Parsons）在解释行动过程时认为预期具有重要作用。[14]《社会行动的结构》（*The Structure of Social Action*）（［1937］1949）中，帕森斯（Parsons）认为"目标"是行动的构成要素之一，并将其定义为"行动过程所面向的未来事态"，因此，行动是时间上的过程，"总意味着未来的参考"。所有的行动都意味着"有可能出现'错误'"，即选择错误的手段。在这种情况下，结果是行动者的理想，而不是对未来实际事态的预测。但如果这是真的，社会秩序的整合又将如何解释？或者，用帕森斯的术语来问——如何解决双重偶然性的问题？

帕森斯在他后来的理论（1951）中回答了这个问题，但这种做法极大地限制了他早期行动理论中的自愿主义特征，引入了角色预期的概念来分析社会系统和行动者人格系统之间的联系。行动者在特定情况下可能存在的目标和反应的偶然性是通过行动者在该情况下应该如何行动的制度化规范来引导的。这些规范通过内化过程固定在行动者的人格系统中。预期是"改变者对自我可能行动的可能反应，这种反应可以提前预知，从而影响自我选择"。角色预期在人格系统中的基础确保（在不同程度上）遵守社会规范，以及（在不同程度上）对那些行为违反角色预期的人进行制裁。因此，预期的功能是解释社会互动是如何在预期其他行动者反应的情况下进行协调的。预期有助于解决双重偶然性的问题，但预期不再意味着行动者会对开放未来采取创新行动。相反，预期有助于消除这种不可预测的新奇趋势。虽然帕森斯对预期的讨论是他一般社会理论的一部分，但预期是通过规范和制度来构建的这一概念也影响了他对经济的处理（Parsons and Smelser，[1956] 1984）。

其他许多社会学方法中也存在同样的想法，其中一些直接受到了帕森斯研究的启发。帕森斯的学生哈罗德·加芬克尔（Harold Garfinkel，1967）的民族方法论认为，行动者对特定社会情境的"正常"反应是有预期的。正如加芬克尔著名的破坏性实验中所示，违反这些预期会带来巨大的痛苦，并最终导致社会秩序的崩溃。[15]加芬克尔与帕森斯不同，他将预期视为行动者理所当然的"操作方法"规则，而不是主要固定在社会价值体系中。

社会学中的其他方法也认为预期由社会背景决定。例如，在杜尔凯姆（Durkheim）的传统观点中，玛丽·道格拉斯（Mary Douglas，1986）认为，"制度对预期编码"。行动者越是充分地做到这一点，"他们就越能控制不确定性，进而行为会倾向于符合制度矩阵"。类似地，尼克拉斯·卢曼（Niklas Luhmann，1988）认为预期是缩小可能性范围的手段。社会系统利用预期来决定和限制他们对环境的认知。期望基于正式规则或既定习惯中，特别是在社会系统的代码和程序中。在这里，它们又是处理复杂信息的手段，通过"准备未来事件的可能性"降低复杂性（Luhmann，

41

1988）。然而，卢曼意识到，预期不能预示未来，预期可能被证明是不准确的。在这种情况下，认知性预期将被修改，学习过程就发生了。与此相反，与规范矛盾的行为则维持规范性预期。

现象学是囊括未来预期的最重要的社会学传统。事实上，哈罗德·加芬克尔和尼克拉斯·卢曼都受到现象学传统的强烈影响。然而，毫无疑问，现象学在社会学中最重要的代表是阿尔弗雷德·舒茨。最初，舒茨似乎为从社会学角度理解未来在经济行动中的作用奠定了最坚实的理论基础。行动是指向未来的这一观点对他的分析至关重要。舒茨认为，行动路线是通过"投射"来选择的，"投射包括通过幻想的方式对未来行为进行预测"（Schütz，1962）。在从事试图实现目标的实际活动之前，行动者在"未来的时间，当这个行动将要已经完成时"创造了自己的幻想。在这个意义上，项目是"在未来完成时态中的预期"。

人们可能会认为，认识到想象的作用会使舒茨以类似于沙克尔或布坎南和范伯格的方式强调预期的创造性潜力，特别是考虑到舒茨发现生活环境变化会不断改变行动时所依据的经验。事实恰恰相反，舒茨认为行动者关注的是情况与他们所知道的内容的相似性，而不是差异性，使用基于从以前的经验中收集的假定知识的"参考方案"来解释情况。尽管所有的生活经验"都是独特且不可挽回的事件"（Schütz，1962），但行动者对它们的典型特征感兴趣，而不是对其独特性感兴趣。那些使项目"在严格意义上独特和不可挽回的特征是……不相关的，会被消除"。

因此，舒茨对典型性的重点关注使得他的研究在理解作为资本主义动态来源的预期方面只有部分的帮助。尽管他认为预期是行动过程的关键，但他不认为预期是新奇性的来源，因此不是社会的动态力量。他认为，行动是模仿性的，依赖于假定的脚本。这一理论极大地影响了19世纪60年代以来的社会学思想。除了上面提到的哈罗德·加芬克尔和尼克拉斯·卢曼的著作之外，现象学还为皮特·伯杰（Peter Berger）和托马斯·卢克曼（Thomas Luckmann）（1967）的社会学建构主义提供了参考，还是新社会学制度主义的组成部分，该理论在解释制度和组织模式的扩散时注重同构的过程（DiMaggio and Powell，1991）。因此，对常规做法的关注在很大程度上超过了文化和制度主义理论中的未来取向（Mische，2009）。

皮埃尔·布迪厄的情况也是如此。如第二章所示，布迪厄在其早期关于卡拜尔及其他地区的人类学研究中十分重视时间和预期的作用。布迪厄（2000）对社会世界的不确定性和与投资相关的不确定性有清晰的认识。[16]同时，参照阿尔弗雷德·舒茨的观点，他强调，客观概率证明，在社会世界中并非一切皆有可能。他写道，社会世界"不是机会游戏"。相反，未来的事件是由行动者的习惯，以及惯例、习俗、法律编纂等客观机制和制约因素形成的。主观希望是由客观概率形成的，客观概率来自行动者在经济领域的地位。人们的意志"适应他们的可能性，他们的欲望适应满足他们的能力"。正如上面讨论的社会学方法一样，布迪厄也淡化了开放未来这一发现的理论后果。由未来的开放性可能产生的想象自由服从对行动者施加权力的结构性力量。

愿望和社会分层之间的关系是 20 世纪 50 年代和 60 年代特别活跃的研究领域焦点。布迪厄认为愿望是由阶级地位决定的，与布迪厄不同，社会分层研究者采用了角色预期和愿望的概念，以寻求对青少年的预期对社会不平等的再生产的因果效应的经验性理解。特别有意义的是关于预期对社会结果影响的研究，如生育率、生活满意度、职业成就、退休计划和心理健康（Mische，2009）。社会分层研究者在职业愿望和理解教育与职业结果方面的研究，阐明了青少年对自己未来的预期（Kahl，1953；另见第六章）。他们的研究旨在表明，可以由青少年社会环境中的行动者持有的预期来解释分层。"特别是，父母、教师和同伴等重要他人定义了预期，然后学生将其内化为教育和职业的愿望"（S. Morgan，2007）。[17] 愿望只是在后来作为因变量参与调查，因为来自低层背景的学生更有可能受到低预期的社会影响，他们在确定职业目标时目标更低，因此通过自己的决策复制了社会不平等（见第六章）。

正如最有影响力的经济理论对预期概念的使用十分有限一样，结构功能主义、现象学和分层研究也是如此。这些社会学方法试图解释行动者遵从社会需求和支持对未来观点的社会结构，但它们没有解释预期产生的创造力，没有解释行动者想象偏离现有规范和习惯的未来并创造反事实世界的能力。认识到预期的创造性力量的重要性，就需要背离旨在解释社会秩序的稳定性或社会分层的再生产的静态模型。资本主义将违反现有规范的行为合法化，事实上，这是竞争（Simmel，[1908] 2009）和创新（Merton，1957）的关键因素。创新的发生、利润的获得和资本主义动态通过不同行为得以发展。

◎ 预期与创造性

一些社会学和哲学的方法更开放地评估了不确定性对预期的影响。它们认为预期是偶然的、可变的、有成效的和可以操纵的。这些方法和上面讨论的经济学中的非正统方法，为理解预期及其在资本主义经济动态中的作用奠定了基础。其中，最重要的是美国实用主义。

与舒茨一样，实用主义承认对未来的预测的重要性。它在典型性的概念上与舒茨的思想不同，它关注的是对未来状态的想象在新奇事物出现时所发挥的作用。特别是乔治·赫伯特·米德（George Herbert Mead）的《当下的哲学》（*The Philosophy of the Present*）（［1932］2002）和约翰·杜威（John Dewey）的《人性与行为》（*Human Nature and Conduct*）（［1922］1957）讲述了未来画面的创造性作用。米德和杜威都认为，对世界未来状态的想象是当下决策过程的一部分。环境的时间延伸通过行动者的想象而发生，这意味着未来包含在当下，而不在行动者的情况之外。

44

同样，在实用主义者的研究中，预期和未来取向的作用在他们对行动过程的概念化中最为明显。杜威（［1922］1957）认为行动始于习惯。他提出，行动通常是一种非反思性的活动流，其中"习惯做了所有的认知、回忆、判断、构思和推理"。然而，在不同习惯之间发生冲突的情况下，或者由于冲动的释放，活动流可能会中断。此时，行动者面临一种新的、令人惊讶的情况。行动过程的中断造成"当前活动的混乱和不确定性"，使行动者对于行动目标和他们应该运用什么手段来实现目标没有把握。当面对突发事件时，当前的行动目标和手段成为行动过程的障碍，产生了杜威所说的"调查冲动"。"调查事物，试图看透它们，找出正在发生的事情。"通过调查，行动者试图恢复行为的统一，从而使行动再次成为一种非反思性的活动流。

对未来可能性的想象是调查过程的关键。阿尔弗雷德·舒茨描述的是个人对未来的投射，而杜威则认为是通过一个他称为商议的过程，与相关的社会和自然对象进行"对话"。商议允许行动者通过"（在想象中）对各种相互竞争的可能行动路线进行戏剧性的排练"（Dewey，［1922］1957）来试验某种情况。在想象中尝试可能的行动过程的意义、特征和后果，而不是让其直接在现实中发生。[18] 行动者想象选择的后果，这使他们能够了解"我们在行驶"的道路。因此，对未来的想象有助于引导决策。"对未来发生的思考是我们判断现在的唯一方式，是我们评估其重要性的唯一方式。没有这种预测，就不可能有项目，不可能有管理现在的能量和克服现在的障碍的计划"。

在商议的过程中，行动者对可能的行动路线的结果和他们将努力实现的目标形成预期。当"行动中的各种因素和谐地结合在一起，想象没有发现恼人的障碍，有一幅大海和满帆的画面"（Dewey，［1922］1957）时，就决定了新的行动方案。杜威认为通过思考过程达成的决策是"合理"的。它们允许行动继续进行，但它们不是基于对未来的预测，因为由特定决策产生的事件可能与预期不同，因为不能考虑到所有的相关因素。思考的目标不是一个"终点"，而是"行动方式"。任何选择都是暂时的解决方案，将一直运行到习惯偶然遇到由意外事件和新冲动产生的新障碍。杜威不认为有可能预测未来，对他来说这不是预测的目的。预期的作用是"确定当前活动的意义，并尽可能确保当前活动具有统一的意义"。

目的在商议过程中起着核心作用，但不是像新古典经济学理论那样，把目的看作固定的和外在的行动过程。杜威认为，目的在商议过程中出现和变化，是现在的一部分，而非对不确定的未来结果的计算。出于这个原因，杜威认为，目的必然是暂时性的。在商议过程中出现的新目的和新计划不是外部冲击的结果，而是对当前情况的不同解释。这使行动具有动态和开放的特点。杜威认为，商议"是发现的工作"（［1922］1957），这使他产生了"目的"的概念，即"在活动过程中产生的、被用来给活动增加意义并指导其进一步进程的预见的后果"。目的是"目前行动中的一种手段：目前的行动不是达到遥远目的的手段"。然而，为了与社会结果相关，必须通过调查实现这些目的的具体条件来确定哪些手段是实现这些目的所必需的。因此，目的可能会随着手段的应用而调整。杜威举了托马斯·爱迪生（Thomas Edison）的例子：对有电世界的想象使他调查并决定如何实现这种想象。

对未来的想象在当前行动中的作用是反功利主义理论的论点。功利主义认为行动目标（尤其是行动者所向往的道德目标）是固定的，是行动过程之外的。功利主义思想家不认为目标来自经验或随着经验的变化而变化，而是表达了从逻辑推理或人类学假设中得出的普遍有效的原则。功利主义理论认为这个假设是公理，即采取行动是为了获得积极的未来感觉。杜威认为，我们无法知道我们未来的偏好是什么，这意味着不可能事先计算出如何满足这些偏好。因此，未来偏好的不确定性是行动者所面临的不确定性中的另一个因素，它使得无法做出使未来欲望得到最佳满足的决策。杜威认为，功利主义的观点即目的是固定的，是行动过程的外部，是对不确定性所激发的恐惧的反应。"情况越复杂，我们对它的了解越少，正统的道德理论就越坚持事先存在某种固定的、普遍的原则或法律，并直接应用和遵循这种原则或法律。"

也可以将其理解为与舒茨的类型化概念和帕森斯的角色预期相矛盾。

杜威认为，目标是随着经验而出现和变化的。否认这一点会使现在的活动（甚至是现在本身）失去所有的意义，使其沦为实现不确定的未来的单纯工具，我们永远无法生活在其中。我们只能生活在当下，而当下的时间性可以通过商议来扩展。也就是说，通过想象构建未来的表征。但是，"商议不是对不确定的未来结果的计算。现在是我们的，而未来不是"（Dewey，[1922] 1957）。

杜威为评估行动过程提供了一种手段，让我们理解预期对未来行动的导向作用是不确定的。它是一个过程，而不是一个固定的想法。很少有社会学家接受这种对世界未来状态的预期和想象的创造性作用的理解。哲学家们对这一主题产生了更大的兴趣，特别是保罗·利科尔（Paul Ricoeur）（1991）和科内利斯·卡斯特里阿迪斯（Cornelius Castoriadis）（1998）。利科尔（1991）的行动理论与阿尔弗雷德·舒茨及现象学传统密切相关，强调了预测未来的作用。行动者可以通过利用叙事结构的预期想象，在没有意识到任何行动的情况下"玩"出不同的行动路线。这些预想是动机的重要来源，因为它们可以根据行动者的欲望和道德义务评估不同的行动路线。利科尔认为，行动者通过想象的变化来拥有权力。与舒茨不同，利科尔认为想象是生产性的，因为想象不只是对已经存在的事物的复制，而是让行动者尝试新的发现和理解方式的愿景。通过这种方式，行动者创造了新的意义。同时，由于想象基于语言在规则支配下的目的性，它不会把行动者引向一个幻想和逃避现实的世界；相反，它允许对现实有新的参照，可以与沉淀下来的范式和实际工作联系起来。科内利斯·卡斯特里阿迪斯将他的行动理论建立在"实践"的概念之上。[19] 卡斯特里阿迪斯认为，当行动者采取实际行动时，他们就会向未来开放，他认为未来是不确定的，是行动者创造新奇的时空地带。他认为，"做事情"总是意味着"把自己投射到一个未来的情境中，这个情境在所有方面都向未知的东西开放，因此，我们不能在思想中预先拥有它"（Castoriadis，1998）。想象指导着人类的实践，是"唤起图像的基本的、不可或缺的能力"。他的社会实践思想的核心是想象和社会现实的结构性因素相互关联，这些因素通过语言来表现。想象仍然与社会世界的现实相连，因为它与语言的符号形式相关联。卡斯特里阿迪斯认为，反对马克思主义和他那个时代的法国结构主义不意味着符号是决定性的。相反，他认为符号本身受制于持续的变化过程，因为它与想象的创造力交融在一起。从他的推理路线中得出的不确定的本体论解决了前文讨论的不确定性的后果。"因为象征性依赖于人类自然的想象能力，因为意义与想象不可复制、不可分割地交织在一起，所以不能从因果关系因素上追溯意义。历史—社会领域由意义链组成，不能完全从因果关系链中得出"（Joas and Knöbl，2009）。

　　未来的不确定性意味着不可能有对未来的预知；历史进程是非线性的。但是，这种不确定性也正是赋予行动以创造性力量的原因。因为世界不是一个封闭的因果关系的领域，社会实践有助于创造变化的过程：总是有可能创造一个不同的社会现实。卡斯特里阿迪斯认为，这是自由的必要前提，而自由是通过旨在使新事物制度化的集体行动来实现的。[20]

◎ 结论

　　如果我们要理解经济中的行动，就必须考虑到行动者对未来结果的预期。在这个意义上，未来和历史一样重要：行动者使用预期和对反事实的未来的预测来考虑其他选择。

　　预期在经济学中的运用比在社会学中更突出。然而，主流的经济思想忽视或掩盖了未来的开放性所带来的基本不确定性，因此没有公正地对待预期的偶然性。事实上，理性预期理论，即经济学中最突出的关于预期的方法，假定预期是确定的。这种方法在该学科内部受到了批评。经济学家们利用对预期的其他理解，不确定性和未来的开放性发挥了作用，其中最有影响的经济学家是奈特和凯恩斯。乔治·沙克尔、安德烈·奥尔良和保罗·戴维森等学者进一步发展了凯恩斯在不确定性条件下对预期的评估。奥地利经济学家也对理性预期理论提出了异议，批评它忽视了未来的不可知性（Buchanan and Vanberg，1991）。这些方法为进一步理解预期的特征及其在资本主义动态中的作用提供了有用的基础。

　　尽管预期值在一些从社会互动出发的理论中是重要的，但在社会学中没有专门针对经济现象调查预期值的处理方法。然而，大部分的社会学传统都没有注意到预期在变化过程中的作用。例如，结构功能主义认为期望的意义仅在于其稳定社会秩序的作用，它们通过帮助协调社会互动来做到这一点。韦伯也对期望进行了狭义的定义。他认为，预期要么是基于对某一特定结果的概率的评估，要么是产生于行动者之间的协议。另外，现象学对期望的看法更广泛。阿尔弗雷德·舒茨在这一传统中对预期做出了最重要的贡献，然而，他主要对主体间共享的参考框架和情况的典型性感兴趣。尽管他强调了对未来的预测的作用，以及由不断变化的社会和时间背景所产生的目标的流动性，但他相信行动者的决策取决于他们体验到的典型情况。

48

在过去的四十年里，现象学方法对社会学产生了很大的影响，最先是在民族方法学方面，后来是在社会学制度主义方面。这使得社会学对经济的研究方法取得了进展，但他们主要关注的是同构的过程，这使得他们过度强调一致性和典型性。他们对非同构变化的理解充其量也是薄弱的（Beckert，1999，2010），尽管基于制度创业和制度工作概念的进展已经正视这一缺陷。相比之下，实用主义传统更充分地认识到在想象未来的情况时需要的偶然性和创造性。杜威确定，对未来的预测是开放的，随着新的经验和重新解释的发生而改变。新出现的目的使我们有可能重新评估一个给定的行动情况，创造性地重建它，并设想创新的行动路线。行动者不断地重新评估他们的处境。例如，埃米尔拜尔（Emirbayer）和米什（Mische，1998）本着实用主义的精神认为，"选择是由行动者在与不断发展的情况对话中想象、评估和偶然重建的"。因此，预期除了降低不确定性之外，还创造了不确定性，因为对未来的想象能够促进对现有世界的"创造性破坏"，为新的世界让路。理性预期理论认为这是一种"不和谐"（Stark，2009），它是经济中许多决策的特点。如果对一个情况有不同的解释，至少其中一些人必须"无效"地使用现有信息。

然而，我们必须牢记，经济中的预期不是自由漂浮的幻想：对未来的展望和基于这些展望的行动方案通过财富和权力的分配、认知框架、网络、正式和非正式的机构，以及规范的义务受到社会的制约。在其他方面，家庭、公司、法律、遗产、歧视、社会权力、国家补贴和营销都影响着想象的未来。资本主义制度是动态的，不是完全稳定的。这对于任何强调当前未来的偶然性的贡献来说，是一个关键点。

第四章
虚 构 预 期

> 想象会把不知名的事物用一种形式呈现出来……空虚
> 的无物也有了居处和名字。
>
> ——威廉·莎士比亚,《仲夏夜之梦》

利用虚构分析经济行为和资本主义动态,乍一看可能显得牵强附会,甚至存在误导性。毕竟,经济学是计算和工具理性的领域,是"真实"的缩影,而虚构是由作者"编造"的。那么,将两者结合在一起有什么好处呢?

然而,只要我们清楚如何使用"虚构"一词,这一想法就可以为理解资本主义经济动态及其与不确定性条件下的预期的关系提供有效的概念性工具。21世纪初,互联网和房地产泡沫破裂后,许多评论家都谈到了"虚构价值"或"虚构经济"。他们的意思是,在泡沫顶峰时期,股票、房屋或金融衍生品的价格与它们的"真实"价值相去甚远,"虚构"是指它们的价格欺骗了投资者和那些高价购置资产的人(Kormann,2011)。经济评论家也经常在对金融产品抽象性的负面评论中使用"虚构"一词,表明在金融市场中进行交易的经济商品已经失去了与潜在经济现实的所有联系,并且在"真实"经济中没有任何功能,是虚构的(Otte,2011)。但是,这两种含义在这里都不适用。

相反,在不确定的条件下,对未来的评估与虚构文学具有相同的重要特征。最重要的是,他们都会发表超越经验事实报道的观点，来创造自己的现实。虚构伪装成现实，作者和读者也会装作认为所描述的现实是真实的。当然，就其本质而言，文学虚构不仅会描述可观察的真相，还会描述对经济未来的预期。以下两个原因可以体现其正确性。第一，在创造未来预期的那一刻，未来是未知的。换句话说，从本体论上讲，未来的开放性排除了将预期限制于经验现实的可能性。第二，在经济中，物体被赋予了超越性，而行动者的行为就好像这些特点是物体本质的一部分，尽管它们与物体本身没有客观的物质关联。在非理性条件下，文学虚构小说和预期都存在"与现实的断裂关系"（Burgdorf，2011）。

文学理论是最擅长分析小说的学科，因此，自然可以通过探索这个领域来寻找不确定性条件下的预期和虚构小说之间的相似之处。这个想法其实并不新鲜。海登·怀特（Hayden White，1973）认为，虽然历史学侧重于过去事件的重建，但只能将其理解为使用虚构这种手法作为叙述故事的形式。怀特在分析19世纪历史学家和历史哲学家的作品时，列举了在历史学中区分的文学修辞和流派。在怀特看来，历史叙述是一种小说形式（1978），但历史学家和小说家的目标不同，历史学家试图叙述事实，而小说家则描绘想象的可能性。然而，怀特认为，只能用与小说写作相关的常规修辞手段来表现事实。也就是说，历史学家有义务采用叙事工具来报告事实。怀特提出了一个更有力的主张，因为历史事实已经发生，因此，无可争辩，历史作为事实存在，而发生在未来的事件则不同。如果参照文学理论来理解历史学的叙述是有意义的，那么参照文学理论以理解对未来的叙述则会产生更大的效用。

◎ 虚构小说

第一章提到，"虚构预期"是指对世界未来状态与因果关系的想象，为行动者的决策提供信息。正如第三章所解释的，在基本不确定性的条件下，预期永远不可能是对未来的实际预测，预期只是推测，只有在未来成为现在之后才能验证其真实性。如果无法提前预测未来，那么对未来的想象就是一种虚构小说。从这个意义上说，不确定性条件下的预期是虚构的。"虚构预期"这一术语也可以用来分析赋予物体象征性的作用。这不仅对理解消费品的吸引力至关重要，也与理解货币的运作和经济理论预测的可信度有关。

本书的第二部分和第三部分使用了"虚构预期"一词以表达上面介绍

的两种含义。这两章将"虚构预期"看作对本体论不确定结果的预测，以及赋予物体超越性的一种方式，就经济理论而言，"虚构预期"又是呈现经济的认识论手段。这个词的两种用法的共同点在于，它们与经济现实的关系具有假设性质。在这两种情况下，尽管方式不同，但预期都与现实存在断裂关系。在第一种情况下，这种断裂来自任何对未来的预期的本体论不确定性。在第二种情况下，认识论不确定性引发了对商品质量和经济过程的偶然解释。如果这些解释和分类是主体间共享的，就会影响经济结果。

以下这个例子可以使上述内容更易于理解。2011 年 11 月，商品投资者吉姆·罗杰斯（Jim Rogers）预测，黄金价格最终会升至每盎司 2000 美元（见 BullionVault，2011）。以这种方式预测一项资产的未来价值，作为投资（或出售）的理由，这便是一种虚构预期。在投资者共享的范围内，虚构预期可能会影响商品价格。"虚构预期"这一术语的相关性在"虚构"一词的语义中显而易见，该词来自拉丁文的 *fictio*，其本身来自动词 *fingere*，意为塑造、构建、形成、构成（Bunia，2010；Vaihinger，1924）。虚构文学是这些活动的产物，包括虚构的假设、创造和想象。虽然虚构文本不受经验现实约束，但文学理论家并不认为小说的决定性特征是非现实性。事实上，他们认为虚构和现实之间的对立是错误的。他们认为，小说的决定性特征是它创造了一个属于自己的世界，"创造了一个空间，在这个空间里，人们可以在思想和想象中体验到一个不同的现实，这个现实在任何程度上都可能与真正的现实不同"（Bunia，2010）。小说的创造性维度是这一点的核心。小说可以"改变现实"，因为小说发明了它自己的现实。小说"不是以'再现性'的方式指代已经给定的现实，而是可以以'生产性'的方式指代现实"（Ricoeur，1979）。保罗·利科尔的观点十分恰当，他认为小说是日益增加的现实。小说能够打开现实的新维度，从而为其增加新的层次。小说之所以成为可能，是因为人类具有独特的能力，能够唤起反事实现实的画面，这些画面可能位于未来或过去，可能发生在任何地点，可以假定行动者、物体和自然力量的所有可以想象的行为。这种能力使人类能够提前计划，因为人类可以想象和排列替代性未来（Bloom，2010）。人类思维的想象力似乎是无限的，人类的"虚构能力"（Fiktionsfähigkeit，Iser，1993）是一种基本的人类学特质。

如上所述，并非只有文学理论家认为在想象中创造世界是人类状况的决定性特征。社会学家也研究了想象世界的创造在社会行动中的作用。文学作品中的虚构文本和对经济未来的预期有着截然不同的目标，因此有必要确定它们的可信度来源，以及社会世界和文学小说中的虚构预期之间的相似性和差异性。

◎ 小说的可信度

一个在想象中创造的世界，即"双重现实"，可能使行动者体验到一个只存在于其想象中的现实。这就引出了这样的问题：为什么要认真对待想象世界，在哪个意义层面认真对待想象世界，以及是什么使小说叙述具有可信度？柏拉图的谴责非常著名，他认为诗歌是谎言，而启蒙传统则排斥那些无法证明其真理性的现实观点。然而，艺术及其想象现实仍然存在，对未来社会行动的想象，特别是对经济决策的想象也仍然存在。这就引出了一个问题，即是什么使小说叙述有趣、可信，这是在文学理论中被广泛讨论的话题。

这就是著名的小说悖论——如果我们知道其实无法观察到文学中的事实，为什么我们不会认为它无趣、没有价值，甚至是可鄙的谎言而不予理会？为什么事物存在于没有现实特征的情况中（Iser，1983），我们又是如何被它感动的（Walton，1990）？为什么小说读者会认为柯勒律治在 19 世纪初所描述的内容是"自愿终止怀疑"（Coleridge，1817）？

分析哲学对小说悖论进行了非常具有影响力的调查（Searle，1975；Walton，1990；Zipfel，2001）。这些研究的出发点是：小说内容的可信度不是文本本身的属性，而是基于作者（Searle，1975）或接受者（Walton，1990）的特定态度。约翰·塞尔（John Searle）认为，"判断文本是否是小说的标准必然在于作者的措辞意图"（Searle，1975）。在非虚构文本中，作者对他的观点作出真实性声明，且必须能够并愿意提供真实性依据。相比之下，虚构文本的作者则不需要作出这种声明。在这个意义上，塞尔（1975）认为小说是"非严肃的"，即小说作者并不会严肃地认为自己的陈述是对世界的真实观点。

那么，使小说可信的"是一套语言外的、非语义的惯例……这使说话者能够使用具有字面意义的词语，而免受这些意义通常需要的约束"（Searle，1975）。小说作者"假装"发表观点，"或者表现得好像在发表观点"。塞尔提到的"假装"并不是指作者打算欺骗读者，而是指作者在"好像"的意义上假装。读者赞同这些惯例，愿意认同作者的假设观点，换句话说，他们愿意终止怀疑。塞尔对故事的定义巧妙地概括了他对小说特征的分析——"虚构故事是对事态的假设表现"。

52

非严肃性规则使作者不必对其观点作出真实性声明。因此，创造的世界不局限于经验上可观察到的现实，而可能基于作者的想象力。小说读者知道其观点是非严肃的，但在阅读时却假装它们是真实的。从这个意义上说，小说涉及作者和读者之间的隐性契约，即读者不会要求作者证明观点（Zipfel，2001；Künzel，2014）。当然，这并不意味着小说与现实之间不存在对应关系。相反，小说的观点往往是可信的，这正是因为它是真实的或很可能是真实的、连贯的，并且与非虚构信息紧密交织在一起。

塞尔关注小说作者对观点的真实性的主张，而肯德尔·沃尔顿（Kendall Walton，1990）关注的是小说接受者的态度，以了解他们产生兴趣的原因，具体而言是他们产生情感反应的原因。沃尔顿将小说与儿童玩的假扮游戏相比较，在假扮游戏中，孩子们假装一个物体是其他东西，像它所代表的物体一样行事。他举了一个游戏的例子，孩子们认为森林里的树桩实际上是熊，对树桩的反应就像他们遇到了熊一样。因此，他们玩的游戏创造了一个虚构世界，在这个世界里，树桩是"道具"，使他们产生熊的形象，并模仿他们遇到真正的熊会有的反应。伪装的概念与塞尔使用的假装和扮演的概念相对应。对于沃尔顿（1990）而言，如果一个观点"在某个虚构世界里是真实的"，那么它就是虚构的。

53

孩子们遇到"道具"时会触发想象力。在特定的游戏背景下，道具生成虚构的真相。道具可能是儿童游戏中的树桩，但更重要的是，对于艺术理论来说，道具可能是小说或绘画等虚构作品。道具在想象中创造了新的世界。[1] 同时，在假扮游戏中，基于商定规则，道具代表某些形象和反应。虚构世界不一定像游戏中那样明确商定基本规则，但这些规则可能基于社会认同的惯例。当我们阅读小说时，我们知道其中描述的世界是虚构的。

道具激发了人们对虚构世界的想象力，但也会引起类似于经历"真实"事件引发的情绪。沃尔顿将这些情绪称为"准情绪"，以强调例如在电影中看到某人死亡的场景与在现实中经历类似事件之间的区别。

针对小说悖论的哲学辩论中一个重要的部分关注这样一个问题：由小说引发的情感和由非虚构事件引发的情感之间有什么区别（Schneider，2009）？沃尔顿提出的更常见的情况特别值得关注。他认为，由虚构事件引起的情感与由类似的真实事件引起的情感相似，但不完全相同。然而，这些准情绪确实至少会使读者对小说的反应与他们对真实事件的反应相似。

虽然塞尔和沃尔顿强调惯例是小说可信度的基础，但沃尔夫冈·伊瑟尔（Wolfgang Iser，1983，1991）认为，我们对小说的兴趣来自它连接现实和想象的方式。他将小说中现实存在的事物和想象中的事物结合起来（Iser，1983）。小说包含了大量的现实，但不会因为它是虚构文本的一部分而变得不真实。现代小说努力遵循现实，这导致了真实和非真实的交融。

伊瑟尔提出另一种提高小说内容可信度的方式——将想象转变成具体的格式塔。叙事或故事形式的文本具有想象的格式塔。作为具体的格式塔，虚构表述不同于幻觉、投影、白日梦和漫无目的的想法，想象通过这些直接进入我们的经验。在某种程度上，想象向叙事的转化使它更接近真实。通过赋予想象具体的形式，小说可以对现实世界产生切实影响。因此，伊瑟尔将小说定位在想象和现实之间（Iser，1983）。与塞尔和沃尔顿相比，伊瑟尔更强调真实和非真实的交融是文学文本有效性的条件，但他们都强调了文学文本的"假如"特点。通过其作为虚构内容的自我暴露，"文学文本中组织的世界变成一个假设"（Iser，1983）。

◎ 文学小说和经济虚构的相似性

这些对小说可信度的评估在多大程度上可以为分析经济中不确定性条件下的预期以及赋予物体超越性提供参考？文学文本和经济中的虚构预期之间最大的相似之处是，在两者中，行动者都是在描述的现实真实的情况下行事。未来的开放性和赋予物体超越性的不可知性意味着预期也必须是"虚构的"或"假装的"，因为预期至少具有部分不可知和不可预见的特点。从这个意义上说，预期是虚构的，基于对未来的想象，或者基于超越性的赋予，而非基于对未来和作为经验现实的对象的预知。从这个角度来看，不确定性条件下的预期是类似于小说的发明——它们是创造力的表达，是超越我们可以凭经验观察到的描述，开辟了反事实的视野（Martinez and Scheffel，2003）。在文学小说中，终止怀疑是基于惯例的。在经济虚构预期中，终止怀疑是基于确信未来的想象将成为未来的现在，或者至少有这种倾向。在文学小说中，怀疑会使读者否定文本。在经济虚构预期中，怀疑会使行动者否定预期，认为预期与决策过程无关，且不存在决策具有的特质。

可以从沃尔顿（1990）的"道具"概念中找到第二个相似点。在文学小说或儿童游戏中，无论是简·奥斯汀小说中的句子还是树林中的树桩，道具都会引发想象。经济领域也存在这样的"道具"。在这个意义上，商业计划书就是一种道具。如果这份计划书令人信服，它就会引发对未来成功商业的想象。彩票也是道具，它能唤起人们对突然致富的想象，在实际开出彩票号码之前，彩票持有者就已经沉迷其中，此时，彩票很可能变得一文不值（Beckert and Lutter，2009；Lutter，2012b）。此外，还可以将广告理解为道具，因为广告旨在通过唤起对理想世界的想象来引发情感反应，并传达商品的超越性（Burgdorf，2011）（见第八章）。行动者可能意识到，他们预期中所设想的未来发展在成为现在时会有所不同。但是，在预期事件的过程中，他们还是会体验到类似于他们在现实中会体验到的情绪，从而会"假设"这些预期的内容是真实的。[2] 正如米尔顿·弗里德曼（Milton Friedman，1953）提出的著名论点，经济理论是基于假设的（见第十章）。理论、统计方法和模型被经济主体用以预测未来的情况，作为决策基础，也必须将他们理解为唤起对某些结果的想象的道具。将理论理解为道具可以为替代传统观念提供一个有趣的替代方案，即经济模型要么是以概率方式预测世界的未来状态，要么其预测性理论是用来传达愿望的。

55

还可以进一步探讨虚构文本和经济预期之间的相似性。虚构文本往往将编造的元素与真实的事实混合在一起，从而获得可信度。同样，经济的虚构预期也并非脱离现实的幻想，它们广泛使用了已知的事实。这种事实和想象的交织增加了对未来世界状态的描述的可信度。

沃尔夫冈·伊瑟尔发现，虚构文本本身就是现实的一部分，虚构预期也是如此。他认为，虚构文本是一种沉浸在世界中的特殊形式（Iser，1983），因为它不会自发存在，所以必须促使虚构文本变得可见和有效。通过在虚构文本中选择事件，建立人物之间的关系，删除或增加突出事件和人物来创造一个世界，作者得以实现这一点。虚构文本不是为了描述经验上存在的世界，而是为了让人们能够想象其通过文学手段创造的世界。作者表明，世界可以通过他们描述的方式被感知，而这种虚构的描述反过来又成为现实世界的一部分。没有任何规则约束作者的描述性选择，而认为没有规则制约对经济结果的预期显然是错误的，但不确定性使得我们不可能考虑到所有影响未来发展的因素，更不用说计算和权衡这些因素了。[3] 虚构预期是世界的真实组成部分，可以让世界变得通俗易懂，还可能影响行动者的决策。

文学小说虚构和经济虚构预期之间的另一个相似之处是预期的叙事形式。经济领域典型的虚构预期是对未来状态的点预测。例如，商品投资者或银行预测黄金价格为每盎司 2000 美元，或经济预测机构称美国明年的通货膨胀率为 2.1%（见第九章）。这样的预期尽管看起来简单明了，但总是由叙事来支撑。任何对特定未来状态的想象，都是关于现在如何通过因果关系的步骤转变为所描述的未来的故事。预测者在他们的报告中提供这样的故事，使他们的最终预期看起来有合法的经济推理基础。故事提供了因果关联，以说明世界现状和预期未来状态之间的差距将如何缩小，从而为人们期待讲述者选择描述的结果提供了可信的理由。

鉴于不确定性条件下的预期和文学小说之间存在相似之处，虚构小说的概念在社会科学中得到关注并非巧合。例如，马克思在提到金融资产未来现金流的净现值时谈到了"虚构资本"。在经济史上，卡尔·波兰尼（Karl Polanyi，[1944] 1957）将劳动、土地和货币描述为"虚构商品"。他认为，它们不可能是真正的商品，因为它们不是为市场交换而产生的，但资本主义市场体系却把它们当成了商品。最近，社会学家埃莱娜·埃斯波西托（Elena Esposito，2007，2011）在分析金融市场时广泛使用了虚构的概念，卡瑞恩·诺尔·塞蒂娜（Karin Knorr Cetina，1994）将虚构的概念引入了科学的社会研究。在法律上，法律虚构的概念描述的是在不是为其制定的领域中使用法律规则的情况。[4] 法律问题被视为假设其具有最初制定规则所针对的领域的属性。[5]

在"小说"一词本身之外，故事、叙事、幻想或想象等相关概念甚至进一步扩展了社会现象和文学之间的类比。[6] 马克思认为，人类的劳动与动物世界的协调活动不同，因为人类在实际开始劳动过程之前，就已经在想象中预见到了劳动的结果。埃米尔·杜尔凯姆（[1912] 1965）发现了图腾主义社会如何将权力赋予自然物，并创造出亲属关系的分类，在其中将自己描绘成与动物或植物息息相关。我们可以合理地将这看作一种虚构现象。阿尔弗雷德·舒茨（1962）发展了一种行动理论，认为行为基于幻想，在科学中的符号和诗歌中的符号之间进行类比。约翰·杜威（[1922] 1957）发现了幻想在社会行动中的作用，其形式为可预见的目标，幻想在考虑阶段初期"只是幻觉，是梦，是空中楼阁"。海登·怀特（1973，1978）提出的主张具有广泛影响力，他认为历史学是一种讲故事的形式。最后，社会学家哈里森·怀特（1992）认为网络由故事组成。由于注重叙事结构，虚构预期的概念可能与社会科学中关于故事、幻想、想象和叙事的作用的广泛研究相关。[7]

经济学家也指出了想象和叙事在经济理论和决策中的作用。例如，麦克洛斯基（McCloskey，1990）认为经济学家使用的数学模型是一种叙事形式。乔治·沙克尔（George Shackle）（1970）主张，"对尚未出现的特定事物的不存在的知识是一片空白，只能通过想象、通过创造虚构事物来填补",而肯尼斯·博尔丁（［1956］1961）认为："经济生活的庞大整体过程——通货膨胀、通货紧缩、萧条、复苏和经济发展，主要取决于生态形象的重组过程。"同样地，兰德尔·鲍索尔（Randall Bausor，1983）的观点与此完全一致，他认为，通过面对"一个无法观察的未来，个人从想象和幻想的创造性行为中建立预期"。[8]

◎ 文学小说和经济虚构的差异性

当然，小说文本和不确定性条件下的预期也存在着显著差异。小说读者对于将虚构内容付诸实践不感兴趣，而经济中的行动者则是根据他们所持有的预期来做出现实世界的决策。阿尔弗雷德·舒茨（2003）区分了不打算付诸实践的"纯粹幻想"和打算实现的"设计幻想"（Entwurfsphantasien）。经济虚构预期是"设计幻想"，行动者不仅会仔细判断它们作为叙事的内在说服力，也要考虑到它们的实际可信度。根据现实对形势和未来可能的发展进行评估，这种评估与可用经验信息保持着对话关系。

因此，可以从非虚构文本和不确定性条件下的虚构预期描绘与现实的断裂关系的方式中看出二者之间的差异。二者都是无法通过证据验证其真实性的陈述（图4.1）。虚构文本与现实存在断裂关系，因为它所讲述的故事并不是对事件的准确表述。在不确定性条件下，虚构预期与现实的关系是断裂的，因为行动者无法得知预期是否是对未来发展情况的准确预测。

	仅表示真实事件	表示包含虚构事件
"严肃性"惯例	非虚构文本	虚构预期
"非严肃性"惯例		虚构文本

图 4.1　虚构文本和非虚构文本中的严肃性与非严肃性

因此，虚构文本和虚构预期在打破与现实关系的方式上有所不同，这意味着行动者参与二者的条件不同。在虚构文本中，约定俗成的方式让读者终止怀疑，如果读者要求作者证明其观点，显然是违反了这些约定。肯德尔·沃尔顿（［1978］2007）对此作出评论，阅读书籍或观看画作会使我们很容易地玩起假扮游戏。

相比之下，虚构预期的可信度是基于信念，这可能是深思熟虑和计算的结果，但也可能是习惯、假设、无知、偏见等的结果。让想象变得可信往往是难以实现的。只有在有关未来的想象可能成真的情况下，才会终止怀疑（Esposito，2007）。行动者只有在确信所预测的未来确实可能会发生时，才会终止怀疑。他们的信念可能来自习惯或天真，但更可能是信息收集过程的结果，包括对当前情况的思考、计算以及对其他行动者的观察。因此，虚构预期往往是脆弱的，因为人们在任何时候都可能对预测世界其他状态的想象的未来形象产生怀疑。赋予物体的超越性可能会因失去吸引力而直接消失。经济背景下的虚构很容易受到对现实世界情况和经验的矛盾评估的影响，这也使得人们可以调整预期（Barbalet，2009；Bronk，2009，2015；Joas，1996；Putnam，2006；Whitford，2002）。行动者确实可能会把虚构预期看成是真实的，但这是有条件的。"顾名思义，'假如'的合理性徽章仅适用于现在，需要进一步重新评估"（Riles，2010），因此会遭遇持续的压力测试。正如约翰·杜威（［1922］1957）提出的主张，行动者想象的目标"只有在实现目标的具体条件，即'手段'这个意义上，才能成为目标"。

预期的考察方式及其脆弱性解释了文学小说和经济虚构预期之间更深层次的区别。至少在现代，文学文本是公开的虚构，而非文学的虚构则并非如此。小说的封面事先告知读者，他们手中的文本是"小说"，无疑具有虚构性。在这种"对其虚构性的自我暴露凸显了虚构文本的一个重要特征——它将文本中组织的整个世界变成了'假设'结构"（Iser，1993）。

相比之下，行动者不遗余力地掩盖经济预期的虚构特点。这种掩盖的所谓目的是"保持自然态度不变，以便将虚构作为能够解释现实的现实"（Iser，1993）。只有掩盖了预期和超越性的虚构特征，行动者才会足够自如地做出决策，而这些决策的结果在本质上是不可预测的，或基于只作为偶然意义存在的赋予品质。[9]借用皮埃尔·布迪厄（1993）提出的一个概念，观点的非虚构性是经济领域需要维持的一个"幻觉"（"illusio"），对未来世界状态的评估是对未来现实的准确预期的信念（croyance），必须保护这种信念以维持行动者的信心。[10]产生对未来发展的信心是一个持续的过程，是资本主义经济中市场竞争的重要组成部分。建立信心的方式之一是概率评估。

现代社会中的经济行动者旨在将不确定的未来"转移"为可能的未来。如果可以将未来看作过去的统计影子，即世界是各态历经的，那么这种风险计算只能带来关于未来的概率陈述（Davidson，1996；Samuelson，1969）。例如，人寿保险或火灾保险的风险计算就是如此，因为相关的规律在事前就存在，并且可以合理地预期其在事后也会存在。在现代资本主义等非常活跃且具有创造力的系统中，许多十分重要的情况并不属于这个类别。因此，行动者对无法预知的结果的舒适感可能比结果分配概率更能说明未来事件的实际可能性。概率频率分布无法通过代表过去的价值来支撑对动态环境的预测，也不适合对许多经济决策等独特事件（"不可分割"和"不可重复"）的预测（Wiesenthal，1990）。因此，在被弗兰克·奈特视作不确定或保罗·戴维森视作非各态历经的情况下，概率评估有助于掩盖"虚构现实的非现实性"（Esposito，2007）。用概率（风险）来表述不确定性，是增加行动者相信某些结果并参与结果无法预知的活动的一种方式。因此，在参数未知、非线性和不稳定的情况下的概率陈述是一种现实的虚构，创造了一个现在的未来，成为决策的基础（Esposito，2007）。

这方面的一个例子是对在 2008 年金融危机中起决定性作用的资产支持证券的违约风险的计算。2006 年，AAA 级债务抵押债券（CDO）的三年违约概率假设被计为 0.008%。截至 2009 年 7 月，实际违约率为 0.1%。更夸张的是，2006 年，A 级 CDO 的三年违约概率被计为 0.088%；实际违约率为 29.21%。即使在购买评级为 BBB 级 CDO（最低评级之一）时，认真对待评级机构的风险计算的投资者也认为他们的违约风险低于 1%。实际上，三年后，几乎所有这些 CDO 都违约了。可以将这种巨大的差异解释为在计算风险时低估了捆绑在证券中的信贷违约的相关效应（MacKenzie，2012）。实际的违约风险是不可知的，因为危机是独特事件，无法用历史数据预测。按照这个思路，尽管利益冲突在其评级中确实起到了重要作用，但说投资者在购买 CDO 时遭遇欺骗过于简单。（评级机构从他们所评级的金融产品的发行人处获得报酬，这意味着乐观的评级将有助于扩大评级机构的市场。）但更重要的是，违约的可能性是无法预测的。概率评估只是帮助行动者觉得他们好像做了安全的投资。金融危机后，信用评级机构也遵循了类似的推理，他们宣称他们的评级只不过是"意见"而已。他们对未来的所谓精确评估是一种伪装。

因此可以得出结论，最好将虚构预期理解为决策过程中的"占位符"（Riles，2010），可以帮助行动者暂时忽略未来世界状态和事件进程的不可知性。未来状态是"虚构的"。认真对待基本不确定性的概念，就是要接受对未来状态的精确计算是不可能的这一点。因此，这些计算所代表的预期是偶然的，基于对未来发展的假设，只能假装描述未来的现实。换句话说，只能用关于未来的假设来做决策。根据与肯德尔·沃尔顿（1990）类似的推理思路，不确定性条件下的预期是虚构的，这种观点意味着个人或社会团体将这些预期视为未来现实的真实表现。赋予商品无形性也是如此。然而，这种真实在当前的未来确实成为现在之前是无法验证（或伪造）的。根据约翰·塞尔对虚构文本的定义，可以将不确定性条件下的预期描述为"对未来事态的假设表现"，这使我们可能忽略一个令人不安的事实，即我们无法知道未来会发生什么。忽略不确定性可以避免出现停滞或感到决策的随机性。它帮助行动者对未来采取有目的的行动，但它是未知的、不可预测的，因此只是假设。凯恩斯同样提出了这一观点，他认为有些事情"没有科学依据可以形成任何可计算的概率。我们根本不知道。然而，行动和决策的必要性迫使我们实践者尽力忽略这一尴尬的事实"（Keynes，1937）。然而，在不确定性条件下，预期的虚构性也使下文讨论的"预期政治"得以实现。

◎ 虚构预期是行动的动机

人类的"虚构能力"（Iser，1993）只有在促使人类行动时才具有社会意义，同样，预期只有在影响行动时才具有经济意义。因此，我们必须研究虚构预期的动机是什么。

在这方面，理性行动者理论和社会学理论侧重如何通过计算、规范、制度或社会网络结构指导行动，但成效甚微。理性行动者理论的前提是行动者至少有能力以概率方式计算结果，并假定行动者将选择使其利益最大化的方案。如上所述，这与虚构预期的观点背道而驰，虚构预期是基于对未来的假设性评估，只是假装预知。前面讨论的社会学方法强调在决策中遵循文化框架的重要性，也就是说，行动的动机是遵循社会规范的内在愿望（Parsons，1951）、害怕遭受制裁的忧虑、维持被定义为"正常"状态的冲动（Garfinkel，1967）。其他的方法则侧重于将社会结构或制度作为解释因素。归根结底，这些方法认为普遍的结构和同构性导致了经济结果。

凯恩斯（［1936］1964）在强调惯例在经济行动中的作用时采用了社会学原理，并认为行动者假定"现有的事态将无限期地持续下去"。然而，凯恩斯敏锐地意识到，惯例只能部分解释不确定性条件下的行动，还有功能主义和心理学方面的问题。他认为，从功能上讲，人类试图避免绝望——即使我们不知道结果，我们也必须采取行动。他还认为行动的心理基础是"动物精神"，他用这个词来描述"自发的行动冲动而非无所作为"。个人的主动性"只有在动物精神补充、支撑合理计算时才是足够的，因此，正如'经验毋庸置疑'在向世人讲述的那样，经常笼罩在先驱者身上的'最终损失'的想法被搁置，就像健康的人搁置对死亡的预期一样"。

但凯恩斯的"动物精神"概念仍然不能令人满意，它只不过是一个黑匣子，隐藏了在结果不可预见的情况下有意理性的行动者做出决策的困难。但实际上预期是与其相关的，因为行动者受到这些预期描绘的预测状态吸引（或因此感到恐惧）。

想象中的未来对行动者的吸引有两个来源，这两个来源可能同时存在于决策情况中。一方面，决策的动机可能是希望通过在当下进行某些活动来实现想象。[11] 例如，熊彼特（1934）认为，企业家工作的动机是希望建立商业帝国，可以欣然接受这种动机是"非理性的"，但他认为这种动机是真实的，有助于克服对工作相关风险的恐惧。

将这一点与对文学小说和虚构预期之间的差异联系起来，很明显，决策的"真实性"有助于解释行动者的动机，即虚构预期可能会接受详细检查。然而，虚构预期也可能产生任何文学小说都无法提供的东西，即现实世界中的后果。这使得虚构预期的潜在吸引力远远超过文学想象的吸引力。阅读企业家勤劳致富的小说一方面可能会带来愉悦感，另一方面，可以使人真正富有（或导致实际的经济失败）。

杰尼·皮奥蒂（Geny Piotti，2009）在研究德国企业将部分产品外包给中国的决策过程时，提供了一个关于想象的激励力量的例子。皮奥蒂采访了参与这些决策的经理，发现促使他们在中国投资的原因不仅是经济计算，还有媒体和行业组织（如商会）营造的普遍的欣喜氛围。已在中国开展业务的公司对机会的描述激发了过度乐观的评估，促使他们做出决策，这些决策有时利润惊人，但有时又会导致高额亏损。一位经理明确将外包给中国的决策比作"美国的淘金热"（Piotti，2009）。对中国巨大机会的描述、该领域强大的规范性压力，以及欣喜若狂的情绪，都是做出外包决策的主要因素。拉尔夫·拉伦多夫（Ralf Dahrendorf，1976）将对世界未来状态的预期的动机应用于消费，将行动者对向上社会流动的希望视为经济上奋进的动机。"这种希望促使人们以各种方式改变他们的条件或生活。它可能是个人在地理上或社会地位的尺度上进行移动的刺激因素。"

对虚构预期的吸引力的第二种解释没有第一种解释的目的论特性。相反，它强调从实际参与不确定结果的活动中获得的当下收益，以及行动者为具有预期结果的项目努力时感受到的当下情感。在实现目标前，对结果的预期可以成为当下满足的来源（Bloom，2010）。这一观点由来已久，可以追溯到 17 世纪的布莱斯·帕斯卡尔（Blaise Pascal），浪漫主义作家也对其进行过阐述。理查德·布朗克（Richard Bronk，2009）引用了浪漫主义作家威廉·哈兹里特（William Hazlitt）的话："我们必须想象我们想象中未来的自己会对这个想象中的未来感兴趣。正是这种对当前行动的未来的想象的兴趣，激发了我们当前的'兴趣情绪'，也足以激励当前的我们。"

20 世纪的经济学家和政治学家也采纳了这一观点。例如，凯恩斯在他的《就业、利息和货币通论》中指出，如果"在建造工厂、铁路、矿场或农场时，人性不会受到冒险的诱惑，没有满足感（利润除外），可能就不会有很多投资，仅仅是冷酷计算的结果"（Keynes，［1936］1964）。就像虚构文本会引发读者的情感反应一样，决策的想象结果以"预期享受"（Shackle，1979）的形式引发情感，即对个人为特定行动付出所得到的即时回报。[12] 通过"想象行动者可以感受到可实现的思想状态，实现想象可以获得满足感"（Shackle，1979）。

同样，阿尔伯特·赫希曼（Albert Hirschman，1986）研究了对未来世界政治承诺的预期带来的享受。赫希曼借鉴了布莱斯·帕斯卡尔的观点，将其与宗教信仰相提并论。[13]"努力追求真理（或美）的人经常会产生一种信念，尽管它可能转瞬即逝，但他已经找到（或实现了）这种信念。参与争取自由或正义运动的人往往有实现这些理想的经验。"（Hirschman，1986）。

赫希曼说明了行动者的承诺所产生的情感与其一般动机的关联。"这种享受，这种努力和实现的融合是经验事实，它极大地解释了非工具性活动的存在和重要性。仿佛是为了补偿结果的不确定性，以及活动的艰苦性和危险性，努力因目标而更加多彩，并以这种方式形成了一种与单纯的赞同、愉悦，甚至刺激截然不同的体验。尽管它经常具有痛苦的特征，但却有一种众所周知的令人陶醉的特点。"[14] 然而，为了体验这些预期理想状态的"准情绪"，行动者必须努力为目标奋斗。

想象的未来有助于解释，尽管结果不可预知且存在环境压力，但行动者愿意付出努力以符合既定行为的原因。"对幻想的依恋将历史的模糊性转化为确定信念和坚持行动的意愿"（March，1995）。一位正在考虑是否将她的公司迁往中国的企业家已经享受到了"利润"，尽管这些利润尚未实现。同样，一个在开奖前就想象自己中了大奖的彩票玩家，也会体验到他真的中了大奖的感觉（Beckert and Lutter，2009）。

从心理学角度来说，"在坚持理性的组织中进行游戏和探索等高风险的行为可能会增强感情强度，可能激励对项目等内容的承诺，而这些项目同时又是在高度怀疑的情况下想象出来的"（Augier and Kreiner，2000）。在投资和消费决策中可以发现从对目标的承诺中汲取情感力量这种现象，本书的第二部分集中讨论了这一问题。

也可以将对虚构预期的承诺理解为对特定信仰体系的承诺。这可以解释行动者的动机与群体进程相关。赫希曼提到了政治斗争，他提出，对设想目标的"陶醉"不是纯粹的个人过程，而是在社会互动背景下发生的过程。与此类似，埃米尔·杜尔凯姆（[1912]1965）描述了图腾主义社会如何通过集体仪式实践建立、加强其信仰体系，在这些实践中，氏族成员经历了集体狂欢。在群体中体验到的情感强化了氏族的信仰体系，从而促使人们按照该信仰体系采取行动。氏族的信仰体系是虚构的，因为它用万物有灵的思想来确定因果关系，但它仍然是一种激励力量，因为信仰中设想的世界对信徒来说是真实的。同样地，经济中的虚构预期并非仅仅是个人的。相反，它们有集体成员共享的社会现实。这可以从经济决策中看出来：上述德国企业家迁往中国的虚构预期是在一个话语环境中出现的。在这个案例中，话语环境是公共话语、商会组织的会议，以及与咨询公司的合作（Piotti，2009）。这些都导致了该领域的共同信念。带来承诺的集体信念也可能包含对特定认知策略的信念，如有效市场假说或理性假设（Miyazaki，2003）。

◎ 预期政治

主流经济学建立在行动者将做出最大化决策的假设之上。理性预期理论效仿主流经济学，假设——至少平均而言，行动者的预期基于对所有可用信息的有效利用。这就否认了故意影响预期来追求政治目标的可能性。由于理性主体不会被愚弄，旨在造成"错误预期"的公共政策必然是无效的（Sargent，2008）。

虚构预期的概念产生了完全不同的结论。在所有不确定的经济形势下，虚构预期假定没有供行动者遵循的"正确"经济模式。由于未来是开放的，行动者的预期是不确定的、偶然的，这意味着行动者的预期不是由情况（或主导的经济模式）直接决定的，而是由不完善的信息和对信息的不同解释决定的。只有在事后才能确定决策的正确性。行动者可能根据错误的假设做出正确的决策，反之亦然。[15]

预期的偶然性为对任何特定情况的多种反应开辟了道路。不仅如此，它还是经济中行使权力的一个切入点。如果预期是偶然的，如果决策取决于预期，如果他人的决策会影响结果，那么行动者就会对影响其他行动者的预期感兴趣。行动者成功追求这种利益的方式是他们掌握的权力的表现。

位于资本主义经济核心的"市场竞争"（Weber，[1922] 1978）很大程度上是影响第三方预期的斗争。这是经济政策的核心目标，也是企业在与竞争对手和消费者关系中的核心目标。在这个意义上，对虚构预期的关注为我们理解经济开辟了一个特定的冲突视角。在经济中，权力在那些能够最有效地影响他人预期的行动者手中。这是通过认识情况和对可能或预期的未来的想象得以实现的。行动者越强大，就越能够有效地塑造预期。掌握经济资源和认识工具（如经济理论和预测技术）影响信念的过程至关重要。在这个意义上，知识和权力是紧密交织在一起的（Foucault，1975）。利用经济目标和公认手段的合法规范模式也是这个过程的重要部分。与理性预期理论相反，经济预期是政治性的，通过影响预期而在市场中行使权力。拥有权力意味着"我"的预期很重要！

尽管预期的政治性是资本主义动态的一个重要方面，但它经常被忽视，即使是那些赞同不确定性和预期的核心地位的作者也是如此。例如，凯恩斯在讨论市场动态时认为，金融投资者必须预测市场上其他投资者的预期，而不必尝试评估证券的基本价值（Keynes，[1936] 1964）。显然，他认为结果取决于其他人的预期。不过，他认为这种不确定性是协调问题，可以通过诉诸惯例来解决（Keynes，1937；Orléan，2008），行动者可以利用惯例来协调他们的预期，使行为具有互相预测性。[16] 他不是从权力的角度看待不确定性。

凯恩斯对宏观经济层面的预期的政治性有更为清晰的认识，他认为，"经济繁荣过分依赖于适合普通商人的政治氛围和社会氛围"（Keynes，[1936] 1964）。政治氛围和社会氛围是经济投资的决定因素。在凯恩斯之后的几年，波兰经济学家米哈尔·卡莱茨基（Michal Kalecki，1943）为这一论点增加了政治性转折，他主张，如果就业取决于经济信心，那么"资本家被赋予对政府政策的强大间接控制权：必须小心避免一切可能动摇信心的事情，因为它会导致经济危机"（Kalecki，1943）。根据卡莱茨基的观点，商业界对政府政策施加了权力，因为如果它对这些投资盈利能力的预期发生变化，它就会扣留投资。因为政府依靠私人投资增加就业、获得税收，所以其决策要服从商业利益的意愿，把它的政策导向对商业预期的影响，以避免所谓的"投资罢工"。克劳斯·奥菲（Claus Offe，1975）详细分析了这一依赖性原则，以解释为什么资本主义经济中的国家精英会采取增强商业信心和有利于商业环境的政策。国家精英的兴趣在于"只能在符合维持积累的必要条件下实现他们自身的稳定和发展"（Offe，1975）。违反这种积累的逻辑会削弱或破坏国家的治理能力。同时，企业有权在他们认为经济改革有损其利益的情况下自动触发惩罚。预期的变化导致投资减少、经济低迷和失业。在这个意义上，市场可以说是禁锢了社会（Lindblom，1982）。

今天的经济现实与卡莱茨基的假设相去甚远，他认为可以通过国家投资来约束企业权利，使经济不过于依赖其预期——大规模的政府项目会对失业和工资产生积极影响，从而削弱企业权利。尤其是在今天，放松管制、私有化和全球化对国家权力产生了大量限制，同时增加了企业的权利，企业现在甚至可以"威胁"政府将其投资转移到其他地方（Streeck，2014）。当代国家依赖市场预期。可以将保持有利的商业预期视为国家政策和国家及其机构沟通的关键目标。中央银行的沟通策略就是一个很好的例子（Abolafia，2010；Holmes，2009；Smart，1999）。他们的目标是通过公开声明"与市场对话"，从而在商业界建立信心。"价格基于市场参与者的预期，参与者认真对待这些寓言并调整他们的做法和预期……因此，中央银行的经济叙述和公开市场操作是价格发展的第二个主要决定因素。换句话说，话语实践降低了不确定性，这种话语实践依赖于具有教育目的的战略修辞行动"（Nelson and Katzenstein，2010）。

65

这种沟通性干预具有非常明显的效果。例如，在 2012 年 7 月欧洲主权债务危机达到顶峰时，欧洲中央银行行长马里奥·德拉吉（Mario Draghi）在伦敦的全球投资会议上宣布，欧洲中央银行将坚定捍卫欧元。在其授权范围内，德拉吉表示，"欧洲中央银行已经准备好做任何事情来保护欧元——相信我，这就足够了"。这一讲话结束后，受危机影响最严重的国家的主权债务利率立即大幅下降（图 4.2），虽然讲话丝毫没有改变希腊或葡萄牙的客观经济形势，但它改变了投资者的预期，这反过来又影响了经济形势。

这种对市场预期的影响并不局限于国家及其机构。所有的市场参与者都在讲故事，以影响投资者对市场将朝着某一方向发展的信心。当股票市场分析师预测某只股票的价格走势，并给出出现这种情况的理由时，他的

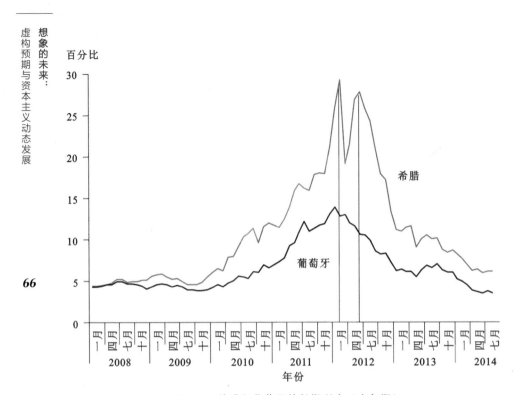

百分比

希腊

葡萄牙

一月
四月
七月
十月
2008

一月
四月
七月
十月
2009

一月
四月
七月
十月
2010

一月
四月
七月
十月
2011

一月
四月
七月
十月
2012

一月
四月
七月
十月
2013

一月
四月
七月
2014

年份

图 4.2　希腊和葡萄牙的长期利率（十年期）

注：统计图展示了市场对 2012 年 12 月第二次救助计划以及欧洲中央银行行长马里奥·德拉吉（Mario Draghi）表态的反应。

数据来源：欧洲中央银行统计数据仓库。

目的是在虚构预期中建立信心，鼓励投资者购买（或出售）该金融资产。行为经济学家也描绘了这种话语干预和信心水平之间的联系。例如，阿克洛夫和希勒（Akerlof and Shiller，2009）认为，市场泡沫的出现是因为"高度的信心往往与鼓舞人心的故事、新商业举措的故事、其他人的致富故事相关联"。"增长故事"在投资理由中占有重要地位，包含预言的成分。这些故事的流传通过影响预期来推动市场，进而影响需求和价格，"故事传递意义，也就是价值"（McCloskey，1990）。

话语干预不仅可以创造财富，还可以摧毁财富。例如，1997 年，"泰国危机"变成了"亚洲危机"，因为投资者将泰国的经济衰退视为其他亚洲国家潜在困难的证据，尽管亚洲各国的经济基本面差异很大，但这种预期还是形成了（Hellwig，1998）。当投资者从其他国家（如韩国）挪用资金时，他们造成了"故事"所预测的困难。一个近期的例子是匈牙利福林的汇率。2013 年初，匈牙利经济部长指责著名经济学家努里尔·鲁比尼（Nouriel Roubini）的研究公司造成匈牙利货币下跌，当时鲁比尼在给投资者的报告中建议买入福林的空头头寸，因为他预计货币价值会下跌（《华尔街日报》，2013）。

虚构预期为不确定是否能够成功的投资决策提供了理由。对未来预期发展的陈述至少有一部分是为了影响他们预测的事件，这一说法很难反驳。通过影响决策，对未来世界状态的想象可以影响结果，导致虚构的描述中预期的事件发生（Esposito，2007）。这就是我把经济权力与预期政治联系起来的原因。有影响力的投资者或分析师不会比其他分析师更确定他们对商品或货币市场未来价格的预测，但他们的权威和他们在各自市场上的投资意味着他们讲述的故事更有可能塑造投资者的预期，并以这种方式塑造投资决策。这些经济学家传达的预期创造了对该资产的需求，最终导致了他们预测的价格上涨。在这个意义上，故事创造了"作为传播领域和经验事实的经济本身"（Holmes，2009）。事后看来，行动者可能会把一个结果解释为对预测准确性的确认（例如，当黄金价格确实攀升到每盎司2000美元时），而实际上，这个结果只是由对预期的共同信念激发的行动结果。换句话说，预期可以是表演性的（Callon，1998b，MacKenzie and Millo，2003），这意味着预期可用作追求市场利益的一种手段。

如果可以影响他人的预期，并从他们基于这些预期所做的决策中获益，那么假设故事是在实验过程中产生的，在这个过程中，随着新数据和新见解的出现，故事可以进行修改，这种假设是相当天真的。更加现实的做法是认为可将虚构预期用作工具并加以推广，以便为特定的个人或组织的利益服务，即使已知虚构预期存在缺陷和不连贯性。行动者表达的预期可能不代表他们最大储量的知识，而是旨在操纵他人预期以谋取个人利益或政治利益。语言和推理"服务于机构内演讲者的目标。为了实现这些目标，人们必须使用有效的表述方式，而不一定是正确的表述方式"（Hellwig，1998）。

然而，对预期的刻意塑造不仅会出现在金融市场中，也存在于一般投资决策的塑造、货币体系的运作、消费者需求的结构化以及创新过程中。在本书的第二部分将对此进行详细讨论。目前，将消费者市场作为另一个例子就足够了。

企业通过营销活动塑造消费者的预期，这些活动试图让顾客对其产品产生依恋，并将顾客与竞争对手的产品分开（Callon，1998b；Dubuiss-Quellier，2013）。为此，企业试图操纵消费者对产品的预期。由于总生产成本中营销费用这一部分正在增长，因此，很明显，塑造消费者的想象在市场竞争中的作用越来越重要。像GUCCI或Apple这样的公司的品牌价值主要在于，他们通过塑造消费者的未来想象来激励购买决定的能力。然而，在争夺消费者预期时，企业并不是唯一强大的参与者。游说团体、经济学家、预测者、消费者保护团体和社会运动也参与了影响消费品价值预期的斗争。

可以肯定的是，在任何特定时刻，市场上都流通着多种虚构的预期。但并非所有的说法都有相同的分量。从这个角度来看，可以通过行动者对其他人预期的影响程度来衡量权力。在经济中行使权力，行动者能够使他对未来的想象变得有影响力，并动员其他人把这种想象变成未来的现实。这个观点也适用于动员和框架构建的社会运动理论（Benford and Snow, 2000；Fligstein and McAdam, 2012；van Lente and Rip, 1998）。框架将对特定情况的具体解释合法化，促进社会动员，帮助独立决策者通过主要想象来统一决策。马克斯·韦伯（[1922] 1978）的魅力统治概念使这一观点更加有趣（Kraemer, 2010），哈里森·怀特（Harrison White, 1992）的控制项目概念也是如此。这两个概念都谈到了行动者或行动者群体获得市场预期的权威的方式。其任务包括解释预期分类和传播的过程。

◎ 虚构预期的社会基础

美国心理学家托马斯·沃德（Thomas Ward, 1994）做了一个实验，他要求参与者画出想象中的动物，这些动物可以随个人意愿而"疯狂"。[17]实验不限制创造力。参与者画的图像具有各种奇怪的特征，但都符合动物世界的某些物理规则，如对称性和等级秩序。该实验表明，即使在想象中，我们也无法避免遵循某些规则和方向。想象无法完全摆脱熟悉的事物。这个实验与本书的主题高度相关，因为虚构预期就像想象中的动物画像一样，不仅仅是主观信念，它们必然与社会背景有关。许多作者已经确定了这一点。例如，卡斯特里阿迪斯（1998）将其作为自己理论的核心观点，认为想象总是与文化相关联，因为它们都必须通过语言运作。肯德尔·沃尔顿（1990）认为："虚构是与社会相关的……一个物体可能对某个社会群体具有虚构功能，但对另一个社会群体却没有。"卡瑞恩·诺尔·塞蒂娜（Karin Knorr Cetina, 1999）创造了"认识论文化"这一术语，以表明不同实验室产生的知识是由科学环境中普遍存在的具体安排和机制形成的。而且，在杜尔凯姆的传统观点中，弗朗索瓦·西米昂（François Simiand, 1934）提出，对货币价值的信仰"不是一种产生于既有能力又博闻的个人的现象……而是产生于群体、集体、国家，它是社会的。它的作用和性质显然是客观的，因为它是一种信仰与社会信条，因此也是一种社会现实"。虽然预期是由个人表达的，但如果不考虑预期形成的历史、文化、制度和政治背景，以及它们驱动的决定，就无法理解预期。毕竟，对于预期的社会学理论来说，考察预期的社会构成（Mische，2009），并将预期的未来取向与历史和行动者在社会结构中的嵌入性联系起来，这是非常合乎逻辑的。我们在上一节中已经探讨了社会背景的相关性、杜尔凯姆所描述的集体欢腾的经验，以及权力对塑造预期的作用。第二章研究了随着资本主义的发展而出现的不断变化的时间取向、竞争的作用，以及货币体系的作用。未来的研究最好从比较的角度详细研究资本主义经济中的预期在不同历史时期的差异。预期的社会影响至少有以下七种。

1. 机会结构

布迪厄（1979）研究卡拜尔农民时提出，对未来的想象因行动者的社会状况而异。社会地位最低的行动者几乎没有向上社会流动的机会，他们对未来生活的幻想是完全不可行的，而社会经济地位较高的行动者则制订了更真实的计划，通过教育培训或地理上的流动来提高他们的社会地位。[18] 创业活动中也存在类似的机会结构。推动资本主义发展所需的系统性创业动力，只能在已经开始消除传统地位障碍的社会背景下发展，从而至少规范地使社会地位成为成就的结果而不是归因的结果。只有放宽阶级间的个人流动，才能增强为了向上社会流动而从事创业活动的动机（Deutschmann，2009）。更广泛地说，是"对不同的、新的和更好的生活机会的憧憬，将怨恨或任何一种潜在的欲望转化为行动，从而带来变化"（Dahrendorf，1976）。同样，只有当消费从传统地位秩序的束缚中解放出来时，现代消费主义才能出现，而现代消费主义在资本主义动态中起着重要作用。例如，只有在根据社会地位规定着装的传统约束消失后，现代时尚动态才会出现（Deutschmann，2014；Sewell，2010）。

放松了传统社会结构限制后，对经济未来的想象和经济愿望的认知倾向会找到更容易接受的社会基础。反过来，这些想象本身也可以成为去传统化的力量。通过自身勤奋取得成就和向上社会流动的"美国梦"可能是走向开放的经济未来的最有力的文化代表，在开放的经济未来中，想象力为决策提供信息，对个人和社会造成持续的不安。

2. 文化框架

帕森斯（［1959］1964）认为，青少年和成年人的预期都是社会化过程的结果，在这个过程中，他们了解在分层社会秩序中的社会地位允许他们拥有哪些愿望。在宏观层面上，麦克洛斯基（2011）认为，资产阶级尊严和自由价值观的延伸是加速经济增长最重要的前提之一。或者，正如阿尔让·阿帕杜莱（2013）提出的，文化系统"塑造了美好生活的具体形象，是从这里到那里、从现在到那时的旅程地图，是日常生活伦理的一部分"。这种文化框架至少部分是通过家庭、大学、商学院和专业协会等社会机构学习的，因此文化框架也与制度化的预期塑造有关。此外，这种框架还与生命历程相关，随生命历程而变化。

3. 制度

制度通过降低个人遵守规定行为的成本，同时提高偏离社会设定预期的成本来塑造对他人行为的预期，进而促进对世界未来状态的想象（Lepsius，1995）。制度指出什么是合法的（和可能的）行为来稳定行动者的预期。同样地，不断变化的制度也是预期改变的原因之一。最明显的例子是法律制度，如合同、产权、破产法和反垄断法规。法律规定及其实际应用塑造了行动者的预期，如信贷时借贷方的可信度。合同事先规定了对交易方的预期，从而塑造了预期。制度和预期之间的联系也可以发展为预期的比较政治经济学，其出发点是不同的想象在不同的宏观制度背景下发展。创新战略的区域差异就是一个例子：与高度不确定性相关的激进创新的想象更有可能存在于美国经济的制度系统中，美国的创新系统更加灵活，由"各种不同背景的人松散的聚集"组成，对个人失败的容忍度更高（Bronk，2009）。硅谷可能就是一个缩影。渐进式创新的想象在协调的市场经济体制背景下更为常见，其特点是"团队工作环境，工程师可以成功地建立现有流程和客户需求之间共享隐性知识的深层协作"（Bronk，2009）。

4. 网络

有关职业抱负的研究发现，青少年的职业抱负受到其所处社会环境的强烈影响（见第六章）。而网络分析师（Uzzi，1997）认为，企业间对未来合作行为的预期取决于网络结构。更广泛地说，可以假设社交网络在某种程度上促成虚构预期的出现，因为社会关系导致了对未来看法的传播和对特定情况的趋同解释。社会关系结构和行动者在社会关系内的定位也能体现权力关系，这样也会影响行动者持有的预期（Bourdieu，2000）。

5. 认知方式

行动者用有效市场假说等经济理论作为评估市场将如何发展的工具，从而塑造他们想象的未来（Miyazaki，2003）。经济预期更广泛地基于流行的认知模型，这些模型是构建想象的未来的工具（见第十章）。这与知识文化和知识社区有关，在这些社会环境中，行动者会分享对经济的特定解释。支持（假定）计算结果的特定计算工具的趋同有助于形成预期。

卢曼（1976）发现，对机会、机会游戏和概率计算的兴趣是与 17、18 世纪对时间秩序的认识变化一起发展的。特别是在英国，机会游戏和概率计算是日常文化的一部分，与新兴资本主义经济同步发展（Kocka，2013）。面对复杂且有风险的决策，新发展的随机计算（Daston，1988）使概率评估成为可能，缓和了人们对选择的随机性的看法。数学工具有助于将开放的未来转化为计算的对象，[19] 使人们能够做出决策，好像未来会以某种方式发展。预期不再是随机的，而是合理的，鼓励人们去承担风险。因此，随机计算扩大了行动者的时间范围，鼓励规划，通过规划来塑造未来的现在。当然，这不意味着预期完全由认知方式决定，但这些方式有助于塑造想象的未来。

就像对未来结果的随机计算一样，乌托邦是另一种认知方式，它与资本主义的发展一起传播，形成预期。乌托邦可能是乐观的，也可能是悲观的；它们"是希望和恐惧的投影屏幕"（Luhmann，1976）。根据定义，乌托邦永远无法实现——乌托邦是一种地平线，当人们接近它时，它就会消失。然而，乌托邦确实提供了社会共享的预期或恐惧的未来形象，从而为决策提供方向。随着时间的推移，失望和新体验侵蚀乌托邦，而行动者会到达新的乌托邦。正如第七章所讨论的，技术和经济未来中乌托邦想象的制度化和非制度化，是支撑资本主义动态发展的重要认知方式。计算技术和对世界未来状态的乌托邦想象都是行动者应对他们对开放未来的不确定性的方式，是现代社会"殖民未来"的工具（Giddens，1994）。

6. 大众传媒

必须承认大众传媒和流行文化在表达和传播想象的未来中所起的突出作用（Jasanoff and Kim，2009）。阿尔让·阿帕杜莱在他关于移民的书籍中指出新沟通模式在发展对未来社会地位变化的想象中的作用。写到全球南部人口时，他认为移民聚居区的大众媒体有助于促进对美好未来的想象的出现。"电子调解和大规模移民标志着现在的世界不是技术上的新力量，而似乎是推动（有时迫使）想象的力量"（Appadurai，1996）。大众传媒传播着可能出现的生活剧本。金融市场中也可以看到大众传媒在传播虚构预期中所起的关键作用。17世纪的第一次金融恐慌恰逢书籍印刷的普及，在当时，书籍印刷是最新发明，首次使得信息可以在相对较短的时间内跨越远距离到达大量人手中（Shiller，2000）。今天，电视台几乎是实时不间断地播放金融新闻，同时为金融市场分析师提供论坛。通过这种方式，它们有助于构成和维持投资者对金融证券未来价值的预期（见第六章）。

7. 历史经验

预期至少部分是建立在历史经验上的，处于过去和现在的特定视野中。在这个意义上，"未来是现在的女儿"（Hölscher，1999）。如第三章所述，理性预期理论认为预期是由过去的事件决定的，这些事件提供了关于未来经济发展的概率信息。在金融市场上，技术分析这种预测方法通过研究过去市场数据，建立对股票价格走势的想象期货。基于胡塞尔的预期概念，现象学传统认为，"人们不仅在当下创造和学习（接下来要采取的步骤），还会从以前的互动中认识到他们认为'类似'的模式"（Tavory and Eliasoph，2013）。正如阿尔让·阿帕杜莱主张的，"个人的记忆档案，无论是物质的还是认知的，不仅是（不主要是）关于过去的，也是提供一张谈判和塑造新未来的地图"（2013）。想象的未来也是从过去的想象中建立起来的。

经验和预期之间的关系本身就是一种历史发展。在传统社会中，经验几乎可以等同为预期；而在现代社会中，这种情况要少得多（Koselleck，2004）。当未来不是过去的重复时，经验必然会在形成未来预期时失去一些吸引力和力量。这就是预期随时间变化的原因之一：在以竞争和增长为特点且不断变化的经济秩序中，仅凭过去的经验永远无法完全指导现在的行动。相反，对未来的想象必须不停地指向一个新的、迄今未知的未来地平线。

尽管这份关于社会对虚构预期的影响来源的清单并不能代替经济预期如何受社会背景和过去经验影响的理论，但它至少应该清楚地表明，将预期仅仅看作个人选择的结果、认为预期独立于历史，这是不合适的。预期的历史社会学以及预期的比较社会学都有空间和需求。然而，尽管虚构预期基于社会，但如果认为虚构预期仅仅是由行动者的社会环境决定的，也是一种谬误，尽管许多社会科学家已经采取了这样的立场。[20]

对预期来源的理解十分有限，不能让我们完全理解想象的未来在资本主义动态发展中的作用，以及行动者对不确定情况的反应。实用主义可能有助于理解行动过程，更清晰地表达了"行动的创造性"（Joas，1996）。约翰·杜威（［1922］1957）将行动理解为行动者与情境的对话，其中行动过程中断导致行动者考虑到条件、手段和目标进行探究，作出创造性反应，这也可能有所帮助。这是一个集体的、充满权力的过程，在这个过程中，这个领域的行动者对他们的处境作出了冲突的解释，产生了对未来发展的多元想象。[21]然而，这种"不和谐"（Stark，2009）对于提高行动者的创造力、推动资本主义动态发展至关重要。"各种竞争趋势带来了世界扩张"（Dewey，［1922］1957）。

◎ 结论

本章发展了虚构预期的概念，这是一个与理性预期并列的概念，是新古典经济学的关键所在。基本的不确定性和未来的开放性使得无法实现对未来的预知，这会对我们理解行动者如何认识未来产生强大影响。以罗伯特·卢卡斯（Robert Lucas，1981）为代表的理性预期理论的主要提出者已经认识到这一点。卢卡斯认为，"在不确定的情况下，经济推理将毫无价值"。虚构预期的概念为理解不确定性条件下预期的真实性提供了一把钥匙。考虑到虚构预期与文学小说存在共同点，经济预期是对未来现实的评估，假定可以预知未来，这些是假设性陈述。可以将这种陈述看作"占位符"，能够帮助行动者忽略未来实际上不可预测这一事实。经济虚构预期与文学小说共有的最重要的特征是，它们创造了一个属于自己的世界。这种想象中的"双重现实"对于理解经济行动者的创造力从而理解资本主义动态至关重要。

本章发现的相似性并不意味着在不确定性条件下虚构预期与文学小说是一回事。它们在很多方面都存在差异。例如，在经济预期中，行动者试图尽可能全面地了解想象的未来是否能够实现、如何实现。因此，他们审视预期的方式与读者审视文学小说的方式大不相同。根据新经验、新知识可以修改虚构预期，而文学小说则不会根据新发现进行修改。此外，文学文本的虚构性是公开表达的，而虚构预期的虚构性是隐匿的。

此外，本章还简要探讨了关于虚构预期的一些重要问题，包括虚构预期如何成为行动动机；虚构预期为何对经济中的权力斗争至关重要；以及虚构预期如何立足于政治、制度、文化和社会结构。本书第二部分和第三部分的各章更详细地探讨了这些问题。

接下来的四章讨论了资本主义动态发展的四个核心过程：货币和信贷；投资；创新；消费。资本主义的这四个组成部分的扩张是资本主义经济增长的基础，但也导致了深刻的危机。[22]

政治经济学领域的研究也集中在这四个部分。现在是关注社会互动层面的时候了，集中讨论行动者预期的创造（和破坏）以及它们在资本主义动态发展中的作用。从社会互动的角度来看，这四个部分的扩张取决于虚构预期。换句话说，资本主义的发展取决于那些相信值得做出结果不可预知的决策的行动者。正如积极的想象的未来会推动经济增长一样，暗淡的想象的未来会引发经济危机，导致行动者退回到规避风险、自我保护的行为模式，甚至陷入无所作为的境地，从而使经济停滞不前。尽管危机的后果非常严重，但与其他任何经济和社会制度相比，资本主义都更成功地激励行动者相信，他们应该尽情地想象，踏上新的道路。接下来的四章中每一章都讨论了这种创造力和信心是如何实现的。应该牢记的是，尽管结果不确定，但采取行动的意愿也有社会根源，这种社会根源来自竞争、权力、网络、制度保障、认知方式、常规、大众传媒和过去经验的压力。

这四章也从经济产品估值的角度讨论了行动者持有的预期。无论这些商品是投资者想象的未来利润的金融证券，还是顾客想象中效用能够影响其社会地位的消费品，行动者都是根据他们所预见的未来对商品进行价值分配的。无论是哪种情况，"估值就是预期，预期就是想象"（Shackle，1972）。

第二部分

资本主义架构

PART 2

第五章
货币和信贷：未来价值的保证

> 货币信心让未来产生。
>
> ——安德烈·奥尔良，《价值帝国》

　　资本市场中，商品与货币交换。不使用货币也可以组织简单易物关系，但是简单易物关系受到极大的限制，因为这种易物关系过于简单。市场历史中，简单易物只扮演了边缘性角色，在资本市场中则找不到这一形式的影子。资本主义学者对资本主义的研究方法可能不同，但他们一致认为货币和信贷是资本主义的支柱。[1]正如约瑟夫·熊彼特（Joseph Schumpeter）表示的那样，货币市场和金融制度是"资本主义制度的中心"（1934）。

　　货币在资本市场中必不可少，有以下原因。货币是支付手段，拥有灵活性，将经济交易从货物交换的限制中解放出来。资本主义经济的行动者极大程度上依靠计算和计划，以对抗结果的不确定。货币作为一种价值尺度，为公司和家庭提供了标准化的计量单位，以计算产量、价格、贷款、收益和支出。货币以两种方式展现资本主义的未来倾向。第一，货币与信贷有着内在联系。信贷为投资或消费提供了获得商品的途径。银行放出的信贷资金为未来的资本主义增长提供资金。第二，货币储藏价值。货币为行动者提供了将财富作为抽象购买力保留下来以供未来使用的可能性：只要货币仍然有价值，货币就象征着货币拥有者未来对任意商品或服务的所有权。货币以上述方式代表当下的未来价值。

货币通过提供一般购买力和储藏价值，将资本主义中的乌托邦元素体制化：货币创造了可能获得商品的认知范围，甚至是获得将来生产的商品，以及无止境地增加财富的认知范围。货币是完全抽象形式的价值，因此格奥尔格·齐美尔（Georg Simmel）（[1907] 1978）将货币称为"绝对手段"。对商品使用价值的渴望有着自然限制，然而货币财富积累没有这种限制：一个人可以总是努力赚更多钱，而不关乎任何具体的需求。[2] 对货币财富无限渴望的可能造成资本主义的开放性、不安定性和未来导向性，行动者们幻想在未来他们更加富有，超出他们的实际所需。

但是，对货币的渴望依赖于货币作为价值储藏和价值尺度的稳定性。[3] 资本主义的发展由稳定的货币体系推动；同理，经济危机可能由货币危机或金融制度危机引起。在这种危机中，人们对货币稳定的信心消失了，或者银行偿付能力因未赎回的信贷债权而受到威胁。本章将货币和信贷视为资本主义的核心组成部分，旨在说明为什么虚构预期对它们的存在十分关键这一点。

◎ 什么是货币？

货币是最让我们困惑的社会制度之一。为何我们愿意将珍贵的商品或劳动与彩色的纸张或银行账户里的数字交换？毕竟后两者本身并无价值。这一问题困惑了经济学家很长时间。"即便智力最普通的人都清楚地知道：商品所有者应该为更有用的物品放弃一件商品。但是，一个国家中的任何经济单位都应做好将商品与小小的金属圆盘做交换的准备，或者与金属圆盘的替代物——纸币交换，虽然这种小小的金属圆盘很明显没有什么用处。这个过程很反常识，我们不禁疑惑是否甚至杰出的思想家都感到这匪夷所思"（C. Menger，1892）。

货币虽然没有价值，但操作它时必须假设它有价值。这是一场什么样的假装游戏？一些货币理论通过归化货币的价值来解释货币的操作。这些理论认为货币的价值在于物品作为货币所拥有的内在价值，或者在于金银等钱币能以一定的比率兑换商品。直到 20 世纪 70 年代早期，不同的金本位制将美元和美国联邦储备系统所持有的黄金储备挂钩。纸币持有者得到保证，向纸币发行者出示纸币就能换取固定额度的黄金。至少在理论中，这能够利用相对有限的稀有金属来限制货币流通，增强人们对货币稳定性的信心（Carruther and Babb，1996）。

直到 1970 年代，国际货币体系才与有价商品挂钩，即便如此，货币的价值也不能以它代表的商品内在价值来解释。这有两个原因。第一，纸币几乎从未与纸币发行者所持金储备量相等，这也意味着银行永远也不可能将所有发行的纸币兑换为金币。只有在行动者相信纸币持有者（或大量纸币持有者）不会同时用纸币兑换金属货币时，金本位制才有效。纸币持有者必须表现为他们能够将纸币兑换为金币。第二，金币本身的价值并非持续不变的；金币的价值也随供求变化。16 世纪和 17 世纪，西班牙发生了一场通货膨胀，这是一次"内在"商品价值和购买力脱钩的历史范例，十分耐人寻味：这时，大量的金银从美国进口，尽管人们认为金银是十分稳定的财富储备，但是大量的稀有金属流入也抬高了西班牙境内的商品价格，从而降低了其购买力（Ferguson，2008）。

如果我们不能把货币价值解释为基于它对有价商品的交换能力的保证，那怎么解释它呢？一个更有说服力的理论为，货币代表其持有人对经济中生产的商品的抽象所有权。货币"衡量和储存一般购买力的抽象价值，并通过空间和时间运输或传递它"（Ingham，2008）。因此，可将货币价值解释为社会和政治对其持有者对社会产品份额的所有权的认可。从发行者的角度看，货币是一种"支付承诺"。换句话说，货币拥有者被欠下货物。这些对货物的所有权可以表达为价值标准或账户货币（Ingham，2004）。因此，货币的价值是一种社会关系的结果，在这种关系中，债权人表现得就好像他们的债权会被兑现。

这可以从历史的角度来看：在贸易关系中，一个商人可能不会直接提供货物来交换他所获得的产品；相反，他承诺在以后的某个时间点补偿卖方。卖方将债务记录在账簿中，或者债务人开出一张期票（一种合同或信物），他交给货物的卖方，说明他欠卖方一定的金额。商人作出的承诺产生了一种债务，他有义务通过履行他的付款承诺来兑现，承诺的价值在于其可信度。尽管卖方还未得到补偿，承诺让商人能够像卖方已经得到补偿一样行事。期票标志着交易的开始。对期票持有人来说，它是一个占位符，是对未来补偿的所有权；对其发行者来说，它是一项义务，是具体的债务。这种承诺甚至在纸张存之前就已经被记录下来：在古代美索不达米亚，承诺刻在泥土之上。

在历史的大部分时间里，信贷提供了财政资源，其条件是这些资源或信贷本金要在未来的某个时间点连本带利地得到偿还（Weber，［1922］

1978）。因此，信贷通过将预期的未来购买力转移到现在，弥补了时间差（Wray，1990）。同时，信贷也创造了债务，也就是偿还债权人的义务。只有当交易双方相信债务将通过未来经济上的成功而得到偿还时，货币稳定才会存在；如果信贷货币的生产超过了企业或国家的收入偿还能力，这些预期就无法实现（Ingham，2003），而在当代经济中，如果消费者无法偿还他们的贷款，这些预期就无法实现。

历史上可观察到：个人承诺和个人债务被普遍化为可流通的法定货币。包含权利和义务的期票只能由出票人偿还时，这种期票只是代表了一种人际关系，而不能被视为货币。当期票本身开始流通，并运用于解决与第三方的债务时，货币就出现了（Commons，[1934] 1961；Dodd，2014），尽管它仍然还不是法定货币。

在中世纪，期票在商人和商业银行之间流通。商人们私下发行代币，只要代币接收者确信债权的原始发行者确实会赎回，代币就能进行交换。在交易网络中，代币抵消债务归根结底是以个人信任为基础，这限制了货币的领域扩张。私人银行也发行此类代币，承诺向出示代币的人支付黄金或银块。只要此类代币所代表的承诺可信，就可以在市场上流通并提供流动性。大量各式各样、常有波动的货币应运而生。信贷违约经常导致商业银行崩溃，中断货币流通，当对货币的预期落空时，还会导致经济衰退。由于难以评估承诺的可信度，代币不能完全转让。然而，随着债务关系的日益非个人化和可转让化，货币经济得到扩张，而这些交易网和商业银行是货币经济扩张历史进程中的第一步。在 16 世纪中期的荷兰和英国，债务首次变得完全可转让。在这个金融史上的重要关头，债务票据变成了"应付给持票人"（无论持票人是谁）。第三方第一次可以接受债务票据作为付款，然后在法律上对原债务人执行他们的要求（Munro，2003）。

然而，只有通过国家参与和国家发行法定货币才能实现货币稳定和货币空间扩张。根据国家货币理论（Knapp，1924），国家开始发行代币，然后人们接受用代币解决税收债务时，现代货币应运而生。国家承诺接受这些代币作为税收，使代币成为国家购买商品或支付服务的货币，公民才愿意交出有价值的商品，以获得偿还税款所需的代币。这些代币也可以在一个限定的货币空间内用于支付商业交易。国家利用其征税的权力为这些交易提供担保，保证货币的价值。货币之所以能发挥作用，是因为国家承诺接受用货币"支付欠国家的任何债务，即国家所发行的、以国家所宣布的账户货币命名的货币形式"（Ingham，2008）。

就代币价值取决于承诺可信度而言，即代币最终将确保获得有价值的货物或清偿债务，国家发行的货币与私人建立的汇票或古代美索不达米亚商人提供的泥板没有区别。在所有这三种情况下，放款人都必须假设承诺信物有价值，以此行事。这意味着，国家发行货币的可信度依靠人们对国家以税收形式提取资源的感知能力，以及保证货币稳定的货币供应监管制度。因此，国家货币价值与国家作为货币发行机构的强制力直接相关，明确展现了货币与权力关系。这种关系也有消极的一面：例如，发生在1990 年代的俄罗斯和 2000 年代初的阿根廷的货币危机（关于俄罗斯见Woodruff, 1999）。这些货币危机与国家权力丧失以及国家被认为能够有效地向人民征税的能力直接相关。

然而，国家的强制力并不是稳定货币的唯一必要条件。稳定货币空间的发展还依靠道德氛围的存在，这种氛围有利于人们信任被用作货币而本质上没有价值的代币。如果要将这些代币看成有价的，必须形成规范架构或"集体意向性"（Searle, 1995），"在这个过程中，作为公共或社区美德的一般可信性取代了个人承诺"（Ingham，2004；也见 Polillo，2011）。从持币人的角度来看，货币也具有集体性：正如格奥尔格·齐美尔（Georg Simmel）所说，持有货币就是持有"对社会的要求"（Simmel，[1907] 1978）。在这个意义上，一张纸币远不只是一张纸：它包含了完全隐形但非常真实的集体力量。每当人们使用货币，每当拿出有价物品换取货币，人们都能实实在在地感受到集体意向性的力量。

81

◎ 信贷创造货币

今天，货币存在于包括国家和私人银行的金融体系中。私人银行和公共货币的整合使货币更加稳定，从而使经济增长更加迅速（Ingham，2008）。货币得到了国家权力的支持，国家确定了货币单位和价值标准，通过中央银行创造货币，通过货币政策影响货币供应，国家是最终贷款人。同时，大多数货币是由私人银行通过发放信贷而创造的。法律秩序规范了私人货币的创造，从而将国家和私人银行联系起来。

1694 年，英格兰银行成立，很好地展示了货币是怎样由私人银行创造产生的。当时，英格兰银行是私人机构，资金来源于发行的由伦敦商人所提供的价值 120 万英镑的银行股票。银行又将这笔钱以 8％的利率无限期地贷款给政府。作为对政府长期贷款的回报，银行获得创造纸币的许可，并且纸币可用于支付税收。政府用关税收入和消费税收入支付利息，这是这些收入的专门用途，这意味着贷款由政府从其公民那里提取资源的能力来保证。政府的付款承诺同时被视为银行资产，这反过来又成为发行更多纸币的基础，直至最初的 120 万英镑存款。这笔钱随后被用于向私人借款人提供贷款。通过这种方式，从最初 120 万英镑存款发放了 240 万英镑的贷款（Carruthers，1996）。

这种利用客户存款创造额外资金的机制是现代资本主义银行的基石；事实上，它是"现代性的基本要素之一"（Kim，2012）。银行的信贷投放资金超过了其所持有的准备金，因为银行预期并非所有的储户都会在同一时间收回他们的存款。这一体制被称为部分准备金制度，允许货币供应量超过中央银行所创造的货币，从而为资本主义增长提供资金。银行被授权信贷投放，最高可达其持有准备金的一定倍数；这些准备金又取决于银行在其资产负债表中持有信贷的假定违约风险。银行利用存款的杠杆作用创造货币是资本主义经济融资的核心，但当提款需求和资产贬值超过银行的流动性时，会引发金融危机（Admat and Hellwig，2013）。

从本质上讲，约瑟夫·熊彼特（1934）认为，资本主义是一个负债体系，银行创造的信用货币为企业家创造了购买力。由于企业家项目取决于银行为未来生产提供资金的意愿，经济主体"只有先成为债务人，才能成为企业家"。信贷允许企业家"通过行使对生产者的需求，将他所需要的生产者的产品从他们以前的工作中提取出来，从而迫使经济系统进入新的渠道"。在今天的经济中，货币也是为了消费而创造的，允许消费者先有需求，再获得所购买商品的所有权。信贷创造的新货币为经济带来了新需求，却没有创造新供应。购买力被交给了行动者，即企业家（在消费信贷的情况下则是消费者），而他人的购买力并未被夺走。

信贷货币创造了"信贷金字塔"，"信贷金字塔"对经济增长施加了结构性力量。如果要偿还本金和利息，企业家在未来生产的商品价值必须高于购买的商品价值。[4] 然而，这种期望是一种虚构预期。"通过信贷，企业家在获得对社会商品流的正常要求之前，就已经获得了进入社会商品流的机会。它暂时替代了这种虚构要求，而不是要求本身。"

只有后来的市场成功才能证明这种对商品的虚构要求合理。然而，信贷中所包含的虚构预期有利于资本主义的增长，因为只有在现在获得生产这种生产力的手段时，未来的生产力才能实现。因此，银行系统可以看作为经济购买时间（Esposito，2011）——时间必须用来创造额外价值。消费信贷也是如此，其偿还能力取决于债务人的未来收入。债务人的行为就好像他们会偿还贷款一样。如果太多债务人不能兑现承诺，拖欠贷款，那么这个系统就会崩溃（Minsky，1982）。

◎ 银行和货币的稳定

很显然，如果没有"借贷基础，世界经济史几乎不会起飞"（Ferguson，2008）。但由于用户创业成功与否和还款能力的不确定性，银行通过发放贷款承担了风险。对银行贷款行为进行规范，这些风险能够得到限制（Gorton，2009），风险还可以通过风险评估设备计算出来。尽管有规范和风险计算，银行和货币的稳定都容易受到债务人实际的经济成功和储户情绪的影响。

银行要想成功，储户必须相信他们的存款迟早都是可以提取的，因此要避免实际取款。一旦储户对银行的偿付能力失去信任，就会发生挤兑，银行就会倒闭。存款保险是一种制度性的应对措施，能降低银行挤兑的风险。

同样，如果货币的使用者认为货币价值将会下降，那么货币就会受到威胁，在这种情况下，他们就会试图放弃货币。这就是为什么承诺将一种货币兑换成一种商品如黄金或者兑换成另一种可兑换货币（行动者认为可以安全地储存价值的货币），可以增加其接受度和稳定性。在弹性汇率制度下，人们对一种货币的信心是由它与其他货币的兑换率来衡量的。一种货币相对于其他货币的贬值意味着人们对这种货币的信心下降，实际上也意味着人们对该货币发行国家的集体力量的信心下降。各国可以试图通过资本管制、货币政策、官方信息说服货币持有者相信货币价值，以阻止这种贬值趋势。

今天，商品稀缺并不会转化为货币稀缺——熊彼特（Schumpeter）称之为信贷机器上的"黄金刹车"（Schumpeter，[1927] 1952）——尽管政治舞台上回归金本位的呼声偶尔会重现。相反，稀缺性是中央银行的政策决定、私人银行的贷款决定，以及中央银行、经济分析师和政治家的沟通策略的结果。换句话说，货币稳定仅仅基于制度和口头承诺。

英格兰银行的历史又一次提供了有用信息，不仅因为其展示了私人机构如何创造信贷货币，而且是一个典范：展现公共利益和私人利益怎样紧密地联系，以及它们如何在创建货币体系和资本主义经济的信贷基础扩张中结合在一起。当货币开始受到国家监管并最终成为法定货币时，货币脱离了个性化交易网络的限制，鼓励资产阶级支持国家征税。一个能够随意创造信贷货币的体系形成意味着"基础社会权力的巨大增长"（Ingham，2004）。该体系扩大了可用于投资和消费的资本，并通过创造稳定预期和偿还预期，加速了资本主义动态。

◎ 货币的虚构性

由于现代信用货币与本身具有交换价值的商品没有直接联系，问题产生了：为什么有人会接受毫无价值的代币来换取有价值的商品？人们只有相信三种不同的虚构之事，货币系统才能发挥作用。

第一，货币依靠虚构预期，即集体会把没有价值的物品（银行票据或账单上的数字）当作有价值的物品，从而接受此物品作为未来的支付手段。[5] 正如米歇尔·英纳斯（Mitchell Innes，2004）所写的："眼睛从来没有见过一美元，手也没有摸过一美元。我们所能触摸到或看到的只是一个承诺，即支付或满足一个名为一美元的到期债务。"为了使货币有价值，我们必须表现得像它有价值一样（尽管它没有）。一枚硬币或一张纸则是道具，代表着抽象所有权，并相信这种所有权可以被赎回或交换为有价物品。行动者只有在预期他人也会这样做的情况下，才会接受货币来交换货物：货币运作取决于货币的可交换性，这是一种集体信念，一种只能集体运作的伪装游戏。康芒斯（Commons，[1934] 1961）断言，货币信心建立在个人货币持有者和"世界其他部分"之间的关系上。齐美尔也是这么说的，他提出，货币是一张"缺少出票人姓名的汇票"（Simmel，[1907] 1978）。货币是"社会化的债务"，只能作为社会制度存在（Dodd，2011），[6] 鲁滨孙·克鲁索独自在小岛上不可能创造货币。"每个'我'只有在'我们'玩金钱游戏的时候才能玩"（Ganßmann，2012）[7]。

第二，资本主义信用货币只有在虚构预期存在时才能发挥作用，即预期币值稳定，货币因此是储存财富供未来使用的安全手段。经济发展"取决于币值稳定，没有稳定的币值，远期预测、大规模企业和长期信贷就不可能达成"（Simmel，[1907] 1978）。稳定并不意味着币值不变，而是指币值涨落基本可以预测。货币不稳定会阻碍经济增长：当货币不稳定时，在最糟糕的情况下，市场会失去流动性，生产和贸易会停顿下来。凯恩斯（[1936] 1964）在论证"流动性溢价"的存在时，假定货币本质上无风险，投资者在经济高度不确定时会诉诸"流动性溢价"。根据凯恩斯的观点，投资者至少可以通过以流动的形式持有财富来暂时避免与投资相关的风险。在这个意义上，货币吸收了不确定性，赢得了时间，并使行动者平静下来（Esposito，2011；Ganßmann，2012；Shackle，1958）。因此，持有货币的意愿是"我们对未来预期和社会公约的信任程度的晴雨表"（凯恩斯，1937）。[8]然而，货币危机频率和汇率波动表明，货币本身体现了风险（Bryan and Rafferty，2013；Reinhart and Rogoff，2009）。

因此，"货币不变性"的说法（Mirowski，1991）的可信度本身需要一定条件。货币实际上并不稀缺，这是货币稳定的内在风险；毕竟，货币代币可以无限量生产。[9]然而，为了保持币值，行动者必须相信货币将像商品一样保持稀缺。这方面一个特别有说服力的例子是，2012年经济学家和政治家们讨论了一项提议，即铸造一种宣称价值为1万亿美元的硬币。该提议是在国会大多数人拒绝提高国家借贷限额时提出的。美国财政部拥有铸造硬币的权力，理论上可以利用这一权力铸造一枚价值高达天文数字的硬币，将该硬币存入美联储，然后以其为抵押借入同等数额的美元。主要出于对通货膨胀的担忧，该提议最终没能通过。但这表明货币的"不变性"需要一定条件。

货币可能因通货膨胀而贬值，甚至在货币改革中被宣布为毫无价值。货币稳定取决于国家的货币政策，取决于国家的中央银行，取决于私人银行的借贷行为，取决于宏观经济发展，而这些都不可预测。鉴于创造货币没有自然限制，必须使用规则、规范和预期管理限制经济体中可用的货币数量，并塑造行动者的预期，以维持货币稳定的虚构。这种虚构的存在是一种社会创造，依赖于机构，但也依赖于沟通过程，在这个沟通过程中，建立信任和重申信任。中央银行的言论及其预测是用来塑造货币未来价值预期的手段。

第三，为了使部分准备金制度生效，储户必须预期他们能够在任何时候提取存款，这种预期取决于银行贷款的偿还情况。这种预期在两种意义上是虚构而成的。首先，由于银行通过贷款创造的货币远远超过其持有的存款，储户不可能同时提取存款。在没有资产证券化的情况下，银行的长期资产（如固定利率抵押贷款）和短期负债（如存款）之间存在期限错配，保证足够流动性以偿还储户对银行来说是一个持续的挑战。如果有相当比例的储户试图同时提取存款，将使银行破产。其次，提取存款的可能性取决于银行所投放贷款的偿还情况，因而信用货币价值基于虚构预期，这一预期预测在未来贷款将会偿还，为银行提供足够的流动性以保持其偿付能力。在这个意义上，信贷资金是基于当前预期对未知未来的赌注（Esposito，2011）。在微观层面上，指借款人是否能按照合同规定的条款履行义务并偿还债务，依靠创业成功；在宏观层面上，则取决于经济增长——这两者都不确定。因为信用货币被用以启动暂且未知的产品的生产（Deutschmann，1999），所以信用货币提供了进入未来的途径。然而，与

85

此同时，没有人能够事先知道一个想象中的未来是否真的会成为未来的现实；由信贷资助的投资总有可能失败。如果经济体中有太多贷款证实是不良贷款，金融危机会随之而来。

虚构预期让货币体系成为可能，虚构预期表明，货币本质上是一种信任关系，基于对支付承诺感知的可信度。单位货币价值"不是衡量物体价值，而是衡量一个人对其他人类的信任"（Graeber，2011）。如果货币是一种信任关系，那么货币的稳定性就不能仅仅解释为计算的结果。例如，格奥尔格·齐美尔认为，相信货币会保持其价值"只是一种浅显的归纳知识"（Simmel，［1907］1978）。同样，开放的未来不可预测，我们不可能有足够的信息来进行完全理性的计算；就货币而言，这意味着货币价值包含了"社会心理学的准宗教信仰元素"。行动者表现得就像货币是稳定的。为了让人们相信货币稳定，必须成功地装出货币的未来价值。[10] 弗朗索瓦·西米昂（François Simiand，1934）认为，也正因为未来的不确定性，人们对货币稳定性的信任变得至关重要。未来"既不是由确定的或可确定的定量数据决定的，也不是一个更大或更小的数学概率系数形式，而是一个评估问题。这……比起推理和批判性的预测，更需要或多或少的独特感受：简而言之，这是一个信任（或不信任）的问题"（Simiand，1934）。

事实上，资本主义最了不起的成就之一就是传播虚构预期，让货币运作和信贷扩张成为可能。如果货币不能用来交换商品，市场就无法运作；没有货币，不同的经济空间就不可能整合成全球经济。此外，部分储备银行系统提供了金融资源：企业将金融资源用于投资；消费者在不具备必要的购买力、无法用自身资源进行购买时，就用金融资源增加需求。经济增长（和金融危机）通过信用货币加速。

因为货币与任何有价商品没有直接联系，货币价值只包括货币在未来能获得商品的预期。如果这种预期消失了，货币价值就会蒸发，资产持有者就会失去财富。其他条件下，债务水平越高，债权人失去信心的风险就越大。由于货币稳定对经济运行至关重要，最终货币稳定对社会整合至关重要，以及货币稳定十分脆弱，政府和中央银行为保持对货币体系的信心做出了艰苦的努力。"可信赖的货币的产生包括建立完整的银行网络和维护货币购买力的稳定，生产可信赖的货币是所有资本主义国家的要务"（Ingham，2008）。如果行动者没有意识到货币动摇的可能性，也就是说，如果货币的稳定性变成自然而然的事情，这种对货币稳定性的信任（就像相信其他机构一样）最有效（Carruthers and Babb，1996）。

如果货币信心占了上风，货币就会成为普遍需求对象，并成为市场经济中取之不尽的能量来源。"市场机制的核心是人们对货币普遍迷恋和对拥有货币的压倒性欲望"（Orléan，2013）。行动者寻求获得货币，因为货币提供了购买力，并且可以在未来兑换任何商品和服务。货币只有在行动者相信它的未来价值和稳定性时才有吸引力，这就引起了一个问题：货币信任如何建立和维持，以及在什么情况下这种信任会被撤回？

◎ 对货币稳定的信任

如果货币本身没有价值，但行动者表现得货币就像有价值，那么建立资本主义动态的微观基础、探索行动者对货币信任的来源问题非常重要。经济学家通常以货币供应量回答这一问题。根据货币数量论，价格水平直接取决于经济中可用的货币数量。通过确保货币供应量与经济生产力发展严格对应，可以保持价格稳定。

这就赋予了调节经济流通中货币扩张的机构的突出作用。社会学家与经济学家一致认为机构对货币稳定很重要。[11]

政府部署机构框架和政策资源（包括中央银行和金融市场监管机构）以维持对货币稳定的信任。政府通过设定贴现率和伦巴第利率、公开市场政策、回购协议和互换交易，以及监管私人银行必须持有的储备金，以影响货币供应。政府还作出制度安排，如中央银行独立性（让货币政策免受短期政治利益的影响）和中央银行政策的既定目标。中央银行持有现金储备和黄金储备，鼓励程序正确且透明，并且中央银行是最终贷款人（R. Hall，2008；Pelzer，2013）。货币稳定也依靠着在金融市场运作的私人机构。评级机构评估与国家债务和私营企业债务的信用风险，以这种方式对评估金融风险和引导信贷流做出贡献。私营银行提供存款担保，向储户保证储金的安全。这些银行在很大程度上被一个密集的监管规则网络所包围。[12] 所有这些制度化的规则都是为了让货币"使用者"相信货币政策的合理性、货币的稳定性以及他们存款的安全性，鼓励货币使用者将货币的代币当作真的有价值一样行事。

然而，只关注货币供应量的货币稳定理论都忽略了一些关键的东西：如果货币价值被理解为对获得未来经济中生产商品的承诺的信念，那么这种价值就不能只用供应和制度化的规则来"客观地"解释。相反，货币稳定应该被理解为政治和话语过程的结果，通过这个过程建立货币稳定的信心。虽然经济和货币机构中可用货币数量对这种信心的存在起作用，但解释货币数量的不同衡量标准和评估货币机构的权力同样影响信心。对货币稳定的信心是通过对货币状况、货币政策措施和目标的不断解读来建立和维持的，失去信心同样如此。这些交流过程发生在该领域有影响力的行动者之间（特别是政府、中央银行、私人银行、公司、评级机构和经济学家），并创造了货币状况的叙述。信心必须存在于政治专家和经济专家之间，同时延伸到货币的使用者。格奥尔格·齐美尔（Georg Simmel）偶然注意到了这一点，那时他在论证以下观点：货币"在严格意义上越来越成为一种公共机构；它越来越多地包含了公共当局、公共机构和各种形式的交往，对公众的保障，以及他们对货币的合法化程度"（Simmel，［1907］1978）。

对货币未来价值的信念是通过行动者解释货币状况的叙述和使用货币的日常经验而构成的（Abolafia，2010）。这些话语过程可以在原始债务理论的背景下进行讨论，该理论使用了杜尔凯姆（Durkheim）的宗教理论来强调货币估值的集体特征，也可以在中央银行的沟通策略背景下进行讨论。

◎ 货币作为图腾

解释过程支撑着货币稳定。从宗教社会学中寻找分析工具来理解这一解释过程，虽然最初看起来很牵强，但事实上有一个长期的传统，即把货币运作与宗教现象并行分析（Benjamin，1991；Deutschmann，1999；Mauss，［1914］1974；Simmel，［1907］1978；Yip，2010）。这种传统方法利用埃米尔·杜尔凯姆（Emile Durkheim）对图腾主义宗教的调查来研究货币运作（Aglietta and Orléan 1992；Théret，2008）。

杜尔凯姆断言，图腾主义社会将一种力量赋予被称为"图腾"的物体，人们在宗教仪式中崇敬和敬拜这些物体。图腾只有在一个部族的信仰体系中才有力量。这种力量由物品象征性地表现出来，"然而，这样赋予的力量虽然纯粹是理想的，但却像真实的一样；它决定了人的行为，其必然程度与物理力量相同"（Durkheim，［1912］1965）。因此，图腾的特定品质既是虚构的，也是真实的。图腾确实对部族中的个人施加了一种力量，即使物品本身的力量是想象而来的。在很大程度上，可以将货币比作这些物品，因为货币价值（或权力）不是基于货币的物质特征，而是通过信仰产生的，在这个意义上，货币是虚构的。对价值符号的（购买）能力的共同体验和信念，使货币不仅仅是"纸片"或资产负债表上的数字。[13]人们对待货币就像货币有价值一样。

88

杜尔凯姆认为，氏族成员认为来自图腾的权力实际上是社会团体凌驾于个人的权力。他所分析的宗教信仰体系中的图腾主义社会并不具备理解群体成员的权力这一概念的认知手段，因此将他们所感受到的作用于他们的权力归结为一个物体。这个物体在宗族成员聚集的宗教仪式中起着核心作用，在这些仪式中，人们特别强烈地感受到群体的力量。然后，这种力量被（错误地）归于图腾。图腾被当作有力量的物品来对待。同样，对货币价值（权力）的信仰也可以被解释为是集体归因的结果。

从这个角度看，对货币稳定的信心是对其"神奇"能力的信心，它能促使社会其他成员在未来某个时候交出有价值的物品，以换取本质上没有价值的代币。在很大程度上，这种预期在交际过程中建立，最重要的是建立在对货币本身的"成功"使用上。杜尔凯姆在理解货币稳定信心方面也很有帮助：据他而言，通过仪式和授权宗教人士的解释，宗教图腾的力量得以加强。相似地，货币的力量通过货币交换实践不断得到确认，货币的使用者不断体验它的"法力"；同时，货币专家对货币的未来价值进行修辞性确认。[14]

安德烈·奥尔良的货币研究（2014）将杜尔凯姆对宗教的见解与凯恩斯对选美比赛的比喻相结合，建立了货币"模仿模型"，强调货币价值的社会特性。金融市场的行动者试图预测其他行动者对货币未来汇率的预期。因此，持有货币的决策受制于其他行动者对其发展的看法。尽管有一定的差异，但货币的稳定性来自一个集体的共识。如果行动者对一种货币的价值持否定意见，就会出现货币危机，在这种情况下，货币就不再具有流动性，并失去其价值。

面向其他市场行动者的预期，并不是货币稳定性在社会中形成的唯一意义。行动者会交出货物以换取本质上没有价值的代币，这表明货币也表达了一种权力关系。货币被描述为购买力，在语义层面上证明了这一点，而它被宣布为法定货币的事实表明，在法律层面上也是如此。但这是谁的权力呢？用杜尔凯姆的术语来说，它是集体对个人的权力：如果货币能有效地促使个人服从于集体的意志，那么它就有价值。由于它是法定货币，商品的持有者在法律上也有义务接受图腾以换取商品。为了使货币可靠，这种权力关系的运作必须得到保证；在市场社会的背景下，这意味着支付货币时必须交出货物。对货币的未来价值有信心，也是对集体秩序力量及其执行货币持有者要求的能力有信心。

当货币使用者用法定货币交换有价值的物品时，他们不断体验到集体秩序的力量。这可以解释人们对金钱产生的强烈情感关系：格奥尔格·齐美尔强调了金钱与强烈情感的关联（Simmel，［1907］1978），回顾了杜尔凯姆对图腾情感力量的观察。法国歌手塞尔日·甘斯布（Serge Gainsbourg）在 1984 年进行了"破坏性实验"，从中可以看到：货币情感关系的力量和对货币任何形式的不尊重行为的惩罚。甘斯布为了抗议法国对其收入的高额征税，在电视直播中烧毁了一张 500 法郎的纸币。数千名愤怒的观众写信给甘斯布，抗议他的行为。是什么导致观众对毁坏一张纸币产生如此强烈的反应？从杜尔凯姆的角度来看，甘斯布是在攻击社会秩序本身的一个象征性代表。彩色的纸币是代表这个秩序的道具，他对这个道具的攻击被认为是对社会（国家）权威的攻击；因此，他受到了激烈的制裁。[15] 格奥尔格·齐美尔认为，"拥有货币所带来的个人安全感也许是社会政治组织和秩序中最集中、最突出的形式和表现"（Simmel，［1907］1978）。甘斯布破坏了货币可能性所赖以存在的伪装游戏。破坏货币会让人产生集体秩序被攻击的情绪。

◎ 中央银行：文字经济

货币体系的稳定也依赖于金融市场参与者用来解释货币状况的修辞策略。对未来货币稳定的预期是"政府的财政实践评估及其央行货币政策评估的作用"（Ingham，2004）。幻想、恐惧和希望在其中起着至关重要的作用。例如，对于美元对欧元汇率的变化，不能简单地用各自经济体货币供应的变化或宏观经济指标的变化来解释。"信念对经济行为的影响远远大于货币供应可能间接对价格产生的任何影响"（Orléan，2014）。鉴于预期对金融市场投资决策十分重要，政府、中央银行和私人投资者试图影响这些预期、管理市场。近年来，修辞策略变得越来越重要，特别是中央银行的货币政策制定。道格拉斯·霍姆斯（Douglas Holmes，2014）还非常贴切地提到了"文字经济"。

在过去的 20 多年里，中央银行的修辞策略引起了学者们的广泛关注。通过中央银行代表的叙述构建货币稳定的可信度已经在经济学（J. R. Campbell et al.，2012）、民族志研究（Abolafia，2010；Holmes 2009；Smart，1999；Tognato 2012）、政治学（Braun，2015；Nelson and Katzenstein，2014）领域得到了研究，中央银行的前雇员（Blinder，2004；Issing，1997）也对其进行了研究。在经济学中，中央银行沟通和"前瞻性指导"政策已成为一个独立的研究领域。[16]

对央行沟通的研究都认为如今的央行政策不仅仅依赖于对既定的、合法的货币政策工具的应用。相反，对经济的预期被视为货币政策的核心。央行花费了大量时间和精力观察并试图影响这些预期（González-Páramo，2007）。在不确定的条件下，"央行面临的挑战是用有说服力的叙述约束预期，连续不断的数据和分析为叙述提供信息，叙述表达有节制且保持一致"（Holmes，2009）。央行试图"管理"市场对未来利率和价格稳定的预期。在经济学中，该主题下的许多文献都遵循理性预期理论，认为央行通胀政策的成功取决于央行能够可靠地传达其对这些政策的承诺。央行代表对未来通货膨胀率进行叙述，经济中的参与者行事应假装其叙述确实描述了未来的现状。央行承诺物价稳定的可信度通过收集和分析预期数据来衡量。

货币市场"依赖于主要经济体的财政部长和央行行长精心挑选的每一个词"（Ingham，2008）。因此，中央银行的沟通实践通过预期建立的政治学"保证了政治经济学"（Holmes，2009）。词语构建了"经济其本身作为一个交流领域和一个经验事实"（Holmes，2009）。这样的文字经济是在不确定的条件下运行的，"理性和非理性共存，或者完全不可分割，知识是不完美的，信息是不对称的，经验和直觉可以或必须为判断提供信息"（Holmes，2009）。

为了让人们的未来发展预期朝着预期的方向发展，对经济行动者而言，叙述必须表现得可信，经济行动者的决策决定了叙述中所设想的未来。正如道格拉斯·霍姆斯（Douglas Holmes）指出的那样，这种可信度是通过规则（如决策过程透明的规则），以及央行货币形势评估系统构建中许多不同的参与者来实现的。因此，预期是对话过程的结果。霍姆斯说，新西兰储备银行行长每个月都要走遍全国，从大约500家公司中挑选一些公司进行考察。"行长和其员工在这些访问中交流中央银行的政策，但他们也积极地从这些企业的员工、经理和所有者那里征求一些轶事数据……这个复杂的对话者网络为新西兰经济提供了敏锐的技术表现，为经济分析提供（或恢复）社会调解"（Holmes，2009）。

加拿大中央银行在评估货币形势时，也与广泛的经济团体和社会团体进行了类似的持续对话（Smart，1999）。对货币状况和政策措施的解释是由经济行动者进行的集体构建，这些行动者被招募来参与预期的锚定。他们形成了一个认知共同体，"促进感觉、直觉、判断力和判断的融合，延伸到这些机构的经验储备中，维持'主体间性'——共同理解的基础——这使银行经济学家的智力合作成为可能"（Holmes，2009）。将故事和预测固定在一个广泛的社区经验和评估中，可以集合经济领域的现有知识，分配认知，并支持这些故事的可信度。因此，中央银行的高级官员"不仅是技术官僚（他们扮演着预先确定的机构角色；他们是这些机构的设计师），也是货币政策中概念问题和务实问题的理论家"（Holmes，2009）。

同时，故事具有实验性，因为它们可以随着新数据和新见解的出现而进行修订和修改（Holmes，2009）。中央银行作出的解释可以看作"正在进行的实验，巧妙地组成叙述……作为通向不久的将来的分析桥梁"（Holmes，2009）。这类似于约翰·杜威（John Dewey）对行动过程的描述，行动者根据新经验不断修正他们对形势的解释，并相应调整他们的叙述和政策措施。杜尔凯姆观察到的集体信念也与之类似，这一集体信念构成图腾社会中宗教物品的力量；在图腾社会中，信仰通过氏族成员的仪式实践得到加强。同时，"经济价值是通过人们共享思想和情感，而起源于群体信念的力量——这一想法在一门除了极少数例外、只承认个人意志行动的学科中，近乎异端"（Orléan，2014）。

所传达的解释不仅仅是对未来经济活动的预测，它们本身就是塑造和界定未来的工具（Holmes，2009）。换言之，它们是预期政治的一部分。这里所观察到的叙事结构具有表演性，因为经济行动者会调整他们的做法以适应这种叙事。"如果这些声明是可信的和有说服力的，公众预期就会随着时间推移而与（通货膨胀）目标相吻合……从而有助于稳定价格并进一步促进经济稳定，这是货币制度的首要目标。"如果价格稳定在预期之中，"那么，将央行行动推向未来的预期性政策就成为影响这些情绪的一种手段"。货币稳定是由叙述和实践的可信度所决定的。

◎ 偿还债务的信心

信心是以语言和交流的方式形成的（Holmes，2009），这一观点不仅适用于对货币稳定的信心，也适用于对偿还债务的信心。信贷关系以借款人承诺偿还贷款的可信度为基础，而这种可信度基于对借款人可信度的评估（另见 Carruthers and Stinchcombe，1999）。"credit"这个词来源于拉丁文 *credere*，意思是"相信"。这里的"相信"是指预期借款人将自愿或被迫偿还贷款。信贷和货币一样，本质上是一种信任和信心的关系。[17]

如前所述，资本主义增长与信贷有着内在联系。信贷为投资者和消费者提供了购买力，允许投资和提高当前的需求。同时，以未来利润或未来收入潜力为借贷对象，对经济体系施加了扩张压力，并且金融体系也可能变得脆弱。行动者将他们的预期结果当作未来的现在一样行事。"如果预期未能充分实现，整个系统就会变得不稳定"（Ganßmann，2011）。信贷是一种"冒险的时间预测，前提基础是债务将得到偿还，这种预测赋予了资本主义活力和脆弱性，二者互相联结，不可分割"（Ingham，2008）。[18]

如果资本主义的扩张依赖于信贷，资本主义社会必须成功地在资本所有者中创造一种预期，即信贷关系中心的承诺将会兑现。对于借款人而言，信贷关系扩张预示着他们愿意承担债务，以增加他们未来的货币财富或社会地位，或增加他们目前的消费水平。信贷必须唤起人们对未来的想象，包括创业致富、经济生存或社会地位的改变，例如，拥有公司、房屋或消费品。尽管这种动机对资本主义的动态发展至关重要，但不能被视为理所当然。借钱投资是有社会前提的：它需要一个允许社会向上流动的社会结构，个人的生活计划是为了向上的社会流动，以及行动者愿意参与风险和投机（Deutschmann，2009）。对经济进步的想象，如"美国梦"或对房屋所有权的渴望，在文化上加强了承担债务的意愿。梦想建立自己王朝的奥地利企业家（Schumpeter，1934）、申请小额贷款的印度妇女（Appadurai，2013；Mader，2015），或者凤凰城的房主为了实现自己的美国梦而进行次级抵押贷款，都是如此。所有这些行动者决定借入资本，都是基于这样的假设：他们所设想的未来令人向往，并将真正实现。

一旦个人或机构负债，用于投资或消费，信贷将拥有惩戒作用：它迫使债务人以有利于偿还贷款的方式行事。因此，信贷也可以看作一种政府性和支配性的形式（Bourdieu，2005；Calder，1999；Trumbull，2012）。消费信贷、商业信贷和主权债务都是如此。例如，私人股本公司通常要求他们购买的公司尽可能多地负债，部分原因是出于对管理层和工人的行为施加控制。信贷所带来的压力有助于产生进一步行动，推动资本市场的动态发展，同时也增加了信贷违约风险。

从历史角度看，信贷关系扩张是资本主义发展最重要的标志之一。2010年，仅美国信贷市场债务总额（包括私人和公共债务）估计超过50万亿美元，比美国年度GDP高出3倍多（图5.1）。2014年，世界债务总额估计为199万亿美元，是全球GDP的269％。即使自2008年金融危机以来，全球债务已经增加了GDP的17％（麦肯锡全球研究院，2015）。虽然这些数字通常被视为全球经济的过度负债，但也提出了一个有趣的问题：这种前所未有的信任扩张是如何实现的？

思想家们在探讨信用体系的运作需要什么的问题时，提出了各种因素。信用关系中的信任基础可能是文化；信任基础可能植根于共同的普遍主义伦理（Weber，[1930] 1992）；信任基础可能源于"可敬的商人"对

行为规则的承诺（Braudel，［1979］1985）；或者信任基础可能产生于对
风险进行分类和指导贷款人预期的分类方案（Carruthers and
Stinchcombe，1999）。[19] 它们可能基于社会网络，如在某些种族社区观察
到的情况（Portes and Sensenbrenner，1993）。然而，在大多数情况下，
信任基础具有制度性（Carruthers and Ariovich，2010；Graeber 2011；
Ferguson，2008），并取决于是否存在一个法律体系，通过惩罚违约的债
务人来有效地执行产权（North，1990；Roehrkasse，2013）、会计和破产
法（Halliday and Carruthers，2009）、有效的税收制度、银行的风险监管
（Gorton，2009），以及制度化的风险计算形式（Carruthers，2013；
Lazarus，2012；Rona-Tas and Hiss，2011）。如果没有这些制度装置，过
去两个世纪的信贷关系扩张是不可能的。

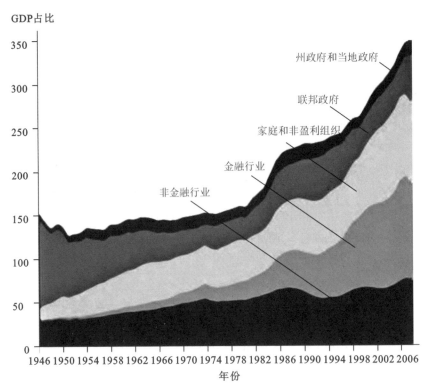

图 5.1　1945—2007 年美国公共和私人债务的组成部分占 GDP 的比例

数据来源：http://en.wikipedia.org/wiki/File:Components -of-total-US-debt.jpg.

　　然而，制度保障和风险计算并没有将不确定性从信贷关系中驱逐出
去。贷款人必须接受这种不确定性，原因有二：欺诈和不可预测性。

尽管有制度上的保障，欺诈仍然是对贷款人的威胁，这一点可以从一些惊人的渎职事件中看到，如安然公司的破产或伯纳德-麦道夫经营的庞氏骗局，或在 2008 年金融危机前银行对信贷衍生品风险的错误理解。制度结构允许与新的利润机会相关的新形式的风险承担；但它们也可能提供不可预见的欺诈机会。因此，关于信贷偿还的预期可能是故意制造的假象。

脆弱性的第二个来源是借款人经济成就的不可预测性。即使借款人完全承诺偿还贷款，市场也可能对他们不利，使他们无法偿还。未来的经济发展是借款人或投资者无法完全预见的。贷款人对他们将被偿还的预期是虚构的，因为它们是基于对未知未来的信念。[20] 从宏观角度看，只有在经济增长和信贷偿还能够被强制执行的情况下，信贷中所包含的信任才是合理的。从行动者的角度来看，偿还商业贷款的承诺取决于借款人是否能够利用用贷款购买的生产要素，以便在 t_1 出售的商品价值大于 t_0 的要素投入价值。在消费信贷中，未来的收入流必须足以支付利息，但未来的收入实际上无法得知。贷款人只能像借款人将偿还债务一样行事。这种预期是一个占位符，直到债务被偿还或不被偿还。

因此，信贷决定，就像任何其他投资决定一样，是基于凯恩斯所说的信心状态，在这里，它只是贷款人对借款人信用度预期的另一个术语。如果企业家对经济有悲观的预期，他们就不太可能开展新投资项目。同样，金融财富的拥有者也会对流动性产生偏好，对借款人收取更高利息。当资本被扣留在生产过程中时，经济产出就会减少。因此，预期决定了投资水平，也是商业周期和金融泡沫的基础。

2008 年的金融和经济危机为虚构预期在信贷关系中的作用提供了大量证据。美国住房市场和欧洲的一些住房市场的信贷扩张是基于对住房价格将上涨的预期，这是次级抵押贷款能够得到偿还的唯一途径。这也是基于对提高住房率的渴望的社会想象。然而，贷款人还有一个考虑因素：他们计划立即将所承保的风险转卖给其他市场参与者——许多银行确实这样做了，或者只是跟随普遍乐观的市场意见，相信他们会"在借款人陷入困境和发生挤兑时第一个站出来"（Hellwig, 1998）。对市场意见的评估与投资决策高度相关，而当行动者模仿对方的决策时，可能会出现资产定价过高的情况，导致市场泡沫。过度定价不应该从心理学上解释为"过度自信"的结果，而应该从社会学上解释为对特定情况的集体共同解释的结果。

◎ 预期政治

由于信贷除了是利润的来源之外还有风险，而且对债务人偿还贷款的能力的预期是有条件的，所以预期政治是债务关系中的一项主要活动。信用经济是一种语言经济。通过"印象管理"（Goffman，1959），借款人试图发出自己值得信赖的信号（Bacharach and Gambetta，2001；Beckert，2005），以使潜在的债权人相信对他们的投资是谨慎的。借款人用信号来说服贷款人相信他们的诚实，并证明他们的业务是健全的。寻找有利可图的投资机会的贷款人必须使自己或其委托人相信一项交易的潜在盈利能力。为此，他们必须解释和判断由借款人和市场提供的信号。

信任政治是一个利益相关方的战略游戏。已经持有借款人债务的贷款人会试图淡化借款人可能存在的任何问题，以避免抵押资产的市场贬值。贷款人将通过试图影响其他投资者的预期来做到这一点，同时也许还在寻找一个退出战略。当标准普尔公司在 2011 年夏天下调美国政府债务评级时，投资者沃伦·巴菲特在电视上表示，他坚信美国债务对投资者来说是完全安全的。

相反，当投资者猜测违约的可能性时，可能会故意对借款人的信用度产生怀疑。这方面的一个臭名昭著的例子发生在 2002 年对前德意志银行首席执行官罗尔夫·布雷尔（Rolf Breuer）的一次媒体采访中，布雷尔公开表示怀疑德国媒体大亨利奥·基希的公司的信用度。此后不久，被迫宣布破产的基希起诉德意志银行要求赔偿。在漫长的审判结束后，德意志银行同意向基希的继承人支付超过 10 亿美元的赔偿。

如果预期本身是利润或损失的来源，那么预期政治就是资本主义经济中一个重要的权力游戏。债权人通过威胁"退出"来行使"话语权"。私营企业的这种权力是由 Michal Kalecki 在 1940 年代所描述的（见第四章），可以在 2010 年欧元区主权债务危机的加速中观察到。金融投资者通过威胁消除对国家的信任——也就是退出，以传达他们的利益，实际上是以不可持续的利率来威胁国家进一步的贷款，甚至是阻止其进入资本市场。为了增强金融市场的信心，欧元区国家的政府为那些已经失去市场信心的国家的主权债务提供担保。这些担保的条件是，这些国家必须遵守激进的紧缩措施，这些措施削减了生活水平，导致受影响国家的经济衰退。这些政策满足了金融投资者（尤其是银行）的利益，将降低未偿贷款相关风险的政策制度化。更广泛地说，权力是通过创造未来的愿景和对现有选择的信念来表达的。这种由虚构预期投下的"未来的影子"影响着决策。

市场中介机构，尤其是分析师和评级机构，在这种权力的修辞建构或破坏中发挥着关键作用。这些专家评估与一种证券或一类证券（如美国主权债务）相关的风险和机会，从而创造或破坏价值。这些专家的工作不能被视为市场活动，但它为市场参与者提供了一个认知框架，因此对市场产生了直接影响。金融分析师的报告为评估风险提供了一个计算框架，并提供了判断的模型和类别，为投资者将市场动态转化为看似可计算的事件（Wansleben，2011）。解释和分类有助于使不确定的情况看起来是可计算的，从而促进决策。评级机构也是金融市场的中介机构。他们的功能是解释借款人关于其信用度的信号（Carruthers 2013；Rona-Tas and Hiss，2011）。[21] 评级机构在评估风险的同时，通过计算和判断来确定情况（Beunza and Garud，2007）。这种框架是有争议的，可能是多重的，并随着时间的推移而改变。它们假装世界的未来状态是预期政治的一部分，并通过提供参考点帮助稳定金融市场。对金融市场风险的评估本身就是这些市场治理的一部分。

正如 2008 年金融危机的历史所示，信用评级并不总是对债权人所考虑的风险的准确陈述（MacKenzie，2011）。试图利用信用评级将不确定性转向风险的做法从未完全成功。"不确定性可能被隐藏起来，但它们并不是不再重要"（Carruthers，2013）。对此有两种解释。第一，在抵押债务凭证（CDO）——引发金融危机的大部分金融工具——的评级案例中，发行人和评级者进行了合作。双方都在努力"博弈"评级，以获得有利结果，同时又大大低估了其中的风险。有可能采用评级算法，使其产生"反绩效"；也就是说，使风险预测对与金融投资相关的实际风险的衡量越来越不准确（MacKenzie，2006）。第二，衡量风险的模型根据不完整统计信息假设风险的正常分布，并低估了相关效应以及系统的相互依赖性，导致了人们称为"黑天鹅"的意外结果（Carruthers，2013；MacKenzie，2011；Taleb，2010）。这种罕见事件在金融市场上发生的频率远远超过正态分布的统计假设所暗示的频率。与分析师的报告一样，评级机构的评级应该理解为对未来结果的虚构预期，并视为预期政治的一部分。

如果很大一部分有影响力的市场参与者认为中介机构的评估可信，那么这些评估就具有影响力。因此，大众传媒在创造有关风险和信用的情绪方面具有重要作用。采访、新闻发布或金融媒体的评论有助于说服"市场"对某一情况的风险和机会的特定框架。上文所提德意志银行首席执行官罗尔夫·布雷尔的采访就是一个很好的例子。[22]

◎ 货币和金融危机

如果货币和信贷的价值是基于虚构的预期，那么金融危机就是信心的危机。货币危机是指接受货币和发放贷款所依据的承诺已被打破，或预计将被打破的情况。从这个角度来看，金融危机与行动者的时间范围有关。在信心高涨的时期，时间范围被扩大了。信贷将预期的未来购买力带到了现在。同时，行动者作出承诺，使他们面临未来的不确定性。在金融危机期间，时间跨度缩小了。未来会收缩，因为人们认为风险太大。行动者对债务人、某些金融工具、作为价值储存的货币缺乏信心。在这种情况下，不确定性会被放大，市场会变得缺乏流动性，甚至冻结，这是金融危机的主要表现。[23] 投资者试图清空他们的头寸以减少风险，但他们没有在使他们免于破产的价格水平上找到买家。2008 年抵押贷款支持证券（MBS）市场和银行间借贷市场的崩溃是金融危机中流动性不足的绝佳例子：2008年，MBS 的价格暴跌，美联储不得不介入，通过从银行购买 MBS 向银行提供流动性。金融危机之前，在银行间借贷市场，银行经常向其他银行借钱，以保证其短期流动性。随着金融危机的爆发，银行对其同行的偿付能力失去信心，并停止向它们贷款，这时中央银行不得不介入，提供所需的流动性。从这个意义上说，金融危机是信贷繁荣的破产（Schularick and Taylor，2012）。

凯恩斯的"选美比赛"比喻再次为理解货币和金融危机是如何由预期的变化引发的提供了一个有用的模型。凯恩斯认为金融资产的价值锚定在行动者对其他行动者的预期中。只要行动者认为其他行动者预期货币稳定或资产价格上涨（这正是会发生的事情），即使行动者认为货币或资产的价值没有"基本面"证明，情况也是如此：乐观主义创造了一个自我加速的过程，在这个过程中，不断增加的价值加强了乐观主义，并鼓励更多的风险策略。由于资本主义制度的动态特性，对资产的过度乐观估值是可能的，它允许对未来收益的想象。一个开放的未来意味着未来的收益是不确定的，但这种不确定性包括对更高的资产价格进行投机的可能性。尽管有金融市场的监管，但预期没有固定的界限，在竞争性的金融市场中，行动者有动机使用对未来价值的想象来证明越来越高的价格水平。他们的行为就好像价格会进一步上涨一样。投机是资本主义的一个组成部分。然而，金融风险的增加最终导致了熊彼特（1939）所说的鲁莽的融资。私人金融机构或国家"不计后果"地创造信用货币，最终破坏了货币作为一种稳定的价值储存和对不确定性的缓冲的作用；它还通过越来越高的风险削弱了金融机构（Admati and Hellwig，2013；Boyer，2013；Schularick and Taylor，2012；Strange，1998）。当对债务偿还或资产价值的预期变成负面时，金融危机就会发生：对迄今为止预期的未来的信心消失了。

在凯恩斯的结论的基础上，一些经济学家开发了货币和金融危机的模型，强调了行动者预期的重要性。例如，安德烈·奥尔良观察到，通货膨胀压力在货币危机开始时通常被忽视。大多数市场参与者在危机开始时反应缓慢，仍然投资于一种货币，希望其贬值只是一种短期现象。当强大的经济集团放弃现有货币，转而选择他们认为更适合其目的的新的流动性标志时，危机就会被放大。"在大多数情况下，危机始于指数化，是对货币正确定价商品的能力的不确定性的表达；然后，随着对现有货币是否适合作为价值储存手段的疑虑增加，危机变得更加严重。最后，在危机的高峰期，越来越多的生产商和贸易商拒绝接受货币来支付他们的货物"（Orléan，2014）。

在这个阶段，无论是经济强势者还是普通人，都对货币作为价值储存的方式失去了信心。怀疑和不满的积累导致新的价值评估浮出水面。例如，在 20 世纪 20 年代初德国的恶性通货膨胀时期，农民拒绝接受用马克来交换货物，税收下降，投资停滞不前。

恢复对一种货币的信心是一种政治现象，反映了经济领域的主要参与者的一致行动。只有在更强的信心形式得到确认后，才能恢复对货币的信心。奥尔良表明，1920 年代德国和法国的恶性通货膨胀都在（新）货币被接受后结束，因为社会上的主要力量都在支持它。1923 年，地租马克的发行终止了通货膨胀和马克汇率的下降，而没有采取任何其他经济措施。对货币的信心突然且看似神奇的恢复，可以算作"自发和集体表达信心的效果"，其中象征性的力量与经济政策选择一样发挥了关键作用（Orléan，2014）。德意志地租银行的行动将政治家、农民、工业家、商人和银行家聚集在一起；货币改革的成功，至少在开始时"是一个纯粹的集体支持问题，是对社会集体的信念"（Orléan，2013）。行动者们回到了货币稳定的行为方式。另一个例子是大萧条时期美国的银行危机。1932 年，越来越多的银行倒闭导致对银行健全性的广泛不确定性，然后随着越来越多的储户收回他们的存款而产生了恐慌，这反过来又加速了危机。作为上任后的第一项行动，罗斯福总统于 1933 年 3 月 12 日下令全国银行放假，并在当天的全国广播讲话中讨论了这个问题（Buhite and Levy，1992）。他的讲话试图通过改变对银行存款安全的预期来恢复对银行系统的信心。[24] 为了阻止银行挤兑，罗斯福必须说服美国公众，使他们的存款变得安全，而这正是他所为。

查尔斯·金德尔伯格（Charles Kindleberger）、罗伯特·艾利伯（Robert Aliber）（［1978］2005）和海曼·明斯基（Hyman Minsky）（1982）提出了信贷危机模型，在这些模型中，金融参与者的预期发挥着核心作用。金德尔伯格和艾利伯认为，金融危机源于资产价格泡沫的破裂，而资产价格泡沫的根源在于刺激经济中支出和贷款的狂热。当资产价格上涨出现停顿，一些投资者被迫在压力下出售资产时，这些由过高的利润预期造成的狂热情绪就被打断了。这时，一个螺旋式的循环开始了：投资者改变他们的预期，抛售他们的资产，导致崩盘，甚至可能引发恐慌。金德尔伯格认为，如果世界金融体系中占主导地位的国家致力于拯救金融机构，这些危机就可以结束。

海曼·明斯基还将金融不稳定解释为资本主义经济正常运转的一部分。他认为，金融体系的激励结构使银行和企业有兴趣在商业周期的增长期进行越来越多的投机性投资。投资者日益增长的信心（见第六章）可能最终导致越来越多的投机性信贷增长，当其到达最后阶段时，明斯基称为庞氏融资。银行和企业的金融结构风险日益增加，造成这样一种情况：预期利润的小幅下降或利率的小幅上升，都使企业和金融投机者无法履行其债务的支付义务。例如，在 2007 年破产前不久，投资银行贝尔斯登（Bear Stearns）拥有 118 亿美元的股本，3836 亿美元的资产，其股本比率为 3%，这意味着如果其资产价值仅损失 3%，该银行就会破产。

许多其他银行在危机开始前也有类似的风险金融头寸（Admati and Hellwig, 2013）。这给银行带来了一个难题：杠杆率越高，利润机会就越大——但信心突然转变带来的崩溃风险也就越大。尽管资产价值受到价格稳定或不断上涨的想象的支撑，这些高风险的金融头寸是可持续的，但一旦对价格的预期开始转变，资产市场价值下降，不良贷款、金融机构崩溃和投资受限的恶性循环就开始了。虚构的预期在这一过程中发挥了决定性的作用，因为预期的利润"决定了银行家和商人扩大和承担财务承诺的意愿"（Minsky, 1982）。

强调行动者预期的重要性绝不能否认破产的客观事实，即公司的负债超过其资产。但由于资产的价值取决于市场预期，破产也是如此。一旦对企业和金融机构履行义务的能力的预期变为负值，就会引发危机。关于信贷所依据的未来发展的假设消失了。在 2008 年的金融危机中，这被称为"明斯基时刻"。

在金融危机中，存款人担心自己存款的安全，想要提取存款，从而造成银行挤兑，这是一个能够拖垮金融体系和生产部门的连锁反应。在 2008 年的金融危机中，各国政府和中央银行为应对这种可能性，采取了一揽子救援计划、放松货币政策，并为金融机构提供了规模空前的担保。[25] 与此同时，他们公开向储户保证储金的安全。通过充当支付义务的承销商，政府宣称自己是更强大的信心来源。这是通过救助政策（Woll，2014）和戏剧化的方式发生的。例如，2008 年 10 月 5 日，时任德国总理安格拉·默克尔（Angela Merkel）和财政部长佩尔·施泰因布吕克（Peer Steinbrück）举行了一场联合新闻发布会，他们在会上通知德国公众，所有私人储蓄都将由国家担保。就像 75 年前罗斯福总统的广播讲话一样，这一声明旨在安抚公众。在雷曼兄弟投资银行破产后，公众对银行偿付能力失去了信心。该担保涵盖了 5680 亿欧元的存款——如果有必要，德国政府将如何支付这么一笔钱是个谜。但是，政治当局的声明和公众对该声明的评估改变了人们的预期，导致储户认为他们的存款安全。这种虚构预期阻止了德国公民参与银行挤兑。

◎ 结论

资本主义是一种负债体系。资本主义活力的一个关键来源是信贷和货币的供应，这至少在原则上是无限的；然而，这种无限的供应也是系统脆弱的原因（Ingham，2008）。货币是通过信用创造的，这使得人们可以从事未来可能成功也可能失败的经济活动。信贷为企业和消费者提供了购买力，从而刺激了需求。货币为市场提供流动性，为计算交易提供数字，为投资提供购买力，为价值提供储存。货币是发展连接经济交易的非个人的市场关系及现代企业组织必不可少的先决条件。

货币的制度化和扩张有助于吸收不确定性，从而有助于资本主义中时间范围的延伸（Ganßmann，2011）。因为货币是一种储存价值的方式，它保证了未来获得商品的机会，减少了未来所持有的不确定性的风险，并确保了对未来需求的不确定性的防范。换句话说，虽然我可能不知道我未来的愿望是什么，但我知道我将能够满足它们（Esposito，2011；Simiand，1934；Simmel，[1907] 1978）。因此，金钱是"对抗不知道该做什么的影响的镇静剂"（Shackle，1958），是一种获得时间的方式。与此同时，通过信贷货币为投资提供融资，迫使金融体系不断扩张。贷款必须以利息偿还，这促使企业从它们所雇用的生产要素中创造盈余。消费者必须努力偿还消费贷款。日益由金融主导的经济需要反映金融体系灵活性的行为和制度形式，从而对经济和社会施加压力。

货币和信用基于虚构预期；相信货币的价值，取决于对未来世界不确定状态的想象。参与者必须表现得好像货币的价值将保持稳定，好像他们将能够用本质上毫无价值的代币来交换未来有价值的商品。为了将他们的存款委托给银行，他们还必须确信他们能够在任何时候提取这些存款。这种信念肯定存在，尽管银行只持有储户储蓄的一小部分作为准备金——储户的要求不可能全部得到满足，至少不可能在同一时间偿还。虚构的预期对于信贷关系的存在同样是必要的。正如熊彼特所解释的，信贷使企业家在他们对商品的要求得到证明之前就能获得商品。对创业活动结果的信心是一种占位符，因为这种信心只有在事后才能得到证明。

货币承诺的扩大及其可信度必须被视为现代社会的一个主要发展。如果在当代世界经济中，人们认为未来三年的世界经济生产的价值来自其他行动者的债务，那么今天的金融体系的基础设施、强制力和修辞力量在历史上无与伦比。为了维持这个体系，贷款人必须相信借款人会尊重他们的债权，并且有办法解决这些债权，同时，借款人相信他们有义务偿还债务。

然而，只有当货币价值被认为保持稳定时，货币价值才能为想象中的经济未来贡献积极内涵，而货币稳定性本身就是关于行动者对金融体系的信任的一个函数。这种信任部分取决于制度框架，如可信的产权制度、信用评级和监管中央银行的法律，它还取决于对借款人义务的制度执行——换句话说，就是贷款人的强制力。只有在制度结构导致贷款人相信借款人所欠的本金和利息大多会得到偿还的情况下，信贷扩张才可行。因此，尽管经常发生货币危机和贷款违约，但扩大对货币的信任必须被看作保持现在对想象中的未来开放的一个条件。

然而，对货币稳定和金融机构的信心并不是由具体的制度规定决定的。虽然毫无疑问，制度特征和风险评估技术对货币体系的运作至关重要，但它们本身并不能解释对货币和金融体系的信心。信心还必须通过发生在金融领域的参与者和公众之间的讨论过程来建立和维持。这些过程通过解释来界定情况，评估持有货币和提供信贷的风险性；通过这种方式，他们设定了货币的价值，激发了借款人的信心。因此，货币和信贷的运作取决于叙事的建构。金融市场信心的产生或动摇的解释过程是资本主义研究的一个非常重要的领域（见 Rona-Tas and Guseva，2014）。

预期促使行动者接受金钱，进行结果不确定的投资。当这些预期变得暗淡时，经济活动会突然收缩。在这些时刻，当对货币稳定的虚构预期被修正，金融资产的价值被重新评估，行动者试图将他们对社会产品的要求转移到不同的代币（其他货币或商品），出售金融资产，并避免发放信贷。货币和金融危机可能导致货币通过通货膨胀而贬值，或导致长期的债务紧缩，并伴随着深度衰退和经济繁荣的丧失。正如本章开头所说，货币市场和金融制度是"资本主义制度的中心"（Schumpeter，1934），这意味着金融危机是资本主义危机的最深刻的形式。正如金融系统的稳定是基于行动者对金融系统的信心，系统中的危机是由这种信心的丧失引发的。信心是偶然的，货币和金融危机是对一个开放和不确定的未来不断变化的体现。

第六章

投资：利润的想象

> 商人的不同预期……而不是其他因素，构成了工业波动的直接原因或前因。
>
> ——阿瑟·庇古，《工业波动》

经济增长取决于投资，投资将资源从眼前的消费中保留下来，用来创造未来的财富。这种广义的投资定义表明，投资过程并不局限于资本主义，它的历史与人类定居的历史一样长。但是，这种过程的动机可能非常不同。农民将种植上一季的部分收成存放起来，而不是将其消费掉，这就是对未来收益的投资，其目的是生存或经济的再生产。将资本投资于汽车厂的建设是现代资本主义的典型投资，与自耕农的投资有根本的不同，不仅在性质上，而且在动机上。在后一种情况下，投资者希望在未来某个时间点销售汽车所产生的收入能够超过与生产汽车有关的成本。这种投资的动机不是为了生存，而是对利润的预期。

对用于生产商品或服务的工厂和设备的投资，只是资本主义追求利润的一种投资形式。还有两种不同形式的投资。第一种是对金融资产的投资，它提供了以利息支付或股息形式获得未来收入的权利，或者在未来资产价格上涨的情况下获得利润的机会。为了这些获利机会，投资者必须作出承诺，如果债务人不偿还贷款，公司不支付股息，或者金融产品的市场价值随着时间的推移而贬值，这将带来损失风险。第二种是对人力资本的投资，这可能带来更高收入或获得更有声望或更安全的就业。上大学，通过专业培训获得技能，或者练习一项技能或运动，并打算最终从这些活动中获得收入，这些承诺都是出于对未来收益的希望。

资本主义的学者们无一例外地将投资确定为资本主义动力的支柱之一。马克思（［1867］1977）认为投资是劳动过程中发生的剩余生产的起点。韦伯（［1922］1978）认为资本主义经济是由理性的投资定义的，资本家通过投资来寻求未来的利润。约瑟夫·熊彼特（Joseph Schumpeter，1934）认为，对创新的投资打破了静止经济的循环流动。对于凯恩斯（［1936］1964）来说，经济中的总收入是由有效需求决定的，有效需求包括消费和投资。投资是由资本的预期边际效率决定的，使投资率取决于对利润的预期。如果这些预期很低，资本就不会被投资，而是作为流动资金保留下来，这就会导致生产要素的不足。鉴于其对经济增长的重要性，一个经济体的投资率是一个受到密切关注的宏观经济指标。

本章重点讨论资本投资、金融投资和人力资本投资，以便提出这样的论点：这三种类型的投资至少在一个方面是趋同的，即它们都是基于对未来的想象。换句话说，它们都以虚构的预期为基础。在一个投资决定中，购买者作出一个承诺，其结果只有在未来才能知道。只要他是"投资"，购买者就希望所购买的物品、权利或资格能够产生利润、红利和更高的薪水。交易的动机是希望有一个未来的结果，但绝不是保证。

投资结果的不确定性在长期以来令人失望的投资中显现出来。据估计，在世界范围内，每年大约有 4000 万家企业创立，而破产数量也与之相近（Bosam et al. ，2008，转引自 Makridakis，Hogarth，and Gaba，2009）。可以肯定的是，有些投资的结果比其他投资更容易预测。但我们可以假设，对加速资本主义的动态发展负有最大责任的投资通常是那些结果最不确定的投资。例如，在风险投资领域，风险投资家所投资的大多数公司从未盈利过（Shapin，2008）。金融交易往往以损失告终，虽然职业目标促使人们选择接受教育，但教育并不能保证职业成功。虽然行动者试图计算未来的收益和他们的投资所带来的风险，但对开放的未来的不确定性往往使得我们无法知道投资的结果。在不同程度上，投资是"面对缺乏足够知识"的选择（Shackle，1970）。在这个意义上，投资是对未来的赌注。那么，如果行动者不知道他们会有多成功，他们如何决定投资呢？

投资的动机是对未来将如何发展的想象。行动者以叙事的形式表达这些想象，展示他们的信念、信仰、恐惧和希望，并由计算工具支持。因为投资结果也取决于第三方的偶然决定，所以行动者会关注其他行动者的信念，并试图了解甚至影响他们的预期。因此，预期政治在投资决策中也发挥着重要作用。

◎ 生产投资

投资决策以虚构预期为基础的想法最初可能会显得很反常，因为企业家和金融投资人都会仔细计算他们投资的可能结果。资本预算是公司金融的一个发达领域，资本预算使用复杂的方法来计算投资和所涉及的风险（Demange and Laroque，2006；ter Horst，2009）。资本主义理论强调投资过程的理性特征是现代资本主义发展的基石之一（Weber，〔1922〕1978）。

然而，将投资理解为仅由计算决定，则忽略了一个关键点：虽然公司金融所开发的计算工具确实可以帮助投资者在结果可预测的情况下做出最佳决策，但在结果不确定的情况下，这些工具并不能实现这一功能。韦伯（〔1922〕1978）认为资本会计对投资的理性计算至关重要，但他也认为这种计算的可能性取决于对需求、材料供应、成本、法律规定和技术条件的充分了解。如果没有这些信息，投资的合理计算没有可能。这种情况在今天仍然存在。在资本会计中应用的模型依赖于许多输入参数，这些参数的有效性无法事先知道。用于资本预算的技术，如现金流折现（DCF）、净现值（NPV）或内部收益率（IRR），都要求事先估计投资的增量现金流的规模和时间。[1]计算出的净现值，即一项投资的预期利润率，取决于预测的现金流、假设的风险和选择的折现率。当然，这些假设的准确性在未来收入、利率和通货膨胀率被了解之前无法确定。

由于投资决策通常是独特的，并指向一个开放的未来，韦伯所阐述的条件和现代资本预算方法所要求的条件很少被满足。产品开发的成本是什么？什么时候开始生产？销售量会是多少？产品能以什么价格出售？合并后可以实现哪些协同效应？这些问题的答案在做出投资决定、开发和销售产品之前是无法知道的。企业只能对这些问题进行知情的猜测，这些猜测作为假设进入数学模型。尽管企业可以通过建立不同的投资组合或通过对冲投资中的某些风险（如货币风险）来降低风险，但每项投资都需要有对其盈利能力的积极预期来证明。对冲所有的风险将消除未来的利润。

弗兰克·奈特（Frank Knight）（〔1921〕2006）将资本投资作为不确定性条件下决策的主要例子，这并非巧合。正如第三章所论，奈特认为事件的特点是不确定的，并举了一个制造商考虑扩大其工厂的生产能力的例子，这种考虑只有"判断"和"估计"有可能。制造商"或多或少地对这个命题进行了'计算'，尽可能地考虑到各种或多或少容易测量的因素，但最后的结果是对任何拟议行动方案的可能结果的'估计'"。这种情况是必然，因为企业家行动所涉及的情况"取决于无限多的对象的行为，并受到许多因素的影响，以至于没有做出真正的努力来考虑结果，更不用说估计和总结它们的意义了"。在奈特看来，这种估计和判断是绝大多数投资决策的主要特征。

风险资本投资者的投资也很好地说明了与资本投资相关的不确定性。风险资本家成为公司的债权人或部分所有者，而这些公司通常还没有完全开发出可销售的产品。准确地给这样的公司分配价值——决定它是否会在市场上取得成功，评估其股权的价值，计算其未来收益等，都是不可能的，这不仅仅是因为谈判过程中的道德风险：未来的不确定性使这种评估具有更大的挑战性（Giraudeau，2012；Shapin，2008），未来的现金流根本无法知晓，这使得将它们加起来并折算成现在的净值毫无意义。尽管投资专家利用报告、正式和非正式会议以及市场分析尽可能精确地估计公司的价值，但"这些数字受制于重要的假设和判断，因此本质上具有主观性"（Nama and Lowe，2013）。对初创企业的成功投资远远多于失败的数量，但即使是成熟的公司也经常"无法对一个项目进行非常理性的计算……因为他们缺乏理性行为所需的信息，也因为他们没有时间和意愿去获取信息或使用非常复杂的评估方法"（Freeman，1974）。不确定性的产生"既来自创新中固有的技术不确定性，也来自对未来市场和竞争的错误判断"。

面对这种不确定性，资本预算技术将被认为对投资决策重要的因素进行排序，并将决策转化为产生明确结果的数学程序。一旦投资决策的输入参数被估计出来，这些模型"将看似不可能的工作（考虑到这些参数的不确定性）转化为一个类似于复制粘贴的任务……人们需要做的就是乘除"（Doganova，2011）。决策情况是由计算构成的，它产生了一种错觉，即计算出来的现值是对未来的预测，并且有可能根据未来的盈利能力和风险对投资选择进行明确排序。计算工具是帮助建立对世界未来状态的信念的工具；因此，计算工具有可能帮助行动者假装理性的决定——比如，采取行动。显然，计算未来的收入流很重要，但很难说这种计算实际上预示着未来的现在。弗兰克·奈特（［1921］2006）对这一观点表示怀疑，认为投资决策不是基于对未来的准确计算，而是"基于对这一观点的信心程度"。投资者相信计算结果，因此采取行动，好像这些计算结果提供了关于结果的确切知识。凯恩斯也提出了类似的主张："企业只是假装自己主要受招股说明书中的陈述驱动，无论多么坦率和真诚。它堪比去南极探险，它是基于对未来利益的精确计算。"

因此，在投资决策中普遍使用数学模型，也应该从它们的潜在功能来理解：尽管投资结果不可计算，但它们能让行动者放心，并为决策提供理由。[2]此外，人们可以像奈特那样指出，未来收益的不可计算性甚至是利润可能性的前提条件，使虚构的预期成为资本主义经济不可或缺的一部分。[3]

◎ 想象投资

如果未来不可知，那么行动者如何决定是否投资于新的生产能力、创新活动或替换现有的生产方式？引人注目的是，那些致力于回答这个问题的作者经常指出想象力在投资过程中的作用。对于沙克尔（1970）来说，由未来的不可知性所造成的空虚，"只能通过想象力，通过创造形象来填补"。根据弗兰克·奈特（［1921］2006）的说法，决策是对"未来事态的'形象'的反应"。安德烈·奥尔良认为，生产计算"需要预见性和想象力"（Orléan，2014）。换句话说，投资决策，即使是参照精心计算的合法化，也是基于对未来的想象，而这些想象是以叙述的方式传播的。

随意打开任何一本商业杂志或报纸的商业板块，你会发现无数的例子，使用对未来的想象的呼吁来证明公司的投资决策。决策——从开设新工厂，到将生产转移到另一个国家，投资新技术，收购或通过裁员来降低成本——都是通过一个关于未来繁荣的故事来传达的，而这正是该决策的预期结果。[4]以下是可以佐证这一观点的例子。

例 1

2009 年夏天，一个由欧洲能源公司组成的财团发起了一项协调计划，计划在北非和中东地区大规模投资建设太阳能工厂，目的是生产足够的可再生能源来替代目前对化石燃料的使用。这个名为"沙漠工业倡议"（DIL）的财团传播了一个解决欧洲能源问题的想象：在北非的沙漠地区安装大面积的太阳能电池板，并生产足够的清洁能源来满足欧洲的能源需求[5]。其中最重要的是将北非纳入高科技产业地区，为一个因发展问题、宗教冲突和非民主政治制度而闻名的地区创造新的生态前景。[6]2003 年，Desertec 后来的创始团队之一——跨地中海可再生能源合作组织（TREC）指出，该项目可以"通过使北非/近东面向当地和欧洲市场的清洁能源生产成为北非/近东国家工业和社会经济发展的动力，将以前相互矛盾的气候保护和经济发展目标变成相互促进的目标，并帮助地中海从一个存在各种分裂和冲突的地区转变为一个和谐的社会经济发展、合作和睦邻的地区"。

该项目的倡导者认为，Desertec 将为即将到来的能源危机提供解决方案，帮助阻止气候变化，并与非洲的贫困作斗争，同时表明伊斯兰世界和基督教世界可以一起工作，并减少从北非到欧洲的移民。由于该项目产生的能源还将用于海水淡化，它进一步承诺将消除该地区因水供应而发生战争的威胁。Desertec 是基于对乌托邦式未来的承诺的叙述（Gall，2012）。

这个关于繁荣未来的故事旨在巩固公众和政治界对该项目的支持，并说服能源公司对该项目进行投资。然而，项目的实际可行性是非常值得怀疑的。生产国的政治不稳定会如何影响欧洲的能源安全？鉴于生产国本身供应不足，它们对向欧洲出口能源是否有兴趣？这些能源能否被运到北欧？40 年后欧洲的能源需求会是什么？公司是否愿意承担投资风险？根据熊彼特的观点，企业家精神的决定性特征是有能力克服这些担忧。为此，对理想未来的想象起着决定性的作用。

例 2

生物技术的投资也与虚构预期密切相关。凯瑟琳·沃尔德比（Catherine Waldby）对干细胞研究投资中的治疗承诺的调查（2002）就是一个很好的例子。她把再生生物学的治疗希望称为"梦想生物学"（Waldby，2002），"基于这样的希望：生物价值片段的活力、自我更新和不朽可以被放大，成为宏观尺度的品质"（Waldby，2002）。"生物价值"描述了干细胞的治疗使用价值，以及未来研究结果商业化所带来的交换价值。两者都是建立在承诺性的叙述上：使用价值取决于研究的成功，而目前的经济价值则取决于投资者对承诺故事中描述的未来科学成功的信心。正如该领域的贡献者所言，对生物技术的投资越来越依赖于"经济价值和潜力的前景，而不是现在的使用"（Martin，Brown，and Turner，2008）。

例 3

对半导体行业的投资是虚构性在投资决策中发挥作用的第三个例子。吉多·莫林（Guido Möllering）（2010）通过调查一个定期举行的名为"下一代光刻技术研讨会"的行业研讨会，研究了对该技术发展投资的话语过程。该研讨会在加州举行，将半导体行业的竞争企业聚集在一起，讨论这些企业对行业发展的预期及其创造新技术的预期战略。在这一领域，未来技术发展的不确定性很高，企业很容易在投资决策中出错，导致重大损失。研讨会试图通过确定行业参与者对有待解决的最重要的技术问题的普遍看法、最有前途的技术的意见，以及某些技术发展可能发生的时间框架的深入了解，来帮助企业确定方向。换句话说，研讨会以叙述的形式提出了对未来状态的想象，伴随着计算，揭示了参与者的信念，塑造了行业参与者的预期，并为当前的投资决策提供了理由。

这些叙事通过塑造当前所追求的技术战略，帮助构成市场和未来。这也意味着，投资策略不能被理解为对最佳选择的理性计算，因为它们所展开的行动背景本身就是由行动者的解释内生的。当关于可能的发展的故事被阐述时，投资策略就形成了，最终创造了故事所阐述的发展（Sabel and Zeitlin，1997）。

因此，为投资决策奠定基础的预期价值（盈利能力）反映了通过传播由资本预算技术支持的叙述而形成的评估。关于价值的研究表明，对商品质量的分配是通过一个领域的行动者之间的（分层结构的）交流进行的（Beckert and Musselin，2013；Callon，Méadel，and Rabeharisoa，2002）。同样地，我们可以将投资评估理解为通过话语过程构建的。以风险投资为例：企业家在会议上向风险资本家推销他们的商业计划和公司愿景，在会议上他们将自己暴露在潜在债权人的审查和问题之下。对公司未来盈利能力的评估是建立在说服潜在投资者的叙述上的。这些叙述必须得到数字的支持。然而，就其本身而言，这些数字不能激发决策。正如史蒂文·谢平（Steven Shapin，2008）所说，在建立叙述的可信度方面，尽职调查的过程远不如熟悉的网络和企业家传达个人美德和激情的能力那样具有决定性。从实用主义的角度来看，对投资的预期回报的评估可以理解为一个调查和实验的过程（Doganova and Karnoe 2012；Stark 2009；Troy，2012）。

从更广泛的角度来看，一项投资的盈利能力是在一个认识论社区内计算的，这个社区包括顾问、科学家、会计师、经济学家、分析师、投资银行家、经理、企业家和资本所有者，他们通过阐述对未来发展的预期来评估一项投资的价值，一般由资本预算的数学模型支持（Doganova，2011）。当对未来发展的想象与数学计算的结果、会计惯例和现有数据相结合时，就会出现对未来价值的预期。[7]在这些充满权力的实践过程中，行动者试图获得对他们想象的信心，在必要时修改他们的预期，听取其他人的叙述，并说服其他人相信他们对未来的展望。这些评估最终成为投资决策所依据的判断的基础。换句话说，价值是在实际过程中，通过对投资的预期未来回报的叙述演示，在计算工具的支持下构成的。这些评估过程的参与者知道，"价值取决于如何评估，何时评估，由谁评估，出于什么目的评估；而且评估是一个高度创造性的过程。可以说，资产的价值完全掌握在从业者手中"（Muniesa，2011）；它基于预测的未来收益，反映了行动者对风险投资或乐观或悲观的情绪。根据这些情绪，"整个价值大厦从根本上说是一个虚构，只有当每个人都准备好维护这个虚构时，它才能发挥作用"（Palan，2012）。预期的未来会影响盈利能力，因为它们通过由此产生的决定来塑造竞争的结构。

投资决策所依据的价值预期也是社会关系的结果，因为这些决策取决于该领域的结构组成；也就是说，取决于其不同行动者的相对经济实力。电影制片人哈伦·法罗基（Harun Farocki）在一份罕见的关于在实践中如何确定对一家初创公司的投资的文件中，展示了公司所有者和一家感兴趣的投资银行之间的谈判，以及双方之间权力的不对称。[8] 在谈判过程中，银行家能够大幅修改所有者对公司价值的预期，因为银行家对交易的依赖程度较低，对计算投资的工具和惯例有更多了解。

行动者对结果的预期是公司内部或市场上基于利益的争论的对象。"可能会有许多不同的观点，这种情况通常是一种宣传和政治辩论，在这种辩论中，项目的估计被利益集团用来支持一个特定的观点"（Freeman，1974）。由于通过叙述和计算装置产生的关于投资盈利能力的想象具有分配效应，相关的行动者可能试图围绕特定的想象动员其他行动者，或者使他们脱离这种想象。例如，对盈利能力的预期可能会通过改变企业的资本成本而产生直接的经济效应：积极的想象可能会使企业以更低的价格借贷，从而使它们有更大的成功机会（Soros，1998，转引自Bronk，2013）。

公司财务模型和尽职调查程序有助于协调行动，不是因为它们可以预见未来，而是因为它们被认为是负责投资评估的专家群体的合法工具。然而，投资决策的不可预测性并不是仅仅通过数字运算来处理的；相反，预期是在上述由权力关系形成的话语过程中设定的，并可能作为假设和参数值进入计算装置。反之，数字表述可以被专家转化为符号化经济对象的想象。赫伯特·卡尔索夫（Herbert Kalthoff）在谈到金融市场时，引用了一位在巴黎的法国商业银行家的话来说明这一点：

> 人们可以说，数字确实会说话，它们会激起图像。这意味着我们并不像机器人。每次我看到数字时，它们都会激起图像和某种行为。我给你举一个简单的例子。比方说，我们有一个企业，

利润率不是特别好，现金流不稳定，我们也有负债。我立即看到了这一点，我立即想象工人们在做他们的工作。我也想象到股票的问题，这非常重要。我想象那些没有按时付清债务的客户。所有这一切，我只是有一个机制、一个逻辑，它们开始在我的脑海中移动。情况确实是：数字只是一个借口，你可以进一步发展。因此，数字确实在说话。但数字说话是因为它们使其他东西说话。

（引自卡尔索夫，2005）

　　虚构预期促使人们投资于结果不确定的经济项目。其中一些项目成功了，有助于推动资本主义的发展；另一些则失败了。诸如现金流折现分析等计算手段的使用在评估一项投资的未来盈利能力方面发挥了重要作用。然而，这种技术并没有做他们声称要做的事情，即计算一个未知的未来，而是应该被理解为用来支持虚假预期的可信度的工具（见第十章）。与计算实践社会学的主张相反，市场不能被简化为计算的舞台。投资决策利用了对未来的广泛想象，在不确定的条件下，计算本身应该被理解为一种叙述的形式。

◎ 金融资产投资

　　如今，由于金融市场的主导作用越来越大，人们对投资的兴趣往往集中在金融投资上，而不是在工厂和设备的投资上。[9] 在战后，美国金融部门产生的 GDP 的百分比一直在稳步上升，自 20 世纪 80 年代以来，金融投资的收益已经不成比例地增加了（图 6.1）。2010 年，美国经济中大约 35％的利润来自金融业，尽管它只占 GDP 的 8％多一点。金融业的扩张及其不断增长的利润为投资金融市场提供了强大的动力，同时也引起了社会科学界对"金融化"话题的广泛兴趣（Fourcade-Gourinchas and Babb，2002；Froud 等，2006；Knorr Cetina and Preda，2004，2012；Strange，1998）。

　　金融市场有别于其他市场，因为它们不是基于个人与事物的关系，而是基于"个人与时间的关系"（Orléan，2014）。金融资产没有使用价值；它只不过是对未来利润或收入的（投机性）要求，通过现在的承诺来实现。[10] 金融投资是对未来预期的承诺。未来预期收益决定了公司在股票市场上的价值。除了最安全的投资，如德国或美国政府债券，这些预期皆为虚构。结果不可预测，金融投资可能带来令人惊讶的结果。早在 19 世纪，马克思就将金融市场称为虚构资本的市场（见 Harvey，1982）。

图 6.1　金融利润占美国国内所有利润的百分比

数据来源：美国商务部。

卡瑞恩·诺尔·塞蒂娜（Karin Knorr Cetina）（2015）指出，金融市场与消费市场的不同之处在于："买入或卖出金融工具，就启动了约定或合同，只要你持有该工具，约定就会一直持续下去。"当购买消费品时——如果是直接支付而不是通过分期贷款融资，有关各方之间的关系在交易完成后就会结束。相比之下，在金融市场上，交易开始了与对方的关系，只有资产再次出售才会终止。[11]诺尔·塞蒂娜用承诺这一概念描述金融市场中签约方之间的关系。收款方（无论是作为信贷还是作为股权）通过对未来利润的承诺来实现，这能让收款方能够连本带利地偿还贷款，或将使其股价上涨。[12]放款方，即诺尔·塞蒂娜所说的承诺接受者，则"买进"承诺。承诺的概念似乎更有助于理解预期（包括支付债券票息或作为利润份额的股息，这些也是法律义务），而不是将预期资产价格未来增长概念化。不过，与虚构预期类似，承诺的概念也强调了未来的不可计算性。承诺建立在想象力和说服力的基础上，具有叙述性质。

投资未来收益的不确定性本身也是在金融市场上交易。经济行动者可能试图通过套期保值，让资产免受将来可能出现不利价格的经济后果影响，这也正如他们可能试图从投机中公开的、未来的潜在盈利机会获益一样。对于套期保值者和投机者来说，金融市场允许承诺者退出他们的投资关系，并将风险（包括承诺中所包含的机会）转移给他人。随着对形势评估的改变或者新机会出现，立场也会迅速改变。即使不是所有金融市场的投资者都以短期为导向，情况也是如此，例如，养老基金和保险公司是长期投资者，只要他们对未来投资回报的想象保持不变，就会继续投资。

然而，快速退出的可能与资本投资和技能投资形成了鲜明对比。这让金融市场很大一部分决策集中于极短的时间内：专业交易员往往只持有几秒钟。矛盾的是，正是由于个人有可能将他们的承诺限制在近期（并利用自己在二级市场退出的权利），才使得一级市场上有大量的经济长期融资供应——退出的可能是保持流动性的一种方式。它为行动者开辟了道路，让他们在不确定回报的情况下对假想进行承诺。

◎ 高效市场？

在金融市场，如何形成承诺可信度的预期？如何评估获利机会（和损失的可能性）？评估如何激励行动者投资？调查金融投资盈利预期的可信度来源，也可以认为是对金融资产价值来源的调查。这是因为分配给证券的价值反映了人们相信想象的未来的可信度。在金融经济学中，是通过计算未来收益和风险来进行金融资产价值的评估。例如，在资本资产定价模型（CAPM）中，金融证券的价格计算是基于预测的投资回报和相关风险。风险计算为股票先前价格的标准偏差。由于对金融证券的理性需求，投资者的均衡收益与产品的风险水平成正比，保持均衡状态。这意味着证券有基本价值，可以计算为与资产未来收入和风险的函数，并折算为现值（见第三章）。

根据有效市场假说，金融市场价格反映了证券的内在价值。如果金融资产的市场价格偏离了这一价值，追求利润的投资者就会买入或卖出该资产。因此，盈利机会来自这个理论模型所认为的错误定价。如果买入低估的资产，它们的价格会发生变化，直到与它们的基本价值相对应："许多竞争参与者的行为导致证券的实际价格随机地徘徊在其内在价值之上"（Fama，1965），这意味着在"有效市场任何时间点，证券实际价格将是对其内在价值的良好评估"。自 20 世纪 80 年代以来，有效金融市场的理论为金融市场政策改革所左右，这些政策改革遵循这一理论的假设，即金融市场是自我调节，如果在没有政治干预的情况下任其自行运作，效果最佳。

不幸的是，金融经济学家的模型世界往往与金融市场的真实世界没有什么相似之处。如果金融市场是有效的，资产价格围绕资产的内在价值随机摆动，那么，资本主义从一开始就被金融危机所震撼，这是怎么回事？股票指数的波动性怎么可能比公司利润的波动性大得多（Shiller，2000）？股票市场价格怎么会与公司盈利的发展有如此大的偏差（图 6.2）？金融市场是有效的这一假设使大多数的价格变化无法得到解释。

偏离基本面是金融市场的特点。在 20 世纪 90 年代末的网络公司热潮中，新成立的互联网、计算机和电话公司的股价飞涨，达到了高昂的市盈率。在大多数情况下，这些公司从未报告过任何利润：它们的价值完全在于它们和市场分析师所承诺的想象中的未来利润。投资者对这些想象深信不疑。网络公司的繁荣是一个极端的例子，说明股票价格可能偏离公司基于虚构预期的实际收益有多远。投资者的行为就好像公司的想象的未来实际上描述了未来的现在。泡沫在 2000 年 3 月破灭：投资者修改了他们的预期，新的资本变得难以产生，许多高歌猛进的公司被消灭了。当投资者不再预期这些公司会盈利并撤出他们的资金时，变化的不是关于公司基本面的信息，而是金融投资者和为他们提供建议的分析师的预期。

图 6.2 标准普尔实际综合收益和股票价格实际指数

数据来源：http://www.irrationalexuberance.com/main.html? src=％2F#4，0。

在美国的房地产泡沫中也可以看到类似的模式，当它在 2007 年破灭时，导致了接下来的"大衰退"。美国的房地产价格在 21 世纪初急剧上升，在 2006 年达到顶峰，并在 2007 年开始螺旋式下降。结果，数以百万计的美国房主失去了他们的房子，全球交易的证券化抵押贷款的价值内爆，造成连锁反应，几乎导致世界金融体系在 2008 年秋天崩溃。这改变的不是资产（房子），而是金融市场对美国住房市场未来价值增长的预期。账面价值不得不被急剧修正。在网络泡沫和房地产泡沫中，金融市场错误地评估了金融资产的未来价值。这完全违背了金融经济学所讲述的有效金融市场的故事：在一个有效的市场中，这种对证券的错误定价是不应该发生的——事实上，直到今天，尤金·法玛（Eugene Fama）还坚持认为泡沫根本不存在。[13]

　　市场价格与基本价值的偏差，至少可以部分解释为金融市场的投资者不一定要评估未来的收益。凯恩斯区分了两种评估金融资产未来价格的方法——企业和投机。企业的目标是"预测资产在其整个生命周期内的实际收益"，而投机的目标是"预测市场的心理"（Keynes，［1936］1964）。只要投机者预期其他投资者会继续投资于某项资产，因为他们预期其价格会继续上涨，那么，即使他认为该资产"基本"被高估，他也会继续投资于该资产，这是理性的。因此，证券的价格上涨并不一定会减少需求；相反，需求可能会得到加强，因为行动者将价格上涨解释为一种趋势，他们可以从中获利。有关资产基本面的新信息会改变证券的内在价值，但不一定会改变投机者的态度，投机者会对"他的财富所依赖的群体的行为"作出反应（Orléan，2014）。价格变动的原因是社会性的，当对市场上的主导预期发生转变时，价格变动就会发生。因此，价格不是被交易的资产的内在质量；相反，价格是基于想象的期货。如果金融市场的决策不以内在价值为导向，那么金融市场就不具有有效市场假说所假设的自我修正属性。相反，金融市场本质上不稳定，因为投机引发了正反馈，转化为繁荣和衰退的周期。金融社会学的研究已经证实了交易者对市场舆论的高度关注，这些研究显示了交易者是多么努力地寻找其他交易者对市场走向的看法（Chong，Tuckett，and Ruatti，2013；Knorr Cetina and Bruegger，2002；C. W. Smith，2011；Stark，2009）。奥尔良（2014）谈到了"模仿性极化"，"模仿性极化"根据行动者对市场发展的特定解释的信心，推动金融市场向某个方向发展。

◎ 来自集体信仰的价值

　　为了反对有效市场假说，奥尔良建议我们"放弃价值享有某种特殊客观性的想法"（Orléan，2014）。取而代之的是，我们可以接受这样的观点：金融市场的价格是对其未来价值的预期的结果。这并不意味着对公司

117

未来收益的评估不发挥作用：投资者使用预期收益和评估风险来比较金融投资。但是，错误的评估和缺失的信息意味着投资者可能缺少了一些事实，而这些事实在事后看来会对公司的真实情况提供准确的洞察力。事实上，"没有已知的基本面意味着构建公司实力的明确参数几乎不可能。但这并不排除尝试的可能性。标准的做法是（在基金经理中）尝试对公司的现状进行估值，并计算出它们在未来可能的价值"（Chong，Tuckett，and Ruatti，2013）。

对未来收入的计算非常多，但未来收入的认识论地位与该领域的从业者所认识的不同。未来收入应该被理解为话语过程中的道具，提供合理的价值说明，有助于在金融市场固有的不确定性条件下建立对未来价格发展的信念。基金经理实际上并不了解一家公司的基本价值，而是"交易那些被认为可能影响价格的基本面故事"（Tuckett，2012）。金融市场的投资是由"借鉴无意识的幻觉和社会共享的信念"的故事所激励的（Chong，Tuckett，and Ruatti，2013）。交易员们把这种金融模式描述为"民间模式，并不反映实际的定价机制"。钟（Chong）和塔克特（Tuckett）（2015）描述了"信念叙事"，其中包括"'吸引者'——通常通过与收益相关联而产生兴奋和操作主义的元素；以及'阻疑者'——通常通过与收益相关联而产生兴奋和操作主义；'驱疑者'——通常通过与安全相关联的方式管理疑虑和焦虑的元素"。金融市场，换句话说，是"故事的市场"。故事将基本的不确定性转化为信心，并因此发挥了场所持有人的作用，使得在结果不可知时采取行动成为可能。如果被说服，行动者的行为就像这些故事是对未来现实的实际表述。

如果人们认为未来是开放的，那么这种评估是合乎逻辑的。基本的不确定性排除了内在价值的概念，因为一个开放的未来排除了了解一个公司未来收益和充分了解其面临的风险的可能性。这一点可以从市场分析师对公司商业前景的评估的巨大分歧中得到证明。行动者不仅可以获得不同的信息，他们也对相同的信息有不同的解释，并对其他行动者的市场意见持有不同的看法。在金融市场上，存在着"个人估计的令人困惑的多样性"（Orléan，2014）。此外，预测市场意见的发展是不可能的，因为提前知道这种意见会直接影响到这种意见的内容，也就是说，知道泡沫何时结束会有效地结束泡沫，因为未来的阴影会立即调整行动者的预期。金融市场专家提供的分析并不代表未来；相反，他们是估计和判断，往往通过对过去的推断来表达想象的未来。

如果金融市场的价格不被认为是以基本价值为基础的，而是以虚构预期为基础的，那么安德烈·奥尔良所概述的金融市场的社会学理论就成为可能。在这种理论中，对金融工具未来价格的评估"具有集体信仰的一面。它依赖于金融界对它的信心"（Orléan，2014）。[14]行动者通过评估一家公司的未来发展和观察其他市场行动者的评估获得信心。一个价格的理由是它的合法性，它的合法性是对其准确性的信念。价格的变化反映了至少一些行动者对现有信念的偏离。

◎ 价值的叙事性构建

如果我们把金融资产的价值理解为是通过集体信念形成的，那么探讨这些信念的来源以及行动者对这些信念的信心就是合乎逻辑的。对金融市场未来发展的信心是基于叙述的实践过程的结果。约翰·杜威（1915）认为，价值是"'客观的'，但它是在一个积极的或实际的情况下这样的，如果脱离了这种情况就不是了"。公允价值的估计是在投资者和专业中介机构之间讨论过程中形成的一种信念。

近年来，经济学家和社会学家都认为，金融市场的预测和信心取决于叙述（Bonus，1990；Kraemer，2010；Shiller，2000；Thrift，2001），有时被称为动机故事。这种故事的意图可以从这种"流派"的某些特别直白的例子中鲜明地看到。记者詹姆斯·格拉斯曼（James Glassman）和经济学家凯文·哈塞特（Kevin Hassett）在《道琼斯指数 36000 点：从即将到来的股市上涨中获利的新策略》（*Dow 36000：The New Strategy for Profiting from the Coming Rise in the Stock Market*，1999）一书中宣称，道琼斯工业平均指数（DJIA）当时为 10600 点，在未来 6 年内将上升到 36000 点，然而这本书现在是被嘲笑的。他们宣称的目的是"让你相信在 21 世纪初关于股票的唯一最重要的事实。股票很便宜，如果你担心错过了市场的大涨势，你会发现现在还不算太晚。股票现在正处于仅此一次的上升期的中间位置"（Glassman and Hassett，1999）。这种预测性的想象伴随着一个关于指数未来发展的故事："道琼斯指数 36000 点的合理目标日期是 2005 年初，但也可能更早达到。在那之后，股票将继续上涨，但速度会放慢。这意味着，现在的股票是很好的投资。在很长一段时间内，股票和债券一样安全，而且回报率要高得多。"

当时的其他金融市场预言家预测道琼斯工业平均指数将攀升得更高，达到 40000 点（Elias，1999），甚至 100000 点（Kadlec，1999）。然而，未来的结果却大相径庭：2005 年，也就是格拉斯曼和哈塞特预计道琼斯工业指数将达到 36000 点的那一年，股指从 21 世纪初 25％的损失中反弹时达到的最高值是 10700 点——甚至没有达到预测水平的三分之一。

关于指数、股票、商品或债券的价格如何以及为什么会发展的叙述是金融市场的主要交流工具，并且存在着大量的叙述。数以千计的单个股票或金融资产类别的分析师定期撰写报告，评估公司或国家的当前状况和未来前景，并对股票和债券的未来前景得出结论。这些报告很少有像上面提到的那种空中楼阁式的预测，这些报告是在华尔街欢欣鼓舞的时代发表的，是为业余投资者准备的。这类报告通常提供一个更微妙的计算、估计、解释和判断的交流网，个人投资者从中获得对市场情绪的理解，并被邀请做出自己的判断和投资决定。然而，想法是一样的：这些故事假装提供对未来价值发展的预知。他们提供未来收益的预测，作为市场上公司估值的基础。换句话说，交易的是一个预期的未来，而不是一个公司的当前或过去的业绩。

金融市场的故事有时不仅仅是对个别公司或国家的收益、风险、机会或偿付能力进行分析。他们也可能预测社会和经济趋势，他们预测这些趋势将影响未来的金融市场。20 世纪 90 年代末，股票市场繁荣的"婴儿潮"叙述就是这些预测的社会趋势之一（Shiller，2000）。这种说法预测，20 世纪 50 年代和 60 年代的高出生率创造了一个在未来几十年有强大购买力的群体，导致公司收益增加和股价上涨。另一种说法是，当股票开始被认为估值过高时，这种说法就会反复出现，并且通常会流传，预测一个新时代的到来将带来新的经济规律（Shiller，2000；Thrift，2001）。例如，在网络泡沫时期，那些指出互联网股票可能定价过高的怀疑论者被告知，这是"新经济"，"旧经济"的规则不再起作用；传统的指标，如市盈率，对于评估"新经济"的股票价格毫无用处；商业周期已经成为过去。

这种故事试图压制基于经验的知识（也见 Reinhart and Rogoff，2009）。当大量的金融投资者相信这些故事时，它们就变成了"估值惯例"（Orléan，2014），表达了关于如何为某一证券或某一类证券估值的集体信念。这种信念在当时看来是可信的，至少创造了部分共识，即金融界对某些估值原则达成了一致。这种约定是虚构的，因为它们假装实际预测了世界的未来状态。这是不可能的，但它们仍然在面对不确定性时为行动者指明方向，从而帮助创造信心和终止怀疑。如果行动者被说服了，他们就会觉得这些故事真的预见到了市场发展。因此，故事有时能够推动市场朝着它们预测的方向发展。

只有当一个故事对投资决策产生重大影响时，才会出现这种情况。金融分析师通过讲述市场未来的故事，为集体想象做出贡献。这些评估不一定是正面的；负面的评估也是有影响力的。例如，当评级机构在 2011 年将南欧国家的主权债务评级下调时，它们削弱了投资者的信心，并降低了未偿还债券的价值。

这并不是说投资者盲目追随市场故事。事实上，这是不可能的，因为对市场发展的信念不是也不可能是单一的。在期货合约中，签约方有相反的预期。一些投资者希望从金融市场的机会中获利，而其他行动者由于没有获得相同的信息，或者由于他们对信息的解释不同而未能识别。即使是投资银行中同一个交易室的交易员也不一定对未来的发展持有相同的预期（Stark，2009）。每个交易员都知道市场可能发展的不同情况。大卫·斯塔克（David Stark）将此描述为"不协调感"。信念也不会随着时间的推移而稳定。然而，他们当下持有的信念使投资者能够在一个被认为是可能的替代方案的认知空间中定位自己。大卫·塔克特（David Tuckett）（2012）在他对基金经理的研究中观察到，他们"在没有任何关于长期结果的安全知识的情况下，随着时间的推移，不断地使用判断力来做出和更新他们的决定，以及他们在等待的时候如何管理他们的主观情感体验。当他们修改预期时，并不是因为他们掌握了比以前更多的信息。修改是基于经验和估计，这些经验和估计通过审查每天都在更新"。用实用主义的术语来说，投资者的承诺可以概念化为一个快速展开的试错过程，这个过程发生在对形势的解释不断修正的背景下。[15] 行动者的选择取决于他们在当下对未来发展的想象，这种现象被恰当地称为"信念资本主义"（Thrift，2001）。

但是，行动者从哪里可以确认特定叙述是准确的这一信念？凯恩斯（［1936］1964）认为投资者的信心在心理上源于"动物精神"。在一项基于对 40 位投资基金经理的访谈的研究中，钟等人（Chong et al.，2013）也强调了故事的情感影响，他们写道，基金经理"在不确定的情况下通过叙述做出决定，这些叙述突出了收益的兴奋，转移了损失的焦虑，所以导致他们获得他们的决定将带来成功的结果这一信念"。从社会学的角度来看，我们可以将投资者信念的情感来源与杜尔凯姆对宗教仪式所产生的集体活力的描述相提并论。投资银行的交易室将大量的交易员聚集在一起，在充满焦虑、渴望、悬念和希望的情绪化氛围中工作——一个明显与世俗分离的世界。在这个集体中，特别是在这些情绪激动的情况下，交易员们形成了信念，这使得他们敢于做出具有不可预测结果的决定。估值可能会以顺周期的方式相互加强，导致投机性的泡沫，随后导致危机。

对故事的信任，以及故事的社会感染力，也可以用对权威来源的崇拜来解释。罗伯特·希勒（Robert Shiller）（2000）观察到，对股市发展的预测"很少是抽象的，而是在成功和不成功的投资者的故事背景下进行的，而且往往带有暗示那些投资成功者的道德优越性的意味"。成功投资的个人故事增强了受众的信心。克劳斯·克瑞莫（Klaus Kraemer）（2010）使用韦伯的魅力概念，认为股市分析师或投资者可能获得类似预言家的地位，并能够动员相信他们非凡力量的追随者。[16] 大众传媒在这一过程中发挥了重要作用，因为它可以有效地传播叙述。第一个金融泡沫是在 17 世纪报纸出现的同时发生的。从那时起，大众传媒就通过宣传投机性的价格运动来影响金融市场（Shiller，2000）。这一点在今天比以往任何时候都更加真实。20 世纪 90 年代开始的金融化进程伴随着金融报刊的繁荣，以及投资和商业电视节目和频道的到来，它们不停地播放关于经济和金融市场未来预期发展的故事。除了大众媒体之外，经济学家、商学院、咨询公司和政府都对这种金融故事的传播做出了贡献（Thrift，2001）。[17]

◎ 机构和类别

在不确定的市场中，估价"必然是一项解释工作"（Zuckerman，1999）。对权威人物的叙述性引用（即故事）有助于形成对证券未来价值的信念，机构和类别也是用来塑造预期的工具。事实上，故事、机构和类别可能并不总是可以明确区分的。安德烈·奥尔良所描述的"估价惯例"是由市场上不断观察对方的权威行动者分享的叙述。一旦它们脱离了个体行动者，这些惯例就可以被看成是制度化的。一旦它们成为金融市场的参考点，"亚洲故事"和金砖国家的概念就既是权威性的叙述，又是分类的功能。

金融经济学本身可以被理解为在金融市场上产生虚构预期的制度化工具（见第十章）。金融投资者和金融分析师使用计量经济学模型和数学公式作为计算工具来估计一项投资的盈利能力。虽然这些模型不能预测未来，但是他们通过证明决定正确，可以使行动者感到放心。信心是通过对所使用的风险评估技术的相信而产生。

会计规则也是帮助形成金融市场预期的制度装置。将透明度、真实性、准确性或完整性等理想制度化的规则，不仅是计算公司投资程序的有用工具（Weber，[1922] 1978，[1930] 1992），还影响着投资者的预期。

会计试图说服投资者，因为这种说服是修辞性的，而不是技术性的 (Carruthers and Espeland，1991)。投资者的信念受到会计规则及其实际应用的影响，从而影响对公司财务稳健性和投资价值的评估。资产是按照其原始价格（账面价值）、当前价格（按市价计算），还是按照预期的未来价格折现（按模型计算）进行估值，会对公司的估值和关于它的故事产生巨大的差异。按模型计算的话，资产的价值可能只存在于资产负债表中，而不会成为现实 (Otte，2011)[18]。

　　会计规则和惯例是预期政治的一部分。它们不仅仅是客观衡量一个公司的价值和财务风险的装置，相反，它们是偶然的惯例，并因此影响到投资决策。会计规则和惯例对虚构预期的传播有时会产生巨大的影响，这一点可以通过经验来确定：在 2001 年破产之前，能源公司安然在衍生品方面广泛使用了按模型计算的会计方法，给投资者留下了公司的资产比实际情况更有价值的印象。另一个例子可以在 2008 年的金融危机中看到。当时的银行被要求根据其当前的市场价值对其资产进行估值，在金融危机期间，这要求他们报告银行所持有的证券的巨大损失。这将显示银行未能满足储备金要求，并可能导致破产。为了稳定银行，按市价计价的规则被政治指令中止 (Admati and Hellwig，2013)。仅仅是会计规则的改变就使这些公司突然显得更加稳定。

　　归类也影响了对未来价值的预期，从而有助于创造想象中的价值，因此有助于创造想象中的未来 (Wansleben，2013；Zuckerman，1999)。市场估价基于特定的分类框架，最明显的例子是评级机构将债券归入不同的风险类别 (Rona-Tas and Hiss，2011)。在评估公司或国家发行的债券的失败风险时，评级机构确认或改变现有的关于特定投资的风险性的观点。这种按风险类别对证券的排序在市场上形成了一个共同的认知框架。机构规则可能会加强分类的效果，例如，法律可能要求机构投资者只投资被评为某种"投资等级"的债券。尽管评级并不提供对债券实际失败风险的预知（见第五章），但它们为投资者的决定提供了理由，并能创造或破坏信心。

　　评级是金融市场中分类效应的一个重要例子，但这种效应在其他地方也有体现。例如，伊斯拉·祖克曼 (Ezra Zuckerman)（1999）表明，股票的矛盾分类身份对股票价格有负面的影响。因为股票市场分析师不能明确地对那些在投资组合中结合了不同产品类别的公司进行分类，他们对这些公司的报道要少得多，从而导致股票市场价格的折扣。在 20 世纪 90 年代末的网络泡沫期间，分类也有重大影响，当时公司的股票价格主要取决

于它们被归类为"互联网公司"（Beunza and Garud，2007）。例如，如果
"amazon.com"被归类为书商，而不是互联网公司，那么投资者就会为它
想象出一个非常不同的未来。

分类在宏观层面上也很重要，有助于引导全球投资流动。上面提到
的金砖国家的概念是由投资银行高盛公司在 2001 年提出的，并在接下
来的 10 年里成为金融市场上最有影响力的分类之一（Wansleben，
2013）。后来这一概念扩大为金砖国家（包括南非），这一分类将一些国
家定义为坚实、稳定的长期投资目的地。基于"计算框架、叙事策略和
隐喻语言"，金砖国家的分类对金融全球化中投资者的取向产生了巨大
的影响。

像金砖国家概念这样的分类是一种文化和政治建构，它在认知上对复杂
性进行排序。重新分类本身就是一种金融创新。金砖国家的概念是由世界上
最强大的投资银行出于商业目的而发明的，这显然是一种预期政治。金砖国
家想象中的意图非常明显。高盛关于这一主题的第二份研究报告名为"与金
砖国家一起做梦：通往 2050 年的道路"（Wilson and Purushothaman，2003）。
甚至连这个概念的名字都包含着坚实和建设的形象。"金砖国家"和"砖
块"是同义词。金砖国家的分类法使用了新古典主义的增长理论以及故事
和隐喻，可信地预测了这几个国家的光明经济前景。这种分类的目的是创
造对未来世界深刻变化的想象，并激发对单个投资者如何从这些变化中获
利的虚构预期。这种分类对投资流动的影响已被经验证明（Wansleben，
2013）。

但是，金砖国家分类中的国家的实际经济发展与预测的情况相当不
同：2013 年，在高盛公司创建该分类的吉姆·奥尼尔（Jim O'Neill）表
示，他"相当失望"（O'Neill，2013）。今天，最初的"金砖四国"概念
中的四个国家都在其发展战略中与深刻的困难作斗争。它们自 2001 年以
来非常不同的增长率也表明，事后看来，将它们归为一类是没有道理的，
暗示着一种根本不存在的同质性。尽管现在有了这些信息，但这一概念通
过引发想象，在激励投资决策方面取得了巨大的成功（图 6.3）[19]。

机构规则和类别是集体共享的装置，通过提供与投资有关的机会和风
险的图像，帮助确定金融市场评估的方向并创造信心。然而，这些手段并
非决定性的。用来评估投资机会的制度规则和类别，并不能免除行动者的
判断和估计任务。投资是一项由个人投资者完成的解释活动，但个人评估
是在话语上、制度上和认知上进行的。[20]

124

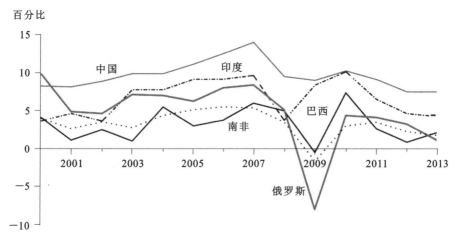

图 6.3　金砖国家经济体的年度实际 GDP 增长率（百分比）
数据来源：国际货币基金组织，《世界经济展望》。

◎ 预期政治

如果目前的投资决策和未来的结果取决于其他行动者的预期，那么预期就成为竞争斗争的核心因素，在这场竞争中，故事、机构、类别、预测和理论都是工具。那些成功说服投资者相信特定未来的人是这场斗争的胜利者。所讲的故事为虚构，因为不能对未来的事件作出严肃的真相声明。然而，与此同时，这些工具所创造的预期和它们所促使的决定有助于塑造未来。因此，理解预期、故事、机构、理论、类别和结果之间的联系，对于建立一个关于金融投资的微观视角至关重要。

公司在试图说服金融投资者相信他们的财务稳健性和未来的盈利能力时，会使用叙述。在"路演"中，在与重要股东的会议上，在措辞谨慎的公告中，公司利用话语手段来创造和维持投资者的信心。此外，通过积极的会计方法，经理们可以"设计"出底线，以满足市场预期，防止股票的市场价值损失（以及他们的奖金损失）。金融分析师接受了这些叙述和数字，并向他们的听众讲述某些资产在未来将如何发展的故事。

这种预期政治的目的不一定是为了在金融市场上建立公司价值。持有空头头寸的投资者也可以从公司价值的破坏中获益，并可能利用叙述来追求他们的目标。[21]在 2012 年 12 月 20 日的新闻发布会上，对冲基金管理机构潘兴广场（Pershing Square）的负责人比尔·阿克曼（Bill Ackman）声称康宝莱是一个金字塔计划，指责其追求非法和不可持续的商业模式。

在新闻发布会之后，康宝莱的股票损失了 40％的市场价值。在新闻发布会之前，阿克曼已经通过持有空头头寸对该公司下了超过 10 亿美元的赌注。因此，他通过破坏其他投资者对该公司的信心而获得了巨大的利益。该公司否认了这些指责。此外，该公司还说服了第三点对冲基金（Third Point）的丹尼尔·勒布（Daniel Loeb）相信其商业模式的合理性，勒布购买了该公司价值 3.5 亿美元的股票。在公开场合，这两位对冲基金经理为获得对市场上投资者未来预期的影响而进行了一场斗争，但预期政治并没有就此停止。据《纽约时报》报道，阿克曼还游说政府官员，并向反康宝莱的宣传团体提供资金，以支持他的立场，并对康宝莱产生进一步的怀疑（Partnoy，2014）。

在预期政治中，分类发挥着重要作用。例如，在 2008 年金融危机之前，出售证券化抵押贷款的投资银行使用 AAA 评级，并将证券分成若干档，以示与这些投资相关的所谓低风险。金融资产的分类本身可以创造或破坏价值（Beunza and Garud，2007；Zuckerman，1999）：改变其他市场参与者预期的分类，如果成功地完全用于"利润机会的再创造"（Wansleben，2013），可以产生预期的结果。

这方面的一个例子是 1980 年代开始的围绕股东价值原则的公司重组。这种转变是在金融市场的压力下开始的，金融市场威胁要从那些没有围绕这些原则进行公司治理重组的公司撤回投资。金融投资者对这些公司"失去信心"，有效地剥夺了它们的财政资源，减少或削弱了它们在市场上的竞争能力。由此造成的股价下跌有可能使这些公司成为"沉睡的美人"，这是一个被业界看好的有吸引力的收购目标的术语。过去 30 多年来的企业治理结构调整，强调增加公司利润和扩大高管薪酬，深深扎根于代理理论的叙述中（参见第十章），也扎根于这种经济推理方式所产生的对公司行为的预期中（Dobbin and Jung，2010）。

同样地，金融投资者也利用叙事来迫使国家屈服于他们的利益（Streeck，2014）。在过去的 40 多年里，国家的债务不断增加，加剧了他们对私人投资者控制的资金的依赖性。通过威胁国家提高利率，甚至拒绝进一步贷款，"市场"有效地影响了国家政策。投资者对借款人的信任程度再次由虚构的预期值决定，这些预期值通过故事和描述来传达。其中一些故事来自经济学，例如，债务水平超过 GDP 的 90％的国家将经历较慢的增长率（Reinhart and Rogoff，2010）。这种分析向金融市场传达了这样的信息：向债务占 GDP 比例超过 90％的国家提供贷款是风险较高的投资，并向政府发出了减少开支以避免金融市场惩罚的信息。这种说法如果得到广泛认同，就会降低债务水平较高国家的信心，有效地迫使政府采取紧缩政策或增加税收。

◎ 技能投资

对物质设备和金融资产的投资并不是资本主义活力的唯一推进器，资本主义的活力还依赖于雇员和企业家，他们的生产力则取决于他们的技能。正规教育和培训的水平随着资本主义的出现而上升。事实上，劳动力中正规资格水平的提高是过去 100 年中发生的最引人注目的经济和社会变化之一。1900 年，美国 17 岁的人口中只有 6.5％拥有高中文凭；到 2010 年，这个数字增加到几乎 80％。1920 年，只有 4.2％的 18 至 24 岁的美国人在高等教育机构就读，而如今几乎 60％的人在高等教育机构就读（图 6.4）。

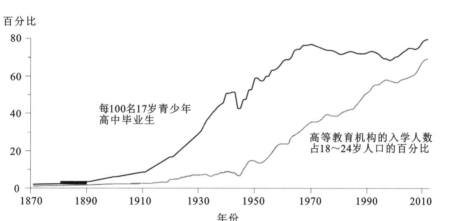

百分比

每100名17岁青少年
高中毕业生

高等教育机构的入学人数
占18～24岁人口的百分比

年份

图 6.4　1870—2012 年美国教育的参与情况

数据来源：美国教育部。

合格的劳动力是执行和管理日益复杂的工作流程及技术发展的先决条件。随着工作岗位要求的提高，培训和教育正成为经济成功的更重要的特征。在儿童和青年时期，以及越来越多的成年人的生活中，人们正在投入大量的时间和财政资源，以获得他们希望在未来为自己带来收入、经济安全和社会地位的资格。在美国，现在平均每年的大学教育要花费 20000 美元，并通过工作推迟到 20 多岁才有收益。[22] 人力资本形成的投资是社会和个人的共同努力。税收被花在学校上，父母根据对其子女未来福祉的想象，做出了重大的经济牺牲。对于接受培训的人来说，人力资本的形成是对时间的投资，而且往往是大量金钱的投资。

尽管教育目标不能仅仅归结为经济收益，但从行动者希望获得适销对路的资格的角度来看，技能形成方面的投资是一个有用的假设。我们通常预期从我们投资于教育的时间和金钱中获得未来的收益。如果技能形成是在不确定的未来背景下进行的，那么，虚构预期在其中扮演了什么角色？

在分析资本主义劳动力市场时，虚构的概念并不新鲜：卡尔·波兰尼（Karl Polanyi，[1944] 1957）称劳动力为"虚构的商品"，他的意思是，劳动能力实际上并不是一种商品：它既不是为市场生产，也不能与它的持有者分离，而持有者作为一个人，不是为了满足市场的需求而出生。当没有需求的时候，劳动力不会像商品一样，只是闲置在仓库里，直到被需要；相反，实际的人被剥夺了生计。然而，市场社会却把劳动力当作商品来对待，波兰尼认为，这种混淆是19世纪和20世纪经济和社会危机的原因之一，最终引发了社会反动，破坏了许多国家的自由主义政治秩序。

128

劳动力确实也是一种虚构的商品，在这个意义上，波兰尼没有讨论过，但对这里的论点具有核心意义。这种虚构性与投资过程的时间维度有关。在技能形成方面的投资通常是以经济目标为前提的，但这些投资的结果是不可预测的：职业目标可能会改变或仍然没有实现，经济衰退可能会导致失业，技术的转变可能会使获得的技能过时，工作经验可能会比预期的更令人满意，偏好可能会在获得特定资格后发生变化。人力资本投资的结果就像其他类型的投资一样不确定。[23]

因此，虚构预期在人力资本投资中发挥着与其在其他类型的投资中同样重要的作用。集体的想象力为社会层面上的教育支出提供了理由。例如，在20世纪50年代的美国，斯普特尼克号发射后，对技术和经济劣势的可怕预测导致了对人力资本投资的增加。这种集体想象也可以采取丰富特定地区的愿景的形式：欧盟委员会的计划是在2020年之前使欧洲成为世界上最具竞争力和活力的知识型经济体，就是一个很好的例子。在这两种情况下，对教育系统的公共投资都以对未来的想象为理由。目前，一种全球政治想象认为，未来的经济繁荣需要更高技能的劳动力，参与"终身学习"的劳动力。

虚构预期在个人的教育决定中也起着重要作用。假设行动者在决定投资教育时拥有他们所需的所有信息来做出最佳选择，那是毫无意义的（Foskett and Hemsley-Brown，2001）。可以说，这些决定在很大程度上是由对未来的想象来决定的：行动者在当下的努力是由想象中的未来生活所激励的，这样的未来生活在以后可能实现。这些想象不仅是以个人为基础的：我们生活在一个社会中，认为未来不是对过去的重复，而是打开了未知的领域和新的视野。学习的动机、延迟的满足感和对通过教育向上的社会流动的预期也都是文化上的烙印。

◎ 想象成功

人力资本理论将技能的形成视为一个投资过程（G. S. Becker，1964），并将技能视为类似于物质生产资料，因为个人的创收潜力取决于他们在生产过程中的劳动能力的效用。因此，使用人力资本理论的经济学家认为，通过教育和培训获得资格的决定是一种经济计算，它将当前的成本与预期的未来收益进行权衡。效益取决于一个人的人力资本的回报率，以及未来效益折算为现值的比率。该理论假设这种计算确实是可能的，并开发了行动者假设使用的数学模型。

即使人们确实认为教育和培训的决定主要基于经济考虑，也可以对人力资本理论提出反对意见。劳动力市场的权力关系、义务教育、教育机会的不平等以及既定的认知框架，都意味着人力资本的形成不能被全面地理解为类似于投资物质产品的决定（Aynsley and Crossouard，2010；Bowles and Gintis，1975）。但是，我们有必要问一下，行动者在多大程度上能够真正计算出人力资本投资的未来结果。这个问题的答案相当令人沮丧：从经验上看，教育的购买者"对劳动力市场的感知不够清晰，无法对消费多少教育做出有效的决策"（Johnes，1993；Ball，MacRae，and Maguire，1999）。对人力资本的投资，如同对物质或金融资产的投资，充满了不确定性。对工作的不完全了解、不断变化的劳动力市场条件，以及培训和职业发展过程中不断变化的偏好，使得人力资本投资和结果之间的关系非常难以预测。"长期教育的成功与长期工作生活中赚取收入的过程一样不确定"（Bilkic，Gries，and Pilichowski，2012）。

于是，就出现了对人力资本形成的投资结果的预期如何形成的问题。研究表明，教育和职业选择至少有一部分是由理想化的想象决定。这些虚构预期影响着对特定职业道路的决定，并促使人们做出必要的牺牲来完成培训项目，而行动者预期这些培训项目能够实现想象的目标。职业选择是由"一套复杂的内化图像"（Foskett and Hemsley-Brown，2001）形成的，与一个人的身份、欲望和能力有关。这种职业梦想"作为一种指导和激励的力量，帮助个人达到尽管可能并不那么崇高的高度"（Kinnier et al.，2001）。[24]

毫无疑问，职业梦想的作用最明显的例子可以在对艺术和体育职业的预期中找到。这些职业需要特别严格的训练，往往从非常年轻的时候开始，并且只为那些走上这条路的人提供稳定的收入。例如，对音乐家劳动条件的研究表明，他们往往缺乏稳定的工作，没有医疗健康或养老金福利，必须从事与他们的资格无关的商业活动来谋生（Devroop，2012；P. Menger，2009，2014）。其他职业也是如此：表演和体育是赢家通吃的市场（Frank and Cook，1995；Lutter，2012a），其中极少数人找到高薪和有声望的工作，而绝大多数人面临不稳定、边缘化的工作，往往几年后就完全放弃了（P. Menger，1999）。大多数电影演员在他们的"职业生涯"中出现的电影不超过一部，只有大约 20％ 的人在两部以上的电影中出演。在入行 8 年后，大约有 50％ 的人已经退出（Lutter，2012a）。40％ 的好莱坞电影只由 7％ 的导演拍摄，而三分之二的导演在其职业生涯中拍摄的电影不超过一部（Faulkner and Anderson，1987）。

尽管这些数字令人生畏，但文化产业的劳动力却长期处于供过于求的状态。在一项针对英国 17 岁青少年的研究中，20％ 的受访者表示希望从事研究人员所说的"彩票工作"（Foskett and Hemsley-Brown，2001），他们将其定义为知名度高但进入门槛较高的工作，提供高薪但需要专门的人才，并依赖于被"发现"。那么，是什么促使年轻人对这种职业进行投资呢？如果人力资本投资是出于理性的考虑，将一生的收入、工作安全和工作条件作为优先事项，那么这些职业选择无法解释。调查职业选择的研究表明，理想化的未来"胜利"预测在受访者选择投资"彩票工作"中占据了突出的位置。阿什利·米尔斯（Ashley Mears）对时装模特的研究（2011）发现，年轻女性被高收入、名气和特权生活方式的想象所吸引，进入这个行业。模特星探、经纪公司和大众媒体鼓励这些梦想和对"身体资本"的投资，使女性分散对成功的机会渺茫、高度就业不足和该行业的实际工作环境的注意力。

然而，如果认为虚构预期只与这些"边缘"（小众）的劳动力市场部分有关，那就错了。例如，管理学专业的学生将自己预测为管理阶层的最高层，这些预测受到商学院培训方法的鼓励，这些培训方法从最高管理层的角度描述公司。在案例教学法中，学生通过将自己投射到公司领导的角色中来研究公司的战略决策情况——他们很可能在现实生活中永远没有机会扮演这个角色。通过媒体传播的形象对职业梦想的发展也有很大影响，"改变了年轻人对职业和劳动力市场的认知结构"（Foskett and Hemsley-Brown，2001）。

青少年和年轻人及其父母的职业梦想——至少是来自中产阶级和中上

层阶级背景，在他们的技能形成过程中起到了激励作用，研究表明，职业愿望对职业成就有直接影响（Sewell and Hauser，1975）。即使在控制了教育程度、认知能力和其他心理因素之后，"具有较高职业抱负的青少年在成年后往往具有较高的工作声望和工资"（Staff et al.，2010）。对"可能的自我"（Markus and Nurius，1986）的预测不仅是描述性的，而且是激励性的，因为它激发了专注于实现所想象的未来状态的行为。经济学家们也认识到对未来的想象对教育投资决策的行为后果（Becker and Mulligan，1997；Borghans and Golsteyn，2004）。对自己的职业未来只有低质量想象的学生对这种打折扣的未来的感知更强烈，因此更有可能选择那些不能使他们的效用最大化的领域，并在学习上投入更少的精力，同时花更多的时间来完成他们的学位。

一旦行动者被雇用，职业梦想仍然活跃，其形式是对未来晋升、更高的工资或奖金的预期。这种预期也会影响工作场所的动机（Chinoy，1955），从公司的角度来看，想象的未来的激励作用有助于从工人身上"提取"劳动能力。个人在职业生涯中期更清楚地意识到他们职业发展的局限性，这是一个在社会学和心理学研究中被充分研究的子课题。时间——即一个人在其生活轨迹中的具体位置——改变了其职业梦想（Carr，1999；Chinoy，1955；Zittoun et al.，2013）。然后，未实现的预期可能被体验为剥夺，并可能导致恐慌、不安全感和有限的职业发展（Devroop，2012）。

虽然许多愿望最终都会落空，但资本主义经济也是由对投资技能形成的未来回报的想象所推动的。[25] 同样地，为了进行投资，企业家必须相信他们的投资会有收益。熊彼特把企业家的动机描述为"建立一个私人王国的梦想和意愿"，而不是理性的计算，他的选择并不是偶然的（1934）。如果对通过努力、培训和辛勤工作实现个人社会流动的信念消失，资本主义的动力就会减弱。对未来结果的预测刺激了人们的努力，这些努力是资本主义动态发展变化的基础。[26]

◎ 想象力与社会稳定

在讨论劳动力市场的虚构预期时，值得再次回到皮埃尔·布迪厄对阿尔及利亚卡拜尔社会的研究。布迪厄详细关注了农民看到他们与工作有关的未来的希望和预测，并在想象力和行动者的社会地位之间建立了联系，从而将想象力与社会分层联系起来。在最贫穷的社会群体中，那些几乎没

131

有受过教育、只有不稳定工作的行动者会幻想对自己来说完全不可能的处境。"次级无产者完全被禁止建立一个理性的目标等级……他们无法制订一个生活计划，因为这个世界拒绝给他们一个可实现的未来（*avenir*），他们只能接受一个'不确定的未来'（*un futur revé*），在那里，一切都有可能，因为在那里，支配他们日常生存的经济和社会法则被暂停"（Bourdieu，1979）。

布迪厄后来将这些观察解释为"证据表明，在客观机会的某一门槛之下，战略处置本身无法构成，而战略处置的前提是实际参考一个即将到来的、有时是一个非常遥远的情况"（Bourdieu，2000）。比如在计划生育这样的条件下，现在和未来之间的联系被打破。

相比之下，受过一些教育和工作比较稳定的阿尔及利亚工人对他们可能有的进步和他们需要采取的步骤有更现实的看法。布迪厄指出，随着机会的增加，人们的愿望会变得更加现实，并且更加严格地针对可能的情况（Bourdieu，1979）。他把这两个群体对未来想象的差异归结为他们客观条件的不同。拥有"一份长期的工作和相关的安全感，为这些代理人提供了积极面对未来所需的倾向性，他们或者带着大致适应他们机会的愿望进入游戏，或者甚至试图控制它，在个人层面上有一个生活计划，或者在集体层面上有改革的想法或一个革命计划"（Bourdieu，2000）。

这种对未来预测的社会结构性稳定已经在关于教育愿望的研究中得到证实（Aynsley and Crossouard，2010；Ball，MacRae，and Maguire，1999；Sewell，Haller，and Straus 1957；Yowell，2002）。布迪厄将他所观察到的差异解释为习惯的差异，[27] 指出了行动者可用来控制未来的手段的实际差异。"对未来的展望取决于客观的潜力，这些潜力是由每个人的社会地位和物质生存条件决定的"（Bourdieu 1979）。与此类似，阿尔让·阿帕杜莱（Arjun Appadurai，2013）认为，渴望的能力在社会中的分布是不均匀的。这是因为"根据定义，较好的人对广泛的目的和手段之间的关系有更复杂的经验，因为他们有更多关于愿望和结果的关系的可用经验，因为他们处于更好的位置来探索和收获不同的商品和直接机会的经验，以选择更普遍和一般的可能性"（Appadurai，2013）。同时，对未来的不同看法也重现了社会不平等。[28]

对技能形成结果的想象在制度上和文化上是固定的。政治经济学家（Hall and Soskice，2001a）认为，由于各国的制度结构不同，行动者所寻求的具体技能也不同。在劳动力市场体制薄弱、就业保障有限的国家，行动者投资于容易从一个雇主转移到另一个雇主的一般技能。在拥有强大的、保护性的市场调节机构的国家，行动者更有可能投资于特定的技能。不同的机构以不同的方式调节不确定性，这影响了工人对未来的想象。

在文化上，"美国梦"表达了一种社会承诺和预期，即通过教育和努力工作，向上的社会流动是可能的。在许多国家，20世纪初的劳工运动接受了通过更好的教育实现向上流动的文化模式，并鼓励工人将教育和技能培养作为提高生活水平的手段。[29]与人力资本投资相关的牺牲背后的另一个强大动机是对未来的想象，包括对代际流动的预期。家长们愿意为孩子的教育做出牺牲，因为他们把后代的未来福祉投射到其身上。

承诺通过技能形成进行社会流动的文化模板的缺点是，它们可能会使个人的预期值远远超出结构条件所允许的范围。在20世纪50年代，罗伯特·默顿（1957）认为，美国的制度正在引导每个人努力实现相同的职业目标。由于只有一些人会在这些目标上取得成功，地位的不一致是不可避免的，并且会表现为挫败感和相对剥夺的感觉。他推测，这种挫败感可能会导致冷漠或毫无根据的幻想。社会创造的预期在多大程度上不可能被实现，这就表明支撑这些预期的文化模板在多大程度上仅仅是意识形态。[30]

如果愿望是社会流动的力量，如果它们至少与行动者的客观机会有部分联系，那么，资本主义的动力就取决于行动者可利用的机会。现实的希望至关重要，这种希望"不是关于人类想象力的最终延伸，而是关于人类生活的可见潜力——机会，关于可以发生的事情，因为它们确实发生了"（Dahrendorf，1976）。这种希望取决于结构性条件，如获得教育、法律平等、社会权利和公民权。为了保持其势头，资本主义社会必须保持社会流动的真正可能性。如果行动者认为个人进步的途径受阻，社会冷漠和不正常现象就会随之而来。[31]

◎ 结论

投资是资本主义动态的一个核心要素。与公司财务、金融投资和人力资本的理论相一致，资本主义理论认为投资决策的理性计算是现代资本主义的基石。虽然毫无疑问，至少对于资本投资和金融投资来说，计算工具在投资决策中发挥着重要作用，并且在过去两个世纪中变得越来越复杂，但投资结果的不确定性使得我们无法将投资决策仅仅视为数学练习。相反，投资还必须被理解为依赖于决策者对未来世界状态的偶然想象，即虚构预期。虚构预期被建构为在相关市场领域流传的叙述，并可能由数学模型塑造，并受到类别、制度化规则、文化模式和社会地位的影响。投资决策基于这种叙述的可信度，说服行动者投入他们的资源。

如果对世界未来状态的想象通过叙述变得可信，那么，投资决策就是一个交流过程的结果，在这个过程中，决策者寻求对特定情况的理解，这些理解足够有说服力，使他们的投资风险看起来值得。形成投资所需的信念是通过实践过程进行的，其中包括企业家和投资者、分析师、评级机构、媒体、顾问、政府、教育机构、家庭以及市场领域中合法的计算工具。

投资与估价问题有着内在的联系。投资于工厂和设备，投资于金融证券，或者投资于技能培养，意味着根据对未来利润或效用的预期，为所购买的物品赋予一定的当前价值。在投资的那一刻，这种价值只是一种信念，随着时间的推移，这种信念可能会失望。众多失败的投资证实了与投资决策相关的不确定性。

对投资价值的认识具有主体间性，不仅因为它来自交流过程和合法的计算手段，还因为实际的投资结果取决于其他市场参与者的决定。这在金融市场上尤其明显，在那里，对未来价值的集体评估是市场过程的核心。要想使资产价格朝着目前想象的未来的方向发展，需要对这种想象的共同信念。强大的市场参与者对一项资产的未来价值的信心远比所谓的内在价值更重要。一旦行动者对一项资产的未来失去信心，它就失去了价值。对工厂和设备的投资也是如此，只有当消费者重视所生产的商品时，这些投资才有可能获利。对价值的集体评估和这种评估的结构性特征是投资的社会学理论的基石。

第七章

创 新：技 术 未 来 的 想 象

对于未来的事件，真理是不确定的。

——亚里士多德，圭恰迪尼引用

创新是资本主义动态的另一个基石。资本主义的增长是由新产品的引进、更有效的生产方法以及市场变化领域的扩大所推动的。从蒸汽机和铁路到微电子和纳米技术，技术进步推动了资本主义，反之亦然：虽然在前资本主义社会形态中，技术往往在几个世纪内保持不变，但随着资本主义的到来，技术开始迅速变化。创新满足了以前未被满足的需求并创造了新的需求，使生产过程更加有效，并为企业提供了盈利的机会。创新的速度对企业、地区和国家的经济状况有着巨大的影响。如果创新速度明显放缓，经济就会变得静止。正如意大利社会学家卡罗·特里吉利亚（Carlo Trigilia）所指出，"发展的'大道'要通过创新"（Trigilia，2006）。

虽然毫无疑问，在资本主义中，赚取利润的愿望推动了创新，但企业家和公司的决定不能用优化的方式来解释，因为没有办法确定对创新的最佳投资是什么。创新也不能被理解为过去轨迹的简单延续，因为创新的"创造性破坏"意味着对现有路径的偏离。特别是在创新过程的早期阶段，关于创新的决定是由行动者的虚构预期告知的。对假装的未来现实的乌托邦式的设想，即想象的未来，是创新活动的动力。因为关于创新活动的决定本身就是在创造未来，所以资本主义经济中的竞争在很大程度上是对未来技术想象的斗争。

◎ 创新和不确定性

在 20 世纪的大部分时间里，经济学家在概念化技术变革方面有很大的困难。这是令人惊讶的，因为在 18 世纪和 19 世纪，政治经济学家广泛讨论了创新和市场之间的联系。亚当·斯密写了研究的日益专业化，以及科学与机器制造业进步之间的联系，并研究了现在被称为"学习曲线"的概念可能产生的影响。马克思的经济理论将技术创新描述为推动经济和社会发展。即使在 20 世纪 20 年代，某些经济学家仍然对创新的作用感兴趣，一般来说，他们认为创新是提高利润和经济增长的一种手段（Kirzner，1985）。其中最重要的是约瑟夫·熊彼特（1934），他认为创新是资本主义的种子，在他的经济发展理论中，企业家是创造和创新的行动者，是资本主义发展的关键所在。

然而，形成 20 世纪经济理论主流的新古典主义经济学（20 世纪经济理论的主流）假定技术是恒定的，这意味着它没有考虑到动态的变化过程，这是熊彼特（1934）在他的著作中批评的一点。这种向技术发展的静态模型的转变，是新古典主义经济理论家试图赋予经济理论以数学基础的结果之一（Kirzner，1985；Nelson and Winter，1982）。

对 20 世纪 30 年代以来经济学家们为将技术进步纳入新古典经济学所做的许多尝试进行系统和详细的讨论，并不属于本书的范围（见 Beckert，2002）。然而，即使是一个简单的概述，也揭示了确定一个不同的方法是多么必要。例如，这种研究的一个方向是关注技术变革引起的生产函数的变化（Solow，1957），认为新技术导致分配均衡的变化，从而导致新的价格。这些变化被描述为从一个均衡到另一个均衡的适应过程。换句话说，这种方法侧重于技术变化对生产函数的影响，而没有研究技术进步的内生原因。

投资引起的进步的想法被引入一般均衡理论，以解释技术进步的原因。后来，这一思想导致了内生增长理论的发展，该理论的基础是新资本货物的投资总是由技术进步或学习效应来实现的（Arrow，1985；Kaldor，1957）。肯尼斯·阿罗的"边做边学"模型采用了这一观点，其出发点是假设新的资本投资增加了目前的生产能力，同时产生了新的技术知识，这些知识共同提高了未来的生产力。

投资诱导学习的模型公理式地假定了技术进步的速度，而没有解释这种进步是如何产生的，尽管从经验上看，创新过程并不是例行公事，而且很少（如果有的话）有完全可预测的结果。诱导创新的模型完全避开了这种不可预测性（Freeman，1987）。内生增长理论（Roemer，1990）把创新过程作为增长的核心，它声称增长是通过一个经济体的知识基础的扩展来实现的，这是研究和开发活动的副作用。它认为知识是一种集体物品，是研究活动的外部效应；它随着使用而增长，但这就提出了一个问题，即如何将收益递增纳入一个假定生产要素边际生产力递减的理论模型。

新古典主义理论应用于创新过程的另一个限制性条件与不确定性有关。在不确定的条件下，如何可能确定创新的最佳投资率？"市场不能做的是提供关于未来世界状态的信息或对其可能性进行折扣，这些状态的发生在不同程度上是由具有不同能力、信仰和预期的异质代理人当前所做决定的无意的结果"（Dosi and Orsenigo，1988）。

创新的未来价值只有在事先知道创新将是什么的情况下才能确定——这是一种没有人掌握的知识。创新过程是不可预测的，因为它是非线性的；没有人知道它开始时的确切结果。即使是初始条件也只有部分了解；目的并不完全清楚，手段也是开放的（Eckersley，1988）。创新研究都表明了创新过程的"混乱性"。开发者"并不把手段和目的分开，而是在他确定问题情境的框架时互动地定义它们"（Schön，1983）。对象通过解释过程实现其意义。因此，最初的预期可能会落空，尽管这并不一定意味着对创新过程的投资是无用的。事实上，许多发展过程导致的发现与规划者的意图完全不同。这方面特别有名的例子包括伟哥药丸和便利贴的发明。在后一个案例中，3M公司的工程师们起初并没有意识到他们已经创新了什么：他们的目标是一种新的胶水配方，只是偶然发现了他们制造的物质的最终用途（Garud and Karnoe，2001）。实事求是地说，通过实验过程发现了"问题到解决方案"，从而发现了3M公司新物质的用途。最初的目标导致了一个意外的发明；创新的"溢出"（Callon，1998a）之后是一个实验的阶段。所有这些都发生在一个"实践社区"中，在这个社区中，行动的理由不是基于抽象的模型，而是作为"情景理性"出现（Ansell，2005）。

在新古典主义主流之外，跟随熊彼特的脚步，制度和进化方法已经承认了这种不可预测性，从微观角度对技术变革进行经验调查，并研究其历史和社会学条件（见Dosi and Orsenigo，1988）。[1]这些方法放弃了新古典主义理论的核心假设，如使用统一的技术，无缝立即采用新技术，以及在不确定情况下优化决策的可能性，取而代之的是对创新过程和新技术传播的经验观察。他们用这些观察结果来解释诸如不同的利润率、低效技术的长期存在和不平衡现象。

制度主义者认为，由于没有任何结果可以提前确定，因此不可能对创新做出最优化的决定，他们认为行动者依靠制度化的决策规则、世界观、信仰和社会实践来确定他们在面对不确定性时的决定。因此，"技术沿着相对有序的路径发展，这些路径由技术特性、解决问题的启发式方法和技术范式中所体现的累积的专业知识所决定"（Dosi and Orsenigo，1988）。范式导致了"锁定"效应，使得对市场变化的调整更加困难。因此，制度主义者认为技术变化相对独立于市场信号；他们将技术变化与内生的历史因素联系得更紧密。此外，制度和演化的方法侧重于结构性指标，如公司的规模和创新能力。因此，技术范式中的新技术选择机制是通过经济中的制度和认知秩序的"进化之手"运作的，而不是通过市场的"无形之手"。

从本书的角度来看，进化论和制度论的方法虽然与本书所追求的方法更为接近，但也有不足之处；虽然他们正确地放开了新古典主义创新方法中所使用的均衡和理性的假设，但他们在评估技术发展时过于注重结构背景和路径依赖，忽视了创新过程中偶然、创造性行动的意义（Brown，Rappert，and Webster，2000）。[2]

◎ 创新中的虚构预期

某些经济学方法将创新率与行动者的预期联系起来。内森·罗森伯格（Nathan Rosenberg，1976）观察到，当企业家预期一项现有技术会迅速改进时，他们不太可能投资于该技术，因为他们担心该技术会很快被淘汰。这方面的一个很好的经验性例子是 20 世纪 80 年代的美国太阳能产业。为了降低太阳能电池的生产成本，该行业需要投资于大型生产设施，但公司却犹豫不决，因为他们预计基础研究的快速发展会使生产设施在盈利之前就在技术上被淘汰（Ergen，2015）。在这种情况下，等待可能是最明智的决定：对"快速的技术变革速度的预期可能会导致看似缓慢的采用和扩散速度"（Rosenberg，1976）。罗森伯格的模型强调了预期的重要性，但并没有回答行动者如何评估未来的技术变革速度的问题。

关于创新的决定，就像其他类型的投资决定一样，是由对未来的想象力所驱动的。这是创新过程中创造性的一部分，因为想象力允许行动者超越固有的思维模式和类别，进入一个与当前现实不同的假想世界——换句话说，是一种虚构（Bronk，2009；Tappenbeck，1999）。这些想象力以预测、预报、愿景和预测的形式出现，并以叙事的形式进行交流。"技术上的预测和预报本质上是关于未来的小叙事。它们不是关于乌托邦的全面叙事，但它们通常是作为关于未来更好的世界的故事出现的。这些小叙事中最成功的是那些理想的、不可避免的创新"（Nye，2004）。

约瑟夫·熊彼特（1934）看到了想象力在创新中的核心作用，他声称创新不能从现有的知识中理性地推导出来。相反，对世界未来状态的偶然想象，激励并指导行动者从事固有的不可估量的活动。当大多数行动者陷入例行公事时，一些"具有更敏锐的智慧和更活跃的想象力的人设想了无数的新组合"（熊彼特，[1912] 2006）。[3]基于他对新要素组合的想象，企业家改变了产品需求。回到本书前几章所使用的术语，企业家"假装"未来的新组合实际存在，并相应地构造其现在的行为，就好像新组合是未来的现在。

熊彼特并不是唯一把创新和想象力联系起来的思想家：许多凯恩斯主义和奥地利传统以及卡内基学派工作的理论家，在他们对创新的思考中，都对想象力给予了极大的关注。例如，乔治·沙克尔（George Shackle，1979）认为，预期的不确定性给了行动者创造迄今为止未曾探索过的未来愿景的自由；对他来说，选择是在"想象的经验中"做出的（Shackle，1964）。根据詹姆斯·布坎南和维克多·范伯格（1991）的说法，企业家不会在已经存在的可能性中进行选择；相反，"未来的现实必须由尚未做出的选择来完成，而这个现实并不存在于这些选择之外"。对未来的了解只能是一个猜测的问题：它不是预知。按照这种推理，缺乏预见性会刺激市场经济中的创新；事实上，市场使"选择中的创造性—发明性—想象力因素"制度化。从组织的角度来看，詹姆斯·马奇（James March）声称，虚构性是一种非理性的决策手段，它鼓励行动者进行创新。"抚慰者创造了无知、意识形态和信仰的庇护世界。在他们提供的外壳中，疯狂被保护了足够长的时间来阐述它对正统的挑战"（1995）。

虚构预期的概念比理性行动者理论赋予了行动更大的自由度（Schütz，2003）。想象力，因为想象力使"概念的跳跃成为可能，使我们能够产生新的假设并以不同的方式看待事物"（Bronk，2009），是经济转型的一个组成部分。使用想象力来创造性地重新思考进入决策的因素，使得在"新的叙事结构"（Patalano，2003）中重新组织参数成为可能，这可能是"对既定秩序的颠覆"（Bronk，2009）。未来的图像可能是疯狂的猜测；反之，它们可能假装是未来状态的确定呈现，[4]但它们不是由眼前的情况决定的，因此是不可预测的。忽视从事创新活动的行动者的想象，就是忽视了资本主义经济动态特征的一个基本要素。而理解对未来呈现的预期是不确定的，就是理解不可能"预测未来逻辑的实际方向"（Sewell，2008）。

与新技术相关的虚构预期不一定正面：在企业中，它们可能采取的形式是对现有商业模式或竞争优势的感知威胁。在社会层面上，对技术发展的想象可能会表达对社会和文化衰败的恐惧或生存的焦虑（Nye，2004；Turkle，2004）。当与未来的灾难或不可控制的副作用联系在一起时，技术进步就会被视为在道德上和政治上受到反对[5]（Van Lente，2000）。积极的和消极的技术想象往往是同步存在的，但它们所产生的判断总是基于对未知未来的虚构预期。

◎ 技术愿景

在创新研究领域，预期及其在塑造科技发展中的作用已经成为一个独立的研究领域。[6]这并不令人惊讶，因为创新过程是面向未来的，因此必然是基于预期的。然而，创新研究并不使用"虚构预期"这一术语；相反，研究人员谈论的是愿景、想象、承诺、希望制度、社会技术想象、叙事基础结构、信念或面向未来的抽象。这些术语，尽管有不同的细微差别，都表达了这样的想法：技术创新只"预先存在"于行动者的想象中，而行动者必须像他们的预测是未来的存在一样行动。哈罗·凡·伦特（Harro Van Lente）和艾利·里普（Arie Rip）用"前景结构"一词来描述"对可能的［技术］发展的预期，特别是当这些预期在声明、简短的故事或情景中被提出和采纳时"（1998）。这些前瞻性的故事是一种"有力的虚构"，具有为行动开辟空间的力量。"预期，以及一般关于未来的故事，通过提供可用于行动的蓝图，在非决定性的意义上减少了基本的偶然性"。

因此，关于技术未来的叙述也是肯德·沃尔顿（1990）意义上的假扮游戏。除了技术含义之外，社会技术想象还描述了与新技术项目的发展有关的社会生活和社会秩序的想象形式。这种想象在创新政策的政治决策中也发挥着重要作用：它们"既描述了可实现的未来，又规定了国家认为应该实现的未来……这种愿景和建立在其上的政策有能力影响技术设计，引导公共开支，并证明在技术进步的利益方面对公民的包容或排斥是合理的"（Jasanoff and Kim，2009）。[7]

对创新过程的实证研究表明，对未来技术的预期如何影响结果。特别是在技术发展的早期阶段，虚构预期通过引导决策和为项目输送资源来减少不确定性（Borup et al.，2006；Deuten and Rip，2000）。不同的行动者群体根据重叠的预期值来调整他们的行动，这使得他们能够在原本独立的个人和组织之间架起桥梁，从而加强协调。资源被重新分配，新的机构被建立，新的网络被建立（Borup et al.，2006），所有这些都基于承诺故事。

承诺故事可以被描述为给行动者和对象分配角色的叙事，并围绕预期的创新发展出一个情节（Deuten and Rip，2000）。通过包含一个未来的剧本，前景故事"明确或隐含地给相关的行动者定位，就像故事中的角色被定位一样"（Van Lente and Rip，1998）。这些故事在行业行动者之间创造了共同的世界观，迫使他们遵循某个想象中的路径（Ansari and Garud，2009）。演员们的活动变得交织在一起，基于他们预期彼此在未来按照剧本做什么。对某项技术将带来未来利润和开辟研究视野的预期，导致兴趣的出现和资源的调动，从而带来投资、研究和培训（Pieri，2009）。随着新行动者的出现、新信息的出现，以及新解释的展开，承诺故事不断演变，导致了"多作者和总是异质的故事模糊"（Deuten and Rip，2000）。

由于承诺故事通过改变预期和改变企业、研究机构和政府机构的行为来影响资源的分配，它们不能被理解为仅仅是对未来道路的表述。预期的未来在多大程度上按预测发生，也必须归因于想象力本身。虚构预期"产生并执行独特的价值、权力和机构分配"（Moreira and Palladino，2005）。他们设定议程，创造关系，定义角色，并影响资源的分配。通过信念的创造，它们塑造了一个受保护的空间，为行动者从事旨在实现故事所预期的活动提供了资源保障。想象和结果是否真的对应，必须从时间上回答。同样地，如果承诺故事不再令人信服，预期就会崩溃。在它通过成功证明自己之前，一个项目的力量只在于它的承诺，并且可能像纸牌房子一样倒塌（Deuten and Rip，2000）[8]。

社会技术想象力发展可以用动态模型来描述。技术预期会经历一个"炒作周期"（图7.1），在这个周期中，人们对新技术愿景的热情会随着时间的推移而减弱（Fenn and Raskino，2008）。技术发展源于乌托邦和厚望，然后让位于更现实的评估，最终导致最初的乌托邦愿景被另一个愿景取代。多伊奇曼（Deutschmann，1999，2009）将这种动态运动恰当地描述为"神话的螺旋"。发明的早期阶段特别容易出现想象，因为"巧合、玩乐的倾向和幻想对于决定性想法的产生比理性甚至'经济'的主题重要得多"（Deutschmann，2009）。

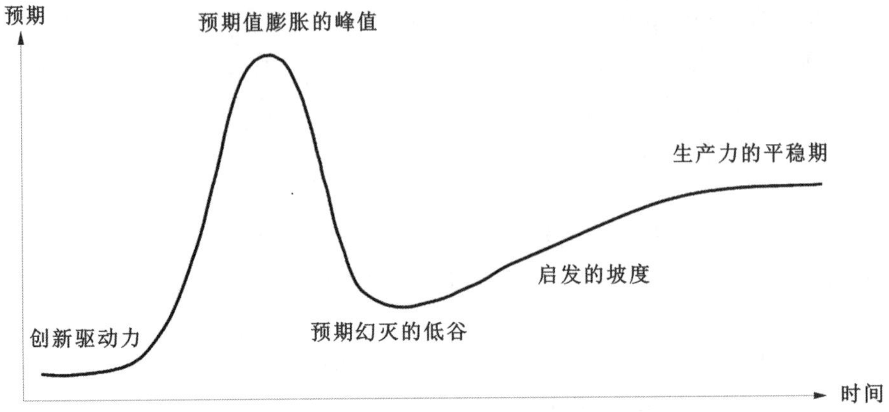

预期

预期值膨胀的峰值

生产力的平稳期

创新驱动力

启发的坡度

预期幻灭的低谷

时间

图 7.1　技术创新中的"炒作周期"

资料来源：转载自 Fenn and Raskino，2008。

　　根据凡·伦特和里普（1998）的观点，创新过程中的预期是以三步走的方式发展的：一开始，承诺的表达为对未来的集体预测指明了方向，帮助行动者形成共同的心态。这一观察与约翰·杜威传统中实用主义对商议和手段与目的交融的理解相一致，他将目的定义为不是活动领域之外的固定理想，而是"影响当前商议的可预见的后果"（［1922］1957）。在行动过程中，现有的观点"在想象中被加强、重新组合、修改、发明和运作"。杜威用冲动来描述这个过程："科学的精巧系统不是从理性中诞生的，而是从最初轻微和闪烁的冲动中诞生的；处理的冲动、移动的冲动、狩猎的冲动、发现的冲动，混合分离的东西和分割的东西的冲动，以及交谈和倾听的冲动"。

　　在下一步，这些承诺形成了，正如凡·伦特和里普所说的，一个议程，随后被代理人解释为一个要求。议程的设定和要求的定义保护了新的想法不被怀疑，允许它们被培养和追求。"一旦技术承诺被分享，它们就要求采取行动，技术专家似乎有必要开发它们，其他人也有必要支持它们"（van Lente and Rip，1998）。换句话说，由想象中的技术未来产生的唤起，使新技术成为现实变得可能。技术愿景定义了新技术，并对其建造产生了因果影响（Sturken and Thomas，2004）。

　　然而，早期的希望很少反映实际的结果。因为失望"伴随着在声誉、错误分配的资源和投资方面的严重代价"（Borup et al.，2006），早期希望产生的炒作可能会被该领域的行动者认为是对时间和资源的浪费；然而，它也可能被解释为保护那些还没有任何确凿证据支持的想法的必要条件。想象的合理性在于它们的潜力不是用来预测未来，而是用来培养不加批判的承诺且保留疯狂，这是在一个选择性的环境中持续的组织和个人僵化所需要的"（March，1995）。在资本主义中，行动者通常不会向后看失望的乌托邦；他们把目光投向前方，投向他们希望通过新的创新来实现的新的可能性。[9] 新的想象力必须独立于先前的失败而发展，并促使资源流入新的项目，从而推动资本主义的动态发展。

使虚构预期可信并获得足够的支持，甚至开始尝试将其转化为具体的现实，是一项艰巨的挑战：公司和政策制定者"面临着，甚至被轰炸着，技术承诺（以及它们所带来的风险），在解释和分析预期环境的基础上创造了新的决策需求。同样地，这些行动者也经常面临着令人失望的结果和似乎不成立的承诺"（Borup et al.，2006）。

案例研究的经验性发现表明，当"研究人员在'工作现场'通常会经历严重的不确定性"时，对技术愿景更有信心（Borup et al.，2006）。因为对创新过程中的困难一无所知，就会增加一个有希望的故事被视为可信的可能性，所以研究人员在研究室里与同行的互动中，与向政治家或投资者介绍一个想法时，可能会表达不同程度的信心。

◎ 技术想象力的社会和历史根源

熊彼特因对企业家参与创新活动的动机提供了一种过于个人化的描述，而受到批评，这也是合理的，毕竟企业家的预期也有一部分是由社会动机引发的。正如对创新过程的研究所显示，技术承诺往往是集体的预测，尽管与新技术相关的乌托邦可能忽略了这些文化和社会根源，并把这些技术描绘成拥有一种似乎不受社会和政治影响的力量（Sturken and Thomas，2004；Van Lente and Rip，1998）。

创新研究领域的学者们通过展示承诺故事的历史根源，显示了预期的社会和文化根基（Lyman，2004）。未来是有历史的：技术想象力在社会上受到其产生的社会文本的文化规范的影响，同时也受到"承诺的过去"[10] 的影响，这个词经常被用来描述过去的未来。这些想象，有时早已被遗忘，指导着过去的决定，并塑造了通往想象的未来的道路。一项研究调查了干细胞研究历史中不同承诺故事的轨迹，就是一个很好的例子。布朗、克拉夫特和马丁（Brown，Kraft，and Martin，2006）显示，目前与人类干细胞有关的预期，是在一个由早期的预期和失望组成的领域中出现的，可追溯至1950年代。每一个新的承诺故事都会参考之前的故事，并通过与过去失望的希望保持距离来建立自己的可信度。

研究创新过程的学者们还观察到所谓的"认知路径依赖"。对过去的参考塑造了对未来的认知，并使未来的计划合法化，这就支持了强调路径依赖的创新的制度和演化方法（Nelson and Winter，1982）。把对未来技术发展的新的虚构预期描绘成技术进步的长期历史轨迹的一部分，有助于证明它们的合理性。作为这种修辞策略的一个例子，凡·伦特引用了一份报告，主张在 20 世纪 90 年代在美国投资发展高清晰度电视（HDTV）。高清晰度电视的开发是为了给电视引入更高的屏幕分辨率，被认为是一场技术革命。它被赋予了从 19 世纪到未来的技术轨迹的想象力。一份报告指出："早在 1883 年，通风者就梦想着传输视觉图像。到 20 世纪 20 年代，正在进行扫描和投影图像的重要工作。1939 年纽约世界博览会时，电视仍在将来，但最终在 20 世纪 50 年代爆发了广泛的商业使用。电视技术现在正处于新的演变阶段。我们即将把基于数字的计算机技术与电视结合起来。高清晰度电视发展的影响将波及美国经济"（技术评估办公室，1990，引自 Van Lente，2000）。这种创新是作为历史轨迹的逻辑的"下一步"提出的。使用"下一代"隐喻技术投资的理由，通过使它们看起来是事件的逻辑连续的一部分而使活动合法化。偏离轨迹会"杀死""下一代"。

与新技术相关的预期也会通过与同一领域的早期技术发展进行类比而提及历史（Briggs，2004）。在西方社会，这种反复出现的乌托邦式的比较是与交通有关的：在 19 世纪，铁路是文化和社会转型的重要叙述的来源（Sturken and Thomas，2004）。当飞机在 20 世纪初被发明时，铁路被"空中飞人"所取代，而这又被通过汽车实现个人流动的愿景所取代。在 20 世纪 90 年代，这被"信息高速公路"的想法所取代。交通的隐喻因其宗教内涵而引人注目，它们"意味着新的交通方式将提供超越，它们将使人们走出他们的世界和他们的自我，并将他们带到新的精神高度——这就不可避免地具有宗教含义。交通隐喻最终是一个关于我们有目的地，我们要去某个地方，流动有意义的想法——这确实是它的吸引力"（Sturken and Thomas，2004）。

对历史和文化的参考也可以采取与其他领域的技术成功相类似的形式。在其他领域的技术成功，证明被认为是不可能的发展实际上是可以实现的。这方面的一个例子是在 20 世纪初对太阳能的商业使用的预期。1907 年，太阳能企业家弗兰克·舒曼（Frank Shuman）试图通过与飞机的发明进行类比来吸引投资者，承诺他们的投资将是多么合理。"你马上就会承认，几年前，任何商人为了购买飞行器公司的股票而找上门来，都会担心提议者的理智。在确凿地证明可以做到之后，现在不难获得所有需要的资金，而且从现在起航空业的快速发展得到了保证。我们将不得不经历这个同样的过程"（Frank Shuman，转引自 Ergen，2015）。正如理查德·布朗克（Richard Bronk，2009）所强调的，新的想法必须与社会赋予的世界相联系。要得到验证，必须适合它们的认知和社会环境；否则它们将只是无效的梦想。

反对某项具体技术发展的人也可以用过去的例子来支持他们的论点。在一项关于神经移植的研究中——一种将被诊断为帕金森病的病人的胚胎细胞移植到他们大脑中的医疗程序，莫雷拉和帕拉迪诺（Moreira and Palladino，2005）发现，反对这种医疗程序的人试图通过将其与 20 世纪中期的神经外科干预措施（如脑叶切除术）相提并论，使研究失去合法性，因为它们改变了病人的个人身份。在这种情况下，与未来技术发展相关的形象也受到历史、政治和文化背景的影响。

在一般情况下和具体技术方面，与创新相关的想象力也是国家"文化剧目"的一部分（Lamont and Thévenot，2000），正如通过对各国如何评价技术进步的差异的比较研究所显示的那样，有"不同的国家对科学技术驱动的理想未来的愿景，以及对不能实现这些未来或在追求技术进步时造成意外伤害的恐惧"（Jasanoff and Kim，2009）。在德国，核能与灾难的暗淡前景联系在一起，而在法国，核能被广泛认为是有效地满足了工业社会的能源需求。同时，法国的政治文化将转基因食品描绘成一种无法控制的威胁，而在美国，它被广泛接受为一种技术发展，因为它对健康的威胁还没有被科学地证明。

对技术革新的虚构预期也是建立在现代社会为"技术专家"开辟的受保护的空间，他们被授权为技术进步的合法监督者，并被算作"授权领域"的专家。专家"是那些被允许首先发言的人，他们可以在第一时间决定要发生什么。他们被允许拥有这样的空间，可以通过提及技术进步的表意文字来证明"（Van Lente，2000）。赋予专家们的权威有助于保护他们的承诺故事不被非专业的公众所了解。这表明创新过程的制度化是通过创新离开过去的前提条件。创新也是社会产品，而不是孤独的个人的结果。它们通过研究型大学、公司的研发部门、资助机构和国家管理机构，如食品和药品管理局或五角大楼，被组织起来（见 Bronk，2009）。

在将现有技术应用于不同产品方面，人们所认为的"不平衡"也使承诺的故事具有可信性。例如，在光盘成功推向市场后，音频工程师开始着手开发一种具有与光盘相同音质的电视。对一个可能的发展目标的认识，并不是由消费者对电视音质差的抱怨所刺激的，而是由另一个技术发展所刺激的。换句话说，研究活动的定义是"与技术上可行的预测相比，缺少什么"（Van Lente and Rip，1998）。消费研究已经发现了一个类似的现象，叫作"狄德罗效应"，它指出，购买会产生新的欲望，因为已经拥有的物品与新获得的物品相比会失去其价值（见第八章）。

此外，激励行动者追求创新的想象力有社会结构的前提条件。"资本主义企业家不会从天而降，而只能在特定的结构、制度和文化环境中成长"（Deutschmann，2011）。罗伯特·默顿（Robert Merton，1957）认为，创新活动是建立在现代社会的规范结构之上的，这些规范结构重视通过冒险寻求成功来实现对内心世界的超越。这些想象力也受到人口结构的影响：年轻人更有可能承担风险，这意味着随着社会成员年龄的增长，社会会失去一部分创新能力。只有基于功绩的社会不平等被消除，社会阶级没有被分化到几乎不可能向上流动的程度时，创业动机才会出现，个人对向上流动的预期才可能占上风。尽管在资本主义社会中存在着非常真实的社会流动障碍，尽管在整个历史上，大量的社会群体被排除在创业活动之外，但资本主义作为一种生态提名形态，在历史上是独一无二的，在这种形态中，社会地位不是由社会出身决定的，而是基于市场成功的努力而合法化的。随着资本主义的出现，社会流动的可能性扩大了，这使得行动者更有可能为自己预测未来，在其中实现他们的梦想。

一定数量的个体行动者和企业必须相信，参与创新活动可以为技术想象力提供新的机会，使其超越幻想，成为促进经济发展的有效力量。如果要维持创新和由创新产生的动力，至少在一定比例的相关行动者中建立这些信念是必要的。如果做不到这一点，资本主义就会失去其增长的主要来源之一。制度、网络和文化因素在引导行动者走向遥远而抽象的未来方面起着至关重要的作用：一个社会的教育体系必须允许向上流动；家庭和社区网络必须鼓励或至少接受个人追求成功（Portes and Sensenbrenner，1993；Trigilia，2006）；文化或宗教传统必须支持创业方向（见Deutschmann，2011）。在这些结构性条件之外，市场和信贷系统促使企业家和公司寻求通过创新而出现的机会。

◎ 预期政治

如果创新资源的分配是基于未来成功的不确定性的承诺故事，那么行动者将不可避免地对这些资源进行分配，而且对围绕创新的想象力进行争夺。对创新资源的竞争在很大程度上是对想象中的未来的可信度的权力斗争。莱因哈特·科泽勒克（Reinhart Koselleck）在讨论早期现代性政治预测技术的发展时，描述了未来发展的想象是如何被政治工具化的：预测是"政治局势的一部分，以至于做出预测已经意味着改变局势。预测是政治行动的一个有意识的元素"（Koselleck，1979）。[11]

苏菲·穆泽尔（Sophie Mützel，2010）在对一个生物技术公司集群的创新过程的研究中，提供了一个有洞察力的经验性例子，该公司试图开发一种用于治疗乳腺癌的基因工程药物。在这种高度不确定的环境中，企业研究战略的成功是无法预见的，对成功开发产品的希望往往是失望的。穆策尔观察到行动者是如何通过传达他们所预期的创新战略来影响他人的预期及他们所带来的决策，从而导致产品的成功开发。这些对未来的想象向竞争者和金融界发出了信号。由于决策取决于预期，行动者试图操纵这些预期，因为他们争夺资源并试图影响该领域所追求的研究策略。这种权力之争决定了目前的决策，并影响到该领域的未来发展。

关于创新的研究，对虚构预期的作用进行研究，往往认识到想象力的政治层面。布朗、拉珀特和韦伯斯特（Brown，Rappert，and Webster，2000）谈到了"有争议的未来"，认为未来"是通过一个包括不稳定的语言、实践和物质性的领域构成的，在这个领域中，各种学科、能力和行动者都在竞争代表近期和远期发展的权利"。关于如何构想未来的现在的斗争具有真正的后果，主导性的课程影响到资源的分配，因此可以阻止替代性的未来或将其边缘化。倡导特定想象的行动者的权力对想象是否变得相关有影响。史蒂夫·乔布斯（Steve Jobs）也许是创业成功与想象力交流之间最好的例子。苹果公司吸引了计算机行业和大型消费群体；它塑造了技术的未来，部分原因是它在市场上的战略定位，但也得益于其 CEO 的魅力。

当"旋转"被赋予某些想象力时，它们就变为政治性的，因为技术的复杂效果被转化为简单的叙述，以便为技术发展提供合法化的支持或不合法的批评（Turkle，2004）。"预期工作"（Van Lente and Rip，1998）始终是现有预期结构的倡导者和反对者之间的斗争，在这里，扩散预期的机会反映了权力和权威的不平等。

想象政治与物质或理想的利益之间的联系也可以通过观察行动者如何与故事相关联而间接推断出来。在他们关于生物医学研究的工作中，莫雷拉和帕拉迪诺（Moreira and Palladino，2005）发现，关于一项新技术的不同叙述——他们称之为希望的制度和真实的制度，与不同的行动者群体相关联，这些群体根据所设想的未来现状预期带来的收益和损失而结盟。不足为奇的是，行动者们试图消除他们所持有的预期与他们的（物质）利益相联系的任何印象。将技术描绘成"一种似乎不受社会和政治影响的力量"（Sturken and Thomas，2004），可以作为一种策略，在技术的选择被怀疑有政治动机的情况下，对抗怀疑主义。正如玛丽·道格拉斯（Mary Douglas，1986）认为机构的稳定性建立在其自然化的基础上，技术所宣称的非历史性创造了一种不可避免的光环，可以被用来保护技术观点不受批评的审查。

◎ 结论

行动者在不确定的条件下进行创新。在创新发生和产品成功引入市场之前，不可能说投入资源来追求创新是否有利可图。因此，对创新的投资不能建立在对未来的可靠计算上。虽然创新的不确定性水平不同，但增长动力和高利润往往来自最激进的创新，而这些创新通常也是不确定性水平最高的创新（Shapin，2008；Verganti，2009）。特别是在革新过程的早期阶段，行动者借助于虚构预期——即对未来世界状态的想象，来决定采取何种战略并获得资源。从投资者的角度来看，对创新活动的投资价值完全取决于对所设想的未来现状的可信度。

对世界未来状态的想象协调了各种活动，从而帮助创造了一些结构，而这些结构正是由预测它们的虚构的前景来实现的。通过表现得好像他们的预测会在未来出现，行动者被激发起来做决定，使现实朝着他们所设想的未来的情况发展。想象力的这种实际作用为结构和代理之间的关系提供了有趣的见解，至少在某种程度上表明，结构是根据行动者的预期建立的，如果没有这些预期，结构将消失。正如 Charles Sabel 和 Jonathan Zeitlin 所写：

> 行动者的选择取决于他们对可能的发展故事的阐述，这些故事可能包含了这些不同可能性的模型和对其概率的评估。在这种情况下，选择战略和思考行动者的战略选择之间没有明确的区别。在许多结果都是可能的情况下，似乎根本不可能从结果中推断出行动者的动机，因为在这些动机中，有构建世界的意图，但没有成功。如果你相信这些失败的意图必须失败，因为它们没有抓住过程中的地方性或全球逻辑的某些重要特征，那么很自然地认为这些努力是没有结果的一团乱麻，只不过它们的起源引起了

社会学的好奇心。但是，如果你相信……这种逻辑在任何时候都只是松散的定义，并且不断地被追求它们的预期和非预期的结果所重新定义，那么对行动者的意图的分析就提供了一个不可或缺的独立信息来源，即他们所面临和创造的约束的范围和稳健性。

（Sabel and Zeitlin，1997）

观察到结构在机构中的表现，不应导致片面的自愿主义的假设。正如本章所显示的，与技术发展相关的承诺故事，本身就植根于经济权力结构和"技术专家"或政治文化中普遍存在的文化重构。此外，参与创新的"创造性破坏"的动机有文化和社会的前提条件。再一次提醒，历史很重要。然而，鉴于预期是决策的组成部分，很明显，这些结构只有通过解释才变得相关，而解释必然是有条件的。在创新过程中，解释是通过对未来新技术的想象来进行的。术语"前景结构"在其面向未来的时间维度中巧妙地表达了这种结构和机构的综合。

最后，关于技术发展的承诺故事影响的不仅仅是经济：它们在社会层面也同样重要。对集体预期的生活方式的乌托邦式的设想被投射到新技术上。例如，在 20 世纪 90 年代初，互联网被用来展示许多社会进步的乌托邦愿景。预言家们说："互联网将解决长期存在的教育问题，使官僚机构更好地运作，通过增加连接创造全球社区，赋予被剥夺权利的人权力，并永远改变消费者和生产者的角色"（Sturken and Thomas，2004）。

所有这些都是虚构预期。其中一些相较之下在今天更容易被认识到，但当它们第一次被阐明时，它们都激励了行动者，协调了他们的活动，并动员了再来源。正如安·米什（Ann Mische，2009）所观察到的，"希望既是创造的，也是基本的；它提供了情感的基础，可以说是新与旧之间的辩证，是社会结构的再生产和改造之间的辩证，因为这些结构体现在思考和行动的个人身上。"

第八章
消 费 ： 价 值 来 自 意 义

消费是一切生产的唯一目的和宗旨。

——亚当·斯密，《国富论》

经济理论在评估经济需求方的重要性方面存在很大差异。新古典主义理论遵循萨伊定律，即总生产创造了同等数量的总需求。另外，凯恩斯认为需求方是资本主义经济的致命弱点。的确，需求是不稳定的，不能想当然。然而，尽管凯恩斯认为投资者的悲观情绪和消费者的购买力不足是需求低下的主要原因，但也必须考虑到消费者的动机。是什么吸引消费者购买产品，为什么即使在富裕的消费社会中，对看似无止境的新产品的需求仍然存在？虚构预期对于理解消费者需求的扩张和动态至关重要。

对于现代消费社会中的大多数人来说，消费的欲望似乎很自然，没有必要进一步探究。然而，仔细观察就会发现，对产品的需求远不是自发的。在历史上的大部分时间里，社会保持着由习俗决定的财富水平，而不是像现在这样努力使消费水平最大化（Sahlins，1972）。这样一种传统的生活方式在工业革命时期仍然主导着社会。正如第二章所提到的，当工业化第一次遇到传统的社会生活方式时，企业家们经常与工人们打交道，当企业家们赚到他们认为足够多的钱时，就会结束工作日（Thompson，1967）。企业家们宁愿把盈余存起来，也不愿意花掉。一些企业家甚至会在赚取足够的利润后卖掉公司。赚取额外资源来消费的可能性超出了这些预期的需求，这并不具有吸引力，不足以激励进一步的工作。

不足为奇的是，鉴于当时生活水平低下，一旦这些传统观念松动，获取更多消费品的愿望就会随之而来。在这一点上，至少对下层阶级来说，消费主要是为了满足非常基本的需求。16 世纪的欧洲贵族中首次出现了以文化和社会需求为重点的扩大消费的运动。不过，到了 18 世纪，以商品的文化和社会意义为中心的现代消费才开始更广泛地发展。真正的消费社会是在 20 世纪的前几十年才发展起来，其中美国处于领先地位（C. Campbell，1987；McCracken，1988）。消费成为现代生活的一个支柱，是扩大资本主义增长的根本。去传统化、资产阶级消费伦理的发展、不断扩大的购买力以及越来越精细的广告业活动，都是这种消费主义扩张成为可能的因素。

资本主义依靠消费扩张来创造总需求，从而允许销售不断扩大供应（Bell，[1976] 1978；Galbraith，[1958] 1998）。为此，需要有意愿和信心的消费者。20 世纪生活水平提高，意味着富裕国家越来越多的人能够满足他们的基本需求。一百年前，经济合作与发展组织（OECD）成员国的普通家庭将其收入的 80% 用于食物、衣服和住房。今天这个数字已经下降到 30%～40%（Adolf and Stehr，2010）。从这个角度来看，为什么富裕的人继续追逐更多的商品，而不是存钱或简单地减少工作，这是一个令人感兴趣的问题。消费社会学家强调，"消费者不会自动使用剩余收入来满足新需求"（C. Campbell，1987）。市场饱和和需求下降是市场的持续威胁（Fligstein，2001）。

为什么在富足中会出现稀缺性？[1] 乔治·沙克尔（George Shackle）将商品定义为"具有承诺性能"的物品（Shackle，1972）。为了愿意"牺牲"金钱来购买消费品，购买者必须对这种性能和它将给其生活带来的"变化"有积极的看法。因此，消费总是与想象的未来有关。从承认承诺和渴望未来的表现是"自然的"或自发的这一观点出发，很明显，资本主义的扩张性并不仅仅取决于供应方和可用的购买力：在消费者中创造关于将购买的商品性能的积极预期也同样重要。什么是能够产生足够强烈的预期，促使行动者做出必要的牺牲来购买更多的产品的性能承诺？

购买者为商品所吸引，这使我们回到了评价的问题上。[2] 这是一种有效联系，因为在消费者眼中，产品承诺不过是对产品的评价结果。然而，在经济社会学中，许多关于评估的研究主要集中在商品分类问题上，而没有注意到为什么行动者首先感到为商品所吸引的问题，也没有认真讨论消费在资本主义运作中的宏观经济意义（Streeck，2012）。研究虚构预期在激励消费方面的作用以及虚构预期对资本主义动态的意义，可以弥补这些空缺。

关于消费品的虚构预期围绕这些商品所唤起的形象和想象它们的位置所引发的欲望而展开。这些想象反过来又围绕买家对特定产品的意义而展开：换句话说，消费市场是意义的市场。

虚构预期在购买消费品的过程中有两个作用。第一个作用与投资和创新中的作用类似，在前面的章节中已经讨论过了。与消费品相关的想象力是帮助行动者处理不确定性的占位符。考虑新消费品的消费者对他们将从这些产品中获得的满足没有明确的概念。因此，从理性主义的角度来看，要解释对新产品的需求如何发展很困难。鉴于与新产品相关的不确定性，"理性的"消费者"根本不会努力获得新产品或新服务，因为这……更像是一种冒险或赌博，而不是'计算'"（C. Campbell，1987）。

想象力可以弥补空缺。在购买商品之前，与商品相关的想象力会激发消费者预测一种理想的生活状态，而购买商品将帮助他们实现这一目标。想象中的新体验可以成为消费者尝试新事物的内在动力（Andreozzi and Bianchi，2007）。在他们的想象中，消费者就好像他们已经拥有了他们正在考虑购买的产品，从而"测试"该产品是否会带来预期的满足。再一次参考阿尔弗雷德·舒茨（Alfred Schütz，1962）的行动理论，拥有商品可以用未来完成时态来想象。唤起未来满足感，本身就创造了欲望。按照约翰·杜威（［1922］1957）的说法，"预期性消费"形成了障碍，因为商品作为目的被渴望，但尚未拥有，这本身就加强了追逐的欲望，从而激励了需求。格奥尔格·齐美尔也表达了同样的想法，他认为"享受的可能性必须作为未来的形象与我们现在的状况分开，以便我们渴望现在与我们有距离的东西"（［1907］1978）。通过在现在创造欲望，想象的未来的满足推动了消费者的需求。

虚构预期在消费中发挥的第二个作用与未来本身无关，而是与消费品中超越性品质的象征性代表有关。[3]对商品象征性品质的渴望并不取决于个人物质需求，这意味着原则上对基于象征性价值的需求扩张没有限制。因此，因其象征性价值而需要的商品比仅因其物质性能而需要的商品有更大的增长潜力（Hutter，2011；Reisch，2002）[4]。如果总需求取决于消费者对象征性价值的渴望，那么消费者梦想的生产本身就是经济中的生产力量。正如营销成本在整个生产成本中所占比例的不断增长所显示的那样，必须做出越来越广泛的努力来创造使商品具有价值的社会崇高的象征意义

(Hirschle，2012)。如果不关注与象征性价值相关的虚构的外在表现，就不可能理解创造现代经济增长的大多数产品市场：不仅是汽车、旅游、移动电话、电脑、时尚物品和房地产，还有古董、葡萄酒、彩票和公平贸易产品，这只是几个例子。

从这个角度来看，现今资本主义增长的不稳定性也很明显。与消费品相关的虚构预期特别不稳定，甚至是飘忽不定，因为消费品在很大程度上寄托于主体间对消费品象征性品质的认可，而不是商品本身的物质品质。产品的成功"伴随着快速的失败，这发生在某一品牌相关的梦想空间不再与足够大的顾客群体的象征性需求产生共鸣时"（Djelic and Ainamo，1999）。在过去的 40 年里，富裕的消费社会中增长率的下降也可能表明，被引入市场的新产品在激发消费者的想象力方面不太有效，而像汽车这样的成熟产品正在失去其想象力的吸引力。

154

埃米尔·杜尔凯姆（Emile Durkheim）在他的一些作品中谈到了经济中的象征价值（Durkheim，[1893] 1984，[1911] 1974，[1957] 1992），他的作品可以阐明想象中的未来在消费中的作用。尽管杜尔凯姆的宗教社会学没有明确涉及经济产品的价值评估（Durkheim，[1912] 1965），但为理解虚构预期在消费决策中的作用提供了一个特别翔实的视角。[5] 事实上，《宗教生活的基本形式》不仅可以被理解为宗教社会学，而且可以被理解为价值评估社会学，其中虚构预期最重要。杜尔凯姆对图腾主义宗教的分析是探索消费品的价值如何被创造和维持的理想工具。第四章中介绍的肯德尔·沃尔顿（1990）的假扮游戏理论在这方面也很有用。这些理论基础共同支持了这样一个观点：消费品的象征性价值取决于消费者之间关于品牌或产品意义的隐性协议，这也是一种欺骗形式。

商品和其所有者的社会地位之间的象征性联系是需求的关键来源，而扎根于社会的价值观和理想也是如此。如果商品的经济价值与社会价值密切相关，那么对商品的渴望就不能被理解为仅仅是享乐主义、个人主义的表现（见 Bell，1976] 1978）。与消费品相关的虚构预期将它们与社会秩序和道德秩序联系起来（Fischer，2014；Fischer and Benson，2006；Richins，1994；Stehr，Henning，and Weiler，2006），通过商品意义进行表达、进一步强化和受到挑战。

与消费品有关的预期受制于政治影响。为了吸引消费者，企业利用营销来讲述故事，将产品与特定意义联系起来。因此，对消费品意义的争夺是企业间竞争、斗争的一个重要方面；本章的最后部分讨论了拆毁与特定消费品相关的虚构预期机制。虽然拆毁圣物的价值在宗教中并不是频繁现象，但这对于理解资本主义动态至关重要。可以打开认知空间，以促进对新产品的欲望，特别是如果已拥有的产品随着时间推移失去了吸引力。

◎ 消费品价值的虚构性

消费者购买商品的一个重要考虑因素是产品功能。商品可以在很多方面改变其主人的身体状态：一件衬衫可以遮盖身体并保持温暖；一辆汽车可以将其主人从 A 点带到 B 点；一栋房子可以遮挡风雨。这种考虑可以扩大到考虑给定产品类别中的质量差异，以区分同一类型的商品。一件衬衫可能比另一件更暖和或更耐用；一辆汽车可能比另一辆更快、更安全或更舒适，等等。

商品的这种物理性能是客观的，因为它是物品本身的质量。[6]另外，对其物理质量的估价取决于用户对商品的认知理解（C. Menger，［1883］1963；Witt，2001）。由于潜在的购买者是根据对商品的了解进行估价，所以估价的高低取决于潜在使用者对商品物理品质的认识。没有知识就没有价值，而价值在具有不同知识的行动者之间是不同的——这一点由乔治·阿克洛夫（George Akerlof，1970）在二手车案例中进行了著名的分析。[7]产品的定位价值表达了产品在有区别的社会世界中为其所有者定位的能力。通过在某些人身上和社会场合中共同出现的产品，可以推断出其所有者的社会地位（Ravasi，Rindova，and Stigliani，2011）。对这种定位价值的需求可以用对地位的渴望来解释。对这些商品的偏好不是外生的；相反，它们是内生的，因为行动者观察其他市场行动者的行为而出现。换句话说，"稀缺性从根本上说是一种社会关系"（Orléan，2014）。

判断商品的定位性能，需要在进行判断的群体中就其意义达成一致（Miller，1998；Reisch，2002；Witt，2001）。从这个角度，它是一个伪装游戏，在这个游戏中，许多行动者同意特定商品标志着特定社会地位和身份——拥有特定商品就代表着富有、时尚、成熟、有能力，等等。尽管在解释物品的方式上可能存在一些差异，但如果社会群体的成员之间完全没有共识，那么该物品就不可能被用作社会地位和社会归属的标志。定位价值确实有一个客观的基础，但这种客观性并不以产品的物质质量为基础。相反，它取决于在行动者的社会环境中，产品被赋予了什么意义。然而，这不应该被理解为一种合同协议的形式；它是一个持续的、充满权力的交流过程的结果，通过这个过程，物体被分类和定义（Bourdieu，1984）。

商品定位价值在社会逻辑学和人类学的论述中得到了细致的描述，特别是托尔斯坦·凡勃伦（Thorstein Veblen，［1899］1973）、格奥尔格·齐美尔（［1904］1971）和皮埃尔·布迪厄（1984）。早期的消费社会学强调通过拥有和展示奢侈品而产生的等级分层，强调社会下层阶级试图模仿上层阶级的消费模式而产生的社会动力，以及上层阶级对这些模仿的反应。最近对商品的社会表现的描述，较少关注地位和阶级差异的因素，而更多关注通过不同的消费模式对异质生活方式的多边构成（Arnould and Thompson，2005）。不同的生活方式表现在具体的消费模式中，并构成和传达行动者社会身份的各个方面。消费者构建了一系列与市场上提供的某些产品相关的身份叙事，这个过程可以被看作符号价值创造的民主化（Djelic and Ainamo，2005）。

物品的想象力表现，就像它的位置表现一样，也是基于它的象征性。[8]在这两种情况下，物品的价值都是基于超越物质现实的品质。在这个意义上，它们是虚构的："人们购买东西不仅是为了它们能做什么，而且是为了它们的意义"（Levy，1959）。想象力表现指的是商品所唤起的形象。[9]这些形象可能是基于与预期的事件、人物、地点或价值的象征性联系（d' Astous and Deschênes，2005；C. Campbell 1987；Holbrook and Hirschman，1982；McCracken，1988；Ullrich，2006），因此表达了预期的未来，通过购买特定的产品而变得"可实现"。这样一来，商品就成了一个主体和她所预期的但无形的理想之间的联系。想象力的表现不需要任何人的认可，只有想象者才能存在。它只依赖于购买者的认知和情感评估，购买者寻求与其所购买的物品在自己眼中体现的空间、时间、人物或理想的"联系"。[10]图 8.1 描述了上述不同类型价值之间的不同。

对消费品的需求是由其象征性内涵所唤起的象征性联想和印象构成的，这样的例子不胜枚举。消费品的想象力发生在几个方面：它通过时间发生，把它们的主人与理想的未来状态或遥远的过去联系起来；通过空间发生，把它们的主人与理想但遥远或不可及的地方联系起来；通过社会发生，把它们的主人与不可及的人联系起来；通过价值发生，把它们的主人与他们支持的价值联系起来。所有这四个方面都超越了"此时此刻"，允许商品的主人在精神上将自己与其他无形的东西联系起来。这些联想是虚构的，因为它们为物品增加了只有通过意义的描述才存在的特质。

与未来的联系在购买彩票的过程中尤为明显（Beckert and Lutter，2009，2013；Lutter，2012b）：三分之二的德国彩票玩家表示，会做白日梦，幻想自己会用未来的财富做什么。[11]彩票玩家基于对彩票上的数字被

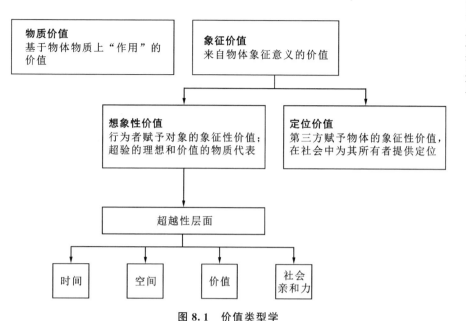

图 8.1 价值类型学

抽中的渺茫希望，描绘了一个充满财富的未来。这种产品的全球市场超过2000亿美元，玩家对未来丰富财富的想象为其提供了动力。

储存婴儿脐带血以便日后用于干细胞治疗的血库构成了一个医疗消费市场，这也是建立在对未来的想象上的（Brown，Kraft，and Martin，2006；Martin，Brown，and Turner，2008）。这个市场是在相关专家声称干细胞只能在出生时收集的基础上发展起来的，并建立在对未来医疗需求的想象和父母寻求为孩子提供最佳护理的恐惧上。这是"希望的资本化"的一个突出例子，其中价值是基于对不确定未来的虚构预期。"生物医学想象是指医学思想的推测性、命题性结构，是生物医学理论和创新所进行的一般不被承认的梦想工作……虚构的、内涵的……欲望"（Waldby，2002，引自 Martin，Brown，and Turner，2008）。与此类似，直接面向消费者的基因测试为"客户"提供了个性化的基因报告，其中包含他们可能携带的基因风险信息。尽管其从业者将他们的服务说成是医疗服务，而不是商业服务，但他们的业务已经在人们对其未来健康的担忧中找到了一个可销售的商业模式（Almeling，2014）。

购买陈酿老酒以及更普遍的古董购置，是物品如何让它们的主人超越时间走向过去的例子。拥有这样的物品可以创造出与特定时期或历史人物的文化或政治价值的象征性联系。玛丽-弗朗丝·加西亚（Marie-France Garcia，2011）提供了一个特别有启发性的例子，其引用了一位高级葡萄酒收藏家写的书。这位收藏家弗朗索瓦·奥杜兹（François Audouze）描述了饮用陈年葡萄酒的经历："我喝过的最古老的红葡萄酒是1811年的香贝丹。想象一下，这唤起了什么？你处于拿破仑时代的高峰期，这成为一个沉重的象征，此外，这是哈雷彗星的年份，它甚至还不叫哈雷彗星。在你的杯子里有一颗彗星，那直接来自历史书！"（Audouze，2004，引自Garcia-Parpet，2011）。奥杜兹所喝的这瓶非常昂贵的葡萄酒的价值来自它的生产年份，而不仅仅是它的稀有性，当然也不是它的味道。这瓶酒为发生在很久以前的事件架起了一座想象的桥梁，将饮用它的人与一个遥远的时代联系起来。它有能力唤起拿破仑的统治和哈雷彗星的流逝，使产品具有一种神圣性。

埃琳娜·博格达诺娃（Elena Bogdanova，2013）在对俄罗斯古董市场的研究中提供了其他与过去有关的例子，在那里，供应商通过讲述古董的来源来创造价值。拍卖行的目录包含了强烈的唤起信息，将物品与历史上的重要人物和事件联系起来。一个特别生动的例子是2011年苏富比拍卖行的目录，其中涉及一张19世纪初吉奥奇诺·巴贝里（Gioacchino Barberi）的桌子。目录对这张桌子、它产生的历史环境及它的出处进行了细致的描述。一个艺术史学家团队的分析得出的结论是："这张桌子的原主人，只能是1825—1855年的俄罗斯皇帝尼古拉一世"（2011）。这张桌子的价值不仅体现在其制作者的工艺上，还体现在它与俄国沙皇和1828—1829年俄土战争这一历史事件的关联上。这张桌子的估价为40万～60万美元，成交价接近200万美元。

基于其地理来源而销售的产品揭示了商品想象力价值的空间维度。这些产品的价值在于它们意味着一个特定的地方，唤起接近的形象，让消费者想象自己在一个特定的环境中或参与一个特定的生活方式。例如，法国的AOC标签将产品与地方和传统的形象联系起来。这些形象和叙述提供了可以用来推销产品和地区的价值，从而构成了"国家的文化财富"（Bandelj and Wherry，2011）。具有象征意义的产品让消费者以超越时间的方式超越地点，从而将他们与特定地点的理想联系起来。[12]

某些物品的"接触魅力"揭示了关于消费品的虚构预期的社会层面。当一个手提包被一个理想化的名人如麦当娜携带时，它就"感染"了她的魅力。对同一个手提包的渴望是由于它有能力创造一个与理想化人物的联系，一种参与她的身份的方式。歌手的光环被转移到手提包的购买者身上，并成为一种象征性的品质，创造出其本身的价值。[13]这里与宗教现象的平行关系非常直接，因为价值的创造方式与神圣性被赋予任何与先知接

触的物品一样（Durkheim，[1912] 1965）。手提包成为一种"遗物"：被
理想化的人触摸过和携带过的东西，是他们魅力的象征性代表。

商品的超然品质最终也可能创造出与它们的所有者所支持的价值观的
象征性联系。例如，公平贸易产品将购买者与一个地理上和社会上遥远的
世界联系起来，使他们能够想象他们正在为远方的人们"做好事"。这些
产品的额外价值不在于它们的物理质量，而在于它们为消费者提供了机
会，通过购买它们来实践他们的价值信念。观鲸是另一个例子（Lawrence
and Phillips，2004）：对于当代"赫尔曼·麦尔维尔"来说，花钱上船只
为观察鲸鱼在海中游动，似乎是一种完全疯狂的行为。但是从赫尔曼·麦
尔维尔的时代开始，鲸鱼的象征性内涵已经发生了变化，鲸鱼现在被视为
自由的代表和不受约束的自然，而不是可怕的野生动物。从"白鲸"到
"自由的威利"的文化转变，使观鲸活动有可能被商业化。其价值源于西
方文化与鲸鱼的象征性联系。

正如上面所举的例子所示，商品的想象性有一种超越性：它通过使物
品成为原本无形的东西的象征性代表，使人们能够接触到过去的历史事
件、陌生的地区、难以企及的社会地位或审美、道德价值。最近一个特别
引人注目的例子是对斯特拉迪瓦里小提琴音质的盲测，说明了这种魔力的
力量。尽管这些小提琴被认为是音乐世界中最好的，但测试结果显示，专
业的小提琴手无法区分斯特拉迪瓦里小提琴和新小提琴的声音（Fritz et
al.，2012）。一把斯特拉迪瓦里琴能卖到几百万欧元，而一把质量上乘的
新琴只需几千块欧元就能买到，这不能用前者的物理价值（换句话说，它
的声音）来解释。相反，斯特拉迪瓦里琴的价值是由它的光环推动的，而
光环是在音乐世界的讨论性社区中产生的。

然而，将商品的象征性价值描述为纯粹的虚幻，那将是一个错误。正
如第四章所讨论的，对世界未来状态的想象可以激起与实际体验相关的感
觉。在它们作为抽象或遥远的事件、价值和理想的物质代表的作用中，商
品提供了一种精神上体验所预期的东西的方式，类似于小说读者所体验的
东西。从上面关于消费品的讨论中可以看出，这不仅是对未来状态的真实
体验，如投资的情况，而且是对过去及社会和地理上遥远的地方的真实体
验，通过肯德尔·沃尔顿（1990）所说的"准情感"将消费者与超验的东
西联系起来。饮着1811年的香贝丹酒，让饮酒者感觉到他好像真的在经
历那个时代。拿着一张彩票，唤起了人们对富有的狂热，触发了情感，使
财富的体验在当下就能在精神上得到满足。"消费者对尚未获得的产品和
经验进行想象，是为了预期的消费和购买的优先性，以及对经验的猜测和

159

内在的喜悦"（Fournier and Guiry，1993）。[14] 带有象征意义的物品不仅仅是对预期的事件、价值或理想的代表：因为它们允许购买者参与它们被认为是代表的现实，它们是那个现实的重要组成部分（见 Tillich，1986）。这些想象力煽动着消费者购买具有象征意义的消费品。

◎ 商品作为图腾

埃米尔·杜尔凯姆的工作特别有助于理解预期是如何从象征意义中产生的。从这个角度来看，消费者对商品的吸引不仅仅是一种享乐主义的冲动，其心理原因可能源于"对它带来的快乐的渴望"（C. Campbell，1987），而是它可以被解释为实现共同价值观的一种特殊形式的取向，以及对道德社区成员身份的确认。这符合杜尔凯姆的直觉，即世俗化并不意味着社会中神圣性的消亡，而是导致神圣性的世俗形式的出现。虽然杜尔凯姆主要在赋予个人的权利的扩展方面展示了这种社会转型（Joas，2000），但它也提供了一个模型来分析与经济中的商品消费相关的想象力（见 Belk，Wallendorf，and Sherry，1989）。这再次表明了当代资本主义和宗教分类之间的平行。

杜尔凯姆的宗教社会学核心见解是，一个社会对其成员的道德影响主要不是基于感受到的义务和对制裁的恐惧，而是基于氏族成员对其价值观的积极约束。换句话说，人们感到被宗教法规所吸引（Durkheim，[1912] 1965）。吸引力概念至关重要，因为自愿改变，这意味着对商品的需求只有在商品具有积极的吸引力时才会存在，也就是说，商品能激起人们拥有它们的欲望。杜尔凯姆用这一见解探讨了社会价值的吸引力的起源，调查了澳大利亚部族的仪式性做法和圣物在这些做法中的作用，首先观察到部落社会的世界被严格划分为两个领域，即神圣的和非神圣的。代表氏族的象征性物品——其图腾，通过一套严格的规则与其他物品区分开来，这些规则是基于对这些物品的力量或者说是对其人的信念。正如本书前面所讨论的那样，图腾的力量不是物体本身所固有的，而是由信徒们赋予的。然而，杜尔凯姆坚持认为，从这些圣物中散发出来的、由氏族成员感受到的力量并不纯粹是虚幻，而是可以被视为氏族道德共同体的力量（[1912] 1965）。圣物的象征性品质是"通向超验的想象桥梁"（Tappenbeck，1999），道德共同体在其中找到了一个集体代表。

杜尔凯姆在宗教信仰的核心中所确定的人类能力与本书所确定的虚构预期中存在的能力相同，即把只存在于想象中、在物体本身中没有客观物质关联的品质赋予物体。"集体表象经常把它们所附着的事物的品质归于它们，而这些品质在任何形式或任何程度上都不存在"（Durkheim，［1912］1965）。

虽然是虚构，但物体中象征性的品质被体验到，就像它们是真实的一样。一个物体的虚构品质并不由物体本身决定，也不由大脑的神经结构决定。然而，这并不意味着物体是任意的：物体产生于社区的文化和社会世界；一个物体的想象性属性只有在它们被一个社会群体集体感知的情况下才具有"力量"（Durkheim，［1912］1965）。同样的道理，商品的位置和想象力价值虽然是个人体验的，但却是一种社会现象。消费社会学家们也同意这一点。"我们对奢侈品的品味，对超出我们常规购买力的商品的品味，不仅仅是贪婪，也不仅仅是自我放纵。它也可归因于我们的需要，作为群体和个人，重新获得我们已被置于时间或空间上的遥远位置的理想"（McCracken，1988）。

161

赋予只存在于想象中的事物以品质的能力，构成了经济中商品象征性价值的基石，使位置性和想象性的价值成为可能。第一，产品在社会空间中对其所有者的定位能力可以被看作杜尔凯姆所确定的图腾力量的一个实例：行动者通过与特定的物品联系在一起，以一种特定的方式得到认可。商品赋予了身份，并在一个社会群体中发出信号，就像图腾对部族成员的作用一样。因此，消费模式的改变也导致了社会身份的改变。一个人是根据他所消费的物品的分类而被分类。[15] 如果一个（潜在的）拥有者希望得到与物品相关的社会身份，那么这个物品就会产生独立于其物理性能的吸引力，完全基于其象征意义。

第二，物品中的集体象征性表述也有助于构成想象力的价值。正如图腾是一个部族的道德规则（价值）的象征性代表，商品也可以成为一个道德社区的世俗价值的象征性代表。杜尔凯姆（［1912］1965）提供了国旗的例子，它是一个国家的物质代表，作为该国家价值的象征而被重新重视（或者说被重视，在本讨论中）。在这个意义上，它是一个神圣的物体：它既代表一个道德共同体，也是这个共同体。正如杜尔凯姆所观察到的，这种现象导致士兵们冒着生命危险来捍卫旗帜，而从纯粹的物质角度来看，旗帜不过是一些可替换的布料。[16]

杜尔凯姆在宗教现象和军事或政治行动之间的类比，可以扩展到对市场上交换的物质产品的评价，只要我们表明，神圣也可以在商品中得到象征性的体现，可以作为通向超验的"桥梁"。就像图腾代表氏族的道德共同体，国旗代表国家一样，一瓶酒可以象征一个珍贵的历史事件，它将购买者与之联系起来。这种联系的前提是动用想象力，因为物体和它的意义不连续：其统一性只作为一种心理建设而存在（Tappenbeck，1999）。

物体可以被刻上含义，唤起人们的心理图像。在宗教符号的情况下，这些意义提醒信徒社区的力量，而在消费者的情况下，意义允许与无形的理想相联系。象征意义将一个物体转化为一个中介，在它的主人身上激起感觉，将它与他的理想联系起来。物体成为"理想能够被理解的媒介"（Durkheim，[1911] 1974）。物体的这种神奇力量是吸引人的源泉，因为这种神奇力量提供了愉悦甚至令人陶醉的感觉体验。[17] 同时，这种神奇力量也是一种"现实的加倍"的形式，并在某种被添加到物体的语义的信念意义上创造了虚构预期。

162　◎　实践的作用

虽然是现实的客观部分，但构成商品的位置和想象价值的符号意义并不是物质的品质，这就提出了一个问题：这些超验的品质是如何附着在代表它们的物体上的。回答这个问题需要特别注意市场领域的实践（Warde，2005）。一般来说，商品的意义是通过企业的营销活动、社会化、与商品的反复互动以及参与团体活动而构成的（Richins，1994）。

在这里，杜尔凯姆关于宗教仪式和世俗实践的工作再次具有启发性。杜尔凯姆观察到，部落社区的社会生活可以分为日常活动期和仪式性庆典期，在这期间，部族的成员会聚集在一起。仪式性的节日通常是在部落图腾附近举行的。通过舞蹈、音乐、火焰、黑夜和药物的使用所体验到的激情和高尚，会激起一种集体的兴奋，使氏族成员体验到一种超越自己意识的状态。由于图腾是这些节日的中心，部族成员将这种自我超越的体验归功于图腾的力量（Durkheim，[1912] 1965）。

在当代经济中，我们有可能观察到消费者与消费品之间的类似现象——尽管没有那么戏剧化。与麦当娜这样有魅力的名人有关的物品周围的积极光环，可能来自人们在她的音乐会上的集体效果的体验，例如，她的音乐会。这种"非凡"经历的超越性力量也可能与地方相关联，就像一个地区的产品唤起了人们对曾经居住或度假的地方的珍贵记忆。特别大的彩票头奖往往会导致大众的兴奋，类似于杜尔凯姆描述的陶醉，并增加对彩票的需求。新款汽车和消费类电子产品在博览会上以戏剧表演的形式呈现给公众，这在很多方面与杜尔凯姆描述的仪式性做法相似。已故的史蒂夫·乔布斯很容易被混淆为一个大师或宗教领袖，就连他的服装选择也是如此。正如阿尔弗雷德·马歇尔（Alfred Marshall）所指出的，这些都是实践产生需求而不是需求产生产品的例子（［1920］1961）。

杜尔凯姆提到了保持宗教象征的法力所必需的第二种做法：在集体努力的时刻所产生的激情会随着时间的推移而失去对个别氏族成员的影响。为了避免这种恶化，宗教团体和政治运动定期将其成员召集起来开会，以振兴社区的价值和信仰（Durkheim，［1911］1974；［1912］1965）。教会仪式和政党大会都把信徒群体聚集在一起，用仪式性的做法来提醒他们珍惜社区的价值。

在市场中可以观察到商品的象征性价值的稳定和群体实践之间的类似联系。在产品的象征性价值发挥重要作用的市场中，通常有一个社会组织，促进消费者和该领域的专家之间的交流。例如，在艺术市场上，画廊在展览开始时举办开幕式，将潜在的买家、卖家、艺术家和专家聚集在一起，对将要出售的物品的质量进行仪式性的肯定。博物馆和艺术评论家参与艺术界的草书社区，帮助重申艺术家的价值，并通过交流实践为质量评估设定标准（H. S. Becker，1982；Beckert 和 Rössel，2013；Velthuis，2005）。在彩票市场上，集团游戏导致了更高的参与率（Garvía，2007）。在汽车市场上，汽车的象征性价值通过广告和汽车杂志，参观汽车经销商、汽车比赛，以及对物品品质有信心的非专业"信徒"之间的私人交流得到确立和重申。售后广告提醒客户商家的汽车品质超凡，保护客户免受幻灭的危险。老爷车车主们组成俱乐部，并在仪式性的俱乐部会议上聚在一起，欣赏他们拥有的老爷车，从而重新确认它们的价值。消费电子公司——苹果公司可能是最突出的例子，它通过创造稀缺性来组织新产品的发布，使最忠实的客户聚集在一起等待（有时是通宵等待），以便在商店开业时成为第一批购买产品的人，创造一种志同道合的群体体验。群体体验也可以通过虚拟的方式组织起来，导致准社会互动，即通过大众媒体进行面对面的互动的错觉（Horton and Wohl，1956）。例如，雀巢旗下的Nespresso试图在其饮料机的购买者中创造一个"想象社区"，让他们成为"Nespresso俱乐部"成员，其中包括订阅一本定期更新产品和用户的杂志。杂志广告和电视广告提醒潜在客户注意被宣传的产品的象征性品质，否则这些品质就会从消费者的意识中消失。[18]用肯德尔·沃尔顿（1990）在他的"虚构"理论中的术语来说，广告通常可以被理解为引发想象力游戏的道具，它构成或加强了商品的象征价值。

想象力价值脆弱，需要通过沟通实践来维持。正如赫希曼（Hirschman，1986）在分析理想主义政治实践中所经历的乌托邦因素时所观察到的（见第四章），一个行动者赋予一个物体的价值将随着他个人与该物体的接触强度而增加。对于一个对葡萄酒（或历史）一无所知的人来说，1811年的香贝丹可能没有具体的意义，因此也不会唤起其对未来的具体想象。只有一个爱好者或一个对产品有深刻承诺的专家，参与到葡萄酒鉴赏的交流过程中，才可能感知到其令人陶醉的象征性品质。即使在这样的人中，这种醉人的感觉也必须通过社会实践不断得到恢复，以重申葡萄酒的象征性"内容"。

◎ 象征价值的动态变化

必须建立和维持对消费品性能的虚构预期，这一观察提出了它们为什么会波动的问题。改变产品的物理质量或增加新的和优越的功能的创新可能使其他产品过时。在这种情况下，价值的变化很容易理解，但商品的象征性价值也在变化。为什么它们的意义，一经确立，还不能保持不变？杜尔凯姆的宗教社会学对于理解象征性价值的变化没有用，因为正如他所观察到的，宗教象征随着时间的推移保持稳定。"虽然代代相传，但图腾标志却保持不变；它是社会生活的永久元素"（［1912］1965）。尽管一神教中特定的神圣对象的意义和含义在历史上发生了变化，而且可能在神学上仍有争议，但宗教并没有持续改变其神圣对象。

相比之下，资本主义经济中的消费品则存在于不断的估价和贬值的循环中。这并不是消费品和宗教物品之间短暂的区别：没有这种流动，资本主义的增长就不可能实现。随着消费者已经拥有的产品失去价值，新的销售机会被创造出来。除了在消费过程中用完的产品，新产品的空间主要是在已经购买的产品被贬值和丢弃的时候出现的。然后，这个开放的空间可能被新的产品所占据，这些产品具有创造购买欲望的象征性品质。为了理解需求方面的资本主义动态的微观基础，有必要确定消费品贬值的机制。

这里应该讨论三个这样的机制，对于这些机制来说，对世界未来状态的虚构预测对于激励行动者从事保持或加强资本主义经济势头的行为至关重要。第一个机制是根据格奥尔格·齐美尔（［1904］1971）描述的区分逻辑运作的，它与商品的位置价值有关。如果消费的目的是显示社会地位，那么，一旦商品在一个确定的社会群体之外可以获得，并扩散到主流中，它们就会失去价值。因此，新的物品必须不断地被定义为区别的象征性代表，这种机制在持续的估价和贬值过程中发挥着作用，格奥尔格·齐

164

美尔以时尚为例描述了这种影响。当下层阶级的成员模仿上层阶级成员所穿的时装时，这种服装就会被贬值，迫使上层阶级改变时装，以保持他们的社会区别的标志。这种动态的可能性是现代社会的一个独特特征，因为在传统社会中，军法规定了不同社会群体应穿什么衣服，有效地排除了通过模仿而贬值的可能性。早在 19 世纪，托克维尔（Tocqueville）就描述了去传统化进程是如何打开一个想象的地平线的，通过这个地平线，"人们开始希望得到他们在旧的阶级社会中永远不可能得到的物质东西"（Swedberg，2007）。这再次指出了虚构预期的社会锚定。[19]

第二个机制被称为"狄德罗效应"，源于法国哲学家的一个故事，他在故事中描述了收到一件作为礼物的睡衣，这促使他改变了他家的装饰，以配合他的新衣服，一次一个对象（McCracken，1988）。每一次，在叙述者的想象中，一个新的物品都承诺会消除他目前的财产和睡衣所建立的理想之间的痛苦差异。当消费者感到被迫购买时，他们就会体验到这种效果，因为他们认为这种购买会使他们朝着总体理想或印象前进。因此，购买一个新物品可能会贬低其他物品的价值，并促进用新物品替代它们的欲望（Deutschmann，2014；McCracken，1988）。

第三个机制与挪用过程本身有关，它导致了对所购物品的贬值。这个过程植根于格奥尔格·齐美尔对虚构预期的理解，即在精神上栖息于世界的未来状态的一种手段。虚构表达了主体和客体之间的距离，同时也创造了客体的价值。"只有我们所经历的排斥，获得一个对象的困难，在一个愿望和它的实现之间的等待和劳动，才会把自我和对象分开；否则，它们在需要和满足的前提下保持未发展和未区别的状态"（Simmel，[1907] 1978）。然而，对象不能与一个人的实际购买可能性相距太远。"自我和需求对象之间的距离可能会变得如此之大——由于购买它的困难，由于它过高的价格，由于与追求它的努力相抵触的道德或其他疑虑，以至于意志行为没有发展，欲望被熄灭或只成为一个模糊的愿望"（Simmel，[1907] 1978）。

消费信贷（见第五章）是弥补这一差距的可能手段。由于消费者目前的购买力而无法实现的预期产品，可以通过信贷来实现。消费信贷可以把模糊的愿望变成实际的欲望，通过把未来的购买力带到现在来实现需求。因此，消费的金融化为其增加了另一层未来的导向。从社会学的角度来看，因落后于相关同龄人群体所设定的消费标准而产生的地位不一致，被允许消费者"追赶"的消费信贷所抵消。[20] 如果能做到这一点，就能在寻求销售产品的企业、寻求"跟上时代"的消费者和希望销售信贷的金融业

165

之间建立起利益一致。信贷使消费的扩张成为可能，因为消费者的需求使消费信贷业成为可能。

研究表明，消费者重视尚未存在的产品，仅仅是因为他们对未来满意度的预期（见 Dahlén，2013）。公司认识到消费者欲望的未来导向，并在营销活动中利用它来获利，例如，通过宣布引进新的技术设备来创造预期。营销主要是一种想象力的技术，用于创造预期，从而导致购买。同样，近年来，苹果公司在部署营销活动方面可能最成功，它创造了关于未来消费机会的虚构预期。电影业也使用了这种技术，通过发布电影预告片来创造基于预期的欲望，有时比实际的电影上映时间提前一年以上。当产品的确切特征还不为人知时，产品对消费者显得特别有吸引力，未来的开放性可以由他们的想象力来填补。

同时，一旦消费者面对实际购买的产品，他们的预期往往会失望。产品的价值在想象中比实际体验时要高。这与价值的本质有关。"我们对物品的渴望……是以它们作为尚未享受的东西的距离为前提的，这种条件的主观方面是欲望。这样形成的客体，其特点是与主体分离，而主体同时建立了它并试图通过他的欲望来克服它，对我们来说是一种价值"（Simmel，［1907］1978）。

同样地，在经济过程之外，约翰·杜威分析欲望是来自行动过程的障碍。没有这样的障碍，"就没有我们称为欲望的东西"（Dewey，［1922］1957）。如果价值来自对一个无主物品的欲望，该物品的无主性就是一种障碍，那么，购买和享受该物品也会使其贬值。"享受的时刻本身，当主体和客体的分离被抹去时，就消耗了价值。价值只是作为对比，作为与主体分离的客体而重新出现。这种微不足道的经验是，我们只有在失去我们的财产之后才会欣赏它们的价值"（Simmel，［1907］1978）。

◎ 幻想破灭

在经济学中，阿尔伯特·赫希曼（Albert Hirschman）（1982）和米卡尔·达伦（Micael Dahlén，2013）已经采纳了通过占有进行贬值的观点。在消费社会学中，与齐美尔相反，柯林·坎贝尔（Colin Campbell，1987）认为贬值并不是来自主体和客体之间距离的消失，而是来自客体在被拥有之前想象中的完美和一旦被拥有者占有后变得明显的不完美之间的差异。"由于现实永远无法提供在白日梦中遇到的完美快乐……每次购买都会导致字面意思上的幻灭，这也解释了为什么欲望会如此迅速地熄灭"

166

（C. Campbell，1987）。缩短所有者和客体之间的距离本身不会产生幻灭，但缩短客体和想象之间的距离会产生幻灭（另见 Hirschman，1982）。

齐美尔和坎贝尔对于与商品占有相关的幻灭过程的评估都正确，但这种幻灭的原因可以通过再次比较经济商品和图腾物来更准确地描述。两者之间的关键区别可以在它们与神圣的关系中找到。在市场上出售的商品承诺，拥有它们将使拥有者获得这些商品所代表的象征性层面。一个（潜在的）购买者将物品视为体现了超验的东西，可以通过购买来占有。这种重塑的幻觉既构成了物品作为商品的吸引力，也是它一旦被实际拥有就会贬值的根源。

这与宗教象征形成鲜明对比：由于宗教理想总是在物质上无法实现，它们与信徒保持着距离。因此，接近图腾可以让信徒在精神上接近圣物，但绝不是对它所体现的宗教理想的实现或占有。宗教物品的意义仅限于代表；拥有这些物品只是为了提醒社区成员该社区所代表的价值和他们的成员身份。这种差异在接触圣物的方式上是显而易见的，它受到严格的管制甚至限制。在宗教日历的特定日期之外，信徒们可能不被允许触摸图腾，甚至看不到图腾。

世俗商品没有这样的限制，它们在被购买之前与消费者保持距离。购买时做出的牺牲允许物品被占有和使用，或者被带入世俗的世界，回到宗教术语中去。拥有降低了消费对象的想象力价值，因为它"现在是'此时此地'的一个雏形，在这个程度上容易受到矛盾的影响"（McCracken，1988）。虽然物品看起来是它所代表的超越性品质的一部分，但这在逻辑上和经验上都是不可能的，一旦物品被购买和占有，就会有这样的认识：这种幻灭是商品所特有的。

如果要说服购买者为商品付钱，他必须有预期，即商品的超验品质可以通过购买而被占有。但这种虚构预期是随之而来的幻灭根源：一旦物品进入他的手中，物品所存在的想象空间就会缩小，而购买者只能获得物品的内在（世俗）品质。喝完之后，1811 年的香贝丹就只剩下酒了，而且应该是坏了的酒。事实上，这是商品价值重构的极限，也是对想象力的商品化进行政治抵抗的一个切入点。用法国一个宣传团体的话说"Le rêve ne s'achète pas"（"梦想不能被购买"）（Métro，2012-10-19）。这种抵制，如果成功地破解了消费品的象征意义，实际上是通过减少购买产品的动机来破坏资本主义的增长，而这些产品的价值主要依赖于想象力。

正如上一节所述，消费品生产者试图通过重新确认商品的超越性，一般通过售后沟通来减少和推迟这种失望。消费者也可以通过推迟对商品的消费（比如不喝 1811 年的香贝丹）或限制对商品的使用（只在特殊场合穿新衣服）来推迟幻灭，使其保持在神圣的领域内[21]。

这种失望和贬值的过程是消费品所特有的。对工厂和设备、金融市场或人力资本投资的虚构预期可能会失望，但不是在占有的那一刻。如果与投资有关的利润预期没有实现，失望就会随着时间的推移而发生（见第六章）。

唯一一个幻灭过程完全不适用的"购买"是货币的积累，因为货币既没有任何具体特征，同时又提供了用货币购买任何物品的自由（Parsons，1963）。在某种程度上，货币是一个不受约束的想象未来最完美的物质代表，因为货币经受住了占有的幻灭。对货币的想象力的唯一威胁是货币贬值（见第五章）。人们可以在这种二元性中看到货币的特殊吸引力：货币本身没有具体的品质，但货币仍然允许有可能获得任何想要的品质。货币不能被经验所抵触，因为货币是一个抽象概念（Deutschmann，2009；Parsons，1963；Simmel，［1907］1978）。同时，这也使得行动者为什么要购买"不必要的"消费品这一问题更加令人费解，因为任何特定消费品的价值都必须高于未花钱的感知价值（Ullrich，2006）

◎ 预期政治

上述商品中对时间、空间、位置和价值的表述的局限性推动了象征性价值的动态，为理解微观层面上资本主义动态的一个核心机制开辟了道路。一旦消费者对某一特定商品的象征性品质感到失望，想象力就必须投射到新的物品上。未来的可能性引导欲望。无论购买者对某一物品的承诺价值有多失望，一旦该物品被购买，该承诺就会留在她尚未拥有的其他物品中。一旦商品被占有，"个人必须迅速地将'桥梁'地位从购买的物品转移到现在不拥有的物品上"（McCracken，1988）。这种具体的人类脆弱性似乎来自我们创造虚构的能力，以及我们"对虚构的需求"（Iser，1993）。[22]在一个依赖于消费者渴望更多、更新产品的意愿的经济体系中，人类的虚构性是对凯恩斯意义上的"相对"产品的需求来源（［1931］1972）。在发达经济体中，这是经济增长的一个越来越重要的来源，而且对我们大多数人来说，它仍然是动力的来源，即使产品一旦被消费，不会导致更高的满意度（Frank，1999）。自相矛盾的结论可能是，"对我们来说，永远不要得到我们想要的东西是绝对必要的"（McCracken，1988）。

在这里，生产的供应方和需求方走到了一起。生产者依赖于其产品的适销性，因此，他们将自己的产品与消费者的理想联系起来，试图塑造消费者的价值，然后通过广告和其他与产品相关的营销活动传达这些价值。正如安德烈·奥尔良（2014）所写的，"对商品评价的偶然性没有更好的描述可以想象：社会认可的规范是由那些能够让别人希望得到他们希望得到的东西的人创造的，然后强制执行"。广告业就是基于这个目的而产生的：它可以被描述为创造虚构预期的工具。在20世纪的过程中，企业为制造消费者的梦想做出了越来越多的努力。他们的产品销售取决于这些梦想，因此，这些梦想是资本主义内部不可或缺的生产力量。煽动消费者认同商品所创造的想象中的品质，使古老的图腾主义认同机制成为工具。

对想象的价值的认同是一个必然的动态过程，原因有二。第一，如前所述，购买商品后的无休止的失望造成了对新产品需求的持续更新。这是通过想象性联想的转变而发生的，杜尔凯姆认为这种转变是可能的，因为从原则上来说，象征性的品质可以附加到任何物体上。第二，竞争的生产者争夺赋予产品的象征性价值，争相创造虚构预期，诱使消费者选择他们的产品而不是竞争对手的产品（Callon，Méadel，and Rabeharisoa，2002）。企业花费了巨大的努力和资金来创造、维持和转移商品的象征性品质，并使顾客相信它们的性能。这些努力创造了一个庞大的产业，因为企业的营销部门和专门从事营销服务的公司努力塑造消费者的预期（Dubuisson-Quellier，2013）。大众传媒通过传播生活方式并将其与消费品联系起来，在创造商品的象征性品质方面也起到了核心作用。

这种预期政治也是通过"判断装置"（Karpik，2010）发生，预期政治不仅是由公司，也是由国家监管和许多活跃在经济领域的中介机构生产和应用的。分类系统、评论家、指南、产品排名、产品测试、意见领袖、真实性证书和公平贸易标签都被用来塑造消费者对商品的功能和象征性品质的预期。此外，消费者自己也对价值变化的动态做出了贡献，他们不断地修改对什么是"潮流"和什么是"过时"的定义。有助于创造需求和经济增长的愿望之所以存在，是因为行动者在发出和接受关于商品质量的交流时产生了虚构预期。因为它们不是基于产品的物质质量，而是基于由强大的市场行动者创造和转移的交流构建的意义，所以构成商品象征性价值的预期是偶然且脆弱的。如果价值是通过对商品性能的偶然定义来创造的，那么经济增长就不能被理解为基于"生活必需品"（Smith，［1776］

1976)：经济增长必须被视为一个社会和文化过程，通过这个过程，构建意义。这种意义与资本主义的动力特别相关，因为资本主义"是一个虚构世界，在这个世界里，人们为预期而生活，为将要到来的东西而不是为现在的东西而生活"（Bell，［1976］1978）。

◎ 结论

政治经济学领域对经济的调查主要集中在市场的供给方面。市场社会学也更多地强调企业和它们在竞争中的协调，而不是需求方。这种生产主义的偏见未能对当代经济提供一个全面的解释，因为在当代经济中存在着对消费的依赖，但许多消费者的需求已经被满足，消费者购买产品的动机不能被视为理所当然。如果市场要运作，资本主义的动力要继续，消费者必须重视所提供的产品，并愿意为拥有它们而做出牺牲。这种意愿的来源是什么？区分商品的物理价值、位置价值和想象力价值有助于说明经济中消费品的不同价值来源。

杜尔凯姆的宗教社会学，在这里被理解为价值社会学，为消费中虚构预期的构建提供了重要的见解：他声称图腾徽章作为社会群体价值的象征性代表而受到尊重，可以被移植到当代资本主义商品的价值评估中。虽然想象力价值的作用在消费研究中得到了调查（C. Campbell，1987；McCracken，1988；d'Astous and Deschênes，2005；Ullrich，2006），但这些研究往往局限于对新鲜感的心理渴望或其他个人特质来解释想象力价值（d'Astous and Deschênes，2005）。相反，商品的想象力表现来自价值和理想被赋予的方式。这些理想可能是审美，也可能是规范，与遥远的时间和地点有关；无论如何，这些理想在消费物品中的象征性表现是一种社会建构。

根据这一主张，市场不能再被看作表达无限制的个人主义。在现代经济中，随着估价的基础越来越多地转移到商品的位置和想象力的表现，需求必须被理解为社会文化结构的一部分。这与消费学者的说法相呼应，即我们目前正在见证市场的"道德化"（Stehr，2007）和"审美化"（Rössel，2007）。此外，位置性价值和想象性价值的日益重要是经济领域的证据，它支持埃米尔·杜尔凯姆的主张，即世俗化的过程并不导致神圣的消除，而是导致它的世俗化形式的出现。在现代社会中，价值也通过消费实践来表达，这需要虚构预期。当一个物品被带入市场交换领域时，它的神圣性并没有被污染，而是被象征的物品成为价值的代表——不仅仅是经济意义上的，也是道德意义上的（Fourcade，2009；Zelizer，2004）。

埃米尔·杜尔凯姆的社会理论也可以将社会实践概念化，通过这些实践，商品被赋予了虚构预期，通过这些实践，领域内的行动者试图维持（或破坏）这些预期。集体性的体验是预期的一个来源，而消费者、专家、生产者和评论家之间的交流是为了保持其活力，并避免人们在实际拥有产品时出现失望情绪。事实上，整个行业已经发展到了推销产品的阶段，并与大众传媒一起塑造了消费品的象征意义。围绕想象性价值的构建的交流实践是社会化（Vergesellschaftung）的一部分，因此是社会结构的一部分。同时，在物品中对无形理想的精神表述以及通过购买物品来实现这些理想的努力中，存在着乌托邦的因素。理解这一点有助于推动我们对经济动态的理解，远远超出消费领域。正如第六章所论，投资决策的特点是对乌托邦状态的一种非常类似的努力形式（Schumpeter，[1912] 2006）。为产品赋予想象力的价值，需要操纵和重新证明行动者"占有"超越性价值的欲望，但为产品赋予想象力价值也通过触及无形理想，承诺了对想象力的拯救。由于上述机制的存在，这种拯救从未完全实现。但生产者销售产品的需求与消费者寻找超越性欲望的象征性代表的愿望相对应，而他们这样做的方式显示：虚构预期可以对经济的系统整合和行动者的社会整合做出重大贡献。

本书的最后一部分继续研究虚构预期，但在更抽象的层面，讨论了创造预期的工具。术语"工具"被用来描述认知技术，通过这些技术感知社会现实。这些技术有助于创造未来想象，并产生对导致这一未来的因果关系的具体解释。想象工具有助于构成想象工具所解释的现实，并因此在决策和社会互动的协调方式中发挥作用。想象工具通过提供对可能的未来描述来塑造现在，而这些描述又能指导决策，从而塑造未来的结果。在这个意义上，想象工具有影响力：想象工具是创造现在的未来的水晶球，为决策提供理由。

在经济社会学中，特别是在金融社会学中，认知工具在经济运行中的作用一直是大量工作的主题。数学公式是金融社会学的核心（MacKenzie and Millo，2003；MacKenzie，2011），指导计算和交流从而影响市场结果的技术设备也是如此（Knorr Cetina and Bruegger，2002；Preda，2006）。这种兴趣最近也扩大到了金融市场之外（Muniesa，2014）。以下各章将讨论预测和经济理论。预测和经济理论建立在金融社会学的重要见解上，同时关注预期的建立。预测和经济理论是资本主义动态的认知基础的一部分。预测和经济理论通过创造对某些未来发展的信念，为风险决策提供认知支持，并通过产生对新可能性的想象来支持创新。同时，由于预测和经济理论影响预期，预测和理论也是权力和治理的工具。[23]

第三部分

想象力的工具

PART 3

第九章

预测：创造现在

> 因此，尊敬的女王陛下，未能预见危机来临的时间及其严重性并阻止其发生，这其中有许多原因，但主要是源于国内外诸多聪明人士集体想象力的失败，未能理解整个系统所面临的风险。
>
> ——英国科学院致女王陛下的信，2009 年

本书第二部分描述的许多虚构的预期可以被解释为预言和预测的形式，尽管这些术语只是偶尔使用：企业家对一项投资的预期是基于对市场发展和对竞争对手战略的预测。金融投资者通过预测金融资产价格在特定时间段内如何演变来制定其投资策略。在购买商品之前，消费者会预测商品所带来的满足感。

对未来发展进行系统预测的技术包括宏观经济预测和技术预测。这些"预测技术"（Mallard and Lakoff，2011）用来设想未知的未来。[1]经济和技术预测在经济决策和资本主义的动态中发挥着作用。预测技术用以创造虚构预期，因此具有协调性、表演性、创造性和政治性。凭借对未来可能性的先见性认识，预测能够协调并引导行动者在面对未知时理性行事。行动者掌握了预测，看起来就像他们知道了未来的现在，或者至少知道其中的重要因素。预测具有协调性，能够创造对未来的共同预期，为在不确定性条件下做出的决定提供理由。预测具有实践性，对未来发展的预测会影响决策，并可能对未来产生直接影响。预测具

有创造性，通过描述世界的反事实状态为行动打开了新的认知视野，从而增进了资本主义的创新动力。预测具有政治性，能够对决策施加影响，因而成为经济中权力斗争的中心，所以说，预测是预期政治的工具。认识到预测在创造、稳定和影响预期方面的作用，便能明白预测尽管存在高失败率却被广泛使用的原因了。

虽然经济依靠预测来运作，但讽刺的是，预测的正确性只是次要的。真正重要的是预测在当前的可信度，也就是预测是否能说服行动者并激励他们做出他们无法知道结果的决定。由于行动者关注的是预测的可信度，而不是预测的正确性，不准确的预测只会促使他们去寻找新的预测，而不会使他们完全抛弃预测这一手段。这就涉及预测可信度的来源问题：是什么导致行动者相信某些预测的呢？答案就在于预测的实施过程，预测者的权威性，以及需要在不确定性中证明决策的合理性。人种学研究表明，预测寓于话语过程之中，这些话语过程包含合法技术和来自该经济体的多种行动者，它们共同创造和传播了一个认知领域。通过"认知性参与"（Reichmann，2013），该领域的行动者形成对未来的信念，并影响其他人的信念。行动者的相对经济和政治力量在这个过程中起着至关重要的作用。人们对未来走势的看法至少部分是一致的，这一部分看法作为一种准则，通过预测其他行动者的行为或态度，为行动者提供认知锚。一旦这部分看法被认为是可信的，预测和技术预测就成为创造虚构预期的关键工具。

◎ 预知未来

尽管对预测的确切定义存在争议，但有一点是确定的，那就是，预测是一种建立期望的形式（Reichmann，2013）。预测指对未发生之事的评估，或通过正式建模和专家意见得出的对未来事件的预判（De Laat，2000；W. Friedman，2014）。预测未来的技术可能与人类文明一样历史悠久。神谕、预言、占卜等技术自有记载的历史起便已存在，尽管在今天看来这些技术是非理性而迷信的（Bronner，2011）。

现代宏观经济预测技术在 20 世纪初才成为应用经济研究的一个专门领域。[2]这一时期出于私人目的发明了基于统计学和计量经济学方法的预测，其目的是通过预测商业周期的演变来帮助投资者做出更好的投资决策。投资者会为这些对未来宏观经济发展的预测买单。

但经济预测并没有关注私营企业过长时间。[3]随着国家对商业周期的干预越来越多，以及诸如国内生产总值、通货膨胀率、失业率和外贸收支等宏观经济指标的发展，宏观经济预测成为决策的重要工具。负责监测宏观经济发展的统计局和研究所若想实现制度化与扩大化，就必须意识到国家在指导经济进程，组织战争生产，以及 20 世纪社会政治规划的思想转向等方面所发挥的作用在日益增强（Wagner，2003）。

第二次世界大战后，宏观经济预测机构开始使用正式建模技术，其制度化程度得以进一步加强；在整个战后时代，社会和政治规划重新得到重视，宏观经济预测机构随之逐渐精细化。今天，宏观经济预测已经成为一个名副其实的产业。除了国家预测机构，其他公共机构如联邦银行和各部委也提供预测。国际组织，如经济合作与发展组织（OECD）、国际货币基金组织（IMF）和欧盟委员会也有预测部门，他们预测其成员国、国家集团，甚至整个世界的宏观经济发展。公共机构并不是唯一进行经济预测的机构：私人银行、评级机构和投资基金也进行预测。事实上，经济预测已经发展成应用经济学和统计学的一个重要分支领域，大量的公共资金和私人资金被投入其中。

预测的一种形式是点预测。例如，一份报告可能会宣布，明年美国经济的产出将增长 2.3%。这一精确的数字以伪称的准确性帮助行动者建立对未来经济形势的预期，仿佛经济真的会增长 2.3%。赖希曼（Reichmann，2011）认为，数字和图表在经济预测中具有卡瑞恩·诺尔·塞蒂娜所说的"视觉系统"（scopic systems）的功能，"就像透镜晶体收集光线，将光线聚焦于一点一样，数字和图表将各种活动、利益和事件收集并聚焦于同一表面，然后将统计结果投射至不同的方向"（Karin Knorr Cetina，2003）。换言之，预测者以数字和图表这些明确的数学表述为棱镜，将过去的宏观经济指标集中起来，形成对未来的预测。这样一来，他们就把经济简化为一套可管理的、有秩序的、可以轻易放入电子表格的明确数字。

然而，点预测往往会讲述经济在未来的发展境况。这些讲述通过阐释现在如何转变为预期的未来，来支撑数字和图表的视觉系统。它们阐明了实现这一转变的机制，为读者提供了可信的因果联系，弥合了从过去到现在以及预测的未来之间的差距。叙述专家和机构的权威性有助于增强内容的可信度。下面的例子是国际货币基金组织在 2013 年初发布的一份预测报告所进行的类似叙述：

据预计，2013 年全球经济疲软因素将有所减弱，这将加快全球经济增长。然而，相较于 2012 年 10 月《世界经济展望》的预测，这次的经济回升将更为平稳。政策行动降低了欧元区和美国的危机风险。但在欧元区，长期紧缩后的经济复苏有所推迟。虽然日本经济处于衰退期，但日本的刺激措施将在短期内促进经济增长。同时，一些新兴经济体在经济政策的支持下开始缓慢崛起，而其他国家仍受困于疲软的国际需求和国内经济瓶颈中。如果危机风险没有发生，金融形势继续改善，全球经济增长可能比预计的要更强劲。然而，经济下行风险居高不下，例如，欧元区经济再度倒退，美国近期面临过度财政整顿的风险。政策行动亟需应对这些风险。

（国际货币基金组织，2013）

第二种经济预测是技术预测，通常由公司或私人研究机构的专业部门进行。技术预测是对技术发展及其市场潜力的预测。企业利用这些预测提供的信息进行投资决策，分配研究资金，并进行市场营销。风险资本家和资助新技术发展研究的公共机构也使用这种技术预测。

系统的技术预测始于第二次世界大战之后，运用军事领域开发的技术探究新技术发展对战争的影响（Andersson，2013）。现如今，技术预测所使用的技术较为广泛，包括德尔菲法、情景分析、类比预测、外推法、生长曲线、相关树法和结构模型（Andersson，2013；Martino，1983；Makridakis，Wheelwright，and Hyndman，1998）。技术预测的方法虽然包括定量分析，但往往比宏观经济预测中使用的方法更偏向定性。例如，情景分析用富有想象力的故事代替事实和科学理性，德尔菲法则是与某一领域的专家小组进行结构化沟通（Andersson，2013）。

尽管技术预测更多地采用定性的方法，但与宏观经济预测相似，技术预测同样是通过合理的叙述来解释技术发展将如何从目前的状态走向未来。简而言之，技术预测讲述的是尚未发生之事，因此可以作为决策工具。企业、金融投资者和研究资助机构利用这些"虚构的脚本"（De Laat，2000）来决定他们将资助哪些研究项目、投资或初创企业。这些决定甚至将会带来世界的改变，因为未来世界不仅受制于结构制约因素和事实信息，还依存于由话语建构、根植于文化的观念。

◎ 预测的失败

很少有宏观经济和技术预测是准确的。这些预测的未来很少成为现实。

更多的时候，预测本身忽略了或没有注意到实际上最终改变世界的发展状况。事实上，事后看来，所有这些预测似乎都是完全可笑的。

对预测失败的研究与经济预测本身一样悠久。1929 年 12 月，就在股市崩盘几周后，美国最早的预测机构之一哈佛经济协会预测经济很快便会复苏。"今天，大萧条似乎是不可能的，持续的商业衰退意味着好景将至……这预示着明年春天经济将会复苏，秋天会有进一步的改善，所以总的来看，1930 年应该是一个相当不错的年份"（引自 W. Friedman，2009）。当然，不言而喻，大萧条最糟糕的时期尚未来临。

有人可能会反对这一点，认为在 20 世纪 20 年代，宏观经济预测还处于起步阶段，计量经济学方法和可用于统计分析的数据还很低级，而今天的宏观经济预测则更加可靠。然而，事实并非如此。今天的预测也同样不准确。一项针对美联储主要决策机构联邦公开市场委员会记录的分析表明，即使到了 2007 年 12 月，美联储几乎都没有意识到金融危机即将发生（Fligstein，Brundage，and Schultz，2014）。在 2008 年金融危机前夕作出的其他宏观经济预测，也同样偏离了事实。例如，2008 年，德国的 5 个主要预测机构都没有预测到 2009 年德国经济会出现严重衰退。在一系列的论文中，维兰德（2012）测试了不同的计量经济模型和专家判断，看它们是否能预见 2009 年的衰退和随后 2010 年的复苏。图 9.1 是对 2008 年第三季度美国经济实际产出增长的预测，这些预测使用了 6 个不同模型，是"美国联邦储备委员会绿皮书"（Federal Reserve's Greenbook）和"专业预测者调查"（Survey of Professional Forecasters）中两位专家的预测。所有的预测都"未能在 2008 年第三季度预见经济下滑"。到 2009 年第二季度，这些模型成功预见了经济复苏，却没能预见经济再度放缓。

通过研究 5 个德国宏观经济预测机构较长时期内的预测，我们可以得出同样的结论：预测并不十分准确。图 9.2 是某年年底对德国经济未来一年的 GDP 增长所做的预测。除 2001 年、2004 年、2008 年之外，其他年份的实际经济增长都位于预测机构的预测范围之外或边缘。其他宏观经济指标的预测，如失业率和通货膨胀率，也是类似的情况。

值得注意的是，宏观经济预测是概率性描述，它们仅预测一个结果区间，这一区间由可信度决定。尽管可信度并不总会在预测中明确说明，但预测机构会用预测的概率性来自我辩护。虽然在方法上没有问题，但这种高级说法无非说明这些预测给不了我们太多信息。例如，预测 GDP 增长 2.5%，可信度为 95%，意思是说从 1.2% 到 3.8% 的增长都能证实这一估计（R. Evans，1997）。但这一波动区间使对经济发展的描述变得非常不

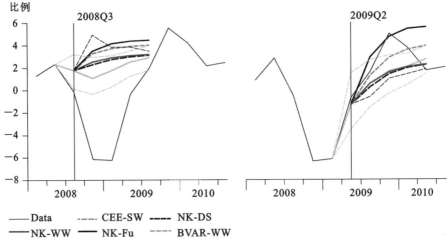

图 9.1　2007—2009 年经济衰退期间的实际产出增长预测

数据来源：转载自 Wieland 2012。

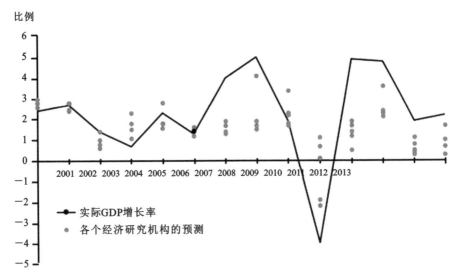

图 9.2　德国的 GDP 增长，2000—2013 年

注：该图为 2000—2013 年范围内每一年的前一年年底所做的预测。

数据来源：德国联邦统计局；德国经济研究所（DIW Berlin）；哈勒经济研究所（IWH Halle）；基尔世界经济研究所（IfW Kiel）；莱布尼茨经济研究所（RWI Essen）；慕尼黑大学莱布尼茨经济研究所（ifo Munich）。

准确，严重影响经济政策的制定和投资决策。有意思的是，当点预测在传播或用于经济和政策决策时，很少会有人注意误差范围。点预测使人们不再关注未来经济真正的不确定性；在正确预测不可能时，宣称的精确性造成了准确的假象。

银行的预测也同样不可靠。格尔德·吉格伦茨（Gerd Gigerenzer，2013）分析了 22 家国际银行在 2001 年至 2010 年间对某年美元兑欧元汇率的预测。银行预测的范围、平均值，以及实际汇率表明，大多数年份的预测值和实际汇率之间都存在很大差异。大多数情况下，实际汇率都在预测范围之外。欧元到底是值一美元还是一美元三分，这对出口型公司对冲货币风险来说极其重要。但银行的预测却告诉不了他们汇率到底会是多少。根据银行预测能得出的唯一准确结论就是，几乎什么都可能发生。研究表明，只有一半的预测能够正确预测总体趋势，事实上，抛硬币也会有同样的效果。正如吉格伦茨（2013）所观察到的，银行的预测通常是趋势推断：它们只是预测前一年的趋势会继续下去。

技术预测同样不可靠。大部分情况下，技术预测从来没有实现过，也没能预见重要的技术发展。技术预测无法预见未来的例子不胜枚举。20 世纪初，汽车产业的成功是不可想象的。戈特利布·戴姆勒（Gottlieb Daimler）认为汽车市场受专职司机数量的限制，预测汽车数量将不超过 100 万辆（估计是在德国范围内）。当时一些人认为，汽车价格过高将会限制市场规模。他们中没有人预料到汽车制造中装配线的发明及其对汽车价格的影响，很少有人相信专职司机不再是汽车的规则，而是私家车之外的少数（Nye，2004）。1954 年，美国原子能委员会负责人宣布，到 20 世纪末，电力将便宜到无法计量（Nye，2004）。尽管比起真正的预测，这一预估更像是行业说客的推销，但它创造了一个想象的未来，目的是影响能源技术的选择。自 20 世纪 70 年代初，国际原子能机构（IAEO）开始在其年度报告中预测到 2000 年的全球核电产能（见图 9.3）。在 20 世纪 70 年代初，IAEO 预估产能为 4450 千兆瓦，并逐年向下修正。到 1986 年，IAEO 已将其最初的估计缩减了 10 倍（Traube，1999）。2000 年到来时，实际核电产能甚至低于这个数字，约为 350 千兆瓦。[4]

计算机行业的预测也没有多成功。20 世纪 50 年代，国际商业机器公司（IBM）董事长托马斯·J. 沃森（Thomas J. Watson）对世界计算机市场进行了著名的预估，预计大约 12 台。沃森指的是超级计算机；个人计算机的大众市场还没被想象出来。比尔·盖茨的公司在开发个人电脑的大众市场方面发挥了关键作用，但他做出了另一个有名的错误预判，他说 640K 的内存应该足够任何人使用（Sturken and Thomas，2004）。而在 1991 年，麻省理工学院出版社出版了《技术 2001：计算和通信的未来》（*Technology* 2001：*The Future of Computing and Communications*），这是一本由该领域的引领者撰写的 14 篇文章的合集，但没有一篇讨论互联网——甚至在索引中也没有（Nye，2004）。互联网上充斥着以错误技术预测来取悦读者的网站，这或许才是最恰当的。[5]

经济学家也对预测的准确性进行了系统的审视（Antholz，2006；Elliott and Timmermann，2008；Taleb，2010），他们的发现证实了上述的例子。宏观经济和技术预测是非常不准确的（Billeter-Frey，1984；Kholodilin and Siliverstovs，2009；Wieland，2012）。正如 Elliott 和 Timmermann（2008）在回顾对经济预测的评估研究时简明扼要地指出，"预测的反馈结果令人失望。"[6]技术预测也同样令人失望："使用了很多方法，包括直觉、类比、推断、研究先导指标和演绎，但所有方法的作用都差别不大。简而言之，用任何方法进行技术预测都不比扔硬币更准确"（Nye，2004）。[7]

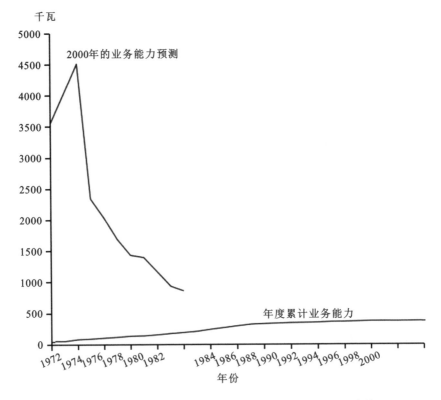

图 9.3 截至 2000 年全球核电装机的预测产能和实际产能

数据来源：预测，IAEO 年度报告（1973—1981）和 IAEO 参考数据系列 1（1982）；运行能力，IAEO 参考数据系列 2（2011）。另见 Traube（1999）。

值得注意的是，预测中使用的复杂计量经济学模型并不能提高其准确性；事实上，简单的直观推测往往比复杂的计算方法结果更好。在某种程度上，由于简单方法受估计误差的影响较小，所以很难被超越（Elliott andTimmermann，2008；Gigerenzer and Brighton，2009；Makridakis and Hibon，2000）。

宏观经济和技术预测经常出错，这是一个不争的事实。这种批评绝不仅限于经济学领域，政治学家和社会学家也同样预测失败。政治学家没有预见到 1989 年德国铁幕的倒塌，也没有预测到 2011 年的阿拉伯之春。20世纪 50 年代的社会学家未料到家庭结构会在未来的半个世纪里发生变化，而他们在 20 世纪 60 年代对未来社会和文化发展的描述，和技术预测一样具有时代局限性。这并不是因为任何一种预测方法都是有问题的。相反，预测给我们的教训是，预测未来是不可能的。任何声称社会科学应该能够做到这一点的人，充其量也只是在幻想中挣扎。社会和经济极其复杂，而未来又是开放的：所以确实，几乎没什么可以预见。预测的失败只显示出那些声称有可能预测社会和经济世界未来的人的狂妄自大。

◎ 预测为什么失败

预测机构对这个问题并非视而不见，他们在事后对自己的预测进行分析，以便深入了解这些预测与实际情况之间的差异。正如上文所说的那样，他们经常通过统计误差率来为自己的记录辩护。他们提醒大家，预测"不是预言，是对概率的条件性描述"（Nierhaus，2011），对预测的解读也是如此。然而，一些学者强烈反对这种论证思路。他们对高失败率的反应更为激进：他们质疑宏观经济预测的合法性，甚至认为应该彻底取消预测（Antholz，2006）。

对经济预测高失败率成因的研究几乎与预测本身同时出现，二者均是在 20 世纪初。奥地利经济学家和哲学家对这一问题特别感兴趣，早在1928 年，奥斯卡·摩根斯特恩（Oskar Morgenstern）就认为经济预测是幼稚的。摩根斯特恩宣称不可能预测经济发展，部分原因是预测所创造的预期改变了假设条件，这让预测变得毫无意义（Morgenstern，1928）。摩根斯特恩还指出，关于经济影响因素的信息必定是不完整的，因为经济过程具有不规则性和历史独特性。预测所依据的经济模型不可避免地缺乏复杂性，有意或无意地忽略了重要的影响因素。后来，摩根斯坦认为，一般均衡理论是建立在完全预见性的假设之上的，也就是预测到世界末日那一天，包括未来的每一个经济事件。每个人"不仅要明确知道自己的交易对过程的影响，还要知道其他人的影响以及自己未来的行为对其他人的影响"（Morgenstern，［1935］1976）。摩根斯特恩认为，这样的假设不仅不现实，还意味着经济是绝对静态的。

15年后，另一位奥地利人卡尔·波普尔（Karl Popper，［1949］1963）扩展了摩根斯特恩的观察，即预测只能在孤立的、静态的、循环的系统中进行。波普尔指出，这样的条件在自然界中是罕见的，在现代社会中也是不存在的，当代经济系统是动态的、相互依存的、随机多维的、非线性的。波普尔的观点针对的是马克思主义的历史预言，他认为这些预言是"古老迷信的遗迹"。[8] 今天，他的观点更像是一份宣言，抨击了那些声称有可能预测经济未来的社会科学家的傲慢自大。

然而，另一位奥地利人弗里德里希·哈耶克（Friedrich Hayek，1974）在诺贝尔经济学奖获奖感言中也反对了未来可以预知的观点。具体来说，他批评了凯恩斯主义的宏观经济学，认为社会科学不应该用"科学"预测来塑造社会，因为这种预测是不可能的。哈耶克的批评为不受约束的市场化提供了理由，但也可以理解为对宏观经济预测的反对。对哈耶克来说，预测"愉快地进行着虚构，声称它们可以衡量的因素便是唯一相关的"（Hayek，1974）。

相关评估文献总结了宏观经济预测失败的两种成因。第一种是内在因素，即预测过程本身。第二种是外在因素，即造成未来不可预测的经济特征。

数据问题是一个关键的内在因素，是导致错误预测的原因之一。数据往往是过时的，因为在收集数据和作出预测之间必然有一个时间间隔（Hinze，2005）。数据也可能是误导性的或不充分的。例如，国内生产总值可能遗漏了当前经济中的诸多经济活动，这意味着试图预见它的变化对决策来说可能具有误导性。此外，数据也可能是不完整的，"甚至对确定最佳选择所需的数据类型或提供这种数据的方法都没有达成共识"（De Laat，2000）。然而，这不可能通过更多、更及时的数据来纠正。社会和经济世界是如此复杂和不确定，因而建立考虑到所有因素的模型是不可能的（Arrow，2013；Priddat，2013；Priddat，2014）。摩根斯特恩认为，这种考虑到所有因素的模型是准确预测的条件。

预测失败的另一个关键内因是所使用的工具和方法的技术缺陷，这些缺陷导致了计量经济学模型中的不正确假设。这些模型所使用的方程对样本期的变化非常敏感；此外，这些模型本身并不包含历史数据的"正确"样本（R. Evans，1997）。宏观经济模型在考虑外部影响因素方面也存在很大差异，比如公共支出对经济增长的影响，即所谓的乘数效应。凯恩斯

主义模型使用 1.6 的系数来考虑乘数效应，而动态随机一般均衡模型
（DSGE）使用 0.3 的系数。李嘉图等价定理假定过度负债会引发高度悲观
的预期并使用负乘数，认为除非在严重的金融危机情况下，否则根本不会
有任何影响（Boyer，2012）。不言而喻，每个模型都认为自己的假设是正
确的，其他的不正确。只有历史数据才能证明它们之中哪个是正确的，哪
个是错误的，并且是在仅凭该模型本身即可影响结果的情况下。

　　预测者的行为是另一个内在因素。羊群效应在该领域很常见，因为预
测者试图通过将他们的预测与其他研究机构的预测相一致来提高自己的可
信度，创造"共识预测"。其原因可能在于预测者的同质化知识背景：他
们在一个共同的经济范式下工作（R. Evans，2014）。此外，预测者倾向
于高估当前时刻的重要性，并回避过度悲观的预言，这意味着大多数预测
结果是过于乐观的（Antholz，2006）。事后看来，他们似乎忽略了一些很
明显的信号，也太迟才意识到经济衰退（Kholodilin and Siliverstovs，
2009）。未能预见 2008 年金融危机就是最明显的例子。

　　预测失败的外在因素包括外部冲击，如地震或恐怖袭击，以及意外的
政治决定。近年来最值得关注的是，纳西姆·塔勒布（Nassim Taleb，
2010）认为，社会科学无法预测他所说的"黑天鹅"，即对世界产生决定
性影响的、罕见的、独特的事件。正如摩根斯特恩所指出的那样，只有在
世界作为一个封闭系统运作的情况下，或者至少在未来与过去有很大程度
的相似性的情况下，预测才会准确。那些"基于不可重复的过去进行研究
的预测存在专业性问题"（Taleb，2010）。

　　经济不是一个机械化的系统，与物质世界不同，它不受物理规律的支
配。倘若模型作出另外的假设，例如将未来预测为过去变化的延续，那么
模型所预测到的新行为必定会令人感到"惊讶"。因此，"任何概率框架作
出准确预测的效力都被未来是否会遵循历史先例的不确定性所排除"
（Chong，Tuckett，and Ruatti，2013）。未来的开放性意味着概率计算是
一种虚构的形式，因为它们是假定假设。像奥斯卡·摩根斯特恩（Oskar
Morgenstern）这样的经济学家都意识到了这一点。凯恩斯也充分意识到
科学预测经济发展是不可能的，未来事件具有基本不确定性，这一点在第
三章中讨论过。计算风险的计量经济学模型无法考虑到这种不确定性。它
们无法考虑到所有的影响因素，而且可能会忽略最重要的因素。此外，在
社会世界中，行动者对他人的行动作出反应，并将自己的行动建立在对他
人反应的预期之上。行动者之间的这种互动所产生的影响是无法预测的。

　　在技术预测领域，也有很多关于预测失败原因的讨论。大卫·奈伊

（David Nye，2004）指出了技术和社会环境中不可预见的变化。消费者也证明了技术预测的不准确性，他们发现产品用途与创新者的想象之间存在巨大差异。当托马斯·爱迪生（Thomas Edison）发明留声机的时候，他打算将该设备用于记录商人的口述内容，以供秘书打字。他没想到，留声机的音乐播放功能会使其成为娱乐设备而备受欢迎（Nye，2004）。如果一个产品未来的实际用途无法预测，市场容量便也无法预测。此外，如第八章所述，消费者赋予一个物品的象征性价值可能与它的功能价值大相径庭，而象征性价值是完全不可预测的。因为通常情况下，象征性价值只有在产品可以购买并且顾客能够与之互动时才会出现。技术预测的失败也可能是因为技术本身不起作用，正如医学研究不断地承诺在治疗重大疾病方面取得突破。正如对技术路径依赖的研究所表明的那样（David，1985），技术预测也可能失败，因为产品的功能优势并不能保证市场的成功。

最后，技术预测无法想象出未来现实中的技术创新，部分原因是目前关于技术效用的概念让我们仅仅把未来看作现在的一个高级版本（Borup et al.，2006；Sturken and Thomas，2004）。因而，预测更多的是关于现在的恐惧和希望，而不是关于未来。正确地设想未来需要"正确看待未来需要了解在未来发现的技术。但是，具备了这种知识几乎可以让我们立即开始研发这些技术。但是，我们不知道我们会知道什么"（Taleb，2010）。[9] 从组织研究的角度来看，詹姆斯·马奇（James March，1995）反映，"组织未来学是一种职业，在这种职业中，声誉是从新奇、恐惧和希望的兴奋中精心打造的。它们在经验的展开过程中被摧毁"。

◎ 进行预测

在整个 20 世纪，经济预测技术的发展带来了更加复杂和精细的计量经济学模型。这些模型借助似乎无穷无尽的统计数据来源。在国家统计局和许多其他组织进行跟踪宏观经济指标的纵向调查的过程中，这些数据的可用性也在增加。尽管预测的方法越来越复杂，且所耗资源巨大，但其准确性并没有随着时间的推移而系统地得到提高（Makridakis and Hibon，2000）。

上述观察引出了一系列问题：如果预测不准确或非常笼统，那么是什么让它们变得可信？它们实际上有什么作用？既然我们知道这些预测大多会出错，为什么还要继续资助那些预测经济和技术发展的研究机构？最后，鉴于宏观经济和技术预测的不良记录，应该如何对其进行分析归类？

预测是构建虚构预期的工具。预测是对世界未来状态的想象，它帮助行动者假装未来会以某种方式出现，从而在不可预测的情况下找到方向，使世界变得有意义。这些想象并不需要是正确的才能让行动者安心或者帮助他们做决定——它们只需要有说服力。对正确性的可信主张是对实际准确性的一种替代。

为了理解使经济中的行动者相信并使用预测的过程，有必要研究预测的实际做法，以及预测在决策中的使用方式。少数分析（主要是在科学和技术研究领域）调查了宏观经济预测者的认识论实践（R. Evans，1997，1999，2007；Holmes，2009，2014；Reichmann，2011，2013；Smart，1999）。罗伯特·埃文斯（Robert Evans，1997，1999）和维尔纳·赖希曼（Werner Reichmann，2011，2013）通过对英国、德国和奥地利宏观经济预测机构的研究人员进行民族志观察和访谈，研究了宏观经济预测如何产生的问题。两位学者都表明，预测是一个多层次的过程。宏观经济预测不是一个客观的、纯粹的数学程序，在数学程序中，一小组专家将计量经济学模型应用于一组数据。相反，预测嵌入在不同经济行动者的判断和阐释性话语之中。

预测人员首先制作"预测草案"，对国内生产总值、通货膨胀和失业率等各种指标运行计量经济学模型。"预测草案"由专门部门制作，汇集在一起后，在具有不同专长的研究人员之间进行一系列的讨论性交流，并随后进行多次修订。最初，这些交流是在预测机构内部进行的：部门负责人开会讨论他们的结果，并相互调整，这个过程称为微调。这个术语本身巧妙地描述了"经济预测者如何调整、重新调整、再重新调整他们的结果，直到整体预测是一个'圆的形象'"（Reichmann，2013）。如果一个计算结果出现错误，参数就会被重新调整，直到结果看起来是合理的。值得注意的是，这种对模型的"校准"意味着计量经济学模型的不可信结果不会让专家改变模型；相反，他们会改变他们输入模型的参数。这与物理学不同，在物理学中，参数是给定的，不能为了适应结果而改变（Fourcade，2009）。

预测的校准是一个主体间的过程，通过预测者之间的交流，以及与研究对象（经济）的代表人士、政策制定者之间的激烈沟通来进行。一旦他们彼此见面，经济预测者就会与经济领域的参与者见面，如联邦银行和部委的代表、大公司的经理和政策制定者。他们交换意见，分享新的见解，并讨论问题（Reichmann，2013）。在发布前一周左右，预测人员与政策制定者会面，讨论他们正在进行的预测，并检查其合理性和假设。更广泛地说，预测工作的特点是"广泛参与各种专业网络"（R. Evans，2007）。预测者、政治家和公司代表在会谈、会议和大会上走到一起；在正式和非正式的交流中，他们收集信息、交换评估、交换故事、提出计划和想法，并衡量彼此的情绪。宏观经济预测的世界是不同但重叠的社区的复杂结合。在这些社区中，预测者对他们的预测结果进行"预测"（Gibson，2012）。

观察预测者的实践可以发现，他们的工作分为"前台"和"后台"。"预测者的前台主要由定量数据和数字结果主导，而认识过程本身则由预测者和经济之间的讨论性行动主导"（Reichmann，2011）。从技术上讲，辨证的过程是必要的，因为计量经济模型是不确定的：大多数计量经济模型的性能无法提前确定，所以不可能知道哪个模型会产生最准确的预测。不仅如此，不同的预测者使用相同的模型会产生不同的预测结果。面对所有这些不确定性，专业网络是专业知识的来源，有助于"克服计量经济模型的不确定性，帮助人们在不同模型之间进行判断"（Reichmann，2013）。预测者通过参与这些网络，获得了评估的机会，这些评估带有"判断性成分，这一成分在最后的分析中决定了预测的内容"（R. Evans，1997）[10]。

鉴于模型的不确定性，预测者从他们的讨论性交流中获得的洞察力，让他们对自己的预测充满信心。因此，最准确的说法是，宏观经济模型佐证预测而非产生预测（R. Evans，1997）。这一观点也可谨防人们声称计量经济学模型具有表演性。

由于预测不可能做到可靠而准确，上述"认识论参与"（提高预测准确性的一种方式）显而易见的正当性就没有什么意义了。毕竟，不同信息和专业知识来源的增加并不会阻碍未来的开放性。然而，将诸多经济行为体纳入预测的生产之中，确实增加了预测的可信度。如果没有其他的话，预测就包括用它们做决定的实践者所进行的评估。与政治家和企业代表的交流帮助这些行动者了解到预测中的模糊性和不确定性，同时也了解到预测者得以预测到某些未来发展的原因。经济领域的行动者感兴趣的"不是具体的预测数字，而是围绕这些数字所进行的叙述以及为叙述提供依据的政策分析"（R. Evans，2007）。

信息、意见和期望的交流具有稳定的效果。它传播知识，协调领域内的预期，并提高人们对圈内有名人士所做的评估的认识。没有人可以知道经济实际会发生什么，但评估的分布有助于在关涉他人考量的判断中锚定预期。"话语生态学促进了感觉、直觉、判断和经验储备的同化"（Holmes，

2009）。正如约翰·杜威所言（Dewey，［1922］1957），"预见的目的是……确定当前活动的意义，并尽可能确保当前活动具有统一的意义"。当不同的评估相互对峙时，就会形成意见和评价，最终提高在不确定性中做决定所需的信心。这与哈里森·怀特（Harrison White，1981）的市场理论相似。怀特的市场理论认为，生产者之间会相互跟踪彼此的产品价格和数量，并利用这些信息来调整他们的生产计划。正如生产者不能预见消费者的需求一样，经济行动者也不能预见未来。然而，和生产者一样，他们可以根据他们领域中其他行动者的期望来做决策。

因此，参与认识论共同体的话语过程对预测者和经济决策者都是有益的：对预测者来说，有助于将他们的预测建立在"经济中"已存在的预期之上，使他们的预测更加合法。对于决策者、公司领导和政治家来说，了解对经济状况的评估和对经济发展的预测，将其作为他们决策的背景条件，为他们提供了想象特定未来的工具，同时有助于增强他们的信心和决策的合法性。

在这个意义上，认识论参与本身就是经济中的一种协调装置，也是一种想象力的工具：通过经济行动者之间的交流以及叙事的论证，预测得以成为决策所依据的期望的焦点。通过相互确认哪些预期值得信任，不确定性在交流和沟通中消除。通过不断讲述他们正在走向的未来，经济行动者构成了现在的未来，并产生了认知导向（Lane and Maxfield，2005；Priddat，2012；Tavory and Eliasoph，2013）。

在技术预测方面也可以得出类似的结论，其方法同样强调建立共识。例如，德尔菲法便是一项建立共识的工作，而情景分析则通过概述可想象的未来技术来促进认知的统一（Andersson，2013）。这些方法的直接目的是创造共同的认知视角，至少是在技术领域内可替代方案的范围。这并不意味着存在一个所有行动者都同意的观点；相反，它意味着行动者可以在一个结构化的预期领域中定位并建立自己的观点。尽管未来是不可知的，但可以知道其他行动者对它的看法，特别是他们对于哪些结果是合理的相关的看法。[11]从更广泛的社会学角度来看，正如本书前面提到的经济的其他方面，埃米尔·杜尔凯姆（Emile Durkheim）对图腾主义社会中产生于仪式化氏族集会的信仰的分析可以作为类比。氏族成员，或者说，在本案例中，预测者所处的专业网络的成员相互接触，他们的社会互动形成并强化了他们的信念。[12]

◎ 预测的作用

尽管预测从其产生的交流结构中提高了可信度，但人们为什么如此认真对待预测，仍然是一个谜，尤其是有时候预测结果令人大失所望。预测者的地位似乎部分源于对重要经济发展的单一预测，而这些预测最终都是正确的。这方面的一个例子是经济学家努里尔·鲁比尼（Nouriel Roubini），他预测了 2007 年的金融风暴。从那时起，鲁比尼的预测就享有特殊的权威。预测者的另一地位来源是分析师报告的表述风格（Giorgi and Weber，2015）。正如赖希曼（2015）对德国和奥地利的预测机构所显示的那样，预测机构的声誉要么源于其创始人的学术声誉，要么源于在创建时期与国家的密切联系。

在更广泛的意义上理解预测的权威性，必须考虑到它们在经济中的功能：尽管预测可能不可靠，但它们对于经济决策来说却是不可或缺的。尽管未来是不确定的，但是行动者需要预测，因为他们需要以看起来非随机的方式行事。预测"是不可能的，因为未来是不确定和不透明的，它们又是不可或缺的，我们的许多行动是面向未来的，因此不能在没有任何关于未来的假设的情况下进行"（Rothschild，2005）。这意味着，当经济和政治决策者根据预测采取行动时，他们是在玩一种虚构的游戏：他们假装预测描述了未来的现在。[13] 用皮埃尔·布迪厄（Pierre Bourdieu）的术语来说，预测的可信度是基于一种幻觉：即一种对经济社会领域中显性和隐性规则意义的信念。为了使这种幻觉发挥作用，必须忽略预测的不准确性。这里的准确性并非实际的准确性，而是对准确性的瞬间信念。

预测帮助行动者了解看似混乱或难以理解的复杂情况。预测的作用不仅仅是为行动者指明方向：它们还提供了合法性，使所谓的防御性决策成为可能。如果一个决策是基于广泛认同的预测而做出的，那么它的潜在失败就可以通过指出当时的预期而得以证明。决策结果的责任委托给了预测，有效地保证了决策者不会因为决策失误而承担个人后果。通过这种方式，广泛认同的预测鼓励了经济领域的同构性，作为惯例运作，使决策同质化。

除了提供一个决策者可以安全操作的共识外，预测同时也促进创新，从而直接促进资本主义经济的动态发展。技术预测尤其如此，它可以帮助人们打开思路，提出本来可能未被发现的可能性。"设想提供了一种与目前的安排保持距离的方法，因此在某些情况下能够提供批评的空间"

（Brown，Rappert and Webster，2000）。从这个角度看，技术预测是发现和创新的工具，提供了"假想的脚本"，有助于激励行动者并调动资源，以了解这些脚本是否会成真（March，1995）。同样地，计量经济学的预测模型通过检测假定的因果关系而打开了未来，从而得以评估可能发生的变化的影响，揭示偏差，行动者从偏差中识别机会并改变策略。[14]

最后，预测直接影响未来，因为它们影响决策。宏观经济和技术预测影响投资决策。毕竟，它们声称的合法性在于"声称自己是行动和影响的基础"（Andersson，2013）。创新过程中的展望活动"是为确定优先事项而进行的未来思考的集体过程"（De Laat，2000）。由于它们为决策者提供了可供选择的轨迹，所以预测是政治性的。

◎ 预期政治：预测即政治

宏观经济预测者普遍认为，他们的预测会影响市场行为，尽管他们不一定知道如何影响（Reichmann，2011）。至少在表面上，他们往往认为这种影响是个问题或尴尬之事，会对他们的合法性构成威胁。相比之下，影响未来是技术预测者的既定意图之一。通常情况下，他们把未来"看作一个准物体，可以被了解、控制和设计"（Andersson，2013）。人们通常认为技术预测有助于建立未来。"发明未来的最好方法是预测它，如果你能让足够多的人相信你的预测，那它就是未来"（Barlow，2004）。

预测和知识对社会进程的影响是社会学中的一个既定话题。罗伯特·默顿（Robert Merton，1957）的自我实现和自我否定的预言的概念，以及表演性的概念（Callon，1998b；MacKenzie，2006）都是对这种影响的阐释。技术预测的自我实现或表演性影响经常以"摩尔定律"为例来证明。这一定律以工程师、企业家戈登·摩尔（Gordon Moore）的名字命名，他于1965年预测半导体的处理器速度将每24个月翻一番。他的预测已经被过去50年的技术进步所证实，但这并不能证明摩尔能够预见未来，而是证明对该预测的信念引导了半导体行业的活动，使其努力实现他预测的进展。在半导体行业设定目标的公司将摩尔定律作为一个基准，而下游行业在规划未来时，也期望处理器速度确实会以摩尔预测的速度增长。

这是技术预测的许多实际效果中的一个例子：它们支持的虚构预期可能会调动对某些技术发展的投资，同时导致行动者放弃潜在的替代方案。预言不需要用正误性来影响未来，只要它们能激发一个强大的行动者的信念和行动就足够了（Reichmann，2011）。这就为利用预测来刻意影响预期开辟了道路。政治家和企业可以战略性地利用预测的效果，通过倡导预测来激发他们期望从中获益的决策。正如第七章所讨论的，研究人员在与公众、研究界同行交流的过程中，对一项创新的成功潜力表现出不同程度的信心。为了获得资金（这是技术预测重要的实际回报之一），研究人员可能会在公众场合故意夸大这一信心。

另外，宏观经济预测虽然可以影响未来，但不应该被看作对未来的表演。一个具有表演性的宏观经济模型，应该是一个预测能力随着其使用而提高的模型，这意味着以此为基础，预测会随着时间的推移变得越来越准确。正如我们所看到的，情况并非如此。由于经济的不确定性，经济预测对它的影响基本上是不可预测的。然而，预测可以影响决策并使之合法化，也就是说，它们可以产生影响。这意味着它们也可能变得政治化。这就导致了预测者的所谓反射性行为，他们可能试图预测他们的预测的实际后果，并对其进行相应的调整。正如霍洛季林和西里弗斯托夫（Kholodilin and Siliverstovs，2009）所说，"预测者责任重大"，因为他们的评估可能会影响经济——这种"责任"可能反过来影响预测。如上所述，预测从来不是对计量经济模型的"盲目"应用，它们总是与判断相混合。宏观经济预测总是过于乐观，这可能并不是因为预测者无法预见经济衰退——至少不完全是。他们倾向于往好的方面看，也可能是由于他们认为预测经济下滑更有可能发生，因此应该避免这种情况。

评级机构通过预测借款人违约的可能性来提供预测，它们往往在牛市中犹豫不决，不敢公布负面的前景。正如我们现在所知，在2008年金融危机前夕，重要类别的金融产品的评级过于乐观（MacKenzie，2012；Rona-Tas and Hiss，2011）。为了让这些投资工具更广泛地为人们所接受，债务抵押凭证（CDO）得到了AAA的评级，即便它含有许多高风险的抵押贷款。金融产品的实际风险被大大低估了。不过，在它们崩溃之前，评级机构可能会继续将这些衍生品评级为高投资等级，以对冲降级的潜在负面影响。这些评级可能从一开始就过于乐观，但在价值主要取决于预期的金融市场中，降级伴随着产品倾销的风险，这就造成了预测的情况（Pénet and Mallard，2014）。

宏观经济预测也是政治性的，因为它们是经济政策制定者和政治决策合法化的关键信息来源。虽然宏观预期不能预测像天气一样的不可改变的未来，但它们提供了可以用来组合经济政策的指标，这些政策影响着商业周期。因此，凯恩斯反对通过调查过去来确定商业周期的未来。"我不认为商业周期的大体轮廓不可改变，也不认为它不受政策的影响。我认为经济周期在很大程度上是可以取消的，而且势必更多地取决于美联储政策等因素"（Keynes，1925，引自 W. Friedman，2009）。

如果是这样，那么预测便可以作为指导经济政策决定的工具。因此，预测对未来的影响在于引发政治行动。然而，在一个分散的市场经济中，预测的影响甚至可能更直接。凯恩斯（［1936］1964）在他的《就业、利息和货币通论》中认为，宏观经济的结果取决于商业界偶然的乐观或悲观情绪。换句话说，预测本身可以是一种经济政策，因为通过影响对经济未来的预期，预测会影响投资和消费的决定。

如果不能客观地预测未来，而预测中阐述的预期有助于塑造未来，那么很明显，预测本质上是政治的。即使没有欺骗的意图（Harrington，2009），[15] 企业也可能宣传某些未来的愿景，试图从预测所鼓励的决策中获益。[16] 如果得到了信任，预测就可能塑造未来。有明确的经验证据表明，在技术预测中，虚构的期望就是这样使用的。预测用来实现目标，比如获得风险资本（De Laat，2000）。正如苏菲·穆泽尔（Sophie Mützel，2010）在她对生物技术公司之间的叙述性竞争的研究中所显示的那样（见第七章），为获得技术发展资金而采用的预测往往采取承诺故事的形式。公司对与自己有利益关系的技术的未来前景进行积极的讲述。这些故事所驱动的决策推动了某些进程，"并降低了其他进程的'价值'"（De Laat，2000）。显然，资本主义经济的活力是由对宏观经济预测和技术预测的有意影响所驱动的。在一些重要方面，资本主义是一场关于谁的预期最可信的斗争。

宏观经济预测考虑了政治利益，这一点在经验上也得到了证实。政治利益通常很容易辨认，资助预测者的经济行动者和政策制定者需要高增长率、低通货膨胀和低失业率。同样的道理，预测者试图避免因干扰他们的"预期管理"而引起其资金支持者的负面反应，这也是可以理解的。例如，关于国际货币基金组织（IMF）的几项研究得出结论，其预测系统过于乐观：高估了产出增长，低估了通货膨胀。误差项随着一个国家收到的 IMF 贷款规模的增加而增加——可以预见的是，这种方式可以证明 IMF 的贷款决定是合理的（Dreher，Marchesi and Vreeland，2007）。一个国家对 IMF 的负债越重，对通货膨胀率的低估就越明显。此外，这些实证研究表明，一个国家与美国和其他主导 IMF 的七国集团国家的关系越密切，IMF 的预测就可能越积极。此外，在联合国大会上与美国投票一致的国家得到的通货膨胀预测较低。直接的政治影响也有记录：在 20 世纪 90 年代，当共和党控制美国众议院时，国会预算办公室（CBO）的年度预算预测表示，如果减税，预算赤字将增长。共和党人对这一预测感到愤怒，质问预算办公室是否考虑了减税对投资的刺激，这将促进经济增长，足以抵消国家通过减税损失的收入。CBO 并没有考虑，使用的是"静态"模型，共和党人坚持要求他们回去重新做模型，并在其中加入动态假设——换句话说，他们迫使 CBO 改变方法，重新想象未来（J. L. Campbell and Pedersen，2014）。因此，预测是现代社会政府性（Foucault）的一部分。

国家和国家机构并不是唯一通过预测追求政治议程的机构。私人利益集团通过预测追求利润目标，试图塑造对未来经济和技术发展的预期。事实上，人们可以争辩说，"政治背景的性质是比模型本身的内容更重要的解释因素（对于构建情景的方式）"（De Man，1987，转引自 De Laat，2000）。这种影响是可能的，因为不能预测未来的现在，这也解释了为什么存在这么多貌似合理的计量经济学模型，每个模型都预测了不同的结果。如前所述，这就要求对预测进行"调整"，并为政治影响和自由裁量权留下足够的余地。然而，与此同时，像国际货币基金组织（IMF）和经济预测机构这样的组织通过科研诚信来维持公众和专业的可信度。预测者"自诩为科学家……并尽最大努力确保其科研独立性"（Reichmann，2011）。只有当预测看起来不受腐败影响时才会被认真对待。在公众和专业监督下保持可信度的重要性，有助于抵制为了政治利益而滥用经济专业知识的诱惑，尽管人们可能会说，这意味着任何出于政治原因而影响预测的企图都会被掩盖。

预测也是现代社会政府性的一部分，因为它们有助于塑造社会生活形式。正如第七章所讨论的，技术发展确保了在动态背景下的经济竞争力。不仅如此，技术选择还隐含着关于社会技术如何组织未来的假设。技术预测"定义了完全不同的世界，科学（包括经济学）和未来研究都无法提供选择标准"（De Laat，2000）。因此，对经济虚构预期的评价必须建立在它们所传达的规范性理想之上。在一个民主政体中，这种评价应该在公共领域进行。

◎ **结论**

每年都有大量的资金被用于预测经济和技术的未来，但大多数预测都失败了。一个世纪以来，对宏观经济指标的计量经济学预测，以及许多预测技术的进步、定量和定性技术的发展，并没有使我们更好地预测未来。

在一项经常无法实现其承诺的活动中投入了这么多，是因为预测的功能与它们宣称要实现的功能不同。如果我们把预测定义为预测未来的尝试，那么预测是失败的。但作为一种"预期技术"（Van Lente，1993），预测又是非常成功的——尽管未来存在不可避免的不确定性，预测为必要的决定确定方向、提供理由，以此来协调经济，并在决策者做出事后才能证明是错误的选择之前，预测能够保护他们。这样一来，预测是产生未来的行动的协调装置。此外，它们为想象新的可能性开辟了空间，描绘了反事实的现实，讲述了未来的故事，促进了资本主义经济动态中的创造性破坏过程。同样重要的是，由于预测可以用来证明现在的决定是正确的，预测便参与了预期政治。简而言之，预测的潜在功能是帮助建立可靠的虚构预期。

预测是帮助创造关于世界未来状态想象的工具，是描述想象中的未来的叙述。因此，预测在不确定性的条件下注入了信心。预测对尚不存在的未来提出主张，帮助行动者对此做出决定。虽然他们这样做比小说的普通读者要谨慎和仔细得多，但预测的"读者"要终止怀疑，并把预测当作未来现实的（概率性）表述。预测中的叙述将不确定性转化为一种虚构的确定性，从而助力决策。因此，一个成功的预测是一个令人信服的预测，而不一定是一个准确的预测。以预测和技术预期的形式对未来进行令人信服的叙述，是行动者做出决定所需要的工具，否则这些决定就会显得很随意（Priddat，2014）。通过自愿地终止怀疑，行动者使预测成为他们现实的一部分；预测所带来的判断在经济中产生了具体的影响。

可信的预测是通过一个互动的过程产生的，这个过程涉及复杂的计算，以及来自不同行动者群体的多种个人判断和对其他预测的观察。这种相互观察的过程有助于协调经济活动，至少可以部分地调整预期。

由于我们无法预知未来以及预测对未来的影响，预测可以成为资本主义市场竞争的工具。换句话说，它们在预期政治中发挥着重要作用。为了保持竞争优势，企业建立技术愿景，以努力制定投资战略，并争夺其他经济或政治行动者的关注和信任。为了加强他们将从中获利的趋势，金融投资者在他们的斗争中使用预测，以说服其他投资者相信他们对股票市场的展望是正确的。希望连任的政治家更喜欢乐观的宏观经济前景，即使只是因为他们希望有利的预测会对经济产生积极影响，或者至少对未来经济发展的情绪产生积极影响，从而增加他们连任的机会。预测塑造了人们的预期，并决定了决策；因此，预测在争夺利益和权力的斗争中不可避免地发挥了重要作用。

经济学家对其预测的局限性的认识往往不尽相同。20世纪初的经济学家，特别是那些奥地利和凯恩斯主义传统的经济学家，认为不可能预测经济的未来。但是，尽管许多经济学家意识到了预测的局限性，这些早期对预测的反对意见在很大程度上已经退出了舞台。今天，人们在改进技术上投入了大量的注意力和资金，我们早已不再拘泥于早期的观点，即预测社会世界是不可能的。技术的激增和精进让我们距离准确预测似乎只有一步之遥。

在经济学领域，一些不同的声音呼吁对预测未来的可能性进行更多的节制。"在过去的10年里，宏观经济学和金融理论领域的大多数预测都失败了，这本身就应该受到质疑，并使明显精确的预测模型的地位下降"（Bronk，即将出版）。更多的现实主义似乎是可取的：如果社会世界不能被预测，也许社会科学家应该避免尝试这样做。然而，与此同时，预测，连同社会世界是可预测的这一普遍主张（无论多么离谱）在经济运行中发挥着重要作用。我们需要预测来证明决策的合理性；如果经济行动需要协调，那么就必须分享至少一部分关于它们的预测。预测让行动者对其决策的不确定性感到安心，并创造新奇的想象，从而在很大程度上促进了资本主义经济的动态发展。从这个角度来看，预测的准确性或缺乏准确性是不重要的，或者至少是次要的。一个不准确的预测只会被一个新的预测所取代。

当然，这给经济学家留下了一项艰巨的任务，那就是为经济事件是可以预测的这一说法进行辩护，而大量的经验和理论证据却与之相反。即使2008年的金融危机公然表明专家的预期大错特错，但在此之后，经济学家仍需要消除所有的怀疑和不信。他们还必须回答世界各国领导人提出的令人尴尬的问题。2009年，英国女王问道："为什么没有人注意到信贷紧缩快要发生了？"诚实的回答是："因为没有人可以预测未来，但我们必须假装我们可以。"当然，这个答案从未被说出口。如果预测要达到其真正的目的，就必须隐藏其虚构的特征。在觐见女王陛下时，以及在与广大公众交流时，大多数经济学家都放下了疑虑，继续表现得好像有可能预测未来一样，声称真正精确的预测工具即将问世。人们很少会借由预测的失败来反思事件发生的可能性，反而将其作为建立更复杂模型的理由。卡尔·波普尔（Karl Popper）（［1949］1963）曾有言，对未来的预测是预言，而不是科学。此言不虚。但在这个充满不确定性的世界里，思考我们为何需要预言，以及如何使用预言，或许会更有意义。

第十章

经济学理论：计算装置的水晶球

> 模型是一个自足的构造，可以理解为对一个想象的但可信的世界的描述。
>
> ——罗伯特·苏格登（Robert Sugden）

行动者必须相信关于未来的想象是可信的，如果他们要以此来做决定。可信的想象不仅必须描绘一幅看似现实的未来世界图景，还必须评估它们所描绘的从现在通向未来的因果机制。经济理论是构建对未来预期的重要工具，因为它们指定了因果关系，并衡量了实现预期目标的不同路径的适宜性。理论将不可到达的、无形的未来打破为看似可计算的、可到达的单位：结果 R 是由性质 $A_1 \cdots A_n$ 引起的，R 和 $A_1 \cdots A_n$ 之间的关系是由两者相互作用的因果机制建立的。声称根据因果关系的确定来预测未来的理论塑造和证明了行动者对未来发展的期望。与预测一样，经济理论也是用来创造预期的工具。

理论或多或少都是一般性的：其中最一般性的理论宣称，普遍规律是自然或社会事件的基础，并找出了这些规律。有些规律是在特殊情况下陈述因果关系的模型，还有一些规律是范式，即信念的集合，它们是观察现实的透镜，并为对某一情况的特定反应辩护。自然科学通过发现一般科学规律而取得进步，并以此成为社会科学的典范。特别是在 19 世纪，人们普遍认为，类似于自然法则的社会法则是可以识别的，而这些法则一旦识别，就可以成为合理的社会组织手段，从而促进科学和社会进步。奥古斯特·孔德（Auguste Comte）关于人类发展三个阶段的规律或马克思关于历史演进的科学规律就是这种实证主义的例证。

今天，社会科学中的大多数学科对社会世界中存在的一般规律更加谨慎，大多数学科的主张都变得更加有限，且具有历史具体性。它们通常通过诸如"理想类型""机制""中层理论""过程""分析性叙述"等概念来表达。经济学的学科却是一个很大的例外：它继续采用从一般规律支配经济的观念出发的认识论模式。自 18 世纪以来，经济学家们把关于行为特征和因果因素的普遍陈述称为"经济规律"，他们认为这些规律是普遍成立的。经济学中的供给和需求规律，边际效用递减规律，或者说萨伊定律，皆是学科对自身的认知方式和对世界的观察。科学史家发现，经济学领域仿效物理学领域：例如，它的平衡概念是从牛顿物理学中借用的（Mirowski，1989）。阿尔伯特·赫希曼（Albert Hirschman，1991）以弗洛伊德式的笔调描述了经济学家的"物理学嫉妒"。

虽然经济学认为其理论和模型是实证主义的，但这种看法是否准确？近年来，经济学家及其对理论和模型的运用受到了社会学家、历史学家、哲学家、人类学家以及经济学家自身（Backhouse，2010；Fourcade，2009；Mäki，2002；Mirowski，1989）的审视。借用尼克拉斯·卢曼（Niklas Luhmann）的术语，这些分析在观察和分析经济学家所使用的理论和认识论过程中提供了一个二阶视角。社会学和历史学的研究发现了经济学方法之间的文化和历史差异（Fourcade，2009；Steiner，2006），以及经济理论与政治的融合（Blyth，2002；Hall，1993；Mirowski and Plehwe，2009）。人类学家和来自科学社会学的学者也仔细研究了经济学家的实践，发现了经济理论对他们描述的现实的影响。[1]尽管他们的分析角度不尽相同，但这些分析都质疑了客观经济规律的存在。

理论、模式和范式如何促进行动者对未来世界的期望这一问题，尚未得到当代经济知识的充分关注。与预测一样，预测理论可以理解为形成预期的工具，适用于具体的决策情况，预期理论促使行动者形成关于未来国家的想象，并通过行动者的决定实现想象。即便未来是不可知的，但在这个过程中，行动者找到了"很好的理由"，并增强了他们做决定所需的信心。

与预测一样，理论创造的预期也是虚构的：它们不是描绘未来的现在，而是帮助行动者假装他们可以预见未来的结果。通过经济理论创造预期有四个方面的原因。第一，在认识论方面，理论和模型是类比统觉，是心理上同化关于世界的观念的一种手段，被拿来与一个人已经拥有的其他观念进行类比排序，但是这些理论和模型永远无法到达"自在之物"的世界。第二，与此相关的是，理论和模型必然会降低事实世界的复杂性，这意味着从中得出的预测的准确性取决于理论和模型所作的假设以及所使用的参数，而这些假设和参数根本无法详尽地解释所有的现实，其有效性程度只能在事实发生之后才能得到评估。第三，预测理论在本体论意义上是虚构的。它们是通过观察过去的事件而建立起来的。然而，经济过程是开放和非线性的，这意味着未来的结果并不包含在过去的信息中。最后，理论和模型是反身性的：它们影响对象的行为，从而改变他们打算投射的情况的因果关系——但不是可以预测的。[2] 预测理论可以比作水晶球，但并非它们在向我们展示未来，而是在我们凝视它们时，希望捕捉到未来的一瞥，而非看到我们的愿景反射在我们自己身上。

◎ 理论是一种虚构

科学理论是一种虚构，这一观点由来已久，它源于科学哲学中的一个问题。[3] 正如伊曼努尔·康德（Immanuel Kant）的著名观点，获得关于世界的直接知识是不可能的，因为知识是人类头脑应用于其感官印象的先验概念，只能通过类比统觉获得。既然任何印象都不可能是纯粹的或根本的，那么任何印象都不可能脱离认知结构化而存在。思想和概念是在头脑中构造的想象，基于对经验世界的感官感知，并通过类比来表达。[4] 知识无法成为自在之物。康德在思考那些指导我们对经验实在的感知的理论概念时，谈到了"启发性虚构"（[1787] 1911），这并非戏言。对于康德来说，所有的概念都是如此，不仅仅是科学概念：根据他的理解，有机体、上帝、自由和永恒都是虚构的。由于无法直接接触自在之物，我们只能说概念仿佛是对现实的忠实再现。

许多康德派的哲学家都采纳了康德的这一观点，即我们面前的世界是由我们的头脑创造出来的，包括汉斯·费英格（Hans Vaihinger），他的作品在 20 世纪初最具影响力。在他的《仿佛哲学》（*The Philosiphy of As-If*，1924）一书中，费英格从康德的概念出发，认为直接接近研究对象是不可能的，因此，有必要生成使用的范畴，假设这些类别忠实地反映了所观察到的现象。对于费英格来说，范畴是"简单的表征结构，目的是感知给定的东西"，他把这些结构称为"虚构"。范畴不以直接的方式捕捉现实。事实上，"作为类比的虚构，范畴不能为我们提供任何真正的知识"[5]，因此，我们只能说，我们可以认为客观现象仿佛是以这样和那样的方式在运行的，但绝对没有理由采用教条主义的态度，把"仿佛"变成"确实"。对于费英格来说，就像康德一样，"仿佛"构式并不局限于科学理论：当我们行动时，我们必须进行得仿佛存在伦理确定性一样；在宗教习俗中，我们必须表现得仿佛存在上帝一样。

理论建构使用"有意识的错误假设"；也就是说，已知的理论术语是错误的。这些理论术语在科学中的使用是正当的，是因为它们已被证明是科学发现的有用工具，对有序化经验现象有重要作用。[6]同时，类别的使用给科学发现带来了创造性元素（Bronk，即将出版；Ricoeur，2002）。

费英格对认识论采取的是工具主义方法，在自然科学中有意识地使用虚假假设。[7]然而，他的仿佛理论并不局限于自然科学，他还讨论了科学虚构在心理学、政治学、经济学和法学中的应用。在经济学中，他使用亚当·斯密（Adam Smith）的假设为例，即所有行动都是由利己主义决定的。这不是一个可以实证检验的假设（它不久便会失效，因为行动者无私行为的例子比比皆是）。相反，它是一个启发性的概念命题，是许多人发现有助于推动科学进步的虚构。斯密从"一切行动都是利己的"这一虚构出发，成功地将整个政治经济学纳入一个有序的体系之中。

继费英格之后，科学虚构使我们认为科学探究的对象仿佛具有某种属性。理论既简化了现实，又创造了它们所描述的对象的想象属性。没有一种理论能够考虑到现实中存在的所有相关的因果关系——理论只能假装代表现实。然而，这并不妨碍行动者使用理论，就好像理论完全代表了现实一样。例如，博弈论模型中使用的行为假设在涉及经济中行动者的实际决策时并不成立，事实上，行动者的行为更加多样化。但是，通过对他人的行为和战略选择做出假设，并根据可预测性的假设采取行动，这些模型仍然指导着经济中的决策。博弈论的行为假设是"合法化错误"（Vaihinger，1924），有助于我们对当前决策的未来效果建立信念。

我们可以认为，费英格关于科学理论、概念和分类的见解是虚构，这些虚构反映了尼克拉斯·卢曼（Niklas Luhmann）所说的"双重现实"（见第四章）。现实既作为人类认知无法直接接触到的真实世界而存在，也以科学理论中的范畴而存在。这意味着"模型世界与其说是来自现实的抽象，不如说是平行的现实"（Sugden，2000）。[8]在他们的双重现实中，科学理论可与文学虚构相媲美，这也建构了一个不（完全）对应现实世界的新现实。经济模型和理论与文学虚构一样，与现实（见第四章）的关系是断裂的。

启发式虚构的概念类似于本书中之前使用的其他概念化，表达了客观世界和我们对客观世界的看法之间的分歧。回到第四章中讨论的肯德尔·沃尔顿（Kendall Walton，1990）的理论，启发式虚构也可以理解为假扮游戏。沃尔顿认为读者对虚构文本的接受类似于一种假扮游戏，参与者的行为表现得好像游戏是真实的（Walton，1990）。因此，经济学家关于经济的概念可以理解为彼此之间的一种协议，将其概念化为某些假设仿佛是有效的。沃尔顿认为，如果一个命题"在某个虚构的世界或其他世界中是真实的"，那么它便是虚构的。在经济学中，行动者以自我为中心这一假设（力求期望效用最大化）就是一种虚构。其他的规则可以轻易加入这场假扮游戏中：均衡思想，固定偏好假设，或者行动者使用所有可用信息的猜想。要成为经济学游戏的一部分，就必须同意规则；换句话说，人们必须同意理性，就像经济理论所假定的那样。

尽管经济学家制定并维护经济学的规则，但任何通过这些规则的棱镜来感知现实的人都可以参与"游戏"，包括顾问、经理、政治家或游说者。从这些假设中产生的虚构真理网络构成了一个宇宙，这一宇宙在认知上框定了经济的领域，让经济中的行动者得以共享。在此条件下，虚构的真相激励游戏玩家的行动、对其他玩家行动的期望、对因果关系的感知，以及对世界未来状态的想象。当然，这并不意味着经济领域的所有行动者都同意经济学学科所倡导的虚构真理，还应注意，经济学不是一个同质的领域，不同的虚构真理同时存在于其中。

经济学和社会学传统中都有预测基于虚构假设这一观念。米尔顿·弗里德曼（Milton Friedman，1953）在"实证经济学的方法论"（"The Methodology of Positive Economics"）一文中认为，经济学中的假设如果要成为一种预测，并且在这个意义上是客观的理论，就必须建立在"对现实广泛但不准确的描述性表述"的假设之上。"仿佛"的概念是弗里德曼方法的核心，即便他没有具体提及费英格的作品。与费英格一样，弗里德曼认为经济学理论使用假设条件是正确的：例如，假设企业仿佛理性地最大化自身预期收益，也仿佛知道成本和需求的所有相关函数，做这种假设是有益的。没有一个商人能够做出达到最优决策所必需的所有算计，这些假设在经验上是错误的，所以是虚构的，但这并不会改变这些假设在经济理论发展中的效用。由此观之，经济理论是建立在对经验现实的有意识的错误假设之上的，只要这些假设"起作用"，换言之，只要由此得出的关于经济的预测足够准确，这些假设就是合理的。[9]借用弗里德曼的话来说，经济学家必须理论化，就像仿佛理性和竞争性市场存在一样。如果这些假设不能带来足够准确的预测，那么就应该采用新的、虚构的假设。[10]

理论是虚构、假扮游戏或仿佛假设，这一观点在社会学传统也有，社会学将其表述为集体表象的形式。如前所述，埃米尔·杜尔凯姆（Emile Durkheim，[1912] 1965）描述了图腾社会如何通过将世界划分为严格分开的神圣和世俗领域来组织他们的身份和社会生活。他们将同一领域或另一领域的特征赋予所用的对象，例如纯洁或杂质，然后假装这些对象真的具有这些特征。有趣的是，杜尔凯姆认为知识社会学应该以康德的分类概念为基础（Lukes，1973）。[11] 根据康德的分类，一个对象可能具有截然不同的性质，影响其使用方式、评估方式，以及影响现实世界的方式。对象不决定理论表征，分类体系决定对象。

正如书中前部分所讨论的那样，关于社会世界的理论也不只是对一个潜在的客观现实的表征，因为与自然科学中观察到的对象不同，人类行动者根据他们所了解的观察结果而改变自身行为。这影响了理论要求识别的因果关系。换句话说，理论是变革性的，社会世界随着描述它的理论而变化。这种现象被称为反身性（Giddens，1984），在社会世界中最为重要。20 世纪 30 年代，奥斯卡·摩根斯特恩（Oskar Morgenstern）观察到"原子不需要对其他原子的行为和条件做出假设"（[1935] 1976），也不会根据理论物理学家的洞见改变自身行为。相比之下，人类却受理论的驱动而采取行动。对摩根斯特恩而言，反身性意味着经济预测是不可能实现的，这也暗示了理论无法预测未来。[12]

◎ 理论的可信度

上面讨论的认识论方法将科学理论视为一种虚构、一种认知建构，而非理论所概念化的经验世界的镜像。只要像费英格那样，假设这些概念化是开放的，一旦有更多有用的启发式虚构的设想，这便不再是科学相对主义的论据。从现实主义的角度来看，理论可以"视之为猜想的，在竞争和学习中演变"。实用主义者也持这种观点，将方法视为知识的组织形式，"融入探究、发展和检验的连续过程中"（Dewey，1957）。这一过程可以促成新的理论，但不会催生出自在之物，也不会促成对未来完全准确的预测。

但是，如果理论与经验现实如此遥远，那它们的权威性从何而来？与预测一样，只有理论和模型看起来可信时，它们才能在科学界获得影响力，但究竟什么让经济学理论变得可信呢？

米尔顿·弗里德曼（Milton Friedman）认为，理论的权威性来源于其预测的准确性，但还包括其他途径。英国经济学家罗伯特·苏格登（Robert Sugden，2000，2009）开篇就断言，经济学中的理论模型是虚构的，因为模型是经济学家建立的一种平行或反事实世界，既不现实，也不是经验观察的结果。苏格登认为，现实世界和模型世界是通过归纳推理联系在一起的。这些都是关于真实世界的结论，它们利用可能性来超越现有证据。经济学家能够说服他们的读者相信他们的一般命题，因为在某种程度上，这些命题似乎与现实世界的某些方面具有相似性。没有证据表明现实世界和模型之间存在对应关系，因为模型没有证据表明它所提出的因果断言是真实的。但经济学家可以要求它可信，因为模型的虚构世界可能是真实的（Sugden，2009）。模型与真实世界之间的感知联系，是源于相信，真实世界中的某一现象是由类似于模型世界的现实机制所造成的。"我们认为一个模型世界是可信的，因为我们将其视作一个可能真实的世界——不是积极、主观地增加其真实的概率，而是在它与我们所知道的（或以为我们知道的）现实事件的一般规律是相容的"。[13]

模型与真实世界之间的差距通过归纳推理弥合。当我们观察到真实世界中的结果与模型世界中的结果相似时，我们通过溯因推理得出结论，模型所描述的结果的原因也是真实世界结果的原因。模型世界不是一个失去了复杂因素的现实世界，而是一个由理论家构建的平行现实。

为此，苏格登（2000）将理论经济模型比作现实主义小说。即使一部小说中的地点和人物是作者凭想象力虚构出来的，作者也必须让我们相信它们是可信的，可能存在他描述的那样的地点和人物。然后读者将作者所描述的想象世界与自己所生活的现实世界联系起来。同理，如果读者放下疑心，并相信学者（隐含）的观点，即现实世界的一些重要方面和他的模型世界一样，人们就会认为理论模型是可信的。读者和学者都必须认为模型仿佛真实地反映了现实世界。苏格登对这种可信性的来源并没有太多的论述，但他认为模型（2000）中描述的不同要素的一致性和因果机制是来源之一。

Mäki（2009a）将可想象性、似真性和说服力作为经济模型可信性的另外三个条件。然而，这些抽象的标准并没有解释一个模型的可信度是如何实现的。为此，和预测一样，经济学家的实际做法能告诉我们一些信息，正如美国经济学家迪尔德雷·麦克洛斯基（Deirdre McCloskey，2011）和历史学家马利·摩根（Mary Morgan，2002，2012）所做的那样。

与苏格登一样，麦克洛斯基将经济模型与虚构文本进行比较，她认为经济学家的断言所依赖的不仅仅是统计检验或实证和实验数据。麦克洛斯基认为，经济学家是讲故事的人，经济理论的可信性至少在一定程度上取决于他们对叙事技巧的有效运用，通过叙事技巧来说服同行和公众。显然，经济学家所作的 90% 都是像这样在讲故事。然而，即使在剩下的 10% 中，即明显由模型和隐喻主导的部分，经济学家同样是在讲故事（McCloskey，1990）。

经济学家通过放宽假设、构建假设思想实验、提出定义、利用对称或类推（McCloskey，1985）等方式，诉诸反思或权威来说服读者。当然，经济学中的叙事是以理论模型为基础的，但这些模型只有与引人注目的故事相结合才会参与知识的生产。故事将模型与世界的具体情况联系起来，定义模型的潜力和极限（Morgan，2002，2012）。叙事"提供了模型的演示与模型所代表的世界中的事件、过程、行为之间可能存在的对应联系"（Morgan，2012）。和预测一样，这一联系是真实的是因为模型的意义并非源于数学公式，而是源于阐释。叙事将模型与现实世界联系起来，赋予模型以具体的形式。

麦克洛斯基和摩根的主要观点是，尽管经济学家声称他们的方法论是基于逻辑实证主义的，而且他们的所有结论都是从理论或模型的逻辑出发的，但分析经济推理的实际做法表明情况并非如此。麦克洛斯基（1990）和摩根（2012）运用叙事分析方法考察了现代经济学中一些最具影响力的著作。两人使用文学分析的术语，如人物、情节、开头和结尾，展示了经济学家是如何使用修辞手法的，如隐喻和类比。经济文本的"陌生化"（Verfremdung）揭示了经济学家认知自身的方式与实际叙事实践之间的差异。

这种方法展示了经济学家如何运用基于模型的故事讲述来告诉其他经济学家、政策制定者和普通公众看待经济现象的方式。除了统计数据、关于因果关系的主张、图形展示和参考经验事实之外，他们还使用修辞手法让他们的故事成为现实。这绝不意味着他们的意图是欺骗。和其他领域的行动者一样，经济学家试图利用费英格意义上的有意虚构的概念来说服对方和更广泛的公众，然后使用叙事机制增加可信度。

尽管麦克洛斯基对经济学的评估在语气上往往火药味十足，但其并不是在批评所观察到的实践，而是在批评这个职业对自身的错误认知，这种错误认知植根于一种方法论，即掩盖假设的虚构性和说服性的叙事策略。经济学使用虚构而不承认虚构。在文学虚构中，读者和作者都同意所呈现的现实不同于"真实的现实"，但经济学家并不这么认为（Esposito，2007）。[14] 正如菲利普·米罗斯基（Philip Mirowski，1991）所断言的，"经济学家似乎认为'模型'的存在是为了捕捉经济行动者发现自己身处其中的现实情况。他们对某一固定现实作出温和的假设，并将其独立于人类解释之外，这种做法无疑是受经济学家一直模仿物理学家及其模型的影响"。

一些经济学家认为把数学描述等同于现实是错误的（von Mises），或者建议经济学家只把模型作为现实世界的陪衬（Akerlof），这些都是相当例外的。这可能是由于人们认为，揭示科学概念不是经验实在及其因果结构的镜像这一事实具有颠覆性，认为这种揭示与其熟知的科学相矛盾，并且威胁到了科学的权威。在史学领域，海登·怀特（Hayden White，1980）写道："历史叙事的情节总是尴尬的，必须在事件中被呈现为一种'发现'，而不是通过叙事技巧被放置在那里。"同样，使范畴变得自然的做法是社会秩序的稳定机制，因为这一做法削弱了范畴的偶然性（Douglas，1986）。

和费英格提出启发式虚构类似，麦克洛斯基认为经济学家使用修辞有利于科学发现。她呼吁经济学家提高叙事能力，而不是放弃叙事。经济学家应该提高写作的说服力，改进教学方法，提出更好的论点。就像小说的读者一样，必须说服科学论文的读者。"在一篇好的小说或一篇好的科学论文中，只要能把观点表达清楚，读者就会同意作者的观点"（McCloskey，1990）。如果一个叙事令人无法信服，读者就会拒绝进入作者的想象世界。科学过程的目标是促使读者顺从作者的意图。正如作家在小说中所做的那样，令人信服的叙事使科学文章变得可信。

麦克洛斯基所倡导的科学进步模式取自哲学家理查德·罗蒂（Richard Rorty）（1980）——将社会科学视为对话（McCloskey，1985），在对话中，参与者使用一系列修辞工具来说服科学界有能力的成员。将其定义为"对话"，否定了社会科学的实证主义理解——通过产生客观验证的一般结果的测试来实现进步。相反，它将社会科学界定在科学界的话语实践中，[15] 以同样的方式将预测界定在认知社区的话语实践以及与经济的交流中。从这个角度来看，经济模型中的信仰是通过集体实践建立起来的，这再一次印证了杜尔凯姆的观点——实践由宗教信仰体系所创造并得以加强。理论的可信性必然是关系性的。

这并不是说科学知识脱离了现实。相反，正如罗伯特·苏格登（Robert Sugden，2013）所强调的那样，我们可以询问特定研究群体，在其特定的历史和不断演变的特征研究模式、理论偏好和相似性判断的条件上，在其研究领域中，它在发现意想不到但可预测的规律方面取得了多大的成功。研究群体对这种成功的展示，便是其对信任和权威的主张，而非遵守科学哲学家、逻辑学家或决策理论家所规定的推理原则。

◎ 启发式虚构的实际效果

对理论所提供的预测的"虚构"特征的强调，是在实践层面洞察理论知识如何塑造经济的尝试。理论概念不是潜在现实的表征，这并不意味着它们不影响决策和未来。然而，这确实意味着理论必然是偶然的，而且不同理论对现实有不同看法是可能的。正是因为科学理论和模型不能反映现实，它们才能导致形成不同的预期，并在经济的实际建设和动态中发挥有效作用。"我们使用模型来预测未来并影响未来"（Derman，2011）。

与预测一样，经济理论对经济决策有几种实际影响：影响决策的协调性，影响新奇性的创造，并用以塑造经济中其他行动者的预期。这样，经济理论就可以像预测一样，成为预期政治的一部分。

◎ 协调性和表演性

经济理论和模型通过提出行动者假设的因果关系、激发关于未来发展和战略的认知的想象来影响行动，并具有实际效果。理论提供了一系列的可能性框架，在这些框架中，行动者制定不同的战略来进行自我定位（Ortiz，2009），从而引导决策；如果一种理论为许多人所接受，它就可以成为经济中的一种协调力量。理论所做的不仅仅是建议决策，它们还就其他行动者如何决策提出主张，创造了对结果可预测性的信念。理论并不简单地代表现实，并且实际的未来发展是不确定的，这一事实并不妨碍理论发挥这种协调作用。行动者必须仅仅相信特定的理论、范式或经济"法则"。这并不排除行动者在未来的发展与他们所遵循的理论所导致的预期不同时，会对他们的决策感到失望，但理论确实激励了行动。

下面两个例子显示了经济理论和经济概念所创造的想象力是如何协调决策的。第一个例子是人类学家宫崎博一（Hirokazu Miyazaki，2003）基于民族志观察，认为东京证券交易所的套利交易者所使用的交易策略是基于他们对有效市场假说的"信念"。套利交易旨在识别相对于有效市场假说所定义的理论价值来说，被错误定价的金融资产。这种错误定价为交易者打开了套利机会，随着市场价格与证券理论价格的一致，这些套利机会有望在未来消失。宫崎博一对这些交易者的研究展示了交易者如何利用有效市场假说对当前价格进行分类，以及交易者如何塑造关于他们所交易的金融资产价格未来发展的预期。这些期望反过来又促使交易者做出决定。换句话说，交易者表现得仿佛有效市场假说是真的一样。[16] 宫崎博一（2003）观察到，交易者的时间取向是一种"回想的预期"，这与阿尔弗雷德·舒茨（Alfred Schütz，1962）观察到的项目是"在未来完美时态中的预期"相似。有效市场假说提出了一个乌托邦式的愿景，即"市场效率的末世时刻"（Miyazaki，2003）。也就是说，有效市场假说使人们确信，未来价格将朝着理论所定义的有效价格方向演变——这实际上会使价格朝着理论所预期的方向变动。然而，这并不一定发生。长期资本管理（LTCM）对冲基金的历史就是一个很好的例子，其未来与有效市场假说所预测的几乎没有相似之处——其经理根据理论上确定的证券偏离其假定均衡价格的程度进行投资，但在 1997 年，LTCM 突然破产。

　　第二个例子是菲利普斯曲线，它是 20 世纪 50 年代出现的经济模型，描述了价格变化和失业之间的相关性。在 20 世纪 60 年代，该模型在经济学家和政策制定者中产生了这样的预期，即有可能通过提高通货膨胀率使宏观经济选择降低失业率，反之亦然。这种模型产生的预期最初影响了政策，但令人失望的是，在 1970 年代，高通胀率引发了失业率的增长。对菲利普斯曲线的货币主义批判提出了一个产生截然不同预期的模型：该模型假定货币中性，并预测货币供应量的增加将导致通货膨胀，而对失业没有任何影响，因为工人会正确地预期通货膨胀并使他们的工资需求与之相符合（见图 10.1）。随着货币主义菲利普斯曲线在经济学和政策制定者中越来越被接受，人们的预期发生了变化。现在的假设是，扩张性的货币政策将无法刺激经济增长，因此货币政策应完全侧重于价格稳定的目标。货币主义者和凯恩斯主义经济学家之间关于菲利普斯曲线的持续争论，围绕的是对具体经济政策措施后果的预期。这一争论表明经济模型在协调经济行动中扮演着重要角色。

　　按照这种方式理解，理论、模型和范式是将行动者嵌入到"虚构的真理"网络中的脚本或规约。这创造了预期，传达了决策，有助于协调经济活动，并影响经济结果。

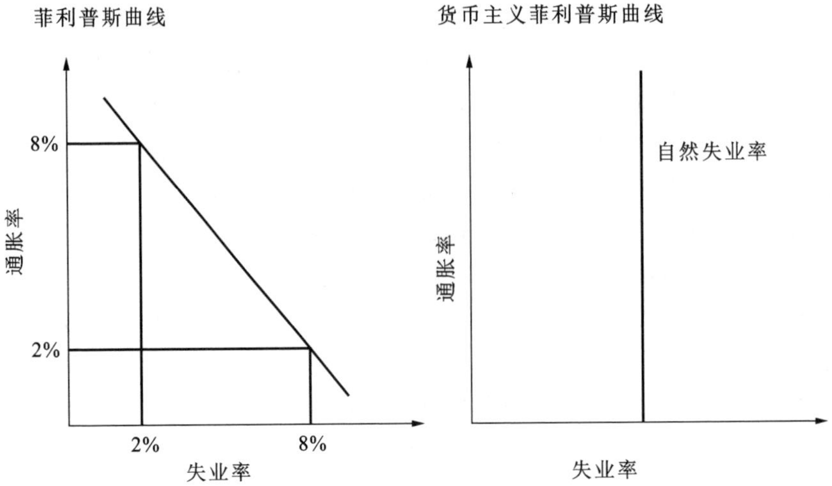

图 10.1　菲利普斯曲线和货币主义菲利普斯曲线

注：假设长期内较高的物价水平对失业没有影响。

◎ 新奇性

虽然理论激发了对未来的想象，并激发了行动者认为有助于他们实现未来的决策，但理论并不由任何潜在的现实所决定。至少在社会科学领域，基于科学理论的行动意味着理论也可能是产生新现实的工具。这样，理论不仅可以作为帮助行动者暂停不信任的装置，而且可以作为经济中的创造性力量发挥作用。理论看似矛盾的作用对于理解它们在资本主义动态中的地位至关重要。虽然行动者需要理论和模型等手段来进行协调，但他们无法依赖既定形式的稳定性。在寻找新的获利机会时，现有的形式也在新的理论模型的促使下被破坏，提供了不同的把握因果关系的方法。这就产生了对获利机会和潜在威胁的新想象，进而导致不同的决策。

在对想象力的探究中，保罗·利科尔（Paul Ricoeur，1991，2002）将科学模型定性为生产性想象的一种形式，因其是不可复制的。也就是说，不是由原型所决定的（见 J. Evans，1995；Taylor，2006）。利科尔认为，与虚构一样，科学模型为现实提供了一种新描述，开辟了一个前所未有的想象空间，并可能以此重新引导经济活动。模型允许行动者发挥新的可能性，并赋予现实新的意义。利科尔表示，科学模型所表达的生产性想象并不是非理性的，科学模型并非表达无拘无束的幻想，只是更充分地探索可能的选项，这意味着一种新的科学模型与现有现实之间的距离不能太大。然而，生产性想象确实引入了一种虚构，一种没有原型的形象，一种没有源头的事物。科学模型是启发性的，通过开辟新的想象力视野，为关于未知的决策提供信息，从而推动资本主义经济动态。

另外，科学模型的应用推动了理论对创造性反应的促进作用：可信的理论或模型并不决定行动者的决策，而是为行动者提供适用于其特定情况的评估方案。如果如约翰·杜威（John Dewey）所言，人们将不确定的情况描述为"不安的、麻烦的、模棱两可的、混乱的、充满冲突的倾向、晦涩难懂的，等等"，（Dewey，1998），那么有效的理论便不仅仅只是告诉行动者如何应对特定情况的脚本。相反，行动者通过阐释理论和模型来优化关于复杂问题的新方案。

大卫·斯塔克（David Stark）和丹尼尔·本扎（Daniel Beunza）（2009）在对华尔街投资银行交易室中金融交易者的决策过程进行民族志研究时，考察了交易者如何说服他们自己所进行的交易是正确的，从而揭示了在竞争激烈的市场中交易者如何识别他们认为的获利机会。从表面上看，交易者仅仅遵循主导金融模式的方法似乎就足够了，但进一步的研究揭示了一个棘手的问题："如果每个人都使用相同的方式，那么怎样才能让所有人获利？"（Stark，2009）。虽然金融理论中使用的数学公式在交易者的实践中确实起到了至关重要的作用，但斯塔克和本扎的研究表明，交易者对其处境的解释更加关键。这个解释过程不是由金融理论和模型所决定的，因为交易者必须"在他们所交易的证券的抽象性质中发现新的关联"。交易者的做法是参考多个评估方案（在此案例中，即金融模型），而不是局限于对未来的现在的单一评估及其因果机制上。交易者遵循"游戏中的多重评价原则……来利用其相互作用产生的冲突"，斯塔克将其定义为创业精神的关键特质（Stark，2009）。

这非常类似于第五章和第九章所提出的关于中央银行政策和宏观经济预测做法的民族志研究结果。就中央银行而言，其工作和政策制定者的讨论依照的都是宏观经济的理论框架。然而，理论框架并非以僵化或机械的方式来决定政策行动。"范式是开放的，可以展开激烈的竞争，重要的是，每个范式都依赖于理论和实践之间的明显差距，即央行人员必须进行前瞻性的谈判"（Holmes，2009）。中央银行和预测机构通过认知共同体和经济内部频繁的话语交流，实现各种评估方案的同时在场。

斯塔克和本扎所研究的华尔街投资银行的交易者通过交易室的空间配置来协商类似的评价异质性。由于交易柜台的组织方式让使用不同交易策略的交易者能够轻松地相互沟通，交易者能够交流信息和解释，并"测试"他们的想法。"反身性认知"（Stark，2009）推动产生了新的关联类型，从而导致"再认识"即以新的角度看待问题。

当然，这意味着金融交易者至少默认了他们所使用的模型并不简单地代表一种现实。不管模型是什么，他们都必须警惕这一点：模型所产生的期望是虚构的，因为模型不能超越类比统觉，而且未来是不确定的和不可预见的。事实上，民族志证据表明，交易者并不认为他们使用的模型可以明确地告诉他们市场的未来发展；相反，他们与这些模型建立了一种反身性的关系。例如，钟（Chong）、塔克特（Tuckett）和鲁阿蒂（Ruatti）（2013）的研究表明，基金经理将经济模型视为解释当前形势的工具。经理们通过测试他们的理论来建立对自己和他人评估的信任，从而使某一特定的模型成为"基金经理可能使用的许多民间模型之一"。然而，这对经济学理论能够"执行"经济的说法提出了疑问。

◎ 预期政治

理论的偶然性也使其具有政治性。在策略性社会互动中，行动者的成功依赖于其他行动者的行为。由于决策至少在一定程度上受对某些理论或模型的信念的影响，行动者喜欢通过说服人们相信那些证明政策对其有利的理论和模型的有效性，来影响第三方的决策。尽管这听起来可能相当抽象，但要点是非常具体的：如果理论影响结果，那么定义新理论或准理论并影响现有理论的可信度是行动者在市场中斗争的关键因素。通常，对立的理论并不参与竞争目标的斗争，因为它们提供了如何最好地实现目标的竞争愿景。减少失业、改善供给侧条件，还是刺激需求，哪个最有效？引入最低工资是会加剧还是缓解社会不平等？对富人的税收优势是否对穷人也有益？市场能否自行调控？理论在政治上是有争议的，因为没有一个理论可以为这些问题提供无可争议的答案。相互竞争的理论提供了替代性的回应，常常提出具有不同分配后果的对立政策。

塑造行动者解释世界的方式是权力行使的一个核心方面。因此，经济理论是现代社会治理（Foucault）的一部分。理论以知识的形式对社会进行控制。福柯认为，权力可以通过内化的知识和话语来行使。建立并确保理论和范式的影响力是对权力的表达，这种权力通过大学、智库和媒体等机构加以运用。将分析经济理论范式的发展与普及，作为对描述因果关系的科学工具的磨砺，这种想法是天真的。经济理论本身就是行动者追求物质和意识形态目标的工具。[17] 一般来说，这些目标被小心翼翼地隐藏着，通常隐藏在"准确性"和"客观性"的主张中，或者方法论辩论的背后。关于方法论的辩论在米尔顿·弗里德曼（Milton Friedman）关于实证经济学方法论的著名文章（上文已经提到）中有提及。正如马里恩·富尔卡德（Marion Fourcade，2009）所论证的那样，米尔顿·弗里德曼提出的经济理论应以仿佛理论为基础的建议，不能按照纯粹的方法论理解。弗里德曼本人声称，经济学中使用的假设前提允许准确的预测——积极经济学的目标。为什么弗里德曼的论断不仅仅是一个方法论命题？弗里德曼（Friedman，1953）在文章中对垄断竞争理论进行了广泛论证，强烈反对更现实的假设具有科学效用的观点。他认为，更现实的假设是危险的，因为它们会导致经济学很少以分析杠杆来对经济进行描述性、摄影式的呈现。富尔卡德表示，弗里德曼在他的论证中看到的不仅仅是简单的认识论问题，在要求"更现实"的过程中，他对经济理论的基本信念进行了批判，其中主要是关于完全竞争和约束最优化的假设。弗里德曼认为，对这些假设的批判将威胁到新古典经济学的核心——自由市场的信条。弗里德曼的意图是维持这些经济理论的核心假设，尽管由垄断竞争理论得出的经验观察表明这些假设是不成立的。弗里德曼的论文参与了预期政治：通过为启发式虚构辩护，弗里德曼捍卫了一套关于经济如何运作以及其组织的哪些形式是合法的这一特定观念。最终，弗里德曼的方法论文章捍卫了一种意识形态立场，即对经济采取自由放任的态度。

◎ 理论的动态性

　　如果经济决策受到经济理论的影响，那么考察其可信性的动态特征，可以为整个资本主义的动态提供新的启示。但究竟是什么原因导致经济理论发生变化？费英格认为启发式虚构随着科学进步而改变，这一观点是相当幼稚的，至少对社会科学理论来说如此——如上文所言，对经济的理论性描述具有高度偶然性。此外，理论影响决策的合法性，但影响分布却十分不均衡，这意味着对理论的兴趣是可以预期的。

　　有一点与本书的论题高度相关，那就是理论如果不再创造对所期望的未来令人信服的想象，就会失去可信度。在宏观经济学中，这些想象通常包括强劲增长、低通胀率、低失业率和提高盈利能力的目标。虽然理论要可信，就必须看起来与所期望的未来的想象力有密切联系，但它们可能会与其他理论竞争，其他理论在如何调整经济和企业结构来实现预期目标的问题上有不同的意见。

这一点在经济政策范式的演变中体现得尤为明显。有几项研究调查了在 1970 年代资本主义转型的背景下，一些研究考察了 20 世纪 70 年代资本主义转型背景下，指导宏观经济政策制定的经济范式和激励经理人关于组织企业结构的决策的管理理论的演变。

在研究政策范式对经济政策制定的作用及其演变方面，彼得·霍尔（Peter Hall，1993）是历史制度主义者的先驱。[18] 范式提供了信念性的解释框架，包括以下要素：政策目标（如促进经济增长或降低通货膨胀）、使用的工具（如财政变化、调控），以及这些工具的合法设置（如降低税收、放松对工业的管制）。霍尔研究了 1970 年代英国的宏观经济政策，以及从凯恩斯主义到货币主义的范式转变。两种范式对具体政策工具的宏观经济效应有着不同的看法，并产生了截然不同的政策决策。向货币主义的范式转变带来了有利于放松行业管制的政策，以及企业私有化、减税、市场自由化和福利国家的改革。

霍尔的主要兴趣是解释这一范式的转变，他认为这是由旧范式的危机引发的。当旧范式出现异常现象时，人们便会对它所激励的政策失去信心。[19] 旨在刺激需求和控制通货膨胀的凯恩斯主义政策工具在保持低失业率和刺激增长方面的效用越来越低。由于该范式无法再创造出人们实际渴望的未来想象，货币主义以其对宏观经济工具效果截然不同的假设将其取代，激发出新的、更有说服力的想象。货币主义由此获得了人们的信任，最终取代凯恩斯主义成为实现政策目标的典范。

紧跟彼得·霍尔的步伐，马里恩·富尔卡德（Marion Fourcade）和萨拉·巴布（Sarah Babb）（2002）对这一政策转变进行了更广泛的调查。他们追踪了四个国家从凯恩斯主义政策到新自由主义政策的转变，重点关注经济理论、经济转型和国内制度因素之间的相互作用。他们不仅证实了认知调整导致经济政策的转变（Blyth，2002；Campbell and Pedersen，2014；Mirowski and Plehwe，2009），还发现了相反的事实："国内和国际经济结构的深刻变革有助于改变经济和政治行动者赖以理解世界的认知类别"（Fourcade-Gourinchas and Babb，2002）。

与霍尔一样，富尔卡德和巴布发现，随着市场全球化，国家越来越容易受到国际资本流动的影响，而布雷顿森林体系的崩溃使 20 世纪 70 年代的政治行动者对经济的供给面解释显得更加可信。然而，他们指出，经济条件的改变并不会自动导致意识形态的转变：这些转变必须通过制度基础设施来扩散。在这种情况下，国际货币基金组织、经济合作与发展组织和世界银行都向各国施加了改变政策的制度压力。其他制度性因素，如商业报刊角色的演变，也促进了市场导向思想的扩散。当"面对屈从于国际金融市场和选民支持的新自由主义原则，还是诱惑以国内为中心的保护主义经济战略，这四个国家的政治决策者决定支持前者，将市场改革合法化，作为日益全球化的经济强加给他们的不可避免的道路"。

经济理论不仅在宏观经济政策层面创造想象，还塑造了关于如何构建企业的想象。自 20 世纪 70 年代以来，代理理论在美国企业的转型和股东资本主义的出现中发挥了作用，这便是很好的例证（Dobbin and Jung，2010）。在美国，人们普遍认为 20 世纪 70 年代的经济衰退是由美国工业的危机造成的，而这一危机正在失去国际竞争者，特别是在日本。

在 20 世纪 70 年代中期，代理理论（Jensen and Meckling，1976）对这些问题进行了诊断，并提出了一些解决方案，激发了人们对如何改善美国企业未来盈利能力的新想象。代理理论描述了企业的盈利能力与其治理结构之间的因果关系。代理理论将美国公司的不景气归咎于对公司的稳定和扩大比利润最大化更感兴趣的经理人。该理论认为，管理者过于专注于收购和组建多部门的企业集团，以巩固他们的权力，并赋予他们临界质量，以保护他们免于破产。该理论认为，这样的企业集团不可能收益过多，这违背了其所有者的利益。根据代理理论，高管（代理人）服务于自己的利益，而不是公司所有者（委托人）的利益。

代理理论为这一被感知的问题提供了解决方案，它引发了对未来企业盈利能力再次上升的想象。代理理论建议推出对经理人的激励措施，鼓励他们为公司所有者的利益服务，也就是提高公司的盈利能力。这些措施包括股票期权、多元化和债务杠杆股权，以及增加董事会监督，以监测管理层所承担的风险。多宾和荣格（Dobbin and Jung，2010）通过对近 800 家美国公司的抽样调查发现，公司接受了其中的前三项建议，展现了来自代理理论的期望是如何塑造公司治理的。

时至今日，在 2008 年金融危机以及随后的公共救助之后，代理理论更加饱受争议，其诸多原生性内容已经烟消云散。事实上，现在许多人认为，通过鼓励经理人承担不可持续的风险以最大化他们的额外津贴，以及强调短期优先事项（最终会损害企业利益）和推动资本主义动态的未来方向，这些都违背了公众利益。代理理论是否以及何时会被另一个具有新想象力的管理理论所取代，现在是一个悬而未决的问题。[20]

213

上述两个例子均表明一场感知到的危机导致现有范式的转变，以及新的启发式虚构的出现，提供了新的想象和措施以达到经济目标。理论通过所宣称的因果关系，为支持具体政策或企业改革创造了可信的理由。如果实施，这些改革将改变经济和企业的结构。当理论改变了精英的决策导向，并产生（暂时的）认知锁定，限制了预期的政治、组织或个人选择的范围时，理论就获得了影响力（J. L. Campbell，2004）。

这些例子也证明了前面讨论过的启发式虚构的效果：第一，这些理论有助于协调经济中的交流。正如富尔卡德和巴布（2002）所言，"作为一种意识形态的力量，新自由主义信条是自我强化的，在某种意义上，'没有选择'只是因为每个人都相信这一点，并按照这一信念行事"。第二，这些理论刺激了想象，为经济的重组提供了概念工具，从而促进了资本主义经济的新鲜感和活力。第三，从某种意义上说，这些理论是政治性的，因为它们的倡导者希望从他们提出的制度变革中获益。代理理论的目标是增加股东投资组合的价值。

214

为了系统理解理论和模型动态，将其视为由几个阶段组成的生命周期（类似于技术范式）可能是有帮助的（Deutschmann，1999）。经济学范式通常始于科学期刊上发表的一种新的理论方法，这种方法可能会在多年内不被重视。约翰·穆思（John Muth，1961）的文章便是如此，他提出了理性预期理论，该理论在近十年的时间里几乎没有受到关注。该理论之后被采用，并更广泛地适用于具体的政策或治理问题。在这一点上，理论与对理想的未来世界的想象实现了联结。这一理论随后制度化，例如通过政策改革，或改变企业治理结构。最后，这一理论失去了想象中的吸引力，人们认为它无法解决当代的挑战。旧理论衰落之后，人们会发现一种新理论并创造新的想象。

多伊奇曼（Deutschmann）（1999）将这一循环描述为"神话的螺旋"。理论每次都会被归化，因为经济学家"规定行为，并解释这些规定，不是用人为的规范，而是用自然创造宇宙的方式"（Dobbin，2001）。经济政策模式并不是唯一的迷思：自我调节市场的理念、可持续发展的理念、平衡的概念或"金砖四国"概念都是例子，因为它们为创建理想未来而进行分类。一定程度上，它们都调动了经济认知，促进了决策的形成，并影响了未来。

◎ 结论

理论是资本主义动态中的一种力量。理论创造关于世界未来状态的想象，以及因果关系的想象，并帮助行动者做出决定以实现目标，从而对事件产生影响并调动资源。理论和模型可能支持现有的实践，也可能通过构建反事实的未来颠覆既定的经济实践。无论哪种方式，它们都有助于资本主义的动态发展。理论和模型影响行动者对形势的看法，并通过激发对未来的想象来影响行动者的决定，同时指导行动者实现这一目标。理论预测未来发生动荡和危机的条件。理论提供了关于现实世界和可能世界的愿景，并提供了预期。如果可信，它们就会说服行动者并成为经济决策的参考因素。

将理论描述为产生虚构预期的工具，乍一看似乎是空想。但在科学哲学中，理论概念长期以来就被定性为虚构，尽管这一界定仍然存在争议。在一个层面上，正如伊曼努尔·康德（Immanuel Kant）和汉斯·费英格（Hans Vaihinger）所论证的，模型世界和真实世界是分开的，这意味着理论是虚构的：理论概念不可能是自在之物的直接表征。科学哲学中的争论并不质疑这一论断；相反，他们关注的问题是，哪些理论结构应该描述为虚构，模型和现实是如何连接的，以及虚构是否是描述这种现象的适当术语（Bar-Hillel，1966；Mäki，2002；Ströker，1983）。理论不仅必须使用抽象来描述未来，它们也不可能成为现实世界的镜子，因为它们改变了行动者的行为，因而描绘了一个不确定的也不可预见的未来。所以，预测理论在本体论意义上也是虚构的。

为了影响行为，理论不需要真假，只需要可信。经济理论的可信性有一个制度基础，它源于一个充满权力的社会互动过程，在这一过程中，科学界和专家精英的合法参与者相互说服，并使更广泛的公众了解某一理论及其应用方法。为了获得影响力，理论和范式需要经济学系、商学院、智库、政治利益集团和媒体的制度基础（Campbell and Pedersen，2014；Fourcade-Gourinchas and Babb，2002；Mirowski and Plehwe，2009）。科学界、政治家、媒体和更广泛的公众都认为某些理论是可信的，因为他们认为这些理论所描述的世界可能是真实的。可信度是在思想集体中建立起来的（Fleck［1935］1979），认识论信仰是在集体实践中建立和摧毁的。经济理论使用形式化的模型来说服他们的观众，但叙事和讲故事也发挥着同样重要的作用。一旦被说服，行动者就会表现得好像他们相信的理论是真的一样。与此同时，基于特定理论或模型做出的决策有分配后果，这一事实使理论和模型在政治上受到争议，成为现代社会治理的一部分。行动者可能提倡理论，是因为他们相信理论是有益的，而不是因为它们是准确的。无论理论多么全面，理论都无法解释未来的不确定性。正如经济实践社会学所表明的那样，有能力的行动者意识到了这一点。他们知道，理论或模型不过是帮助人们理解情况的工具——终止怀疑或设想反事实的未来，水晶球反映的不是未来，而是我们自己的愿景。

第十一章
结论：资本主义的魔幻世界

"维利纳，那你满意我们在这里的生活吗？你不再想要更好的了吗？"

——凯伦·拉塞尔（Karen Russell）

《圣露西的狼养女孩之家》

（St. Lucy's Home for Girls Raised by Wolves）

资本主义是一个面向未来的社会经济体系。随着竞争性市场与信贷系统的发展，经济中的行动者需要将注意力转移到未来，但未来不能想象为过去已知事件的重复性模式。要想在资本主义经济的竞争世界中生存，生产者和投资者必须寻求新的产品、更高的生产力、更低的成本、新的生产形式和新的投资领域来创造更多的价值。没有了强制的社会等级制度的束缚，消费者不断地感到压力，因而通过购买新产品，加大消费来维护他们的社会地位。经济停滞是致命的：这会让经济行动者退出市场，并剥夺消费者的社会地位。无论如何，未知的未来都必然需要持续的努力。创造新的价值便有机会出人头地，赚取利润，保持或提高社会地位。同时，它也伴随着经济失败的风险，这并非天意，而在人为——行动者的决定。创新性在传统社会中的作用或许微不足道，在资本主义中却是不可或缺的。历史的观点表明，面向未来的行动是开放的，不同于过去和现在，这并非人类的固有本性，而是资本主义现代化制度和文化发展的表现。

要想理解资本主义动态，我们首先需要理解预期在经济决策中的作用，这些预期是如何形成的，以及它们是如何影响行动者的决策的。也许最重要的是，未来，或者更准确地说，由行动者形成的未来形象决定了决策，从而解释了结果。这种对我们对于经济理解的修正要求社会科学调整其方法，将对未来的评估作为经济结果的因素。未来很重要！

如果行动者有办法知道未来会如何发展，以及他们的选择对未来有什么影响，那么他们就不难预见自己的命运或他们决策的后果。所有的文化都有自认为可以帮助其预见未来的"技术"（Rescher, 1998）。在过去，这些技术采取了神谕、预言和占星术等形式。这些在现代性的启蒙世界中失去了合法性。到了17世纪，一套新的技术开始发展，使用概率理论和其他理性机制来预测未来，这些技术为经济预测和合理规划方法奠定了基础，但这些技术也没能实现先人试图用玄学实现的目标：预知未来。

如果不确定性是真实的，未来是开放的，无法预知，那么在资本主义现代化中，任何所谓的预测未来都犯了基本的错误。最近的金融危机已经非常清楚地表明，理性预期理论关于价格反映内在价值的主张是不可信的。虽然这一术语与纯粹幻想有关，但却可以准确地描述在不确定的情况下预期的状态，即不确定使行动者无法计算结果，从而无法预测世界的未来状态。当结果不确定时，行动者需要假装他们可以预测结果，以便做出合理的决定——表现得仿佛未来会以某种特定的方式发展一样。虚构的预期建立了一种平行的现实——想象的未来。经济领域想象的未来包括对投资盈利能力的假设，对技术发展的预测，对金融证券违约风险的评估，以及对尚未购买的消费品所带来的满足感的预期。虽然是虚构的，但这些想象的未来（如果人们认为是可信的）证明了决策的合理性、信息性和合法性，从而影响了经济进程的开展。

虚构的预期帮助行动者在不确定的经济世界中找到方向。如果没有对可预见未来偶然性的想象，不可能对资本主义经济的主要支柱——货币和信贷、投资、创新和消费——做出决策。事实上，想象力在过去两个世纪里一直是并且至今仍是资本主义经济运作和强劲发展的必要条件。尽管意识到未来的偶然性，也正是因为意识到了这一点，创造可信的想象的未来是一项重大成就，是资本主义经济运作的必要条件。如果没有货币稳定性的预期，任何货币体系都无法运作。如果没有偿还的预期，就不会有贷款的发放。如果没有创新成功的预期，就不会努力开展研发活动。如果没有对未来收益的预期，就不会有设备、金融资产或人力资本的投资。如果没有不断想象关于汽车、电脑或旅行，及其在未来购买动机中的运作，任何消费社会都是不可能的。关于未来的想象至少暂时性地淡化了失败和失望的可能性，使风险得以承担，经济增长得以持续，从而打开了通往不可知的未来的大门。

通常情况下，这些想象随着未来的实际开展而分崩离析：恶性通货膨胀使货币贬值；贷款无法偿还；创新没有市场；投资失败；汽车买回来就让驾驶者失望。仅少数情况下，未来会超乎想象：在亚马逊、谷歌、苹果、脸书刚成立时，没有人预料到它们会取得惊人的成功。对于相关的行动者来说，个人的结果是否真的符合预期是至关重要的：投资失败、恶性通货膨胀、破产、失业和失望的消费者都是期望落空的例子，对个人和社会都具有重要影响。但在宏观层面上，这些只是小插曲，虽然可能波及整个社会，但却是资本主义制度延续的一部分。若想资本主义保持活力，真正需要的是继续开展有风险的活动。每一次成功可能意味着多次失败，但是为了使资本主义蓬勃发展，必须永远相信会获得新的利润，并通过不断创造新的想象以维持希望。

随着资本主义现代化的发展，经济中的虚构预期已经变得越来越重要。信贷关系史无前例地扩张，货币因脱离了曾赋予其基本价值的稀缺商品而日益抽象化，投资与特定网络分离，消费品的象征性价值变得越来越重要，所有的这些都证明虚构预期的重要性。但是，预期也可能使资本主义停滞不前：当预期突变，行动者曾经相信的未来消失，行动者愿意承诺的时间框架急剧缩短时，资本主义危机就会发生。金融产品的承诺任何时候都可能受到怀疑。贷款来源枯竭，货币被抛弃，投资推迟，股票被抛售，未来贬值。消费品也可能如此：购买时对满意的承诺变得无法实现，不合理，或者过时；产品失去了吸引力，需求也随之消失。2001 年，投资者对安然公司（Enron）的高管、会计师和股市分析师报告中想象的未来失去了信心，转眼这家巨大的能源公司便倒闭了。2008 年，美国房主的证券化抵押贷款的价值暴跌，因为投资者突然改变了对其是否会偿还的预期，这一危机突出表明虚构预期和想象的未来在资本主义动态中发挥着根本性的作用，甚至不能说这些资产的价值在危机时刻相对于其实际价值是下降的，因为考虑到未来事件的开放性，这些资产和任何其他商品一样，从来没有任何"内在"价值可以开始。预期未来价值是计算当前价值的起点，它总是锚定在虚构的预期中。预期的未来价值是计算当前价值的起点，并锚定于虚构预期中。

事实上，在本体论意义上，没有任何基本的经济价值可以独立于行动者对未来的想象而存在。对未来的想象首先是想象的；它们反映了对可能发生或不发生的情况的偶然与变化的评估。这并不意味着这些想象就不重要了：如果可信，想象的未来就能在经济中引发行动，并由此推动资本主义动态发展。但这种经济活力并非理所当然。金融市场、公司治理和投资中越来越多的现象表明，我们目前对短期的迷恋可能会耗尽资本主义现代化的核心增长来源，即耐心地参与结果不确定的经济活动的意愿（Haldane，2015）。想象的未来也可能被经济中的社会结构变化所压垮，比如工作不安全感的增加，社会向上流动的机会减少，人口老龄化，或者对消费品欲望的减弱。经济危机引发的不断增加的债务仍会对现在施加影响，阻止对新的想象力的投资，从而阻碍未来的发展。由于新的乌托邦很容易被同化，资本主义动态便可以几乎不受干扰地继续下去。但是，吸引力的减弱、结构性前提条件的消失、过去承诺对现在的影响，都可能会阻碍通往实现新经济形式的未来经济的道路，并导致经济增速放缓和经济危机。

◎ 公信力、阐释力、创造性和政治性

经济中的预期是虚构的这一观点引出的几个问题值得深入研究。其中最重要的或许是可信度的来源问题：是什么让行动者抱有某些期望而不是其他期望？在文学小说中，读者在打开小说时并不寻求现实，他们很容易接受作者创造的虚构世界，只要小说内部连贯且具有悬念。然而，在经济领域，虚构的预期需要大量的精心管理来实现公信力：行动者通过尽可能多地收集关于预期的信息，以及关于未来竞争性预测的信息来检验潜在的预期。经济预期的可信性来源是多方面的：可能是制度性的、社会性的、情感性的、传统性的，产生于实践过程，并反映了经济的权力结构。

从这一讨论中，我们应该看到两点。首先，如果没有机构、惯例和社会权力所提供的结构，预期的可信度是不可想象的。例如，信贷系统需要正式和（或）非正式的规则来强制偿还贷款。信贷系统必须依靠惯例，如信用评级或会计方法，并且基于政治和经济权力的主张（有时是强制性的），例如，在有主权债务违约危险的国家执行紧缩措施。其次，预期的可信度植根于经济行动者的实践。正如我书中所说，一种预期的可信度，即其激发人们对特定未来的信念的能力，在很大程度上来自行动者对彼此的观察和互动，以及他们对特定情况的评估的声明和理由。企业、消费者和经济学家在交流过程中形成信念并协调他们的评估。这些过程或许是通过接触许多不同的观点而发生的，但主导者试图围绕他们的世界观建立联

盟。正如埃米尔·杜尔凯姆（Emile Durkheim）和约翰·杜威（John Dewey）所言，信仰是由集体实践形成的。一旦期望的结构性和实践性根源被暴露出来，我们就会发现，虽然期望可能是由个人持有的，但只有在考虑到这些个人所处的社会世界时，期望才能被解释。在这个意义上，期望不是个人的，如果要理解它们，必须从社会学的角度来研究。

意义和阐释是对经济决策和结果进行严格审查的核心，这以经济是一个社会系统为前提。因此，其运作是基于行动者对他们观察到的现象所赋予的意义。意义和对情况的阐释是通过交流过程出现和变化的，在这个过程中，共同的观点得以发展，普遍的阐释得以确认或争论。如果未来是开放的，那么对未来的期望，以及基于这些期望所采取的行动，就是偶然阐释的结果。这些阐释采用叙事的形式，因此，经济行动应该被理解为锚定在叙事结构中，这意味着对经济的任何实证考察都不能脱离对经济行动阐释学的考察。叙事围绕过去的经验建立，并在对未来状态的想象和对决策将如何影响未来结果的评估中形成。在这一点上，经济理论发挥着重要作用。理论通过赋予想象以重量和体量，集合、选择，评估环境、证据或标准，确定可能的替代方案，委派参与者，以及在需要采取具体行动时告诉他们将如何展开，从而对问题和事件的因果关系提供了详细的视角。由于经济未来的不确定性，经济理论实际上是一种叙事——对经济的具体阐释的承诺。可以肯定的是，这种对经济的叙事性构建总是在已知的事实、规则、制度结构、经济和政治权力，以及社会网络的背景下进行的。然而，叙事在行动过程中的相关性取决于其在特定情况下获得的意义。虚构的期望是面向未来的，但由于叙事根植于制度和社会之中，"历史"在叙事的构建中同样重要。

虚构预期在资本主义的创造性中也起着关键作用。共同的预期使行动者在经济中的决策保持一致，使其更可预测，因而具有协调功能。这并不是说行动者在经济中的预期必须趋同。在这个意义上，正如社会学制度主义所论证的那样，现代化的社会进程不一定是一个日益同质化的过程。未来的不确定性，产品和市场的分化，以及社会地位的差异，意味着行动者在评估未来的方式上会有所不同：一些人看到了机会，而另一些人则没有；感知到的风险对一些人来说是承担不起的，而对另一些人来说则是可以接受的；未来的不确定性开启了无数反事实世界的可能性。也许与直觉相反的是，不确定性并不是，或者至少不只是经济持续发展的障碍，它也是经济发展的前提条件之一。正如一般均衡理论的支持者以及弗兰克·奈特（Frank Knight）和约瑟夫·熊彼特（Joseph Schumpeter）所证明的那样，一个拥有完美信息和完全理性的行动者的经济将是一个没有时间或创造性的静态经济：未来将在现在就被知晓，所有的交换都可以立即发生。然而，在这样的经济中，不可能有任何活力，也不可能获得收益。在不确定性条件下，情况并非如此。

时间很重要，不确定性使新事物成为可能，对未来的期望推动经济的活力。没有人能够知道未来的反事实想象是否"正确"，而验证它是否正确的唯一方法就是向它迈进。同时，任何实现想象的尝试都会影响其成功的条件。大多数创新都会失败，但由于世界是不确定的，行动者可以自由想象他们的创新不会失败。他们产生或采用虚构的期望的能力，激励他们抓住想象中的机会。一旦成功，所产生的创新就会为经济增加新的价值。

虚构的期望概念中最后一个社会学突出问题是预期政治。如果未来是不可预见的，那么期望就必然是偶然的，因为没有人可以知道未来会是什么样子，可以想象的可能情景的数量是无限的。同时，真正发展的未来取决于行动者在当下所做的决定，并将以不同的方式影响不同的行动者。因此，我们可以得出这样的结论：经济中的行动者喜欢影响其他行动者的预期，这是非常合乎逻辑的。通过这种方式，行动者希望将他人的决策引向他们认为有利于自己利益的方向。这使得预期成为资本主义市场管理中的一个核心要素。

刻意影响预期是本书所讨论的所有实证领域中的一个关键特征。在技术创新领域，企业试图说服投资者和其他企业相信他们所设想的技术前景，以确保有财政手段来了解他们的技术预测在技术和经济上是否可行。在这个过程中，他们可能会削弱追求其他技术未来的竞争对手的地位。在金融市场上，投资者试图说服其他投资者相信他们的市场预测，当强大的投资者公布他们的预期时，是希望他们的评估将在市场上产生足够的动力，以实际创造他们预测的市场价格。凯恩斯主义的选美博弈不是关于美的定义的斗争，而是试图理解其他行动者对美的概念。当银行持有公司或国家的股权或发放贷款时，它们可能会对债务人的未来进行积极的预测（有时过于积极），以稳定其他投资者对其资产的信心。越来越多的中央银行将预期管理作为货币政策的一种形式。通过塑造对产品的预期，营销战略家试图说服消费者某一产品将比其他产品更能满足他们的欲望。

在上述所有情况下预测的未来都对经济的发展有深刻的影响。因此，资本主义现代化的竞争在许多重要方面上是对想象的未来的斗争。这与理性预期理论的主张相矛盾，即试图操纵预期是徒劳的，因为行动者不可能被愚弄。如果我们要理解资本主义经济中的竞争，我们必须问为什么某些想象中的未来会战胜其他的未来。而要回答这个问题，我们必须密切关注对预期的竞争，以及参与这些竞争的行动者的权力。对经济理论和范式的竞争，对技术预测的竞争，或对某产品所宣称的象征性特征的竞争，总是通过塑造信仰、观念、希望、恐惧和承诺而发生的。如果某个未来的想象是可信的，行动者必须成功地影响他人的期望，而能够行使这种影响是经济中权力的主要表现之一。

这就引出了另一重要结论：表演性方法是近年来经济社会学中最有影响力的范式之一。经济模型如果得到广泛认同，就会对经济产生影响，甚至产生模仿其假设的现实，因此，经济越来越像经济模型所做的表述这一结论是值得怀疑的。虽然这种效果已经在一些精心挑选的案例中得到了证明，但本书所涉及的更广泛的实证研究却指向了一个不同的结论：行动者所应用的模型具有各种现实世界的影响，这些影响不断超出行动者的想象，迫使他们不断重新调整其模型的假设，对其所面临的情况进行新的阐释。不管人们是为此怀有希望还是感到担忧，几乎没有证据表明未来的经济将与经济教科书中描述的世界相似。

223

此外，经济和金融模型只包括对经济中的预期和决策的少数认知和规范性影响。认知结构对经济结果的影响的研究范围需要大大拓宽。像凯恩斯主义和新自由主义这样的经济范式、技术预测、对消费产品的道德评价以及对货币稳定的信念，都是经济决策的认知和规范基础的一部分，其对经济结果的影响往往是相互冲突的。如果经济社会学要关注认知和规范的作用，就必须考虑到塑造经济行动的所有分类和范畴，而不仅仅是经济理论。此外，认知方法只能部分地解释经济结果，因为认知装置并不是经济过程背后的唯一因素。任何全面的经济社会学理论都必须考虑到预期是如何被情绪、社会地位、制度和经济领域的权力分配所塑造的。

◎ 未来研究

预期对经济结果的重要性为经济社会学和政治经济学开辟了一个引人入胜的实证和理论研究议程。我们可以在分析家和预测家的报告中，在为证明具体战略决策而精心制作的公司文件中，以及在大众媒体的报道中窥得一二。研究可以是定性的，也可以是定量的，包括对书面文件或数据库的分析，以及对股票市场分析师或评级机构对金融证券未来表现的预期的访谈。虚构预期在研究其影响时可以作为自变量进行分析；在研究其如何形成时可以作为因变量。对本书第二部分所讨论的领域的经济决策进行进一步的实证研究，可以更深入地了解某些想象中的未来是如何发展的，以及它们如何影响经济决策。

可能的研究课题有多方面，例如，并购、风险资本投资、关于技术发展的决策、职业抱负、消费者购买商品的期望、关于引进欧元的想象、硅谷企业家的技术想象，或者中央银行为建立货币信心所做的巨大努力。也可以调查本书第三部分所说的"想象力的工具"这个实证领域。这不仅包括预测和经济理论，还包括商业计划、会计、战略和营销。这些工具在创造想象的未来和资本主义动态中有什么作用？另外，还可以对大众传媒在想象的未来的出现和传播中的作用进行详细调查。社会科学界对其中一些主题已有研究，但本书希望贡献一些新内容：以统一的研究视角关注想象的经济未来如何有助于解释资本主义的持续动态。这提供了全新视角和综合议程，汇集了以往研究中的不同角度并进行了拓展。

上文所建议的研究议程理论聚焦于想象的经济未来的出现与动态。行动者的期望不应从个人主义的角度来理解——既不是效用最大化，也不是阻碍行动者实现收益最大化的固有的认知扭曲。相反，行动者的预期是由他们的社会、文化、制度、历史和政治背景所塑造的。这些期望是如何出现的，以及它们是如何在社会上稳固根基的，值得进行更深入的研究。尚待探讨的话题包括历史和比较研究：期望是如何随时间而发展的，各国之间的期望有何差异，以及期望与行动者的社会地位和宏观社会条件的联系。从历史角度来看，对经济事务可预测性的理解是如何变化的以及预测工具的发展，都是有待挖掘的研究领域。

通过行使权力影响和塑造期望是本书讨论的另一个理论问题，需要进一步探讨。别人的期望在多大程度上可以被操纵，甚至被"引导"？有可能"管理"期望吗？如果可能，谁可以这样做，这种行为的反作用力是什么？谁来构建想象，专家和中介机构在这个过程中扮演什么角色？对未来的想象如何变得可信？谁是经济的"魔法师"？在经济事务的管理中，想象的未来是如何被政治利用的？

想象的未来的动态问题也需要进一步探讨。对未来的唤起是周期性的，现有的期望不断被唤起新想象的新期望所取代，但想象力的扩散和崩溃的整个过程需要更系统的研究。

同样重要的是，要更多地了解资本主义的未来取向如何与经济中基于经验的传统时间取向相互作用，这些传统时间取向并没有简单地随着资本主义现代化的发展而消失，而是以不断变化的形式持续地出现。同时，也有必要加深对风险和不确定性之间的区别的理解。哪些情况由于其独特性而无法计算？在这种情况下，计算是否能让人做出更好的决策，或者它只不过给了行动者足够的信心来做决定？制度的发展，如市场机制的执行，在多大程度上导致了更多的不确定性，从而促进了对想象的未来的召唤？

最后，可进一步研究本书提出的阐释方式，可以与有关资本主义动态的现有解释相联系，如功能分化理论、进化理论和制度理论等，将会取得不错的成效。这里所强调的预期并不是要排除这些成熟的方法；相反，需要探究这些方法与想象的经济未来的作用之间的关系。

研究议程的宏观历史方面将试图根据资本主义主导想象的变化来划分资本主义的历史发展。政治经济学的方法确定了资本主义不同的控制观念和不同的生产制度，表明了资本主义作为一种经济和社会形态的演变。这样的历史分类也应该尝试用想象力的发展作为分界点来描述资本主义发展的不同时期。在 19 世纪创业型资本主义的传播过程中，新产品和新技术的生产占据了想象力并拉动了经济增长。从 20 世纪 20 年代开始，在发展的营销行业的支持下，消费的想象激发了消费者的消费动机，拉动了总需求。建构消费梦想成为一种生产力量。自 20 世纪 90 年代以来，对未来的想象集中于金融市场，导致了资本主义的进一步重组，尽管这不太能促进显著的增长。这种关于想象的未来的历史经济社会学也可以以不同的行动者群体为中心，如工人、企业家、经理、消费者或经济学家，以了解想象的未来的发展，更具体地参考社会群体。研究应该表明，在资本主义的发展过程中，人们为创造虚构的预期付出了巨大的努力，而且这种努力采取了不同的形式。

◎ 世俗的魔力

想象的未来有助于阐释资本主义的动态，并有助于建立超越理性行动者理论的政治经济学微观基础。社会科学试图阐释资本主义经济动态，以及自 18 世纪末以来与之相关的激进的社会变革。其中许多解释都指向宏观层面的结构性变化，如新的制度组合或劳动分工。但是，像任何社会形态一样，资本主义经济通过个人行动得以运转，这些行动产生于历史上出现的社会背景。任何关于资本主义动态的社会学理论都必须证明在宏观和微观层面所得的结论是如何关联的。马克斯·韦伯（Max Weber）在他关于新教的论文中研究了这个问题，其他主要的资本主义理论家也是如此。熊彼特强调了企业家的作用，他们试图将其对未来的设想强加给经济体系。同样，马克思的历史工作密切关注工人的道德经济与新兴资本主义制度的结构性要求之间的冲突。皮埃尔·布迪厄（Pierre Bourdieu）在20世纪50年代对阿尔及利亚的研究探讨了经营者如何处理由金钱驱动的经济的新逻辑，将资本主义现代化中行动者不断变化的时间取向带进了研究者的视野。

然而，最终这些杰出的资本主义理论家都认为与资本主义经济结构的自我推动力相比，代理的作用是次要或无足轻重的。韦伯和熊彼特都为资本主义经济假设了一个特定的历史轨迹。韦伯描述了加尔文主义宗教教义产生的动机是现代资本主义出现的驱动力，但一旦现代资本主义被启动，这些教义就变得多余了。韦伯用著名的"铁笼子"的比喻来描述，一旦资本主义的系统性力量完全到位，行动者如何成为单纯的对象。韦伯强调，资本主义经济的结果可能与"物质理性"的道德要求发生深刻冲突，但他坚信，现代资本主义将创造一个完全失落的世界。熊彼特（［1942］2014）在他后来的作品中明确指出，企业家最终会被大型官僚机构的主导力量所取代，这意味着他所定义的资本主义最终会走到尽头。马克思在他后来的作品中，越来越侧重对资本主义动态的解读，将生产的力量视为历史的真正决定因素。尽管布迪厄的作品非常重视代理人，但他也强调用习惯来解释行动，从而淡化了代理人的偶然性。

本书引入虚构预期的概念，还有望为重新审视韦伯关于资本主义现代性的失落和行动者被限制在其中的"铁笼子"的论断做出贡献。本书对资本主义动态的微观基础研究，试图将注意力拉回到代理人的影响上，并强调他们的行为不能归结为结构性力量、固有认知规律或理性计算。在关键的方面，资本主义是由经济意义上的非理性的代理表达所激励的。反事实的未来的想象，由幻想、希望、恐惧和欲望等非理性灵感所驱动，是资本主义动力的构成要素，但却很少得到认真的关注。

虚构的期望是对未来的评估，假装未来会以特定的方式展开。认知框架、规范和情感对于激励基于这些想象的行动至关重要。正如许多人种学和行为学研究所证实的那样，经济决策，即使是在现代金融市场，也无一例外地是在希望、贪婪、恐惧、传统和熟悉的情况下做出的。当现代消费主义产生类似于杜尔凯姆所描述的图腾崇拜的品牌拜物教时，它为古老的消费主义重新注入了活力。创新者沉溺于对技术未来的乌托邦式的想象，并不顾一切地追求它们。除了完全自动化的决策过程之外，经济领域的决策不能脱离想象的唤起，也不能脱离情感和传统。用韦伯自己的词汇来说，现代经济并不完全是一个工具理性行动的领域；它也是一个情感、魅力和传统行动的领域。

虚构预期的概念说明了希望和恐惧的作用，以及幻想、新事物、创造力、判断、熟悉性和传统在经济决策中的作用。理性主义的经济方法认为，这些特征要么是无足轻重的，要么是过去时代的"遗物"，会随着资本主义现代化的前进而消失。但是，韦伯所认为的随着资本主义现代化发展而消失的魅力仍然是资本主义经济运行的组成部分。在微观层面上，人们观察到"意义和传统、身体、亲密关系、地方知识和其他一切的存在，这些通常被认为是从抽象和理性化系统中培育出来的"（Knorr Cetina，1994）。如果经济行为与生活世界如此紧密地交织在一起，那么和其他社会领域一样，经济是由社会和规范背景下的阐释组成的，并形成对未来如何发展的想象和期望。

"经济的阐释学建构"也被当地环境的社会结构及其想象力所激活。这在高度不确定的情况下尤其如此，比如风险资本由利润所驱动的世界。即便如此，人们也有理由认为对利润的渴望胜过其他一切。

227

> 人很重要，他们的个人特质很重要，他们的美德很重要。而他们之所以重要，是因为这些创造未来的做法具有根本的不确定性。你需要了解人们的美德，因为几乎没有其他可以依赖的东西会如此持久和突出。尽管一些社会历史学家和社会理论家向我们保证，个人美德与前现代的熟悉模式有明显的联系，但对熟悉性和个人美德的依赖并不仅仅存在于前现代。它们自然地属于前现代"我们已经失去的世界"；它们尤其属于创造未来世界的世界。
>
> （Shapin，2008）

换句话说，现代资本主义也因想象的未来被表现的非技术性、非计算性评估所激励。

"虚构预期"这一术语本身就暗示了在不确定的条件下，非理性对所有的经济行为都有影响，即使是那些寻求纯粹理性的行为。虚构的概念可以用来将经济行为的非理性核心定位在投资者、创新者和消费者身上，而不是在驱动个人实现其宗教命运的宗教教义中。行动者的实践和信仰是一种对世界的世俗陶冶，这与杜尔凯姆的假设相吻合，即现代社会发展了神圣的世俗形式。但是，虽然杜尔凯姆的主要关注点是他所说的政治和社会事务中的"个人崇拜"，这里的重点是神圣的世俗形式在经济中发挥的作用。可信的虚构预期是深藏的信念。而且，正如宗教分类的情况一样，经济中的虚构预期是通过集体实践来维持的社会预测。

韦伯并没有从特别积极的角度来看待他所预言的现代性将成为的"铁笼子"。事实上，他警告说，这将导致自由的丧失。奥地利学派的代表同意他的观点，认为现代性及其庞大的官僚结构是对自由的潜在威胁，并认为围绕市场组织经济是应对这种威胁的唯一途径。他们认为，鉴于未来的不确定性和人类的易变性，市场应该是社会的核心机构，不受监管的约束，因为没有一个中央机构或预测者能够很好地掌握开放的未来的许多可能性，从而有效地分配资源。在他们看来，市场不仅确保了经济效率，而且，更重要的是，保护了人类自由，因为在市场中，所有的个人举措都是可能的。这一主张成为芝加哥学派经济学家和德国自由主义者的试金石，并为过去 30 年来实施的许多经济政策提供了依据。

当然，本书提出的论点并非首次反对韦伯关于现代资本主义对世界进行合理化的设想，也并非反对奥地利学派和之后其他人试图将不受约束的市场制度化，以维护韦伯所预测的理性官僚资本主义将威胁的自由。正如布鲁诺·拉图尔（Bruno Latour，1993）所说的那样，"我们从来都不是现代人"。杰拉尔德·布朗纳（Gérald Bronner，2011）指出，知识的进步会导致信仰的消除，这种想法本身只是一种信仰，它起源于启蒙运动。然而，启蒙运动对现代化的描述并不准确，从这一观点出发得出的知识性、制度性和规范性的结论大相径庭。

一小部分社会科学家和哲学家认为，想象力是人类自由的核心。然而，这些学者并没有把这种能力与市场联系起来。例如，科尼利厄斯·卡斯特利亚迪斯（Cornelius Castoriadis，1998）赞同韦伯对保护自由的规范性的关注，但不同意韦伯（和马克思）对现代资本主义将如何发展的看法，即认为关于合理化和现代化作为统一过程的断言本身就是试图让历史沉默。这种断言假定了一种历史性的宿命，意味着未来不能通过基于社会想象的政治行动而改变。卡斯特利亚迪斯认为，这是对历史的极权主义理解，错误地把对社会变革的完全控制描绘成一种可信的可能性（Joas and Knöbl，2009）。其他社会理论家则赞成这样的观点，即想象力有可能通过提供可能行动的新视野来解放自己。恩斯特·布洛赫（Ernst Bloch，1995）在《希望的原理》中提出了这样的论点，阿尔伯特·赫希曼（Albert Hirschman）和保罗·利科尔（Paul Ricoeur）也按照类似的思路写过文章。最近，阿尔让·阿帕杜莱（Arjun Appadurai，2013）指出，愿望和对未来的定位是一种重要的文化能力，使行动者能够发现和驾驭新的机会。与奥地利学派的经济学家不同，阿帕杜莱并没有将发现新道路的能力局限于一小部分英雄企业家和市场，他认为，愿望的实现并不取决于市场的运作。和布迪厄一样，阿帕杜莱指出了市场机制对资源不平等的分配对于社会企盼能力的消极影响。对他来说，发展这种能力是超越市场的社会和政治动员的一个非常理想的目标。

这些思想家的作品提出了这样一个问题：行动者对资本主义不确定性的创造性反应——想象的未来，是否也能被理解为一种潜在的解放力量。带着这个问题，本书以谨慎的口吻结尾。比尔·休厄尔（Bill Sewell，2008）指出，资本主义是一种经济和社会形态，它不断改变其具体的历史形式，同时又永远保持不变。资本主义既是多变的，又是不变的。新产品被开发出来，社会生活的新特征被商品化，资本主义扩大了它的地理范围，扩大了它所控制的时间范围。但是，所有这些不安分的创造力都是由投资新商机和扩大消费所引起的，并由此往复。在大多数情况下，资本主义经济所追求的虚构预期并没有表达出对个人或社会的乌托邦式的渴望，没有任何东西能超越资本主义积累的要求。资本主义想象的未来反映了一种更新资本主义的收益原则的无休止的努力。即使是那些提供资本主义替代方案的乌托邦，如劳工运动中的某些潮流或 1960 年代的抗议运动，也能看出它们的想象及其所激发的实践活动被重新历史性地纳入了资本主义逻辑。资本主义为了保持其活力，必须不断地被新奇的事物"激活"。因此，它依赖于行动者的创造力和想象力，这有时表现为对资本主义本身的抵抗。但最终，这些创造力都无法摆脱积累原则本身。最终，想象的未来都被重新纳入了资本主义的内在逻辑。起初是加州的嬉皮士文化，后来发展为硅谷的超资本主义。尽管想象的未来最初看起来很疏离，甚至是对立的，但实际上它们是资本主义再生产的一个组成部分。通过将人类想象力的创造潜力纳入资本主义的回路，资本主义的现代性将其卷入了"铁笼子"之中。不过，当代资本主义的"铁笼子"比马克斯·韦伯曾经描述的理想类型更加复杂。现代资本主义需要的远不止工具理性的行动者和计算装置，还包括想象的未来所表达的创造力。想象的未来所提出的无限的新路径是资本主义不断更新的永恒过程中不可或缺的一部分，其内容完全是偶然的，并不时因危机而中断。几十年前，德裔美国神学家保罗·蒂利希（Paul Tillich）用一个词描述过这种创造性和破坏性的混合：恶魔。

229

注释

◎ 第一章　导言 ....

1. 例如，见 Baumol（2002），C. Campbell（1987），Landes（1969），Luhmann（1995），Marx（［1867］1977），Deirdre McCloskey（2011），North（1990），A. Smith（［1776］1976），Solow（1957）和 Weber（［1930］1992，［1927］2003）。

2. 例如，见 Hayek（1973），Keynes（［1936］1964），Kindleberger and Aliber（［1978］2005），MacKenzie（2011），Marx（［1867］1977），和 Minsky（1982）。

3. 应该指出，代理问题在社会学制度主义中发挥了更大的作用，特别是在"制度企业家"（DiMaggio，1988）和"制度工作"（Lawrence and Suddaby，2006）的概念中。

4. 政治学是另一个领域，该领域对未来的想象在政治决策中发挥的作用的关注越来越多。例如，见 Cameron and Palan（2004），Ezrahi（2012），Mallard（2013），Mallard and Lakoff（2011），and Gibson（2012）。在心理学研究中，想象力的作用也很重要。从生命历程分析的角度对想象力的讨论，见 Zittoun et al.（2013）。

5. 另见 Tavory and Eliasoph（2013）和 C. Taylor（2004）。

6. 应该明确的是，强调资本主义的动态并不是为了标准化地肯定这种动态。虽然资本主义经济产生了前所未有的财富水平，但它也导致了生命形式的非传统化、异化，以及反复出现的危机和环境破坏。本书的目的是帮助我们经验性地理解资本主义动态独特却令人困惑的发展，以及作为社会形态的资本主义的"躁动（restlessness）"（Sewell，2008）。

7. 经济学方面，见 Bronk（2009）、Davidson（2011）、Dequech（1999）、Dupuy et al.（1989）、Keynes（［1936］1964）和 Orléan（2014）。社会学方面，见 Beckert（1996），DiMaggio and Powell（1983），Ganßmann（2011），Karpik（2010），P. Menger（2009，2014），Podolny（2005），以及 H. C. White（1981）。继奈特关于不确定性的开创性贡献之后，关于不确定性的长期辩论区分了不确定性的不同形式。第三章将讨论这些不同的类型。"未来的现在"一词由 Niklas Luhmann（1976）所创。

8. 术语"未来的现在"由 Niklas Luhmann（1976）所创。

◎第二章　资本主义的时间秩序

1. 例如，见 Braudel（［1979］1985）、Polanyi（［1944］1957）和 Weber（［1922］1978）。

2. 时间取向的变化不仅是资本主义的特征，也是整个现代化的特征。由于本书的重点是资本主义的现代化，对于其他现代经济体系，尤其是社会主义，未作讨论。哈特穆特·罗萨（Hartmut Rosa，2005）对现代社会时间变化的阐述采取了另一种方法。罗萨指出，事件的加速是现代化时间结构的核心，而不是未来的开放性。这种加速可以在社会实践、机构和个人对世界的态度中观察到。

3. 例如，Richard Biernacki（1995）表明，德国和英国工人也"从用于连接时间和劳动产出的设备中理解了劳动作为商品的概念，并抱有了使用这些商品的期望"。

第三章　预期与不确定性

1. 阿尔让·阿帕杜莱（Arjun Appadurai）（2013）对人类学学科也提出了类似的看法："人类学的知识基础和文化概念本身，仍然在很大程度上由过去的视角所塑造。"社会人类学家玛丽·道格拉斯（Mary Douglas）（1986）证实了这一点，她解释说："过去的经验封装在机构的规则中，从而对未来的期望起指导作用。"

2. "未来很重要"也是芭芭拉·亚当（Barbara Adam）和克里斯·格罗夫斯（Chris Groves）（2007）一本有趣的书的名字。然而，作者并没有关注未来的想象对现在的决策的影响，而是强调关于我们应如何将未来的结果纳入我们现在的决策之中的规范性问题。

3. 类似的评估，见 Joas and Knöbl（2009）。"关于个人和社会的创造潜力……大多数社会理论流派，除了实用主义之外，要么将其忽略，要么仅将其作为边缘问题来考虑"。

4. 欧文·费雪（Irving Fisher, 1930）在这方面发挥了特别重要的作用，他引入"时间偏好"的概念来解释利息，以及如何计算投资机会的盈利能力。一项投资的当前价值是通过未来收益的贴现来计算的，使未来成为当前决策的参考点。约翰·康芒斯（John Commons，[1934]1961）的重要著作《制度经济学》中有 200 多页关于的"未来性"的内容。其中主要涉及信贷和债务关系的章节明确指出，如果经济学涉及产权，"那么很显然它只涉及收入的预期"。自此之后，关于未来结果的预期和将未来价值贴现到现在的概念在经济学中变得尤为重要。另见 Muniesa and Doganova（2015）和 Palan（2012）。

5. 关于一般均衡理论的总结，见 Hahn（1980）和 Weintraub（1974）。

6. 比尔·毛雷尔（Bill Maurer，2002）也提出了类似的观点。毛雷尔认为，尽管经济理论已经脱离了确定性模型，但金融市场理论中使用的随机模型却假定了事件的正常分布。这使得随机模型无法"处理激进的偶然性——未经神圣之手书写的时间性流动，非人格化的运气的偶然。对钟形曲线和均衡的迷恋据说能使不可预测的东西变得可预测，但也经常失败"。这些模型显示了应该是什么，而非事情的真相。因此，理性预期理论是一种规范性论证，而不是关于未来的事实陈述。

7. 另一种批评指出，经济模型本身对价格发展的影响是经济预测不准确的来源之一。证券的内在价格不可能确定，因为价格"至少取决于投资者头脑中的模型（或理论）和外部信息"（Guerrien and Gun，2011）。

8. 主观预期效用理论（Savage，1954）也是如此，在该理论中，不确定性被概念化为行动者不知道哪种结果会发生的状态。然而，根据他们过去的经验，他们可以评估每个结果发生的可能性。他们使用"贝叶斯更新"来考虑变化，从而能够计算出最优选择。主观预期效用理论是经济学中试图消除奈特（Knight）所描述的不确定性的一个例子，它假定未来事件的唯一性和不可预测性。

9. 最近社会学和异端经济学的讨论进一步完善了奈特所描述的不确定情况的分析。例如，乔瓦尼·多西（Giovanni Dosi）和马西莫·艾吉迪（Massimo Egidi）（1991）区分了实质性和程序性的不确定性。前者是在不可能获得所有必要的信息以做出带来某些结果的决策时产生的，而后者则是由于代理人的计算和认知能力的限制，基于现有的信息，在复杂环境中追求他们的目标。乔恩·埃尔斯特（Jon Elster，2009）区分了蛮横的不确定性、信息收集的不确定性和战略的不确定性。"蛮横的不确定性"是指，由于"贝叶斯更新"不起作用，对均匀分布的倡导是没有必要的。"信息收集的不确定性"是指，无法理性决定何时停止搜索过程的搜索情境。"战略的不确定性"是指，一个人持有的预期相对于其他战略行为体预期的无限倒退。戴维森（Davidson，1996）区分了复杂情况下的"认识论的不确定性"和"本体论的不确定性"，前者指的是创造力和创新的不确定性质，换言之，指的是未来的开放。最后，戴维·德凯（David De-quech，2000）区分了模糊性和基本不确定性。模糊性是指由于缺失（但可能是可知的）相关信息而产生的概率的不确定性，在模糊情况下，决策者并不拥有完全可靠的关于可能结果的概率知识。基本不确定性的特点是有可能出现创造性和非预定的结构变化。由于未来尚未创造出来，所以没有一个预先确定的或可知的结果清单以供行动者参考来做决定。在基本不确定性的情况下，尽管一些相关的信息是不可知的，甚至在原则上也是不可知的，但还是必须做出决定（也见 Beckert and Dequech，2006）。在另一个定义中，真理的不确定性、语义的不确定性和本体的不确定性被区分开来（Lane and Maxfield，2005）。虽然不确定性的每一种类型都未达成共识，但对我来说，区分三种类型的不确定性是有用的。第一，不确定性源于情境的复杂性，这使得行动者实际上不可能选择效用最大化的行动方案。然而，这种形式的不确定性并不破坏假定行动者是完美计算机器的理论模型。第二，不确定性可能源于开放的未来的不可预测性，从而导致所谓的"基本不确定性"（Dequech，1999）。现在不可能知道未来会有什么创新，以及这些创新将如何影响与当前决策相关的考虑。第三，不确定性可能来自社会互动，在这种互动中，结果取决于第三方的行动，为了选择最佳行动方案，需要准确地预测这些行动。然而，即使是博弈论模型，由于其限制性的假设，也不可能明确地模拟行动者应该做出的选择，以实现效用最大化。

10. 关于对基本价值概念的深刻讨论，与基本价值无法确定的立场相同，见 Bryan and Rafferty（2013）。作者的主张耐人寻味，即不可能确定资产的基本价值，无论多么不精确，都只是次要的，需要进行衡量。关于基本价值和经济预测的更多内容，见第九章。

11. 尽管个人行动者试图将他们所面临的不确定性降到最低 (Knight, [1921] 2006)，但这是事实。事实上，一个经常提出的论点是，企业试图通过信用评级、尽职调查和资本预算等计算手段，将不确定性转化为（可计算的）风险。这种说法只有在大数法则适用的情况下才成立。例如，人寿保险或信用评分机构不能预测每个个案的结果，但可以假设整个保险购买者或借款人群体的事件分布是正常的。然而，大多数经济决策并非如此，在许多经济决策中，行动者面临着不可预测的结果。

12. 后来，在类似的情况下，凯恩斯（[1936] 1964）写道："……人类影响未来的决定，无论是个人还是政治或经济，都不能依赖于严格的数学预期，因为进行这种计算的基础并不存在。"

13. 像保罗·戴维森（Paul Davidson）这样的后凯恩斯主义经济学家以及安德烈·奥尔良（André Orléan）等来自法国管理学院的经济学家也使用凯恩斯的分析来理解不确定性条件下的预期。戴维森（2010）认为，决策者不能仅仅假设"未来可以被简化为从已有的市场数据中计算出来的可量化的风险"，而奥尔良则将模仿的想法视为对不确定性的主导反应。

14. 令人吃惊的是，相对来说马克斯·韦伯（Max Weber）对期望的作用没有什么说法。当他将工具理性行为定义为"由对环境中的对象和其他人的行为的预期所决定，这些期望被用作"条件"或"手段"，以达到行动者自己理性追求和计算的目的"（Weber, [1922] 1978）。在"解释社会学的一些类别"（1981）一文中，韦伯解释说，行动是面向未来的，对理想结果的期望是行动的理由。他认为期望植根于事件发生的客观概率，以及对期望实现的机会的主观信念。这种主观预期至少部分地植根于行动者认为会实现的"协议"。韦伯用"协议"一词暗指可能导致风险（经济）决策的预期的制度支持，从而指出了预期形成的社会背景。虽然这段话没有明确提到不确定性的概念，但它是韦伯商议的一个隐含部分。工具理性的行动必须面对不确定的结果问题，行动者通过预期获得承担与特定行动相关的风险的理由。韦伯对预期的理解，特别是他对概率的强调，与传统经济学对这个问题的思考密切相关。同时，在他关于证券交易所的文章中（[1894] 1988a），韦伯观察到，在投机交易中，客观机会和主观预期不可预测地分崩离析，导致投机者接受"意外因素"。此外，在他的方法论文章中，韦伯将想象力视为认识论的工具。他解释说，"单一的因果归属"的逻辑是基于在想象中构建事件的替代方案。为了理解导致确实发生的事件的因果关系，历史学家想象没有发生的事件的替代方案的后果（Weber，[1906] 1988b）。

15. 加芬克尔提出秩序是基于理所当然的规则的，与阿尔弗雷德·舒茨（Alfred Schütz）的现象学相联系。舒茨认为，行动者对未来的预测集中在情况的典型性上，而不是创新性上。尽管莱恩和马克斯菲尔德（2005）没有明确提到加芬克尔或舒茨，但他们在通过叙事结构的嵌入性解释不确定性条件下的行动时，采取了类似的立场。他们认为，社会行动可以被概念化为一个故事，在这个故事中，背景和过去的事件向每个角色展示了应该如何行动，换言之，这个故事"把演员—叙述者一起卷进去"。正如在现象学方法中，脚本或一种习以为常感阐释了行动。因此，这样的方法低估了行动者创造性地回应情况的能力。莱恩和马克斯菲尔德强调行动者可以改变故事，但仍不清楚这一主张与行动"由叙事逻辑产生"的观点有何关系。

16. 布迪厄（2000）也谈到了"象征性秩序的相对自主性，在所有情况下，尤其是在期望和机会失调的时期，它可以为旨在重新开放可能空间的政治行动留下自由的余地。符号权力可以操纵希望和预期，特别是通过对未来或多或少的启发和振奋的表演性唤起（预言、预测或预报）可以在预期和机会之间的对应关系中引入一定程度的游戏，并通过对或多或少的不可能的可能性——乌托邦、项目、方案或计划的自愿性定位，打开一个自由空间，而纯粹的概率逻辑会使人们认为这些可能性实际上是被排除的。"尽管布迪厄认为自愿主义的这种可能性是基于想象的未来，但在他的分析中，这显然是次要的。他对期望的评估的主要线索是：它们是由行动者的客观生活状况决定的。

17. 在某些方面，社会心理学中的"期望状态理论"通过调查"广泛持有的文化信念是如何将更大的社会意义和一般能力，以及具体的积极和消极技能，与某一类别的社会区别相比联系起来的"（Ridgeway，2001），导致社会群体中非基于价值的地位排序。不平等被解释为对不同社会群体的评价性假设。对这种分层解释的批评者，其中包括皮埃尔·布迪厄（Pierre Bourdieu，1973），他认为教育成就的模型不应该关注态度，而应该关注源于社会机会结构的结构性限制。

18. 这与肯德尔·沃尔顿（Kendall Walton，1990）的"虚构"（make-believe）理论密切相关，这将在第四章讨论。沃尔顿认为，"虚构"提供了"免费的"经验，"我们无须经历便得到了一些艰苦经历的好处"。还有保罗·利科尔（Paul Ricoeur，1979）在谈及虚构在创造现实中的生产性作用时写道："我们尝试新的想法、新的价值、新的存在于世界的方式，而不用参与其中。想象就是这种可能性的自由游戏。"

19. 这一节关于卡斯特里阿迪斯（Castoriadis）的内容基于 Joas and Knöbl（2009）。

20. 最近，穆斯塔法·埃米尔拜尔（Mustafa Emirbayer）和安·米什（Ann Mische）（1998）在评估想象的未来时考虑到了未来的开放性。他们区分了机构的三个组成部分，即迭代性、投射性和实际评价性。埃米尔拜尔和米什用"投射性"一词来描述"行动者对可能的未来行动轨迹的想象性生成，在此过程中，接受的思想和行动结构可能被创造性地重新配置，与行动者对未来的希望、恐惧和欲望有关"。在杜威和利科尔的引领下，埃米尔拜尔和米什强调，行动者"通过产生其他可能的反应来重新配置所感知的计划"。在社会过程中，这些想象的未来是通过叙事的建构、符号的重新组合和假设的解决来创造的。叙事是行动者可以用来在时间上向前（或向后）移动的工具，它们也为想象的未来提供了一个特定群体的文化框架。符号重组是一个过程，通过这个过程，意义的单位被拆开，并以意想不到的方式重新配置。对社会进程的动态和开放性中的预期作用的这一概述只是部分内容；其他重要的贡献也已经做出，其中值得注意的有 George Herbert Mead（[1932] 2002），Ernst Bloch（1995），Hans Joas（1996），Charles Taylor（2004），和 Raymond Boudon（2012）。这些作品中的一部分将在后面的章节中讨论。

第四章　虚构预期

1. 这种虚构的世界也可以在没有道具的情况下自发出现，比如在梦里。还应该注意的是，并非所有的想象都是虚构的，真实的东西也可以被想象出来，例如，一位居家的情侣说："我想象我的爱人在工作。"从心理学角度对伪装游戏和游戏在未来想象发展中更普遍的作用的有趣处理，见 Zittoun et al.（2013）。

2. 另见本章中的"虚构预期是行动的动机"一节。

3. 这也是海登·怀特（Hayden White，1973）的主要论点，即历史事实并不能说明问题，只能通过历史学家对它们的解释来说明，这涉及对事实的选择和权重，然后将其排列成连贯的故事。

4. 法律虚构的概念在法律哲学中还有其他含义，这里不作讨论。

5. 文学理论家也认为，小说不仅仅是一种文学现象，也是更大的社会世界的一部分。例如，沃尔夫冈·伊瑟尔（WolfgangIser，1993）认为，"与在建立机构、社会和世界图景中一样"，虚构"在认知和行为的活动中同样起着至关重要的作用"。哲学家肯德尔·沃尔顿（Kendall Walton，1990）认为，"虚构"的关键不仅仅是虚构，"它可能也关键地参与了某些宗教实践，参与了体育在我们文化中的作用，参与了道德机构，参与了科学和其他领域的'理论实体'的假设"。

6. 人们可能确实会问，为什么在这里使用虚构的概念，而不是用另一个术语来表达对未来的描述和对事实的评估之间的区别。这类术语包括"信念"（Arrow，2013；Bronner，2011）、"神话"（Deutschmann，1999）、"希望"（Miyazaki，2004；Swedberg，2007）、"想象力、故事、叙事、脚本和想法"（Blyth，2002；Münnich，2011）、"意识形态"（Marx and Engels，［1846］1976）以及"理想和承诺"（Knorr Cetina，2015）。虽然这些概念有重叠，但它们各自有不同的重点，没有一个像"虚构"这样符合本书的目的，"虚构"避免了虚假意识的内涵（"意识形态"），不偏向于对未来的乐观设想（"希望、承诺"），包括故事和叙事的概念，并且与期望的概念相关，是面向未来的（与"信念"不同）。"虚构"也意味着创造性，但同时比"想象力"更具体。此外，"虚构"允许在不确定的条件下，在文学小说和期望之间形成相似之处。

7. 故事是经济社会学（Diaz-Bone and Krell，2009；Mützel，2010；H. C. White，1992）、经济学（Akerlof and Shiller，2009；McCloskey，1990）、政治社会学（Tilly，2006）、历史学（H. V. White，1973，1978）、组织研究（Boje，1995；Brown et al.，2005；Czarniawska，1997；Gabriel，2000）、经济人类学（Holmes，2009）和政治学（Salmon，2007）中的话题。

8. 学者们还注意到，新的小说形式，尤其是现代小说，是与现代资本主义的发展历史同步的。小说的发展和阅读小说的中产阶级的扩大与现代消费主义的出现和现代信贷经济有关（C. Campbell，1987；Poovey，2008）。同样地，埃琳娜·埃斯波西托（Elena Esposito，2007）也强调了概率计算的发展和17世纪戏剧作为一种艺术形式的扩张之间的相似之处。这两种发展都是一种尝试来应对越来越多的偶然性的社会状况。艺术中创造的虚构世界和概率计算都促进了人们对社会现实的偶然性的普遍认识，并为处理这种新发现的偶然性提供了规则。

9. 例如，存于银行的钱可以随时变现的预期是一个虚构的预期。只有当这些钱没有被银行的所有客户同时检验时，它才是真实的。要想让客户继续愿意在银行存钱并避免银行挤兑，就必须分散他们的注意力，让他们知道他们有可能在任何时候变现他们的资产这一预期的虚构性。

10. 这表明对隐蔽工具的调查本身就是一个研究领域，同时也揭示了这种调查的颠覆性。将预期确定为虚构，使未来的偶然性和不确定性重回人们的视野。

11. 在某些方面，这类似于一厢情愿的概念，被定义为"相信事实如自己所愿的倾向"（Elster，1989）。然而，在一个开放的未来的条件下，事实究竟是什么，这在本体论上是不确定的。这使得我们无法区分哪些思维是一厢情愿的，哪些不是。

12. 这也得到了神经科学研究的支持，研究显示，想象愉悦事件时激活的大脑区域与实际体验这些事件时激活的大脑区域相同（Costa et al. 2010；Speer et al. 2009）。

13. 另见阿帕杜莱（2013）的类似看法。"我把渴望的能力看作一种导航能力，通过这种能力，穷人可以有效地改变他们通常被困在其中的'认可条件'，这些条件严重限制了他们表达意见的能力和就他们所具备的经济条件进行辩论的能力。"

14. 关于经济社会学对情感作用的调查，见 Bandelj（2009），Barbalet（1998），Beckert（2006），Berezin（2005），DiMaggio（2002），和 Pixley（2004）。

15. 尼克拉斯·卢曼（Niklas Luhmann）简明扼要地指出："在观察的过程中，真假设是关于假假设的，而假假设是关于真假设的"（Luhmann，1988）。早在 20 世纪 50 年代，约翰·索耶（John Sawyer，1952）就提出了这样的看法："在有些情况下，企业家的错误或错误信息不仅大量存在，而且似乎是成功企业的一个条件。"

16. 这种对协调和约定的关注在法国的约定经济学派中也很多，该学派主要基于凯恩斯对不确定性的讨论和分析哲学家大卫·刘易斯（David Lewis）对协调的研究。

17. 感谢杰拉尔德·布朗纳（Gérald Bronner）给我指出了这个实验。

18. 关于彩票购买的研究也证实了这一点。对彩票的需求使人们能够做完全改变生活的白日梦，这种需求偏向于中下阶层，这个社会群体对向上流动的渴望与他们实际的社会经济机会形成了鲜明的对比。见 Beckert and Lutter（2013）。

19. 同样，在十七世纪，莱布尼茨提出了无穷小的微积分，而牛顿将无限的概念引入了数学思维。这恰好发生在资本主义及其永不停息的财富扩张正在发展的时候。感谢沃尔夫冈·施特雷克（Wolfgang Streeck）向我指出了这一点。

20. 例如，马克思将信仰体系视为意识形态，即社会必要的虚假意识，反映了客观的阶级立场。这种决定论的观点也强烈地影响了皮埃尔·布迪厄（［1972］1977）的工作，他认为行动者的习惯基本上是由他们在领域中的地位决定的。尽管布迪厄承认，对具体情境的反应并不完全由领域中的地位决定，但习惯的概念为创造性的反应留下的空间很小。

21. 这揭示了经济中的故事和小说中的故事之间的另一个区别：小说是由个人作者写的，而经济中的故事是由社会实践产生的。传递虚构预期的故事有时是由个人和组织有意传播的，但往往是通过特定领域的话语过程无意中出现的。在这个意义上，经济中的虚构预期是基于作者集体写的故事。

22. 所讨论的四个组成部分并非资本主义动态所有的重要元素。生产也可以讨论，这将涉及生产模式和组织模式，以及对虚构的期望在员工激励中的作用和想象力在工作过程中的作用。

第五章　货币和信贷：未来价值的保证

1. 早期，马克斯·韦伯（Max Weber，［1922］1978）就指出，货币是普及交换关系和理性经济计算的前提条件。关于货币和信贷在资本主义发展中的核心地位，也可参见 Carruthers and Ariovich（2010）、Commons（［1934］1961）、Deutschmann（1999）、Ganßmann（2011）、Ingham（2004）、Pollilo（2013）和（Simmel，［1907］1978）。

2. 这种评估与货币的经济账户不同，后者认为货币的边际效用不断下降，正如所有其他商品的情况一样。关于最近对金钱本身的欲望作为核心经济动机的分析，见 Yuran（2014）。

3. 我所说的货币价值是指行动者对他们用代币作为货币来换取商品的期望。

4. 公司也可以通过发行股票来筹集资金，特别是自20世纪80年代以来，公司越来越多地依靠自筹资金。然而，其逻辑仍然是一样的：股权是基于对未来利润的期望上提供的，如果利润目标令人失望，便会撤走。

5. 参见玛丽·普维（Mary Poovey，2008）对该"代表问题"的杰出历史评估。其中，她解释说，基于法定货币的货币经济的扩张表明，对无价值的代币的价值的期望是如何作为一种社会信念而增长的，从而使经济中对未来的取向得以延伸。从债务的增加可以看出，尽管一再发生货币危机，但货币体系维持信任的能力仍在不断增强。

6. 齐美尔写道："其他的所有物品都有一个特定的内容，其价值来自于此。货币的内容来自它的价值，它使价值转化为一种物质，事物的价值脱离了事物本身"（Simmel，[1907] 1978）。

7. 在这个意义上，金钱是"宗教生活中圣物的对应物"（Orléan，2014），它的价值取决于集体信仰，就像图腾的力量取决于氏族成员的信仰。钱的"魔力"来源是集体秩序本身。不出所料，马塞尔·莫斯（Marcel Mauss，[1914] 1974）断言，宗教符咒实际上是最早的流通货币。根据莫斯的说法，护身符的购买力源于其赋予携带者的社会地位。

8. 同时，以流动资金的形式囤积财富，从来都只是一种保护财富不受市场不确定性影响的短期策略，它不可能被所有行动者同时使用。太多行动者囤积资金的宏观效果就是经济危机（Ganßmann，2011）。但对于通货紧缩的情况，货币财富只有在投资的情况下才能维持和增加。通货膨胀迫使行动者进行投资，这意味着将他们的财富暴露在一个未知的未来所带来的风险中。

9. 这还没有考虑到假币的问题。如果大量流通，假币会危害货币价值的稳定性。关于假币的精彩历史及其与美国发展中的资本主义经济的联系，可以在米姆（Mihm，2007）的书中找到。令人惊讶的是，米姆表明，在主要是地方和区域性货币供应的背景下，如内战前的美国，假币是流通货币的重要组成部分。

10. 其他许多涉及信任的情况都与此类似。在这种情况下，（不确定的）成功在未来的联合项目可能会实现，因为这些行动者把这个项目想象成已经成功实现（Wenzel，2002）。该项目是用未来完成时态来想象的。

11. 例如，格奥尔格·齐美尔（Georg Simmel）强调国家在建立货币稳定性方面的决定性作用，他写道，货币"基于中央政治权力所代表的保障"（Simmel，[1907] 1978）。强大的国家有更稳定的货币。

12. 关于国际金融体系中监管规则的详细描述，见 Mayntz（2012）中的内容。

13. 格奥尔格·齐美尔（Georg Simmel）也有类似的直觉，他写道："经济信用确实包含了这种超理论信仰的一个元素，同样也包含了这样一种信心，即社会将确保我们用劳动产品换取的代币的有效性，而代币是我们用劳动产品换取的物质商品"（Simmel，[1907] 1978）。

14. 实用主义思想在这方面也提供了有益的洞见。对实用主义者来说，信仰和预期不仅是主观的意见，还是行动者主体间商讨过程的结果（Commons，[1934] 1961）。从实用主义者的角度来看，对货币未来价值的预期是通过经济领域的言语行为和实践来沟通建立和维持的。

15. 焚烧国旗或圣书是类似的破坏符号的例子，能够引发类似于实际社会秩序受到攻击时的情绪反应。

16. 例如，见 Campbell et al.（2012）和 Eusepi and Preston（2010）。对这一文献的回顾见 Blinder et al.（2008）。

17. 这两个概念有以下不同。不信任指的是，另一方可能为了自己的利益而故意伤害我。信心指的是，虽然我参与了不可估量的风险，但这些风险来自对双方都同样不可预见的开放的未来。银行故意歪曲贷款中的风险将是对信任的破坏，我对高盛公司将继续经营的期望是对信心的表达。

18. 尽管发放信贷的意愿也取决于利率，但把信贷的扩张仅仅看作这一因素的作用是短视的：在经济危机中，即使利率接近于零也不会导致贷款的增加。作为比较，见凯恩斯（[1936] 1964）。这可以从经验上观察到，例如，在 2008 年金融危机之后，低利率未能刺激投资。

19. 由于机构的运作也取决于被机构监管者的"善意"，道德资源是资本主义动态中不可缺少的因素（Streeck，2006）。债务关系也是如此，因为它们也是由一个假定债务人有义务偿还债务的道德框架来维持的。见 Fourcade（2013）和 Graeber（2011）。

20. 见 Kalthoff（2005）和 Prato and Stark（2012）关于解释在金融资产估值中的作用。

21. Rona-Tas and Hiss（2011）提出了一个有趣的观点，即评级机构的风险评估的可信度本身取决于行业的形态结构。他们认为，市场恰恰是由三家评级机构主导的，这并不是巧合。"当协调是必要的，但垄断不被信任时，三家评级机构是最佳解决方案"。

22. Wisniewski and Lambe（2013）在对三个国家的股票价格的研究中表明，在 2008 年金融危机之后，对金融机构悲观的新闻报道的加剧导致银行的估值降低。"负面报道的增加会在未来的银行股收益率中引起统计上的显著反应。"

23. 另见 Bryan and Rafferty（2013）。金融危机及更普遍的经济危机，也可能导致对主流经济范式或"经济想象"的质疑（Jessop，2013）。这一点可以在 2008 年之后短暂观察到，当时危机的规模导致一些经济学家和政治家质疑自 1980 年代以来主导经济学和大部分政治的自由市场假设。这场危机打乱了行动者的"沉淀的世界观"（Jessop，2013）。这方面的其他例子还有大萧条之后对凯恩斯主义的转向和1970年代经济危机期间对新自由主义想象的转向（见第十章）。在危机时期，主导经济想象力的不稳定也可以解释为与特定机构和政策相关的预期变化。

24. 在危机时期稳定预期的一个方法是向后看，而不是向前看。在2008年金融危机期间，经济学家和政治家经常提到大萧条，指出这两个事件之间的相似之处和不同之处，并为当代的应对措施辩护，将其视为避免重蹈1930年代的覆辙的尝试。德国的货币政策经常以20世纪20年代的恶性通货膨胀和避免当时导致货币贬值的错误的必要性为依据。

25. Gorton and Metrick（2012）认为，2007—2008年的危机是对回购市场的银行挤兑，美国的银行系统实际上已经无力偿还。

第六章 投资：利润的想象 243

1. 关于现金流贴现技术在美国工业中的历史渊源的讨论，见 Dulman（1989）。

2. 约翰·索耶（John Sawyer, 1952）认为，矛盾的是，对一个投资项目的实际成本的不知情或错误认识可能是其成功的条件。当资本预算低估了一个项目的成本时就会出现这种情况，如果知道它的真实成本，就不会进行这个项目。当需求被低估时，或者当有意外的宏观经济增长时，这种项目也可能是有利可图的。成功的投资可能出于错误的原因，基于企业家的"信仰行为"而进行。

3. 乔治·沙克尔（George Shackle, 1970）在研究企业如何达成投资决策时，依靠的也是类似的思路，他考虑了几个资本预算模型，考虑到未来的不确定性，这些模型将使理性的投资决策成为可能：不确定性的想法和投资决策的基线标准是，即使是最坏的结果也不会危及公司的生存。最后，他得出结论："在这个世界上，决策的后果在本质上和逻辑上都超出了观察和计算的范围，无法得到有保证的、准确的和完整的知识，历史在每一个时代和每一代人中都发挥着其无尽的讽刺作用和惊奇的天赋，没有任何预言系统能在客观上给出确切的指导。"

4. 关于虚构预期在创业决策中的作用的调查，见 Bernasconi（2014）。关于虚构预期在自由贸易协定谈判中的作用的研究，见 De Ville and Siles Brügge（2014）。

5. 关于太阳能的想象最早可以追溯到19世纪末（Ergen，2015）。在《现代发明的浪漫》中，工程师阿奇博尔德·威廉姆斯（Archibald Williams）

(1910) 提出了一个特别生动的想象场景，他提道："我们是否有许多人意识到炎热的夏天所蕴含的巨大能量？据估计，在热带地区，太阳照射的地球表面每一平方英尺的热量相当于 1 / 3 马力。"太阳能的使用将是"如此简单，如此科学，如此明显，以至于很容易想象不久之后它就会成为煤王本人的危险对手"。

6. 我要感谢蒂穆尔·埃尔根（Timur Ergen）为我提供了关于 Desertec 历史的背景资料。埃尔根（2015）关于自 19 世纪以来太阳能发展的优秀著作表明，这个行业一直受到愿景、希望和梦想的驱动，通过利用太阳进行能源生产，使美好的未来成为可能。

7. 关于这一点，也可参见 Pongratz，Bernhard，and Abbenhardt（2014）和 Geipel（2015）。

8. 请看纪录片 "*Nicht ohne Risiko*"，由哈伦·法罗基（Harun Farocki）导演。http：//www.youtube.com/watch？v = wskdx49AWgI。感谢法维安·穆涅萨（Fabian Muniesa）为我指出这部影片。

9. 工厂和设备的投资与金融资产的投资之间的区别并不总是很明显。股票和其他形式的股权是一种金融投资，同时也构成了对公司的所有权。如果投资者不对公司进行管理控制，股权投资可以视为金融投资。

10. 也见埃斯波西托（Esposito，2011）。然而，有必要区分不同类别的金融投资和与之相关的预期。德国政府债券的收益率是可以计算的，金融市场认为事实上并没有风险。相比之下，未来期权是高度投机性的投资。

11. 然而，这并不是金融市场所特有的：一般的投资决定都是如此。与金融投资者一样，投资于工厂和设备的企业家是在购买机会和风险，而这些机会和风险的大小只有在投资结束后才能充分评估。这两种类型的投资者都在市场上，因此容易受到市场意外转折的影响。

12. 按照约翰·塞尔（John Searle，[1969] 2011）对承诺的定义，承诺者必须是真诚的，他打算按照承诺行事，用塞尔的话说，欺诈是一种"不真诚的承诺"。

13. 见 2013 年 10 月 17 日《法兰克福汇报》的采访。

14. 这也与哈里森·怀特（Harrison White，1981）的市场理论有一定的相似之处，他认为生产者的决策是建立在生产者相互观察的基础上的。

15. 查尔斯·史密斯（Charles Smith，2011）观察到，他所调查的股票期权交易员意识到他们无法预测市场的发展。他们不是通过试图找到一种有序的叙事来解释市场上发生的事情，而是"在市场上理智地行动"

(Smith, 2011)，这意味着他们以自发和直觉的方式来处理突发事件和不确定性。史密斯认为，这种形式的行动并没有取代金融市场中叙事的意义，事实上，它应该是对叙事的补充。

16. 要形成这样一个信徒群体，必须满足几个条件。第一，必须有一个有利可图的新投资机会的愿景（新经济、金砖国家、纳米技术等）。第二，投资策略必须偏离常规。第三，必须建立这样的信念：只有遵循愿景，投资机会才能实现（Kraemer, 2010）。投资理念包含了对美好未来的想象：通常是个人财富的想象，也包括对美好世界的社会愿景。

17. 经济学家和经济社会学家已经注意到承诺故事在不同的金融市场环境中的重要性。例如，布鲁克·哈林顿（Brooke Harrington, 2008）调查了故事在私人投资俱乐部的投资决策中的作用。哈林顿认为，"像小说一样，股票投资需要在符号（如股票）和符号（价值）之间构建想象性的联系。这就是为什么讲故事在塑造对股票市场的理解方面如此重要：它简直就是投资的语言"。茨萨纳·瓦哈（Zsuzsanna Vargha, 2013）展示了匈牙利的银行代理人如何利用讲故事来销售家庭储蓄计划。菲利普·马德（Philip Mader, 2015）在其关于小额信贷的著作中，描述了金融业为了吸引投资者和借款人，如何利用成功的借款人的个人故事，这些人因小额信贷而摆脱了贫困。美国住房市场抵押贷款的繁荣是由承诺广泛获得房屋所有权以实现美国梦的故事推动的。

18. 沃伦·巴菲特（Warren Buffet）曾把极端情况下的按模型计算的会计做法称为"按神话标记"（Berkshire Hathaway, 2003），这显然与本文所述的通过经济模型创造虚构的预期相类似（见第十章）。在法律领域，马里恩·富尔卡德（Marion Fourcade, 2011）展示了不同的环境损害核算规则如何导致对法律损害和赔偿方案的完全不同的裁决。与公司的价值一样，自然界的价值也取决于所使用的会计规则。

19. 围绕金砖国家概念的炒作和随后的失望证实了认知概念是有周期的。正如多伊奇曼（Deutschmann, 1999）所说，一个投资理念会经历他所说的"神话的螺旋"，这可以分为五个阶段：创造、提升、编纂、制度化和衰退。在开始的时候，一个神话可能会预测壮观的市场繁荣，就像格拉斯曼和哈塞特在《道琼斯指数36000点：从即将到来的股市上涨中获利的新策略》所写的一样，或者宣称"大趋势"，比如当时的"金砖四国"的概念。在这个阶段，如果这个故事是可信的，它可以通过悬置不信任来调动金融投资。但最终，正如对"金砖四国"等股市"大趋势"的回顾性分析所显示的那样，投资者的希望往往落空：专门从事此类投资策略的基金的长期业绩低于 MSCI 世界指数等更为一般的股市指数（Die Welt，2013）。

20. 普拉托和斯塔克（Prato and Stark，2012）认为，行动者在金融市场的估值也是由他们在网络中的位置决定的。20 个不同的行动者以不同的方式评估同一情况，基于他们的网络位置，他们关注不同的问题。注意力网络的概念虽然并不认为评估是个人品味的问题，但却推倒了类别或机构自行塑造行动者认知的想法。普拉托和斯塔克表示，"对于同一个问题，在其他问题的不同背景下，会有不同的看法"。

21. 感谢 Bruce Carruthers 给我指出了这个案例。

22. 2011—2012 年的数据来源：美国教育部；http：//nces. ed. gov/fastfacts/display. asp? id＝76]。

246

23. 虚构预期在劳动力市场的需求方面的作用在此不进行讨论。在生产过程中，拥有资格证书是不够的，还必须被应用，这一现象是劳动力提取的问题。在所有的工作过程中，除了最严格的控制之外，工人都可以自由决定如何应用他们的技能。从雇主的角度来看，在做出雇佣决定时，很难评估工人的生产力。劳动能力的价值不能事先确定。在招聘过程中应用的技术旨在通过解释潜在雇员发出的信号来减少这种不确定性（Marchal，2013；Gerlach，2013）。这些技术可以视为想象力的工具。

24. 这种对未来世界状态的想象不仅影响职业决定，也是学校成绩的有力预测因素。社会和人口因素对职业理想的实际实现有重大影响（Schoon，2001；Yowell，2002）。

25. 在后工业经济时代，工作动机似乎已经部分脱离了收入。特别是在与媒体或互联网有关的行业，例如，参与工作过程本身似乎是一种激励力量。雇员（或实习生、自由职业者）将工作视为"自我实现"的一种手段（Deutschmann，2013）。工作的动机是对利用自己的创造力对不确定结果的想象。

26. 马克斯·韦伯（Max Weber）在一个著名段落里提到学术界时，描述了这种非理性的、令人回味的过度的作用。"可以说，如果一个人缺乏戴上眼罩的能力，没有意识到他的灵魂命运取决于他对手稿这一段的猜想是否正确，那么他最好远离科学。他将永远不会有人们所说的科学的'个人经验'，没有这种被每一个外人嘲笑的奇怪的陶醉。"如果没有这种激情，"你必须经过数千年才能进入生活，还有数千年在沉默中等待"——这取决于你是否成功地做出了这个猜想。"没有这一点，你就没有对科学的召唤，你应该做一些其他的事情。因为人若不能以满腔的热忱去追求，就没有什么东西值得人们称道"（Weber，［1922］1946）。

27. 习惯指的是"一个持久的、可转换的处置系统，它整合了过去的经验和行动，每时每刻都作为感知、欣赏和行动的矩阵发挥作用"（Bourdieu，［1972］1977）。

28. 波尔干和戈尔斯坦恩（Borghans and Golsteyn，2004）也证实了这一点，他们表明上学行为取决于学生对未来想象的质量。作者并没有将这一发现与社会阶层背景联系起来；相反，他们认为学校教育本身对行为上的想象有影响，这意味着受教育程度较高的人对人力资本的投资更有利。

29. 事实上，可以研究虚构预期在劳动力市场中的作用的另一个领域，即劳工运动（Hölscher，1989；Müller and Tanner，1988）和更普遍的社会运动中创造的（社会主义）未来想象（Appadurai，2013）。只有说服他们的成员以非功利的方式衡量集体行动的成本，劳工组织才能成功地克服搭便车的问题，并创造参与的意愿（Offe and Wiesenthal，1985）。工会和劳工党经常通过唤起工人"想象中的社区"（Anderson，1983）来动员他们的成员，该组织可以合法地以他们的名义要求团结。对集体行动将有助于实现的想象的未来图景的描绘，是工人参与集体行动的巨大动力。劳工运动的歌曲文本唤起了对斗争胜利的想象。目前德国社会民主党的前身德国劳工协会1863年版的国歌中有这样一句话——"所有的轮子都静止了，如果你的手臂强大也会这样"，描述了实现成功罢工的乌托邦状态的未来图景。这首歌通过指出工人个人参与的必要条件，将这一成就个性化。国际歌的副歌宣称："这是最后的斗争/团结起来到明天/英特纳雄耐尔/就一定要实现"歌词再次暗示了将要达到的乌托邦状态，并将其与现在的集体行动的需要联系起来，强调这是"最后的斗争"，目标可以在"明天"达到。想象中的成功的直接性缩短了现在和乌托邦未来之间的时间间隔，从而使斗争的结束看起来迫在眉睫。

30. 例如，见 Moen and Roehling（2005）。

31. 关于无望对个人愿望的影响，请看大萧条时期对奥地利小镇Marienthal进行的令人印象深刻的研究（Jahoda，Lazarsfeld and Zeisel，［1933］1971），其中作者描述了 Marienthal 的失业者如何失去了与未来的所有关系，没有长期计划，并且在日常行为中完全失去了时间意识。另见凯瑟琳·纽曼（Katherine Newman）关于美国社会向下流动的书籍（1993，1999）。

第七章 创新：技术未来的想象 ·······················

1. 预测模型中对技术发展的描述也经常假设（与所有已知的创新过程相反）技术发展是线性的，从而导致了提供技术发展的一般化概念的阶段模型。

2. 莱恩和马克斯菲尔德（2005）的方法也是如此，他们声称创新过程中的行动者利用"叙事嵌入"来处理本体论的不确定性。他们的意思是，"行动者通过解释他们必须在其中行动的背景，以他们过去经验中熟悉的故事结构来暂时控制本体的不确定性，然后遵循叙事逻辑，履行其在故事中的角色。"

3. 熊彼特书中的这一部分在 1934 年的英文版中没有翻译，因此引用的是德文版，加上我自己的译文。

4. 心理学理论（Beach and Mitchell，1987）区分了几种代表知识的心理"形象"。自我形象，由个人信仰和价值观组成；轨迹形象，描绘了一个理想的未来；行动形象，描绘了实现理想的未来所需的行动序列；以及预测形象，描绘了一个行动的预期结果。

5. 例如，见 Adorno and Horkheimer（［1944］2002）。

6. 例如，见 Borup et al.（2006）；Brown，Kraft and Martin（2006）；Jasanoff and Kim（2009）；Van Lente and Rip（1998）。在英国，一种被称为"期望社会学"的方法正在使用承诺性期望的概念来调查创新过程（Borup et al. 2006）。

7. 类似地，我们可以研究组织愿景的作用，通常在"使命声明"中表达，以创造想象中的未来并确定决策方向。

8. Araujo，Mason and Spring（2014）对无人驾驶汽车的承诺故事进行了有趣的实证研究。

9. 关于驱动消费者需求动态的类似机制的描述，见第八章。

10. 这也应该限定斯特肯和托马斯（Sturken and Thomas，2004）的说法，即"新的社会秩序在集体层面的未来预测的（异质的）内容基础上是可能的"。虽然预期是有影响的，但它们的影响是由社会制度和现有的认知和道德框架来约束的。

11. 科泽勒克（2004）的翻译是错误的。

第八章 消费：价值来自意义

1. 本章以 Beckert（2011）为基础。

2. 关于消费品估值的工作，见 Beckert and Aspers（2011），Beckert and Musselin（2013）以及 Karpik（2010）书中的相关内容。

3. 正如杜尔凯姆（［1912］1965）在谈到图腾主义的标志时所说，"一个物体所承担的价值并不隐含在价值的内在属性中：价值是附加于属性上的"。另见 D. Marshall（2010）。

4. 在"我们孙辈的经济可能性"一文中，凯恩斯简要地论述了需求的微观基础，区分了两类需求。"这些需求是绝对的，因为无论我们的同伴处于什么情况下，我们都能感受到这些需求，而那些需求是相对的，因为只有当这些需求的满足使我们高于我们的同伴，使我们感到优越时，我们才能感受到这些需求"（Keynes，［1931］1972）。虽然凯恩斯认为第一类需求的满足"可能比我们所有人都知道的要快得多"，但他认为第二类需求是无法满足的。这支持了资本主义增长越来越依赖于位置性和想象性价值的论点。

5. 书中的一些次要观点与经济有关，但并没有对经济进行系统阐释。

6. 商品的物理性能经常被称为"功能价值"（Valtin，2005）或"功利价值"（Richins，1994）。这些术语在我看来是错误的，因为它们暗示了产品中其他形式的价值可以在没有功能或效用的情况下出现。

7. 阿克洛夫的分析意味着，问题出现在信息的不对称分配上，而不是质量的社会构成问题。按照他的推理，一旦每个人都知道一个商品的质量，就存在一个客观的基础来判断这个商品并将其与所有其他商品进行比较。这没有考虑到对质量的判断是社会构建的、用于评估产品质量的标准是基于社会习俗的这一事实。在物理性能容易测量的情况下（如一种油的不同化学成分），这些判断可能是客观的，但在物品复杂到无法客观确定质量的情况下，或者在必须考虑到审美质量的情况下，质量不仅仅是通过质量评估来衡量的，而是由它们建立的。例如，这种现象可以在葡萄酒评级（如帕克的评级）中观察到，它影响了消费者对葡萄酒质量的评估。

8. 位置性价值和想象性价值的区分，部分是基于玛莎·里金斯（Marsha Richins，1994）提出的象征性消费形式的区分。

9. 为了避免误解，应该指出这并不意味着想象力的价值纯粹是个人的；相反，偏好是植根于文化和社会的。这种区分的意义在于，消费者会根据自身的消费来计算自己在社会中的地位，但商品的价值不一定源于此。

10. 一个商品的地位表现是公开的，因为它的象征意义必须由第三方赋予，以便通过赋予某种社会身份来对商品的所有者进行分类。这种情况的发生与所有者本人无关，尽管他可能意识到他的购买选择的地位效应，并在购买时将其考虑在内。想象性的价值是私人的，因为购买者自己赋予了象征性的意义，即使他赋予的意义反映了社会构成的道德价值和取向（Fischer and Benson，2006；Richins，1994）。因此，通过别人对他所拥有的物品的判断来对所有者进行社会定位，与通过对物品的想象性表现来"弥合流失的意义"（McCracken，1988）有很大的不同。赌博是澄清这种差异的一个有用的例子：拥有一张彩票并不导致社会重新定位，但可能将其所有者与一个想象联系起来，在这个想象中，他的社会地位改变了。

11. 因为购买彩票具有明确的负货币效用——一张彩票的统计价值只有其成本的一半左右，所以彩票应被视为一种消费品。

12. André Vereta Nahoum（2013）就这一主题写了一篇优秀的论文。他调查了亚马孙西南地区的 Yawanawa 文化是如何被投射到一家美国化妆品公司的产品中的，该公司在其产品中使用了当地的胭脂树（Bixa Orellana）种子。该公司利用 Yawanawa 文化的理想化形象推销其产品，Nahoum 将此分析为文化商品化的一个实例。

13. 另见 Durkheim（［1912］1965）。

14. 熊彼特（［1912］2006）观察到，一个企业家从开始认真从事一个新项目的那一刻起，它的存在对他来说就变得可感知了。

15. 这并不是说身份仅仅通过消费模式来创造和维持，而是说所有的社会群体都对其成员的消费模式提出一些要求，并对那些偏离群体规范的人进行制裁。然而，各群体在对偏差的容忍度方面有很大差异，群体成员的身份不仅仅涉及消费模式。

16. 这种世俗而神圣的实体也为后来关于民间宗教的讨论提供了参考（Bellah，1967；Luckmann，1967）。

17. 商品的神秘和准宗教的外观也是马克思分析商品拜物教的一个重要部分（［1867］1977）。然而，马克思把商品的交换价值归结为生产过程中对劳动能力的雇佣，他把行动者对商品交换的看法定义为拜物教，认为这是物品之间的关系，而不是行动者本身的关系。在这里对发展的分析中，商品的神秘性归属于象征性价值。因此，价值不是从生产过程的角度而是从市场交换的角度来理解的。

18. 在这个意义上，广告不仅仅是操纵性的，正如一个长期的文化批评传统所坚持的（Adorno and Horkheimer，［1944］2002；Galbraith，［1958］1998）：它实际上构成了商品的象征性内容。

19. 在这里，我们可以推测，像美国这样的社会，阶级壁垒至少在外表上不那么有力，是否也是对美好未来的想象对消费者行为和投资决策有更大影响的社会。如果这是真的，这可能是帮助解释不同国家之间增长差异的一个切入点。

20. 例如，见 FelipeGonzales 关于智利消费信贷市场发展的优秀论文（2015）。

21. Belk，Wallendorf，and Sherry（1989）认为，维持商品神圣地位的方式有四种：神圣与非神圣的分离、仪式、遗赠和有形污染。调查哪些类型的产品比其他产品更容易幻灭，将是很有意义的。可以假设，那些也可以被定义为投资的产品（艺术品、房地产、珠宝等）是最不容易受到影响的，因为它们可以唤起人们对购买后财富增加的幻想。

22. 最全面地处理对一个理想的、更好的世界的幻想所起的作用的，可能是恩斯特·布洛赫（Ernst Bloch）的《希望的原理》（*The Principle of Hope*，1995）。虽然布洛赫专注于人类想象美好未来的能力的乌托邦政治潜力，但他也讨论了消费者在（橱窗）购物时对新身份的白日梦体验。人类想象力的超越性——即乌托邦式的力量，是布洛赫分析的核心。

23. 第九章和第十章讨论的两种想象力工具并不是唯一在资本主义经济中运作的工具。本书原本可以包括更多的章节，例如，关于广告和营销作为构建消费者未来满意度的想象工具的作用。其他想象工具包括会计技术、商业计划（Giraudeau，2012；Doganova and Renault，2008）和商业战略。所有这些工具对于在资本主义现代化中产生对未来结果的幻想都是必不可少的。

第九章　预测：创造现在

1. 尽管预测被用于其他类型的规划，如经济发展、环境工作或国际关系，但这些领域不在本书的讨论范围内。有关例子，见 Andersson（2013），Mallard and Lakoff（2011）。

2. 预测的历史学见 Antholz（2006），Dominguez，Fair and Shapiro（1988），Martino（1983），Makridakis，Wheelwright and Hyndman（1998），Tooze（2001），W. Friedman（2014），Reichmann（2011）。

3. 欧洲国家大致在同一时间开始使用宏观经济预测。在英国，剑桥经济局成立于 1921 年。在法国，巴黎大学的统计研究所也在同一年成立。在德国，商业周期研究所（Institut für Konjunkturforschung）于 1925 年成立（Tooze, 2001）。奥地利、瑞典和苏联也在这一时期发展了这类专门的研究所（Favero, 2007）。

4. 感谢蒂穆尔·埃尔根（Timur Ergen）向我提供这些信息。

5. 例如，见"30 个失败的技术预测"（"Top 30 Failed Technology Predictions"），http：//listverse.com /2007/10/28/top-30-failed-technology-predictions/。

6. Dominguez, Fair and Shapiro (1988) 提出，即使有今天的计量经济学技术和数据集的使用，也不可能预测大萧条。

7. 预测的评估研究有些问题，特别是成功和失败的标准还没有完全明确。如果一项预测只是指向正确的方向，是否可以认为是成功的，还是必须精确无误？预测中采用的方法和结果本身的准确性，哪个更重要？"对'错误'经济预测的解释取决于验证系统。经济学家群体强调的是过程；也就是说，他们认为一个好的预测是以正确的方式产生的。对于公众来说，只有结果才是最重要的"（Reichmann, 2012）。即使观察到的结果与预测相符，也不清楚该结果是模型中假设的因果机制的结果，还是由于非常不同的机制而产生的。如果是后者，该模型仍然是不充分的。

8. 见波普尔（Popper, [1957] 1964, 1982）。

9. 对宏观经济和技术预测失败的评估，试图区分更有可能作出准确预测的情况和更不可能作出准确预测的情况。例如，戴维森（Davidson, 2010）利用了萨缪尔森（Samuelson, 1969）的遍历性过程的概念。关于经济系统如何运作的良好历史信息对于遍历性过程来说是可用的，这使得我们有可能使用这些过程的统计结果，以预测的形式推断出未来的模式。而对于非遍历过程来说，这种信息是不可用的。布朗克（Bronk, 2013）认为，在市场快速创新的时候，预测变得特别不可靠。De Laat（2000）指出，"基于微积分、系统分析或任何其他参数化的方法，只在其可以工作的环境中起作用，即在大部分已经被构建和稳定的情况下"。此外，并不惊讶的是，对预测的评估研究表明，预测的准确性随着预测时间跨度的增加而下降（Kholodilin and Siliverstovs, 2009；Taleb, 2010）。

10. 然而，这并不意味着，预测仅仅是社会判断的产物。如上所述，正式的计量经济学模型发挥了重要作用；事实上，预测者所诉诸的判断只有在正式的建模背景下才有意义（R. Evans, 2007）。对于这些工具在构建解释讨论方面的价值有广泛的共识"（Holmes，2009）。此外，这些模型是预测所提供的叙事的支柱。

11. 在这个意义上，预测的价值是基于集体的信念，而这些信念是行动者参与话语过程的结果。换言之，预测的价值是以与金钱或消费品相同的方式构建的。这种价值不能独立于行动者对它的评估而存在。相反，它是一个特定领域的行动者的偶然评价的结果。

12. 值得注意的是 Ludwik Fleck（［1935］1979）和他对"思想集体"的讨论。Fleck 认为，知识过程不能被理解为一个主体和一个客体之间的关系；相反，知识的创造是通过多个行动者之间的交流来进行的。他的观点并不是说所有的参与者都集中在一个观点上，而是说对领域内不同观点的认识提供了一个基础，行动者可以在此基础上形成自己的观点。在Fleck 看来，科学专家和感兴趣的非专业公众之间的互动在科学知识的生产中也发挥着重要作用。

13. 当今自由化经济体的经济不确定性增加，对预测的需求越来越大，这一事实是一有趣的讽刺。前面提到的奥地利经济学家以及其他市场自由化的支持者所宣称的市场只是计划的替代物的观点并不成立。计划对于市场经济和其他类型的经济一样重要，唯一不同的是，市场经济中的计划是分散的，由国家委托给企业，企业依靠对利润机会的虚构预测而不是政策目标来做出决定。

14. 早期，马克斯·韦伯（Max Weber，［1906］1988b）认为，反事实使我们有可能认识到因果影响。而摩根斯特恩（1928）认为，偏离预言可能是良性的，因为这提供了学习机会。

15. 欺骗（Harrington，2009）发生在预测者宣布他不相信的未来时，因为这样做会给他带来好处。在 2008 年金融危机之前，一些银行和评级机构的行为可以解释为具有欺骗性。银行出售了它们认为没有价值的高评级金融产品，并从销售和确信这些产品会失败中获益。

16. 在政治背景下，预测实际上可能在社会治理中发挥一定的作用。正如 Jenny Andersson 在谈到 1960 年代兰德公司的预测时写道，科学家们"主要不是对预测的准确性感兴趣。相反，他们认为预测的交流性，实际上是自我实现的方面，很有希望"（Andersson，2013）。"因此，在未来学中，科学观察的概念和政治行动的概念似乎常常融合在一起。"

第十章　经济学理论：计算装置的水晶球

1. MacKenzie（2006）用"是发动机，不是照相机"的口号提出了表演性的构成思想，意思是说经济理论不是简单地对经济现实进行摄影式的表述。他认为，应该把它比作一个发动机，因为它是驱动经济的工具。米尔顿·弗里德曼（Milton Friedman，1953）也使用了这个比喻。他在写到19世纪的经济学家阿尔弗雷德·马歇尔（Alfred Marshall）时说："马歇尔把世界当成了它本身；他认为要建造一个'引擎'来分析它，而不是对它进行摄影式的再现"。

2. 这也印证了对上文提及的经济理论是表演性的观点的质疑。理论可能会影响经济结果，但不一定是以增加其预测能力的方式。未来的开放性和不确定性使得这不可能作为一个非常重要的趋势。理论可能是经济的"引擎"，正如一些人所认为的那样，但引擎产生的东西是无法预测的。

3. 见 Mäki（2002）。

4. 格奥尔格·齐美尔（Georg Simmel）在他的文章"社会如何可能？"中（［1908］2009）探讨了康德的假设，即自然是通过智力的分类行为构成的这一观点是否也可以适用于社会。齐美尔认为，自然和社会之间的主要区别在于，构成社会的元素（个人）对其关联性是有意识的，不受任何观察者的影响，而这在自然界并不是这样。换言之，个人的关联性不是从外部强加给他们的。然而，齐美尔认为，这并不排除"观察敏锐的第三方对人与人之间的关系，如空间元素之间的关系，进行有充分根据的主观综合"的可能性。这正是社会和经济理论所做的——对人与人之间的关系进行合成。

5. 尽管费英格描述了感知和事物本身之间的差距，但他并不是一个科学相对论者。费英格认为，只要科学虚构有助于科学进步，就应该使用。在科学探究的过程中，当虚构相互矛盾时，它们必须被改变：科学虚构是"临时性的表述，在未来的某个时间，它们将为更好的、更自然的系统腾出空间"（Vaihinger，1924）。

6. 费英格认为虚构是所有更高形式的智力生活——不仅是科学，还有哲学和宗教发展的必要基础。

7. 质量集中于引力点是物理学中的一个虚构，它忽略了质量的许多特征，但对于认识物理系统的某些特性还是很有用的。这种虚构的其他例子包括理想气体、绝对零度、光线的概念（Ströker，1983）。

8. 将科学模型视为从现实世界的多方面要素中抽象出来的，是"隔离法"（Mäki，1992b，1994）的假设。模型将现实的相关解释特征与现实世界的复杂性隔离开来。类法律命题是通过移除许多因素而提出的，这些因素仅作为部分条款保留在理论中。尽管因素的孤立性使得理论不具有现实性，但它可能仍然能够描述现实的一个方面。

9. 例如，芝加哥经济学家 Gary Becker 的著名观点（1964），即家庭应被视为一种人力资本，这并不意味着典型的家庭——爱、便利和挫折的复杂混合物是一个商业企业（McCloskey，1985）。相反，弗里德曼（Friedman）一贯认为，使用这一假设的经济学家将家庭视为人力资本，并有意识地忽略了许多已知的家庭所具有的品质。这种双重现实为家庭功能提供了新视角，否则家庭的功能将被掩盖。

10. 关于弗里德曼所追求的认识论的详细讨论，特别是关于弗里德曼提出的是工具主义还是现实主义认识论的问题，见 Uskali Mäki 的精彩重述（1992a，2000，2009b）。

11. 杜尔凯姆声称，氏族成员没有能力理解他们的分类系统的"虚构"特性，只有通过社会学家的科学探究才能揭示出来。可以说，经济学家（或其他社会科学家）也是如此，他们声称模型是现实的真实代表。

255

12. 投机者 George Soros（1987）根据社会现象的反身性，提出了一种理解金融市场中自我强化过程的方法。与经济理论的假设相反，他认为关于资产未来价值的预期不仅影响资产的价格，而且影响其基本价值。如果发生这种情况，预期就会自我强化，导致泡沫和萧条的循环。这与一般均衡理论的核心思想相矛盾，即市场中的价格是有效的，市场趋于均衡。

13. 注意这里隐含地提到了 David Lewis（1986）的可能世界方法。Lewis 认为虚构的对象实际上存在于可能世界中。

14. Iser（1983）也认为隐藏文本的虚构性是虚构文本和非虚构文本的主要区别（见第四章）。

15. 麦克洛斯基（McCloskey）强调，不同的科学团体必须有足够的重叠，以避免科学界的巴尔干化，同时保持科学探索的标准（1985）。

16. 在这个意义上，理论类似于乌托邦思想，因为它强调现实与理想之间的差距。关于有效市场假说在金融市场中的实际应用，也可参见 Ortiz（2014）。

17. 费英格和杜尔凯姆都没有注意到权力在预期形成中的作用。费英格认为，科学虚构的效用仅限于它们对科学进步的贡献。费英格只承认科学领域之外的虚构的社会影响，例如，他认为对上帝的信仰是一种有用的虚构，因为它有助于繁衍。杜尔凯姆也不认为象征性的表征是可能被用于权力斗争的工具。他认为表征是集体的，包括整个部族，其成员对其信仰的偶然性没有意识。当适用于现代社会时，这种同质化的文化观是对杜尔凯姆理论的一种限制。

18. 另见 Blyth（2002），Mirowski and Plehwe（2009），以及 Schmidt and Thatcher（2013）。

19. 请注意，这与 Thomas Kuhn 对科学范式转变的评估有相似之处。

20. Neil Fligstein（1990）在研究 20 世纪美国公司控制权的变化时，就启发式虚构对公司治理的影响提供了一个更长远的视角。Fligstein 认为，在不同的时期，管理者接受了不同的"控制权概念"，他们将这些概念应用于组织公司活动。这些控制的概念是激发想象力的范式，它以特定方式激励着组织的变化。在 20 世纪初，公司是围绕制造而组织的；随后，它们围绕营销而结构化，然后是围绕多部门联合体的模式，最后是围绕金融。在这些战略转变的背后，每一个模式都从根本上改变了企业的组织结构，都有一种关于如何在竞争中取得成功的新想象。

256

第十一章 结论：资本主义的魔幻世界

1. 当然，从一般社会学的角度来看，虚构预期的概念也适合于更广泛的研究项目，研究预期在家庭、政治、宗教、法律等方面的作用。

致　谢

　　30 多年前，本尼迪克特·安德森（Benedict Anderson）提出了"想象的共同体（imagined communities）"这一术语，认为国家认同建立在社会想象之上。"想象的共同体"认为民族身份基于社会想象。在这本书中，我认为资本主义经济动态也基于想象。但与安德森的著作不同，本书探讨的是对未来的想象，而不是对现在和过去的想象。此外，我关注的是现代资本主义经济的发展，而不是国家建设的进程。鉴于经济关系的复杂性和未来发展的不确定性，就投资、创新、信贷或消费做出决策的行动者会想象未来的情况以及他们做出的决策将如何影响结果。我将这些想象称为"虚构预期"，认为它是推动现代资本主义经济动态发展的基本力量。

　　首先，我想对巴黎前卫研究所（Institut d'études avancées）（IEA）表示感谢，我在 2012—2013 学年是该研究所的研究员。如果没有这个机会让我有将近一整年的时间专注于写这本书，我甚至永远都不会开始写作。非常感谢 Gretty Mirdal 和 Patrice Duran，以及 IEA 优秀的工作人员，特别是其行政主管 Marie-Thérèse Cerf。我还要感谢 IEA 的其他研究员，我们一起在巴黎度过了一年，他们在非正式谈话和研讨会上分享了对我的项目的想法。

　　在许多其他方面，巴黎对这个项目也是至关重要的。2010 年，在 OlivierFavereau 于巴黎南泰尔举办的经济学研讨会上，我第一次提出了关于这本书的初步想法。在写作的过程中，我在巴黎政治学院、巴黎高等师范学院、法国社会科学高等研究院和巴黎新索邦大学的研讨会上介绍了本书的部分内容。我还在巴黎以外的许多其他场合介绍了该项目，例如，拉斯维加斯和丹佛的美国社会学协会会议、马德里和米兰的 SASE 会议，以及马德里胡安·马奇研究所、莱斯特大学、都柏林大学和牛津大学等的研讨会上。我在这些研讨会中收获了重要见解。

我来自德国科隆的马克斯·普朗克研究所（Max Planck Institute），在那里，我得到的支持对该项目同样至关重要。沃尔夫冈·施特雷克（Wolfgang Streeck）与我共同领导马克斯·普朗克研究所近十年，他是我重要灵感的来源。如果没有他坚持探索经济社会学，使其更接近政治经济学涉及的问题，这本书将会大不一样。我还在研究所的研讨会上、我的研究小组会议上讨论了该项目的部分内容，也在科隆与客座研究人员进行了讨论。感谢所有的同事和学生，在我写作的过程中，他们的意见和问题有助于我进行思考。

Jenny Andersson、RobertBoyer、Benjamin Braun、Richard Bronk、John Campbell、Bruce Carruthers、Christoph Deutschmann、Frank Dobbin、Nigel Dodd、Heiner Ganssmann、Ariane Leendertz、Renate Mayntz、Alfred Reckendrees、Werner Reichmann、Lyn Spillman、Wolfgang Streeck、Jakob Tanner、Christine Trampusch，以及两位匿名审稿人阅读了全部手稿或其中部分章节，给我提出了宝贵的修改建议。我还与 Nina Bandelj、Henri Bergeron、Francesco Boldizioni、Gérald Bronner、Timur Ergen、Ted Fischer、Neil Fligstein、Marion Fourcade、Brooke Harrington、Kieran Healy、Martin Hellwig、Peter Katzenstein、Wolfgang Knöbl、Karin Knorr Cetina、Sebastian Kohl、Patrick LeGalès、Mark Lutter、Fabian Muniesa、Christine Musselin、Claus Offe、Birger Priddat、Werner Rammert、Akos RonaTas、Fritz Scharpf、Charles Smith、David Stark、Philipp Steiner、Richard Swedberg、Laurent Thévenot、Cornelia Woll、Martha Zuber 进行了交谈，收获颇丰。非常感谢所有人。尽管在大量有益意见的鼓励下进行了多轮修改，但我非常认可保尔·瓦雷里（Paul Valéry）对诗歌的看法：学术著作永远没有完成，只有放弃。

写书不仅是脑力工作，也是组织工作。非常感谢马克斯·普朗克研究所的许多人，他们的支持帮助我完成了这本书。我要感谢 Christine Claus，自从我来到研究所后，她在所有组织事务上都很支持我。她为本书各章添加了注释，这是一项细致的工作，需要关注细节、掌握软件的操作，还要对许多陷阱保持耐心。另外，Heide Haas 研究并编辑了书中的大部分图表。我要感谢马克斯·普朗克研究所的图书管理员们。Susanne Hilbring 和她的工作人员做了大量的工作，帮助我获取需要的文献。我还要感谢马克斯·普朗克研究所的出版部门，特别是 Ian Edwards、Astrid Dünkelmann、Cynthia Lehmann 和 Thomas Pott，手稿从我的办公桌到哈佛大学出版社的工作人员手中，最终到印刷厂，在这个过程中，他们都一直陪伴着我。

本书提出的部分发现源于早期的讨论和研究，这些讨论和研究出现在一份辑录的个人卷册中（Beckert，2011）、期刊 *Politics and Society*（Beckert，2013a）和期刊 *Theory and Society*（Beckert，2013b）中。如果这本书读起来连贯性不错，那就是 Miranda Richmond Mouillot 的功劳，她在编辑章节方面做得非常出色。我在哈佛大学出版社的编辑是 Ian Malcolm，他从 2012 年在巴黎的一次谈话中听我提到这个项目开始，就一直支持这个项目。我要感谢他多年来的信任与合作。本书的出版是我们合作的第三个图书项目。

近年来，巴黎对我来说很重要，因为它不仅是激发灵感的源泉，还是我与安娜莉丝（Annelies）相遇的城市。对我来说，我们的关系和我们的儿子贾斯珀（Jasper），最能体现这本书的内容：想象的未来。这本书是献给他们的。

259

参考文献

Abbott, Andrew. 2005. "Process and Temporality in Sociology: The Idea of Outcome in U. S. Sociology." In The Politics of Method in the Human Sciences: Positivism and Its Epistemological Others, edited by George Steinmetz, 393-426. Durham, NC: Duke University Press.

Abolafia, Mitchel Y. 2010. "Narrative Construction as Sensemaking: How a Central Bank Thinks." Organization Studies 31: 349-67.

Adam, Barbara, and Chris Groves. 2007. Future Matters: Action, Knowledge, Ethics. Leiden, Netherlands: Brill.

Admati, Anat R., and Martin F. Hellwig. 2013. The Bankers' New Clothes: What's Wrong with Banking and What to Do about It. Princeton, NJ: Princeton University Press.

Adolf, Marian, and Nico Stehr. 2010. "Zur Dynamik des Kapitalismus: Machtge- winner und Machtverlierer." In Capitalism Revisited: Anmerkungen zur Zukunft des Kapitalismus. Festschrift für Birger Priddat, edited by Alihan Kabalak, Karen van den Berg, and Ursula Pasero, 15-38. Marburg, Germany: Metropolis.

Adorno, Theodor W., and Max Horkheimer. (1944) 2002. Dialectic of Enlightenment: Philosophical Fragments. Translated by Edmund Jephcott. Stanford, CA: Stanford University Press.

Aglietta, Michel, and André Orléan. 1992. La violence de la monnaie. Paris: Presses Universitaires de France.

Akerlof, George A. 1970. "The Market for 'Lemons': Quality Uncertainty and the Market Mechanism." Quarterly Journal of Economics 84: 488-500.

Akerlof, George A., and Robert J. Shiller. 2009. Animal Spirits: How Human Psychology Drives the Economy, and Why It Matters for Global Capitalism. Princeton, NJ: Princeton University Press.

Almeling, Rene. 2014. "Medical Professionals, Relational Work, and Markets for Bodily Knowledge: The Case of Direct-to-Consumer Genetic Testing." American Sociological Association (ASA) Annual Meeting, August 10-13, 2013, New York.

Anderson, Benedict. 1983. Imagined Communities: Reflections on the Origin and Spread of Nationalism. London: Verso.

Andersson, Jenny. 2013. Forging the Year 2000 and the American Future: RAND, the Commission for the Year 2000 and the Rise of Futurology. Paris: Sciences Po.

Andreozzi, Luciano, and Marina Bianchi. 2007. "Fashion: Why People Like It and Theorists Do Not." In The Evolution of Consumption: Theories and Practices, edited by Marina Bianchi, 209-30. Amsterdam: Elsevier.

Ansari, Shahzad, and Raghu Garud. 2009. "Intergenerational Transitions in Socio-technical Systems: The Case of Mobile Communications." Research Policy 38: 382-92.

Ansell, Chris. 2005. "Pragmatism and Organization." Unpublished manuscript. Department of Political Science, University of California, Berkeley.

Antholz, Birger. 2006. "Geschichte der quantitativen Konjunkturprognose- Evaluation in Deutschland." Vierteljahrshefte zur Wirtschaftsforschung 75: 12-33.

Appadurai, Arjun. 1996. Modernity at Large: Cultural Dimensions of Globalization. Minneapolis: University of Minnesota Press.

——. 2013. The Future as Cultural Fact: Essays on the Global Condition. London: Verso.

262

Araujo, Luis, Katy Mason, and Martin Spring. 2014. "Performing the Future: Expectations of Driverless Cars." Presented at the 3rd Market Studies Workshop, Saint-Maximin-la-Sainte-Baume, France.

Arnould, Eric J., and Craig J. Thompson. 2005. "Consumer Culture Theory (CCT): Twenty Years of Research." Journal of Consumer Research 31: 868-82.

Arrow, Kenneth J. (1969) 1983. "The Organization of Economic Activity: Issues Pertinent to the Choice of Market versus Nonmarket Allocation." In General Equilibrium. Vol. 2 of Collected Papers of Kenneth J. Arrow, 133-55. Cambridge, MA: The Belknap Press of Harvard University Press.

———. 1985. "The Economic Implications of Learning by Doing." In Production and Capital. Vol. 5 of Collected Papers of Kenneth J. Arrow, 157-80. Cambridge, MA: The Belknap Press of Harvard University Press.

———. 2013. "Knowledge, Belief and the Economic System." Monatsberichte des Österreichischen Instituts für Wirtschaftsforschung 86: 943-51.

Arrow, Kenneth J., and Gerard Debreu. 1954. "Existence of an Equilibrium for a Competitive Economy." Econometrica 22: 265-90.

Augier, Mie, and Kristian Kreiner. 2000. "Rationality, Imagination and Intelligence: Some Boundaries in Human Decision-making." Industrial and Corporate Change 9: 659-81.

Aynsley, Sarah, and Barbara Crossouard. 2010. "Imagined Futures: Why Are Vocational Learners Choosing Not to Progress to HE?" Journal of Education and Work 23: 129-43.

Bacharach, Michael, and Diego Gambetta. 2001. "Trust in Signs." In Trust in Society, edited by Karen S. Cook, 148-84. New York: Russell Sage.

Backhouse, Roger E. 1985. A History of Modern Economic Analysis. Oxford: Blackwell.

———. 2010. The Puzzle of Modern Economics: Science or Ideology? New York: Cambridge University Press.

Ball, Stephen J., Sheila MacRae, and Meg Maguire. 1999. "Young

263

Lives, Diverse Choices and Imagined Futures in an Education and Training Market. " International Journal of Inclusive Education 3: 195-224.

Bandelj, Nina. 2009. "Emotions in Economic Action and Interaction. " Theory and Society 38: 347-66.

Bandelj, Nina, and Frederick F. Wherry, eds. 2011. The Cultural Wealth of Nations. Stanford, CA: Stanford University Press.

Bar-Hillel, Yehoshua. 1966. "On a Misapprehension of the Status of Theories in Linguistics. " Foundations of Language 2: 394-99.

Barbalet, Jack M. 1998. Emotion, Social Theory, and Social Structure: A Macrosociological Approach. Cambridge: Cambridge University Press.

——. 2009. "Action Theoretic Foundations of Economic Sociology. " In Wirtschaftssoziologie, edited by Jens Beckert and Christoph Deutschmann, 143-57. Kölner Zeitschrift für Soziologie und Sozialpsychologie, Special Issue 49.

Bareis, Alexander J. 2008. Fiktionales Erzählen: Zur Theorie der literarischen Fiktion als Make-Believe. Gothenburg, Sweden: University of Gothenburg.

Barlow, John P. 2004. "The Future of Prediction. " In Technological Visions: The Hopes and Fears That Shape New Technologies, edited by Marita Sturken, Douglas Thomas, and Sandra J. Ball-Rokeach, 177-85. Philadelphia: Temple University Press.

Baumol, William J. 2002. The Free-Market Innovation Machine: Analyzing the Growth Miracle of Capitalism. Princeton, NJ: Princeton University Press.

Bausor, Randall. 1983. "The Rational-Expectations Hypothesis and the Epistemics of Time. " Cambridge Journal of Economics 7: 1-10.

Beach, Lee R. , and Terence R. Mitchell. 1987. "Image Theory: Principles, Goals, and Plans in Decision Making. " Acta Psychologica 66: 201-20.

Becker, Gary S. 1964. Human Capital: A Theoretical and Empirical Analysis, with Special Reference to Education. 2nd ed. New York: Columbia University Press.

Becker, Gary S. , and Casey B. Mulligan. 1997. "The Endogenous

Determination of Time Preference." The Quarterly Journal of Economics 112: 729-58.

Becker, Howard S. 1982. Art Worlds. Berkeley: University of California Press.

Beckert, Jens. 1996. "What Is Sociological about Economic Sociology? Uncertainty and the Embeddedness of Economic Action." Theory and Society 25: 803-40.

——. 1999. "Agency, Entrepreneurs and Institutional Change: The Role of Strategic Choice and Institutionalized Practices in Organizations." Organi- zation Studies 20: 777-99.

——. 2002. Beyond the Market: The Social Foundations of Economic Efficiency. Princeton, NJ: Princeton University Press.

——. 2005. "Trust and the Performative Construction of Markets." MPIfG Discussion Paper 05/8. Cologne: Max Planck Institute for the Study of Societies.

——. 2006. "Was tun? Die emotionale Konstruktion von Zuversicht bei Entscheidungen unter Ungewissheit." In Kluges Entscheiden: Disziplinäre Grundlagen und interdisziplinäre Verknüpfungen, edited by Arno Scherzberg, 123-41. Tübingen, Germany: Mohr Siebeck.

——. 2009. "The Social Order of Markets." Theory and Society 38: 245-69.

——. 2010. "Institutional Isomorphism Revisited: Convergence and Divergence in Institutional Change." Sociological Theory 28: 150-66.

——. 2011. "The Transcending Power of Goods: Imaginative Value in the Economy." In The Worth of Goods: Valuation and Pricing in the E-conomy, edited by Jens Beckert and Patrik Aspers, 106-28. Oxford: Oxford University Press.

——. 2013a. "Capitalism as a System of Expectations: Toward a Sociological Microfoundation of Political Economy." Politics and Society 41: 323-50.

——. 2013b. "Imagined Futures: Fictional Expectations in the Economy." Theory and Society 42: 219-40.

Beckert, Jens, and Patrik Aspers, eds. 2011. The Worth of Goods: Valuation and Pricing in the Economy. Oxford: Oxford University Press.

Beckert, Jens, and David Dequech. 2006. "Risk and Uncertainty." In Interna- tional Encyclopedia of Economic Sociology, edited by Jens Beckert and Milan Zafirovski, 582-87. London: Routledge.

Beckert, Jens, and Mark Lutter. 2009. "The Inequality of Fair Play: Lottery Gambling and Social Stratification in Germany." European Sociological Review 25:475-88.

——. 2013. "Why the Poor Play the Lottery: Sociological Approaches to Explaining Class-based Lottery Play." Sociology 47:1152-70.

Beckert, Jens, and Christine Musselin, eds. 2013. Constructing Quality: The Classification of Goods in Markets. Oxford: Oxford University Press.

Beckert, Jens, and Jörg Rössel. 2013. "The Price of Art: Uncertainty and Reputation in the Art Field." European Societies 15: 178-95.

Belk, Russell W. , Melanie Wallendorf, and John F. Sherry. 1989. "The Sacred and the Profane in Consumer Behavior: Theodicy on the Odyssey." The Journal of Consumer Research 16: 1-38.

Bell, Daniel. (1976) 1978. The Cultural Contradictions of Capitalism. New York: Basic Books.

Bellah, Robert N. 1967. "Civil Religion in America." Dædalus, Journal of the American Academy of Arts and Sciences 96: 1-21.

Benford, Robert D. , and David A. Snow. 2000. "Framing Processes and Social Movements: An Overview and Assessment." Annual Review of Sociology 26: 611-39.

Benjamin, Walter. 1991. "Kapitalismus als Religion." In Gesammelte Schriften, edited by Rolf Tiedemann and Hermann Schweppenhäuser, 100-102. Frank- furt am Main: Suhrkamp.

Berezin, Mabel. 2005. "Emotions and the Economy." In The Handbook of Economic Sociology, edited by Neil J. Smelser and Richard Swedberg, 109-27. Princeton, NJ: Princeton University Press.

Berkshire Hathaway. 2003: 2002 Annual Report. http://www.berkshirehathaway.com/2002ar/2002ar.pdf#page=4&zoom=auto,-67,9.

Bernasconi, Oriana. 2014. "Testimonies, Manifestos and Motivational Anthems: How Fictional Narratives Disseminate the Entrepreneurial Regime in Current Neoliberal Chilean Society." Presented at the 7th Narrative Matters Conference, University of Paris Diderot.

Beunza, Daniel, and Raghu Garud. 2007. "Calculators, Lemmings or Framemakers? The Intermediary Role of Securities Analysts." In Market Devices, edited by Michel Callon, Yuval Millo, and Fabian Muniesa, 13-39. Malden, MA: Blackwell.

Biernacki, Richard. 1995. The Fabrication of Labor: Germany and Britain, 1640-1914. Berkeley: University of California Press.

Bilkic, Natasa, Thomas Gries, and Margarethe Pilichowski. 2012. "Stay in School or Start Working? The Human Capital Investment Decision under Uncertainty and Irreversibility." Labour Economics 19: 706-17.

Billeter-Frey, Ernst P. 1984. "Wirtschaftsprognosen im Lichte der Systemtheorie."

Jahrbücher für Nationalökonomie und Statistik 199: 433-44.

Blinder, Alan S. 2004. The Quiet Revolution: Central Banking Goes Modern. New Haven, CT: Yale University Press.

Blinder, Alan S., Michael Ehrmann, Marcel Fratzscher, Jakob de Haan, and David-Jan Jansen. 2008. "Central Bank Communication and Monetary Policy: A Survey of Theory and Evidence." Journal of Economic Literature 46: 910-45.

Bloch, Ernst. 1995. The Principle of Hope. Translated by Neville Plaice, Stephen Plaice, and Paul Knight. Cambridge, MA: MIT Press.

Bloom, Paul. 2010. How Pleasure Works: The New Science of Why We Like What We Like. New York: Norton.

Blyth, Mark. 2002. Great Transformations: Economic Ideas and Political Change in the Twentieth Century. Cambridge: Cambridge University Press.

Bogdanova, Elena. 2013. "Account of the Past: Mechanisms of Quality Construc- tion in the Market for Antiques." In Constructing Quality: The Classification of Goods in Markets, edited by Jens Beckert and Christine Musselin, 153-73. Oxford: Oxford University Press.

Boje, David M. 1995. "Stories of the Storytelling Organization: A Postmodern Analysis of Disney as 'Tamara-Land.'" Academy of Management Journal 38: 997-1035.

Bonus, Holger. 1990. Wertpapiere, Geld und Gold: Über das Un-wirkliche in der Ökonomie. Graz, Austria: Styria.

Borghans, Lex, and Bart Golsteyn. 2004. "Imagination, Time Discounting and Human Capital Investment Decisions." Maastricht, Netherlands: Maastricht University.

Borup, Mads, Nick Brown, Kornelia Konrad, and Harro van Lente. 2006. "The Sociology of Expectations in Science and Technology." Technology Analysis and Strategic Management 18: 285-98.

Boudon, Raymond. 2012. Croire et savoir: penser le politique, le moral et le religieux. Paris: Presses Universitaires de France.

Boulding, Kenneth. (1956) 1961. The Image: Knowledge in Life and Society. Ann Arbor: University of Michigan Press.

Bourdieu, Pierre. (1972) 1977. Outline of a Theory of Practice. Translated by Richard Nice. Cambridge: Cambridge University Press.

——. 1973. "Cultural Reproduction and Social Reproduction." In Knowledge, Education, and Cultural Change: Papers in the Sociology of Education, edited by Richard K. Brown, 71-84. London: Tavistock.

——. 1979. Algeria 1960. Translated by Richard Nice. Cambridge: Cambridge University Press.

——. 1984. Distinction: A Social Critique of the Judgement of Taste. Translated by Richard Nice. Cambridge, MA: Harvard University Press.

——. 1993. The Field of Cultural Production: Essays on Art and Literature.

Edited by Randal Johnson. New York: Columbia University Press.

——. 2000. Pascalian Meditations. Translated by Richard Nice. Stanford, CA: Stanford University Press.

——. 2005. The Social Structures of the Economy. Translated by Chris Turner. Cambridge: Polity Press.

Bowles, Samuel, and Herbert Gintis. 1975. "The Problem with Human Capital Theory: A Marxian Critique." American Economic Review 65: 74-82.

Boyer, Robert. 2012. "The Unfulfilled Promises, But Still the Power of Finance: An Invitation to a Post-Positivist Economics." Presented at the Annual CRESC Conference, Centre for Research of Socio-Cultural

Change, Manchester.

———. 2013. "The Global Financial Crisis in Historical Perspective: An Economic Analysis Combining Minsky, Hayek, Fisher, Keynes and the Regulation Approach." Accounting, Economics, and Law—A Convivium 3: 93-193.

Braudel, Fernand. (1979) 1985. Civilization and Capitalism, 15th-18th Century. 3 vols. London: Fontana.

Braun, Benjamin. 2015. "Governing the Future: The ECB's Expectation Management during the Great Moderation." Economy and Society 44: 367-391. Briggs, Asa. 2004. "Man-made Futures, Man-made Pasts." In Technological Visions: The Hopes and Fears That Shape New Technologies, edited by Marita Sturken, Douglas Thomas, and Sandra J. Ball-Rokeach, 92-109. Philadelphia: Temple University Press.

Bronk, Richard. 2009. The Romantic Economist: Imagination in Economics. Cambridge: Cambridge University Press.

———. 2013. "Reflexivity Unpacked: Performativity, Uncertainty and Analytical Monocultures." Journal of Economic Methodology 20: 343-49.

———. Forthcoming. "Epistemological Difficulties with Neo-Classical Economics." Review of Austrian Economics.

Bronner, Gérald. 2011. The Future of Collective Beliefs. Oxford: Bardwell Press.

Brown, John S., Stephen Denning, Katalina Groh, and Laurence Prusak. 2005. Storytelling in Organizations: Why Storytelling Is Transforming 21st Century Organizations and Management. Burlington, MA: Elsevier Butterworth-Heinemann.

Brown, Nik, Alison Kraft, and Paul Martin. 2006. "The Promissory Pasts of Blood Stem Cells." Biosocieties 1: 329-48.

Brown, Nik, Brian Rappert, and Andrew Webster, eds. 2000. Contested Futures: A Sociology of Prospective Techno-Science. Aldershot, UK: Ashgate.

Bryan, Dick, and Michael Rafferty. 2013. "Fundamental Value: A Category in Transformation." Economy and Society 42: 130-53.

Buchanan, James M., and Victor J. Vanberg. 1991. "The Market as a Creative Process." Economics and Philosophy 7: 167-86.

Buhite, Russell D. , and David W. Levy, eds. 1992. FDR's Fireside Chats. Norman: University of Oklahoma Press.

BullionVault. 2011. "Gold News. Gold Price 'Will Reach ＄2400' Says Jim Rogers. " Accessed May 3, 2012. http://goldnews. bullionvault. com/gold_price_111020117.

Bunia, Remigius. 2010. "Was ist Fiktion?" Kunstforum International 202: 46-52.

Burgdorf, Anna. 2011. "Virtualität und Fiktionalität: Überlegungen zur Finanzwelt als 'Vorstellungsraum. ' " In Finanzen und Fiktionen, edited by Christine Künzel and Dirk Hempel, 107-18. Frankfurt am Main: Campus Verlag.

Calder, Lendol. 1999. Financing the American Dream: A Cultural History of Consumer Credit. Princeton, NJ: Princeton University Press.

Callon, Michel. 1998a. "Introduction: The Embeddedness of Economic Markets in Economics. " In The Laws of the Markets, edited by Michel Callon, 1-57. Oxford: Blackwell.

——, ed. 1998b. The Laws of the Markets. Oxford: Blackwell.

Callon, Michel, Cécile Méadel, and Vololona Rabeharisoa. 2002. "The Economy of Qualities. " Economy and Society 31: 194-217.

Cameron, Angus, and Ronen P. Palan. 2004. The Imagined Economies of Globalization. London: Sage.

Camic, Charles. 1986. "The Matter of Habit. " American Journal of Sociology 91: 1039-87.

Campbell, Colin. 1987. The Romantic Ethic and the Spirit of Modern Consumerism. Oxford: Basil Blackwell.

Campbell, Jeffrey R. , Charles Evans, Jonas D. M. Fisher, and Alejandro Justiniano. 2012. "Macroeconomic Effects of Federal Reserve Forward Guidance. " Chicago: Federal Reserve Bank of Chicago. https://www. chicagofed. org/publications/working-papers/2012/wp-03.

Campbell, John L. 2004. Institutional Change and Globalization. Princeton, NJ: Princeton University Press.

Campbell, John L. , and Ove K. Pedersen. 2014. The National Origins of Policy Ideas: Knowledge Regimes in the United States, France, Germany, and Denmark. Princeton, NJ: Princeton University Press.

Carr, Deborah. 1999. "Unfulfilled Career Aspirations and Psychological Well-Being. " PSC Research Reports No. 99-432. Ann Arbor: University of Michigan, Population Studies Center.

Carruthers, Bruce G. 1996. City of Capital: Politics and Markets in the English Financial Revolution. Princeton, NJ: Princeton University Press.

———. 2013. "From Uncertainty toward Risk: The Case of Credit Ratings. "Socio-Economic Review 11: 525-51.

Carruthers, Bruce G. , and Laura Ariovich. 2010. Money and Credit: A Sociological Approach. Cambridge: Polity Press.

Carruthers, Bruce G. , and Sarah Babb. 1996. "The Color of Money and the Nature of Value: Greenbacks and Gold in Postbellum America. " American Journal of Sociology 101: 1556-91.

Carruthers, Bruce G. , and Wendy N. Espeland. 1991. "Accounting for Rationality: Double-Entry Bookkeeping and the Rhetoric of Economic Rationality. "American Journal of Sociology 97: 31-69.

Carruthers, Bruce G. , and Arthur L. Stinchcombe. 1999. "The Social Structure of Liquidity: Flexibility, Markets, and States. " Theory and Society 28: 353-82.

Cass, David, and Karl Shell. 1983. "Do Sunspots Matter?" Journal of Political Economy 91: 193-227.

Castoriadis, Cornelius. 1998. The Imaginary Institution of Society. Translated by Kathleen Blamey. Cambridge, MA: MIT Press.

Chinoy, Ely. 1955. Automobile Workers and the American Dream. Garden City, NY: Doubleday.

Chong, Kimberly, and David Tuckett. 2015. "Constructing Conviction through Action and Narrative: How Money Managers Manage Uncertainty and the Consequences for Financial Market Functioning. " Socio-Economic Review 13: 309-30.

Chong, Kimberly, David Tuckett, and Claudia Ruatti. 2013. "Constructing Conviction through Action and Narrative: How Money Managers Manage Uncertainty and the Consequences for Financial Market Functioning. " Unpublished manuscript.

Coleridge, Samuel T. 1817. "Biographia Literaria. " Accessed May 3,

271

2012. http://www.gutenberg.org/cache/epub/6081/pg6081.html.

Commons, John R. (1934) 1961. Institutional Economics: Its Place in Political Economy. Madison: University of Wisconsin Press.

Cortes Douglas, Hernán. 2003. "Toward a New Understanding of Growth and Recession, Boom and Depression." In Pioneering Studies in Socionomics, edited by Robert R. Prechter, 256-65. Gainesville, GA: New Classics Library.

Costa, Vincent D., Peter J. Lang, Dean Sabatinelli, Francesco Versace, and Margaret M. Bradley. 2010. "Emotional Imagery: Assessing Pleasure and Arousal in the Brain's Reward Circuitry." Human Brain Mapping 31: 1446-57.

Czarniawska, Barbara. 1997. Narrating the Organization: Dramas of Institutional Identity. Chicago: University of Chicago Press.

D'Astous, Alain, and Jonathan Deschênes. 2005. "Consuming in One's Mind: An Exploration." Psychology & Marketing 22: 1-30.

Dahlén, Micael. 2013. Nextopia: Freu dich auf die Zukunft—du wirst ihr nicht entkommen! Translated by T. A. Wegberg. Frankfurt am Main: Campus Verlag.

Dahrendorf, Ralf. 1976. Inequality, Hope, and Progress. Liverpool: Liverpool University Press.

Dal Bó, Pedro. 2005. "Cooperation under the Shadow of the Future: Experimental Evidence from Infinitely Repeated Games." American Economic Review 95: 1591-604.

Daston, Lorraine. 1988. Classical Probability in the Enlightenment. Princeton, NJ: Princeton University Press.

David, Paul A. 1985. "Clio and the Economics of QWERTY." American Economic Review 75: 332-37.

Davidson, Paul. 1996. "Reality and Economic Theory." Journal of Post Keynesian Economics 18: 479-508.

——. 2010. "Risk and Uncertainty." In The Economic Crisis and the State of Economics, edited by Robert Skidelsky and Christian W. Wigström, 13-29. London: Palgrave.

——. 2011. Post Keynesian Macroeconomic Theory. 2nd ed. Cheltenham, UK: Edward Elgar.

272

De Laat, Bastiaan. 2000. "Scripts for the Future: Using Innovation Studies to Design Foresight Tools. " In Contested Futures: A Sociology of Prospective Techno-Science, edited by Nik Brown, Brian Rappert, and Andrew Webster, 175-208. Aldershot, UK: Ashgate.

De Man, Reinier. 1987. Energy Forecasting and the Organization of the Policy Process. Delft: Ebouron.

De Ville, Ferdi, and GabrielSiles-Brügge. 2014. "The EU-US Transatlantic Trade and the Role of Trade Impact Assessments: Managing Fictional Expectations. " Presented at the 55th International Studies Association Annual Convention, Toronto.

Demange, Gabrielle, and Guy Laroque. 2006. Finance and the Economics of Uncertainty. Malden, MA: Blackwell.

Dequech, David. 1999. "Expectations and Confidence under Uncertainty. "Journal of Post Keynesian Economics 21: 415-30.

——. 2000. "Fundamental Uncertainty and Ambiguity. " Eastern Economic Journal 26: 41-60.

Derman, Emanuel. 2011. Models. Behaving. Badly: Why Confusing Illusion with Reality Can Lead to Disaster, on Wall Street and in Life. New York: Free Press. Deuten, J. Jasper, and Arie Rip. 2000. "The Narrative Shaping of a Product Creation Process. " In Contested Futures: A Sociology of Prospective Techno- Science, edited by Nik Brown, Brian Rappert, and Andrew Webster, 65-86. Aldershot, UK: Ashgate.

Deutschmann, Christoph. 1999. Die Verheißung des absoluten Reichtums: Zur religiösen Natur des Kapitalismus. Frankfurt am Main: Campus Verlag.

——. 2009. "Soziologie kapitalistischer Dynamik. " MPIfG Working Paper 09/5. Cologne: Max Planck Institute for the Study of Societies.

——. 2011. "Social Rise as a Factor of Capitalist Growth. " Presented at the 23rd SASE Conference, Madrid.

——. 2013. "Ideen und Interessen: Zum Verhältnis von Religion und wirtschaftlicher Entwicklung. " In Religion und Gesellschaft, edited by Christof Wolf and Matthias Koenig, 359-82. Kölner Zeitschrift für Soziologie und Sozialpsychologie, Special Issue 53.

——. 2014. "Wirtschaft, Arbeit und Konsum. " In Handbuch der Soziologie, edited by Jörn Lamla, Henning Laux, Hartmut Rosa, and David Strecker, 333-49. Constance, Germany: UVK Verlagsgesellschaft.

Devroop, Karendra. 2012. "The Occupational Aspirations and Expectations of College Students Majoring in Jazz Studies." Journal of Research in Music Education 59: 393-405.

Dewey, John. 1915. "The Logic of Judgements and Practise." The Journal of Philosophy, Psychology and Scientific Methods 12: 505-23.

——. (1922)1957. Human Nature and Conduct: An Introduction to Social Psychology. New York: The Modern Library.

——. (1938) 1998. "The Pattern of Inquiry." In The Essential Dewey, edited by Larry A. Hickman and Thomas M. Alexander, 169-79. Bloomington: Indiana University Press.

Diaz-Bone, Rainer, and Gertraude Krell, eds. 2009. Diskurs und Ökonomie: Diskursanalytische Perspektiven auf Märkte und Organisationen. Wiesbaden, Germany: VS Verlag für Sozialwissenschaften.

DiMaggio, Paul J. 1988. "Interest and Agency in Institutional Theory." In Institutional Patterns and Organizations: Culture and Environment, edited by Lynne G. Zucker, 3-22. Cambridge, MA: Ballinger.

——. 2002. "Endogenizing 'Animal Spirits': Toward a Sociology of Collective Response to Uncertainty and Risk." In The New Economic Sociology: Developments in an Emerging Field, edited by Mauro F. Guillén, Randall Collins, Paula England, and Marshall Meyer, 79-100. New York: Russell Sage.

DiMaggio, Paul J., and Walter W. Powell. 1983. "The Iron Cage Revisited: Institutional Isomorphism and Collective Rationality in Organizational Fields." American Sociological Review 48: 147-60.

——, eds. 1991. The New Institutionalism in Organizational Analysis. Chicago: University of Chicago Press.

Djelic, Marie-Laure, and Antti Ainamo. 1999. "The Coevolution of New Organizational Forms in the Fashion Industry: A Historical and Comparative Study of France, Italy, and the United States." Organization Science 10: 622-37.

——. 2005. "The Telecom Industry as Cultural Industry? The Transposition of Fashion Logics into the Field of Mobile Telephony." In

274

Transformation in Cultural Industries, edited by Candace Jones and Patricia H. Thornton, 45-80. Amsterdam: Elsevier JAI.

Dobbin, Frank. 2001. "How Institutional Economics Is Killing Micro-economics. "Economic Sociology Listserve April 2001.

Dobbin, Frank, and Jiwook Jung. 2010. "The Misapplication of Mr. Michael Jensen: How Agency Theory Brought Down the Economy and Why It Might Again. " In Markets on Trial: The Economic Sociology of the U. S. Financial Crisis, edited by Michael Lounsbury and Paul M. Hirsch, 29-64. Bingley, UK: Emerald Group.

Dodd, Nigel. 2011. " 'Strange Money': Risk, Finance and Socialized Debt. " The British Journal of Sociology 62: 175-94.

——. 2014. The Social Life of Money. Princeton, NJ: Princeton University Press.

Doganova, Liliana. 2011. "Necessarily Untrue: On the Use of Discounted Cash Flow Formula in Valuation of Exploratory Projects. " Presented at the 7th Critical Management Studies Conference, Naples.

Doganova, Liliana, and Peter Karnoe. 2012. "Controversial Valustions: Assembling Environmental Concerns and Econnomic Worth in Clean-tech Markets. " Presented at the 2nd Iterdisciplinary Market Studies Workshop, Dublin.

Doganova, Liliana, and Marie Renault. 2008. "What Do Business Models Do? Narratives, Calculation and Market Exploration. " CSI Working Paper 012. Paris: Centre de Sociologie de L'Innovation, Ecole des Mines de Paris.

Dominguez, Kathryn M. , Ray C. Fair, and Matthew D. Shapiro. 1988. "Forecasting the Depression: Harvard versus Yale. "American Economic Review 78:595-612.

Dosi, Giovanni, and Massimo Egidi. 1991. "Substantive and Procedural Uncertainty: An Exploration of Economic Behaviours in Changing Environments. " Journal of Evolutionary Economics 1: 145-68.

Dosi, Giovanni, and Luigi Orsenigo. 1988. "Coordination and Transformation: An Overview of Structures, Behaviors and Change in Evolutionary Environments. " In Technical Change and Economic Theory, edited by Giovanni Dosi, Christopher Freeman, Richard Nelson, Gerald Silverberg, and Luc L. Soete, 13-37. London: Pinter.

Douglas, Mary. 1986. How Institutions Think. Syracuse, NY: Syracuse University Press.

Dreher, Axel, Silvia Marchesi, and James R. Vreeland. 2007. "The Politics of IMF Forecasts." CESifo Working Paper 012. Munich: Ludwig Maximilian University, Center for Economic Studies and Ifo Institute.

Dubuisson-Quellier, Sophie. 2013. "From Qualities to Value: Demand Shaping and Market Control in Mass Consumption Markets." In Constructing Quality: The Classification of Goods in Markets, edited by Jens Beckert and Christine Musselin, 247-67. Oxford: Oxford University Press.

Dulman, Scott P. 1989. "The Development of Discounted Cash Flow Techniques in U. S. Industry." The Business History Review 63: 555-87.

Dupuy, Jean-Pierre, François Eymard-Duvernay, Olivier Favereau, Robert Salais, and Laurent Thévenot. 1989. "Introduction." Revue économique 40: 141-46. Durkheim, Emile. (1893) 1984. The Division of Labour in Society. Translated by W. D. Halls. London: Macmillan.

——. (1911) 1974. "Value Judgments and Judgments of Reality." In Sociology and Philosophy, 80-97. Translated by D. F. Peacock. New York: Free Press.

——. (1912) 1965. The Elementary Forms of the Religious Life. Translated by Joseph Ward Swain. New York: Free Press.

——. (1957) 1992. Professional Ethics and Civic Morals. Translated by Cornelia Brookfield. New York: Routledge.

Eckersley, Michael. 1988. "The Form of Design Processes: A Protocol Analysis Study." Design Studies 9: 86-94.

Elias, David. 1999. Dow 40,000: Strategies for Profiting from the Greatest Bull Market in History. New York: McGraw-Hill.

Elliott, Graham, and Allan Timmermann. 2008. "Economic Forecasting." Journal of Economic Literature 46: 3-56.

Elster, Jon. 1989. Nuts and Bolts for the Social Sciences. Cambridge: Cambridge University Press.

——. 2009. "Excessive Ambitions." Capitalism and Society 4: 1-30.

Emirbayer, Mustafa, and Ann Mische. 1998. "What Is Agency?" American Journal of Sociology 103: 962-1023.

Ergen, Timur. 2015. Große Hoffnungen und brüchige Koalitionen: Industrie, Politik und die schwierige Durchsetzung der Photovoltaik. Frankfurt am Main: Campus Verlag.

Esposito, Elena. 2007. Die Fiktion der wahrscheinlichen Realität. Frankfurt am Main: Suhrkamp.

——. 2011. The Future of Futures: The Time of Money in Financing and Society. Cheltenham, UK: Edward Elgar.

Etzioni, Amitai. 1988. The Moral Dimension: Toward a New Economics. New York: Free Press.

Eusepi, Stefano, and Bruce Preston. 2010. "Central Bank Communication and Expectations Stabilization." Macroeconomics 2: 235-71.

Evans, Jeanne. 1995. Paul Ricoeur's Hermeneutics of the Imagination. New York: Peter Lang.

Evans, Robert. 1997. "Soothsaying or Science? Falsification, Uncertainty and Social Change in Macroeconomic Modelling." Social Studies of Science 27: 395-438.

——. 1999. Macroeconomic Forecasting: A Sociological Appraisal. London: Routledge.

——. 2007. "Social Networks and Private Spaces in Economic Forecasting."Studies in History and Philosophy of Science 38: 686-97.

——. 2014. "Expert Advisers: Why Economic Forecasters Can Be Useful When They Are Wrong." In Experts and Consensus in Social Science, edited by Carlo Martini and Marcel Boumans, 233-52. Cham, Switzerland: Springer.

Ezrahi, Yaron. 2012. Imagined Democracies: Necessary Political Fictions. Cambridge: Cambridge University Press.

Fama, Eugene F. 1965a. "The Behavior of Stock-Market Prices." The Journal of Business 38: 34-105.

——. 1965b. "Random Walks in Stock Market Prices." Financial Analysts Journal 21: 55-59.

Faulkner, Robert R., and Andy B. Anderson. 1987. "Short-Term Projects and Emergent Careers: Evidence from Hollywood." American Journal of Sociology 92: 879-909.

Favero, Giovanni. 2007. "Weather Forecast or Rain-dance? On Inter-war Business Barometers." Research Paper 14/WP/07. Ca' Foscari University of Venice.

Fenn, Jackie, and Mark Raskino. 2008. Mastering the Hype Cycle: How to Choose the Right Innovation at the Right Time. Cambridge, MA: Harvard Business Press.

Ferguson, Niall. 2008. The Ascent of Money: A Financial History of the World. New York: Penguin.

Fischer, Edward F. 2014. The Good Life: Aspiration, Dignity, and the Anthropology of Wellbeing. Stanford, CA: Stanford University Press.

Fischer, Edward F., and Peter Benson. 2006. Broccoli and Desire: Global Connections and Maya Struggles in Postwar Guatemala. Stanford, CA: Stanford University Press.

Fisher, Irving. 1930. The Theory of Interest: As Determined by Impatience to Spend Income and Opportunity to Invest It. New York: Macmillan.

Fleck, Ludwik. (1935) 1979. The Genesis and Development of a Scientific Fact. Chicago: University of Chicago Press.

Fligstein, Neil. 1990. The Transformation of Corporate Control. Cambridge, MA: Harvard University Press.

———. 2001. The Architecture of Markets: An Economic Sociology of Twenty-First-Century Capitalist Societies. Princeton, NJ: Princeton University Press.

Fligstein, Neil, Jonah S. Brundage, and Michael Schultz. 2014. "Why the Federal Reserve Failed to See the Financial Crisis of 2008: The Role of 'Macroeconomics' as a Sense-making and Cultural Frame." IRLE Working Paper 111-14. University of California, Berkeley, Department of Sociology.

Fligstein, Neil, and Doug McAdam. 2012. A Theory of Fields. Oxford: Oxford University Press.

Foskett, Nicholas, and Jane Hemsley-Brown. 2001. Choosing Futures: Young People's Decision-making in Education, Training and Careers Markets. London: Routledge.

Foucault, Michel. 1975. Discipline and Punish: The Birth of the Prison. New York: Random House.

Fourcade-Gourinchas, Marion, and Sarah L. Babb. 2002. "The Rebirth of the Liberal Creed: Paths to Neoliberalism in Four Countries." American Journal of Sociology 108: 533-79.

Fourcade, Marion. 2009. Economists and Societies: Discipline and Profession in the United States, Britain and France, 1890s to 1990s. Princeton, NJ: Princeton University Press.

——. 2011. "Cents and Se 'Nature.' " American Journal of Sociology 116: 1721-77.

——. 2013. "The Economy as Morality Play, and Implications for the Eurozone Crisis." Socio-Economic Review 11:620-27.

Fournier, Susan, and Michael Guiry. 1993. 'An Emerald Green Jaguar, a House on Nantucket, and an African Safari': Wish Lists and Consumption Dreams in Materialist Society." Advances in Consumer Research 20: 352-58.

Frank, Robert H. 1999. Luxury Fever: Weighing the Cost of Excess. New York: Free Press.

Frank, Robert H., and Philip J. Cook. 1995. The Winner-Take-All Society: Why the Few at the Top Get So Much More than the Rest of Us. New York: Penguin.

Freeman, Christopher. 1974. The Economics of Industrial Innovation. Harmondsworth, UK: Penguin.

——. 1987. "Innovation." In The New Palgrave: A Dictionary of Economics, edited by John Eatwell, Murray Milgate, and Peter Newman, 858-60. London: Macmillan.

Friedman, Milton. 1953. Essays in Positive Economics. Chicago: University of Chicago Press.

Friedman, Walter A. 2009. "The Harvard Economic Service and the Problems of Forecasting." History of Political Economy 41: 57-88.

——. 2014. Fortune Tellers: The Story of America's First Economic Forecasters. Princeton, NJ: Princeton University Press.

Fritz, Claudia, Joseph Curtin, Jacques Poitevineau, Palmer Morrel-Samuels, and Fan-Chia Tao. 2012. "Player Preferences among New and

Old Violins." Proceedings of the National Academy of Science 109:
760-63.

Froud, Julie, Sukhdev Johal, Adam Leaver, and Karel Williams.
2006. Financialization and Strategy: Narrative and Numbers. London:
Routledge.

Frydman, Roman, and Michael D. Goldberg. 2007. Imperfect
Knowledge Economics: Exchange Rates and Risk. Princeton, NJ: Prince-
ton University Press. Gabriel, Yiannis. 2000. Storytelling in Organiza-
tions: Facts, Fictions, and Fantasies. Oxford: Oxford University Press.

Galbraith, John Kenneth. (1958) 1998. The Affluent Society. New
York: Houghton Mifflin.

Gall, Alexander. 2012. "Mediterrane Stromvisionen: Von Atlantropa
zu DESERTEC?" In Technology Fiction: Technische Visionen und Utopi-
en in der Hochmoderne, edited by Uwe Fraunholz and Anke Woschech,
165-91. Bielefeld, Germany: Transkript Verlag.

Ganßmann, Heiner. 2011. Doing Money: Elementary Monetary The-
ory from a Sociological Standpoint. London: Routledge.

——. 2012. "Geld und die Rationalität wirtschaftlichen Handelns."
In Wirtschaftliche Rationalität: Soziologische Perspektiven, edited by Ani-
ta Engels and Lisa Knoll, 221-39. Wiesbaden, Germany: VS Verlag für
Sozialwissenschaften.

Garcia-Parpet, Marie-France. 2011. "Symbolic Value and the Estab-
lishment of Prices: Globalization of the Wine Market." In The Worth of
Goods: Valuation and Pricing in the Economy, edited by Jens Beckert and
Patrik Aspers, 131-54. Oxford: Oxford University Press.

Garfinkel, Harold. 1967. Studies in Ethnomethodology. Cambridge:
Polity Press.

Garud, Raghu, and Peter Karnoe. 2001. "Path Creation as a Process
of Mindful Deviation." In Path Dependence and Creation, edited by Raghu
Garud and Peter Karnoe, 1-40. Mahwah, NJ: Erlbaum.

Gavía, Roberto. 2007 "Syndication, Institutionalization, and Lottery
Play. "American Journal of Sociology 113: 603-53.

Geipel, Julian. 2015. "Fiktionen und Märkte: Entscheidungen unter
Unsicherheit am Beispiel von strategischen M&A-Prozessen." In Bewe-

gungen in Unsicherheit / Unsicherheit in Bewegung: Ökonomische Unter-suchungen, edited by Birger P. Priddat, 9-116. Marburg, Germany: Metropolis.

Gerlach, Philipp. 2013. "Evaluation Practices in Internal Labor Markets: Constructing Engineering Managers' Qualification in French and German Automotive Firms. " In Constructing Quality: The Classification of Goods in Markets, edited by Jens Beckert and Christine Musselin, 126-50. Oxford: Oxford University Press.

Gibson, David R. 2012. Talk at the Brink: Deliberation and Decision During the Cuban Missile Crisis. Princeton, NJ: Princeton University Press.

Giddens, Anthony. 1984. The Constitution of Society: Outline of the Theory of Structuration. Berkeley: University of California Press.

——. 1994. "Living in a Post-traditional Society. " In Reflexive Modernization: Politics, Tradition and Aesthetics in the Modern Social Order, edited by Ulrich Beck, Anthony Giddens, and Scott Lash, 56-109. Stanford, CA: Stanford University Press.

——. 1999. "Risk. " BBC Reith Lecture No. 2. BBC Online Network. http:// news. bbc. co. uk/olmedia/video/events99/reith_lectures/ riskvi. ram.

Gigerenzer, Gerd. 2013. Risiko: Wie man die richtigen Entscheidungen trifft. Munich: Bertelsmann.

Gigerenzer, Gerd, and Henry Brighton. 2009. "Homo Heuristicus: Why Biased.

Giorgi, Simona, and Klaus Weber. 2015. "Marks of Distinction: Framing and Audience Appreciation in the Context of Investment Advice. " Administrative Science Quarterly 20: 1-35.

Giraudeau, Martin. 2012. "Imagining (the Future) Business: How to Make Firms with Plans?" In Imagining Organizations: Performative Imagery in Business and Beyond, edited by François-Régis Puyou, Paolo Quattrone, Chris McLean, and Nigel Thrift, 213-29. New York: Routledge.

Glassman, James K. , and Kevin A. Hassett. 1999. Dow 36,000: The New Strategy for Profiting from the Coming Rise in the Stock Market. New York: Times Business.

Goffman, Erving. 1959. The Presentation of Self in Everyday Life. New York: Doubleday.

Gonzales, Felipe. 2015. "Micro-foundations of Financialization: Status Anxiety and the Expansion of Consumer Credit in Chile." PhD diss., University of Cologne.

González-Páramo, José Manuel. 2007. "Expectations and Credibility in Modern Central Banking: A Practitioner's View." Frankfurt am Main: European Central Bank.

Gorton, Gary. 2009. "Slapped in the Face by the Invisible Hand: Banking and the Panic of 2007." Presented at Federal Reserve Bank of Atlanta's Financial Markets Conference.

Gorton, Gary, and Andrew Metrick. 2012. "Securitized Banking and the Run on Repo." Journal of Financial Economics 104: 425-51.

Graeber, David. 2011. Debt: The First 5,000 Years. Brooklyn, NY: Melville House.

Gravelle, Hugh S. E., and Ray Rees. 1992. Microeconomics. 2nd ed. London: Longman.

Guerrien, Bernard, and Ozgur Gun. 2011. "Efficient Market Hypothesis: What Are We Talking About?" Real-World Economics Review 56: 19-30.

Güth, Werner, and Hartmut Kliemt. 2010. "(Un)Eingeschränkt rational ent scheiden in Geschäft und Moral." In Preis der Berlin-Brandenburgischen Akademie der Wissenschaften gestiftet von der Commerzbank Stiftung. Preisverleihung am 19. Oktober 2009: Weyma Lübbe, edited by Berlin-Brandenburgische Akademie der Wissenschaften, 17-28. Berlin: Berlin-Brandenburg Academy of Sciences.

Hahn, Frank. 1980. "General Equilibrium Theory." Public Interest, Special Issue: 123-38.

Haldane, Andrew G. 2015. "Growing, Fast and Slow." Lecture at University of East Anglia, Norwich. London: Bank of England.

Hall, Peter A. 1993. "Policy Paradigms, Social Learning, and the State: The Case of Economic Policymaking in Britain." Comparative Politics 25: 275-96.

Hall, Peter A. , and David Soskice. 2001a. "Introduction. " In Varieties of Capitalism: The Institutional Foundations of Comparative Advantage, edited by Peter Hall and David Soskice, 1-45. Oxford: Oxford University Press.

———. 2001b. Varieties of Capitalism: The Institutional Foundations of Comparative Advantage. Oxford: Oxford University Press.

Hall, Peter A. , and Rosemary C. R. Taylor. 1996. "Political Science and the Three New Institutionalisms. " Political Studies 44: 936-57.

Hall, Rodney B. 2008. Central Banking as Global Governance: Constructing Financial Credibility. Cambridge: Cambridge University Press.

Halliday, Terence C. , and Bruce G. Carruthers. 2009. Bankrupt: Global Law-making and Systemic Financial Crisis. Stanford, CA: Stanford University Press.

Harrington, Brooke. 2008. Pop Finance: Investment Clubs and the New Investor Populism. Princeton, NJ: Princeton University Press.

———. 2009. Deception: From Ancient Empires to Internet Dating. Stanford, CA: Stanford University Press.

Harvey, David. 1982. The Limits to Capital. Oxford: Basil Blackwell.

Hayek, Friedrich A. von. (1968) 1969. "Wettbewerb als Entdeckungsverfahren. " In Wirtschaftswissenschaftliche und wirtschaftsrechtliche Untersuchungen. Vol. 5 of Freiburger Studien: Gesammelte Aufsätze, 249-65. Tübingen, Germany: Mohr Siebeck.

———. 1973. Rules and Order. Vol. 1 of Law, Legislation and Liberty: A New Statement of the Liberal Principles of Justice and Political Economy. Chicago: University of Chicago Press.

———. 1974. "The Pretence of Knowledge. " Prize Lecture. Nobelprize. org. Accessed March 18, 2013.

Hellwig, Martin. 1998. "Discussion on International Contagion: What Is It and What Can Be Done Against It?" Swiss Journal of Economics and Statistics 134: 715-39.

Hinze, Jörg. 2005. "Konjunkturprognosen: Falsche Erwartungen an Treffgenauigkeit. " Wirtschaftsdienst 85: 117-23.

Hirschle, Jochen. 2012. Die Entstehung des transzendenten Kapitalismus. Constance, Germany: UVK Verlagsgesellschaft.

Hirschman, Albert O. 1982. Shifting Involvements: Private Interest and Public Action. Princeton, NJ: Princeton University Press.

——. 1986. Rival Views of Market Society and Other Recent Essays. New York: Viking Press.

——. 1991. Rhetoric of Reaction: Perversity, Futility, Jeopardy. Cambridge, MA: Harvard University Press.

Hirshleifer, Jack, and John G. Riley. 1992. The Analytics of Uncertainty and Information. Cambridge: Cambridge University Press.

Hodgson, Geoffrey M. 2011. "The Eclipse of the Uncertainty Concept in Mainstream Economics." Journal of Economic Issues 45: 159-75.

Holbrook, Morris, B. , and Elizabeth C. Hirschman. 1982. "The Experimental Aspects of Consumption: Consumer Fantasies, Feelings, and Fun." Journal of Consumer Research 9: 132-40.

Holmes, Douglas R. 2009. "Economy of Words." Cultural Anthropology 24: 381-419.

——. 2014. Economy of Words: Communicative Imperatives in Central Banks. Chicago: University of Chicago Press.

Hölscher, Lucian. 1989. Weltgericht oder Revolution: protestantische und sozialistische Zukunftsvorstellungen im deutschen Kaiserreich. Edited by Reinhart Koselleck and Rainer Lepsius. Stuttgart, Germany: Klett-Cotta.

——. 1999. Die Entdeckung der Zukunft. Edited by Wolfgang Benz. Frankfurt am Main: Fischer.

——. 2002. "The History of the Future: The Emergence and Decline of a Temporal Concept in European History." History of Concepts Newsletter 5: 10-15.

Horton, Donald, and R. Richard Wohl. 1956. "Mass Communication and Para-Social Interaction: Observations on Intimacy at a Distance." Psychiatry 19: 215-29.

Hutter, Michael. 2011. "Infinite Surprises: On the Stabilization of Value in the Creative Industries." In The Worth of Goods: Valuation and Pricing in the Economy, edited by Jens Beckert and Patrik Aspers, 201-20. Oxford: Oxford University Press.

Ingham, Geoffrey. 2003. "Schumpeter and Weber on the Institutions of Capitalism: Solving Swedberg's 'Puzzle.'" Journal of Classical Sociology 3: 297-309.

———. 2004. The Nature of Money. Malden, MA: Polity Press.

———. 2008. Capitalism. Cambridge: Polity Press.

Innes, Mitchell A. (1914) 2004. "The Credit Theory of Money." In Credit and State Theories of Money: The Contributions of A. Mitchell Innes, edited by Randall L. Wray, 50-78. Cheltenham, UK: Edward Elgar.

International Monetary Fund. 2013. World Economic Outlook Update. Washington, DC: IMF.

Iser, Wolfgang. 1983. "Akte des Fingierens: Oder: Was ist das Fiktive im fiktionalen Text?" In Funktionen des Fiktiven, edited by Dieter Henrich and Wolfgang Iser, 121-51. Munich: Fink.

———. 1991. Das Fiktive und das Imaginäre: Perspektiven literarischer Anthropologie. Frankfurt am Main: Suhrkamp.

———. 1993. The Fictive and the Imaginary: Charting Literary Anthropology.

Issing, Otmar. 1997. "Monetary Targeting in Germany: The Stability of Monetary Policy and of the Monetary System." Journal of Monetary Economics 39: 67-79.

Jahoda, Marie, Paul. F. Lazarsfeld, and Hans Zeisel. (1933) 1971. Marienthal: A Sociography of an Unemployed Community. London: Tavistock.

Jasanoff, Sheila, and Sang-Hyun Kim. 2009. "Containing the Atom: Sociotechnical Imaginaries and Nuclear Power in the United States and South Korea." Minerva 47: 119-46.

Jensen, Michael C., and William H. Meckling. 1976. "Theory of the Firm: Managerial Behavior, Agency Costs and Ownership Structure." Journal of Financial Economics 3: 305-60.

Jessop, Bob. 2013. "Recovered Imaginaries, Imagined Recoveries: A Cultural Political Economy of Crisis Construals and Crisis Management in the North Atlantic Financial Crisis." In Beyond the Global Economic Crisis: Economics, Politics and Settlement, edited by Mats Benner, 234-54.

Cheltenham, UK: Edward Elgar.

Joas, Hans. 1996. The Creativity of Action. Translated by Jeremy Gaines and Paul Keast. Cambridge: Polity Press.

——. 2000. The Genesis of Values. Translated by Gregory Moore. Cambridge: Polity Press.

Joas, Hans, and Wolfgang Knöbl. 2009. Social Theory: Twenty Introductory Lectures. Translated by Alex Skinner. Cambridge: Cambridge University Press.

Johnes, Geraint. 1993. The Economics of Education. London: Macmillan.

Kadlec, Charles W. 1999. Dow 100,000: Fact or Fiction. Paramus, NJ: Prentice Hall.

Kahl, Joseph A. 1953. "Educational and Occupational Aspirations of 'Common Man' Boys." Harvard Educational Review 23: 186-203.

Kaldor, Nicholas. 1957. "A Model of Economic Growth." The Economic Journal 67: 591-624.

Kalecki, Michal. 1943. "Political Aspects of Full Employment." The Political Quarterly 14: 322-30.

Kalthoff, Herbert. 2005. "Practices of Calculation: Economic Representations and Risk Management." Theory, Culture & Society 22 (2): 69-97.

Kant, Immanuel. (1787) 1911. Kritik der reinen Vernunft. 2nd ed. Vol. 3 of Kant's Gesammelte Schriften. Berlin: Georg Reimer.

Karpik, Lucien. 2010. Valuing the Unique: The Economics of Singularities. Princeton, NJ: Princeton University Press.

Keynes, John Maynard. (1931) 1972. Essays in Persuasion. Vol. 9 of The Collected Writings of John Maynard Keynes. London: Macmillan.

——. (1936) 1964. The General Theory of Employment, Interest, and Money. London: Macmillan.

——. 1937. "The General Theory of Employment." Quarterly Journal of Economics 51: 209-23.

Kholodilin, Konstantin A., and Boriss Siliverstovs. 2009. "Geben Konjunktur-prognosen eine gute Orientierung?" Wochenbericht des DIW 13: 207-13.

Kim, Jongchul. 2012. "How Politics Shaped Modern Banking in Early Modern England: Rethinking the Nature of Representative Democracy, Public Debt, and Modern Banking." MPIfG Discussion Paper 12/11. Cologne: Max Planck Institute for the Study of Societies.

Kindleberger, Charles P., and Robert Z. Aliber. (1978) 2005. Manias, Panics, and Crashes: A History of Financial Crises. Hoboken, NJ: Wiley.

Kinnier, Richard T., Teresa A. Fisher, Maria U. Darcy, and Tad Skinner. 2001. "The Fate of Career Dreams: A Test of Levinson's Theory." Australian Journal of Career Development 10 (3): 25-27.

Kirzner, Israel M. 1985. Discovery and the Capitalist Process. Chicago: University of Chicago Press.

Knapp, Georg F. 1924. The State Theory of Money. London: Macmillan. Knight, Frank H. (1921) 2006. Risk, Uncertainty, and Profit. Mineola, NY: Dover Publications.

Knorr Cetina, Karin. 1994. "Primitive Classification and Postmodernity: Towards a Sociological Notion of Fiction." Theory, Culture and Society 11 (3): 1-22.

———. 1999. Epistemic Cultures: How the Sciences Make Knowledge. Cambridge, MA: Harvard University Press.

———. 2003. "From Pipes to Scopes: The Flow Architecture of Financial Markets." Distinktion 7 (2): 7-23.

———. 2015. "What Is a Financial Market? Global Markets as Weird Institutional Forms." In Re-Imagining Economic Sociology, edited by Patrik Aspers and Nigel Dodd, 103-24. Oxford: Oxford University Press.

Knorr Cetina, Karin, and Urs Bruegger. 2002. "Global Microstructures: The Virtual Societies of Financial Markets." American Journal of Sociology 107: 905-50.

Knorr Cetina, Karin, and Alex Preda, eds. 2004. The Sociology of Financial Markets. Oxford: Oxford University Press.

———, eds. 2012. The Oxford Handbook of the Sociology of Finance. Oxford: Oxford University Press.

Kocka, Jürgen. 2013. Geschichte des Kapitalismus. Munich: C. H. Beck.

287

Kormann, Eva. 2011. "Dr. Real and Mr. Hype: Die Konstrukte der Kaufleute." In Finanzen und Fiktionen: Grenzgänge zwischen Literatur und Wissenschaft, edited by Christine Künzel and Dirk Hempel, 91-105. Frankfurt am Main: Campus Verlag.

Korpi, Walter. 1985. "Power Resources Approach vs. Action and Conflict: On Causal and Intentional Explanations in the Study of Power." Sociological Theory 3(2): 31-45.

Koselleck, Reinhart. 1979. Vergangene Zukunft: Zur Semantik geschichtlicher Zeiten. Frankfurt am Main: Suhrkamp.

——. 2004. Futures Past: On the Semantics of Historical Time. Translated by Keith Tribe. New York: Columbia University Press.

Kraemer, Klaus. 2010. "Propheten der Finanzmärkte: Zur Rolle charismatischer Ideen im Börsengeschehen." Berliner Journal für Soziologie 20: 179-201.

Künzel, Christine. 2014. "Imaginierte Zukunft: Zur Bedeutung von Fiktion(en) in ökonomischen Diskursen." In Literarische Ökonomik, edited by Iuditha Balint and Sebastian Zilles, 143-57. Paderborn: Fink.

Lamont, Michèle, and Laurent Thévenot. 2000. "Introduction: Toward a Renewed Comparative Cultural Sociology." In Rethinking Comparative Cultural Sociology: Repertoires of Evaluation in France and the United States, edited by Michèle Lamont and Laurent Thévenot, 1-22. Cambridge: Cambridge University Press.

Landes, David S. 1969. The Unbound Prometheus: Technological Change and Industrial Development in Western Europe from 1750 to the Present. Cambridge: Cambridge University Press.

Lane, David A. , and Robert R. Maxfield. 2005. "Ontological Uncertainty and Innovation." Journal of Evolutionary Economics 15: 3-50.

Latour, Bruno. 1993. We Have Never Been Modern. Cambridge, MA: Harvard University Press.

Lawrence, Thomas B. , and Nelson Phillips. 2004. "From Moby Dick to Free Willy: Macro-Cultural Discourse and Institutional Entrepreneurship in Emerging Institutional Fields." Organization 11: 689-711.

Lawrence, Thomas B. , and Roy Suddaby. 2006. "Institutions and Institutional Work." In Handbook of Organization Studies, edited by

Stewart Clegg, C. Hardy, W. R. Nord, and T. Lawrence, 215-54. London: Sage.

Lazarus, Jeanne. 2012. "Prévoir la défaillance de credit: l'ambition du scoring. "Raisons politiques 48: 103-18.

Le Goff, Jacques. 1960. "Au moyen âge: temps de l'église et temps du marchand. "Annales 15: 417-33.

Lepsius, Rainer M. 1995. "Institutionenanalyse und Institutionenpolitik. " In Politische Institutionen im Wandel, edited by Birgitta Nedelmann, 392-403. Kölner Zeitschrift für Soziologie und Sozialpsychologie, Special Issue 35.

Levy, Sidney J. 1959. "Symbols for Sale. " Harvard Business Review 37: 117-24.

Lewis, David. 1986. On the Plurality of Worlds. Malden, MA: Blackwell. Lindblom, Charles E. 1982. "The Market as Prison. " The Journal of Politics 44: 324-36.

Lucas, Robert E. 1972. "Expectations and the Neutrality of Money. " Journal of Economic Theory 4: 103-24.

——. 1975. "An Equilibrium Model of the Business Cycle. " Journal of Political Economy 83: 1113-44.

——. 1981. Studies in Business Cycle Theory. Cambridge, MA: MIT Press.

Luckmann, Thomas. 1967. The Invisible Religion: The Problem of Religion in Modern Society. New York: Macmillan.

Luhmann, Niklas. 1976. "The Future Cannot Begin: Temporal Structures in Modern Society. " Social Research 43: 130-52.

——. 1988. Die Wirtschaft Gesellschaft. Frankfurt am Main: Suhrkamp.

——. 1995. Social Systems. Stanford, CA: Stanford University Press.

——. 1996. Die Realität der Massenmedien. 2nd ed. Opladen, Germany: Westdeutscher Verlag.

Lukes, Steven. 1973. Emile Durkheim: His Life and Work. A Historical and Critical Study. London: Penguin.

Lutter, Mark. 2012a. "Anstieg oder Ausgleich? Die multiplikative

Wirkung sozialer Ungleichheiten auf dem Arbeitsmarkt für Filmschauspieler. " Zeitschrift für Soziologie 41: 435-57.

———. 2012b. "Tagträume und Konsum: Die imaginative Qualität von Gütern am Beispiel der Nachfrage für Lotterien. " Soziale Welt 63: 233-51.

Lyman, Peter. 2004. "Information Superhighways, Virtual Communities, and Digital Libraries: Information Society Metaphors as Political Rhetoric. " In Technological Visions: The Hopes and Fears That Shape New Technologies, edited by Marita Sturken, Douglas Thomas, and Sandra J. Ball-Rokeach, 201-18. Philadelphia: Temple University Press.

MacKenzie, Donald. 2006. An Engine, Not a Camera: How Financial Models Shape Markets. Cambridge, MA: MIT Press.

———. 2011. "The Credit Crisis as a Problem in the Sociology of Knowledge. "American Journal of Sociology 116: 1778-841.

———. 2012. "Visible, Tradeable Carbon: How Emissions Markets are Constructed. " In Imagining Organizations: Performative Imagery in Business and Beyond, edited by François-Régis Puyou, Paolo Quattrone, Chris McLean, and Nigel Thrift, 53-81. New York: Routledge.

MacKenzie, Donald, and Yuval Millo. 2003. "Constructing a Market, Performing Theory: The Historical Sociology of a Financial Derivatives Exchange. " American Journal of Sociology 109: 107-45.

Maddison, Angus. 2001. The World Economy: A Millennial Perspective. Paris: Organisation for Economic Co-operation and Development.

Mader, Philip. 2015. The Political Economy of Microfinance: Financializing Poverty. Basingstoke, UK: Palgrave Macmillan.

Mahoney, James. 2000. "Path Dependence in Historical Sociology. " Theory and Society 29: 507-48.

Mäki, Uskali. 1989. "On the Problem of Realism in Economics. " Ricerche Economiche 43: 176-98.

———. 1992a. "Friedman and Realism. " Research in the History of Economic Thought and Methodology 10: 171-95.

———. 1992b. "On the Method of Isolation in Economics. " In Idealization IV: Intelligibility in Science, edited by Craig Dilworth, 317-51. Amsterdam: Rodopi.

———. 1994. "Isolation, Idealization, and Truth in Economics." In I-dealization VI: Idealization in Economics, edited by Bert Hamminga and Neil B. De Marchi, 147-68. Amsterdam: Rodopi.

———. 2000. "Kinds of Assumptions and Their Truth: Shaking an Untwisted F-Twist." Kyklos 53: 317-36.

———, ed. 2002. Fact and Fiction in Economics: Models, Realism and Social Construction. Cambridge: Cambridge University Press.

———. 2009a. "MISSing the World: Models as Isolations and Credible Surrogate Systems." Erkenntnis 70: 29-43.

———. 2009b. "Unrealistic Assumptions and Unnecessary Confusions: Re-reading and Rewriting F53 as a Realistic Statement." In The Method-ology of Positive Economics: Reflections on the Milton Friedman Legacy, edited by Uskali Mäki, 90-116. Cambridge: Cambridge University Press.

Makridakis, Spyros, and Michèle Hibon. 2000. "The M3-Competi-tion: Results, Conclusions and Implications." International Journal of Forecasting 16: 451-76.

Makridakis, Spyros, Robin M. Hogarth, and Anil Gaba. 2009. "Forecasting and Uncertainty in the Economic and Business World." In-ternational Journal of Forecasting 25: 794-812.

Makridakis, Spyros, Steven C. Wheelwright, and Rob J. Hyndman. 1998. Forecasting: Methods and Applications. 3rd ed. New York: Wiley.

Mallard, Grégoire. 2013. "From Europe's Past to the Middle East's Future: The Constitutive Purpose of Forward Analogies in International Security." Unpublished manuscript.

Mallard, Grégoire, and Andrew Lakoff. 2011. "How Claims to Know the Future Are Used to Understand the Present: Techniques of Prospection in the Field of National Security." In Social Knowledge in the Making, edited by Charles Camic, Neil Gross, and Michèle Lamont, 339-77. Chicago: University of Chi- cago Press.

March, James G. 1995. "The Future, Disposable Organizations and the Rigidities of Imagination." Organization 2: 427-40.

Marchal, Emmanuelle. 2013. "Uncertainties Regarding Applicant Quality: The Classification of Goods in Markets, edited by Jens Beckert and Christine Musselin, 103-25. Oxford: Oxford University Press.

Markus, Hazel, and Paula Nurius. 1986. "Possible Selves." American Psychologist 41: 954-69.

Marshall, Alfred. (1920) 1961. Principles of Economics. 2 vols. London: Macmillan.

Marshall, Douglas A. 2010. "Temptation, Tradition, and Taboo: A Theory of Sacralization." Sociological Theory 28:64-90.

Martin, Paul, Nik Brown, and Andrew Turner. 2008. "Capitalizing Hope: The Commercial Development of Umbilical Cord Blood Stem Cell Banking." New Genetics and Society 27: 127-43.

Martinez, Matias, and Michael Scheffel. 2003. Einführung in die Erzähltheorie. 4th ed. Munich: C. H. Beck.

Martino, Joseph P. 1983. Technological Forecasting for Decision Making. 2nd ed. New York: North-Holland.

Marx, Karl. (1867) 1977. Capital: A Critique of Political Economy. Vol. 1. New York: Vintage.

———. (1885) 1993. Capital: A Critique of Political Economy. Vol. 2. London: Penguin.

Marx, Karl, and Friedrich Engels. (1846) 1976. "The German Ideology." In Marx and Engels: 1845-47. Vol. 5 of Collected Works. London: Lawrence & Wishart.

Maurer, Bill. 2002. "Repressed Futures: Financial Derivatives' Theological Unconscious." Economy and Society 31: 15-36.

Mauss, Marcel. (1914) 1974. "Les origines de la notion de monnaie." In Représentations collectives et diversité des civilisations. Vol. 2 of Oeuvres, 106-12. Paris: Les Editions de Minuit.

Mayntz, Renate. 2012. "Erkennen, was die Welt zusammenhält: Die Finanzmarktkrise als Herausforderung für die soziologische Systemtheorie." MPIfG Discussion Paper 13/2. Cologne: Max Planck Institute for the Study of Societies.

McCloskey, Deirdre. 2011. Bourgeois Dignity: Why Economics Can't Explain the Modern World. Chicago: University of Chicago Press.

McCloskey, Donald N. 1985. The Rhetoric of Economics. Madison: The University of Wisconsin Press.

———. 1990. If You're So Smart: The Narrative of Economic Expertise. Chicago: The University of Chicago Press.

McCracken, Grant. 1988. Culture and Consumption: New Approaches to the Symbolic Character of Consumer Goods and Activities. Bloomington: Indiana University Press.

McDermott, Rose. 2004. "Prospect Theory in Political Science: Gains and Losses from the First Decade." Political Psychology 25: 289-312.

McKinsey Global Institute. 2015. "Debt and (Not Much) Deleveraging." London. http://www. mckinsey. com/insights/economic_studies/debt_and_not_much_deleveraging.

Mead, George H. (1932) 2002. The Philosophy of the Present. Amherst, NY: Prometheus.

Mears, Ashley. 2011. Pricing Beauty: The Making of a Fashion Model. Berkeley: University of California Press.

Menger, Carl. (1883) 1963. Problems of Economics and Sociology. Urbana: University of Illinois Press.

——. 1892. "On the Origin of Money." The Economic Journal 2: 239-55. Menger, Pierre-Michel. 1999. "Artistic Labor Markets and Careers." Annual Review of Sociology 25: 541-74.

——. 2009. Le travail créateur: s'accomplir dans l'incertain. Paris: Gallimard.

——. 2014. The Economics of Creativity: Art and Achievement under Uncertainty. Cambridge, MA: Harvard University Press.

Merton, Robert K. 1957. Social Theory and Social Structure. Glencoe, IL: Free Press.

Mihm, Stephen. 2007. A Nation of Counterfeiters: Capitalists, Con Men, and the Making of the United States. Cambridge, MA: Harvard University Press.

Miller, Daniel. 1998. A Theory of Shopping. Ithaca, NY: Cornell University Press.

Minsky, Hyman P. 1982. "The Financial-Instability Hypothesis: Capitalist Processes and the Behavior of the Economy." In Financial Crises: Theory, History, and Policy, edited by Charles P. Kindleberger and Jean-Pierre Laffargue, 13-39. Cambridge: Cambridge University Press.

Mirowski, Philip. 1989. More Heat than Light: Economics as Social Physics, Physics as Nature's Economics. Cambridge: Cambridge University Press.

———. 1991. "Postmodernism and the Social Theory of Value." Journal of Post Keynesian Economics 13: 565-82.

Mirowski, Philip, and Dieter Plehwe, eds. 2009. The Road from Mont Pèlerin: The Making of the Neoliberal Thought Collective. Cambridge, MA: Harvard University Press.

Mische, Ann. 2009. "Projects and Possibilities: Researching Futures in Action."Sociological Forum 24: 694-704.

———. 2014. "Measuring Futures in Action: Projective Grammars in the Rio+20 Debates." Theory and Society 43: 437-64.

Miyazaki, Hirokazu. 2003. "The Temporalities of the Market." American Anthropologist 105: 255-65.

———. 2004. The Method of Hope: Anthropology, Philosophy, and Fijian Knowledge. Stanford, CA: Stanford University Press.

Moen, Phyllis, and Patricia Roehling. 2005. The Career Mystique: Cracks in the American Dream. Lanham, MD: Rowman & Littlefield.

Möllering, Guido. 2010. "Collective Marketmaking Efforts at an Engineering Conference." MPIfG Discussion Paper 10/2. Cologne: Max Planck Institute for the Study of Societies.

Moreira, Tiago, and Paolo Palladino. 2005. "Between Truth and Hope: On Parkinson's Disease, Neurotransplantation and the Production of the 'Self'." History of the Human Sciences 18: (3): 55-82.

Morgan, Mary S. 2002. "Models and Stories and the Economic World." In Fact and Fiction in Economics: Models, Realism and Social Construction, edited by Uskali Mäki, 178-201. Cambridge: Cambridge University Press.

———. 2012. The World in the Model: How Economists Work and Think. Cambridge, MA: Cambridge University Press.

Morgan, Stephen L. 2007. "Expectations and Aspirations." In The Blackwell Encyclopedia of Sociology, edited by George Ritzer, 1528-31. Oxford: Blackwell.

Morgenstern, Oskar. 1928. Wirtschaftsprognose: Eine Untersuchung ihrer Voraussetzungen und Möglichkeiten. Vienna: Julius Springer.

——. (1935) 1976. "Perfect Foresight and Economic Equilibrium." In Selected Economic Writings of Oskar Morgenstern, edited by Andrew Schotter, 169-83. New York: New York University Press.

Müller, Felix, and Jakob Tanner. 1988. " '... im hoffnungsvollen Licht einer besseren Zukunft': Zur Geschichte der Fortschrittsidee in der schweizerischen Arbeiterbewegung." In Solidarität, Widerspruch, Bewegung: 100 Jahre Sozialdemokratische Partei der Schweiz, edited by Karl Lang, Peter Hablützel, Markus Mattmüller, and Heidi Witzig, 325-67. Zürich: Limmat Verlag.

Muniesa, Fabian. 2011. "A Flank Movement in the Understanding of Valuation." In Measure and Value, edited by Lisa Adkins and Celia Lury, 24-38. Sociological Review Monograph Series. The Sociological Review 59 (S2).

——. 2014. The Provoked Economy: Economic Reality and the Performative Turn. Abingdon: Routledge.

Muniesa, Fabian, and Liliana Doganova. 2015. "Setting the Habit of Capitalization: The Pedagogy of Earning Power at the Harvard Business School, 1920-1940." Unpublished manuscript. Ecole des mines, Paris.

Münnich, Sascha. 2011. "Interest-Seeking as Sense-Making: Ideas and Business Interests in the New Deal." European Journal of Sociology 52: 277-311.

Munro, John H. 2003. "The Medieval Origins of the Financial Revolution: Usury, Rentes, and Negotiability." The International History Review 25: 505-62.

Muth, John F. 1961. "Rational Expectations and the Theory of Price Movements." Econometrica 29: 315-35.

Mützel, Sophie. 2010. "Koordinierung von Märkten durch narrativen Wettbewerb." In Wirtschaftssoziologie, edited by Jens Beckert and Christoph Deutschmann, 87-106. Kölner Zeitschrift für Soziologie und Sozialpsychologie, Special Issue 49.

Nahoum, André Vereta. 2013. "Selling 'Cultures': The Traffic of Cultural Representations from the Yawanawa". PhD diss., University of São Paulo.

Nama, Yesh, and Alan Lo Practice Based View. " Presented atMan-agement Accounting Research Group (MARG) Conference in association with the Management Control Association at Aston Business School, No-vember 15-16, 2012, Birmingham, UK.

Nelson, Richard R. , and Sidney G. Winter. 1982. An Evolutionary Theory of Economic Change. Cambridge, MA: The Belknap Press of Harvard University Press.

Nelson, Stephen C. , and Peter J. Katzenstein. 2010. Uncertainty, Risk and the Crisis of 2008. Unpublished manuscript. Cornell University, Ithaca, NY.

——. 2014. "Uncertainty, Risk, and the Financial Crisis of 2008. " International Organization 68: 361-92.

Newman, Katherine S. 1993. Declining Fortunes: The Withering of the American Dream. New York: Basic Books.

——. 1999. Falling from Grace: Downward Mobility in the Age of Affluence. Berkeley: University of California Press.

Nierhaus, Wolfgang. 2011. "Wirtschaftskonjunktur 2010: Prognose und Wirklichkeit. " Ifo Schnelldienst 64 (2): 22-25.

North, Douglass C. 1990. Institutions, Institutional Change and Eco-nomic Performance. Cambridge: Cambridge University Press.

——. 1999. "Dealing with a Non-Ergodic World: Institutional Eco-nomics, Property Rights, and the Global Environment. " Duke Environ-mental Law & Policy Forum 10 (1): 1-12.

Nye, David E. 2004. "Technological Prediction: A Promethean Prob-lem. " In Technological Visions: The Hopes and Fears That Shape New Technologies, edited by Marita Sturken, Douglas Thomas, and Sandra Ball-Rokeach, 159-76. Philadelphia: Temple University Press.

O'Neill, Jim. 2013. "Enttäuschende Bilanz. " Handelsblatt, July 30, 2013, 48. Offe, Claus. 1975. "The Capitalist State and the Problem of Policy Formation. " In Stress and Contradiction in Modern Capitalism, edi-ted by Leon N. Lindberg, Robert Alford, Colin Crouch, and Clause Offe, 125-44. Lexington: D. C. Heath.

Offe, Claus, and Helmut Wiesenthal. 1985. "Two Logics of Collec-tive Action. " In Disorganized Capitalism: Contemporary Transformations of Work and Politics, edited by John Keane and Claus Offe, 170-220. Cambridge, MA: MIT Press.

Orléan, André. 2012. "Knowledge in Finance: Objective Value versus Convention." In Handbook of Knowledge and Economics, edited by Richard Arena, Agnès Festré, and Nathalie Lazaric, 313-37. Cheltenham, UK: Edward Elgar.

——. 2013. "Money: Instrument of Exchange or Social Institution of Value?" In Financial Crises and the Nature of Capitalist Money: Mutual Developments from the Work of Geoffrey Ingham, edited by Jocelyn Pixley and Geoffrey C. Harcourt, 46-69. Basingstoke, UK: Palgrave Macmillan.

——. 2014. The Empire of Value: A New Foundation for Economics. Cambridge, MA: MIT Press.

Ortiz, Horacio. 2009. "Investors and Efficient Markets: The Everyday Imaginaries of Investment Management." Economic Sociology: The European Electronic Newsletter 11 (1): 34-40.

——. 2014. "The Limits of Financial Imagination: Free Investors, Efficient Markets, and Crisis." American Anthropologist 116: 38-50.

Ortmann, Günther. 2004. Als Ob: Fiktionen und Organisationen. Wiesbaden, Germany: VS Verlag für Sozialwissenschaften.

Otte, Max. 2011. "Fiktion und Realität im Finanzwesen." In Finanzen und Fiktionen: Grenzgänge zwischen Literatur und Wissenschaft, edited by Chris- tine Künzel and Dirk Hempel, 27-43. Frankfurt am Main: Campus Verlag.

Oudin-Bastide, Caroline, and Philippe Steiner. 2015. Calcul et Moral: Coûts de l'esclavage et valeur de l'émancipation (XVIIIe-XIXe siècle). Paris: Editions Albin Michel.

Palan, Ronan. 2012. "The Financial Crisis and Intangible Value." Capital & Class 37: 65-77.

Parsons, Talcott. (1937) 1949. The Structure of Social Action: A Study in Social Theory with Special Reference to a Group of Recent European Writers. Glencoe, IL: Free Press.

——. 1951. The Social System. Glencoe, IL: Free Press.

——. (1959) 1964. "The School Class as a Social System: Some of

Its Functions in American Society." In Social Structure and Personality, 129-54. New York: Free Press.

———. 1963. "On the Concept of Political Power." Proceedings of the American Philosophical Society 107: 232-62.

Parsons, Talcott, and Neil J. Smelser. (1956) 1984. Economy and Society: A Study in the Integration of Economic and Social Theory. London: Routledge.

Partnoy, Frank. 2014. "Is Herbalife a Pyramid Scheme?" The Atlantic Monthly June.

Patalano, Roberta. 2003. "Beyond Rationality: Images as Guide-Lines to Choice."Working Paper 05/2003. Torino: Università di Torino.

Pelzer, Peter. 2013. Risk, Risk Management and Regulation in the Banking Industry: The Risk to Come. London: Routledge.

Pénet, Pierre, and Grégoire Mallard. 2014. "From Risk Models to Loan Contracts: Austerity as the Continuation of Calculation by Other Means." Journal of Critical Globalisation Studies 7: 4-47.

Pieri, Elisa. 2009. "Sociology of Expectation and the E-Social Science Agenda."Information, Communication & Society 12: 1103-18.

Piotti, Geny. 2009. "German Companies Engaging in China: Decision-Making Processes at Home and Management Practices in Chinese Subsidiaries." MPIfG Working Paper 09/14. Cologne: Max Planck Institute for the Study of Societies.

Pixley, Jocelyn. 2004. Emotions in Finance: Distrust and Uncertainty in Global Markets. Cambridge: Cambridge University Press.

Podolny, Joel M. 2005. Status Signals: A Sociological Study of Market Competition. Princeton, NJ: Princeton University Press.

Polanyi, Karl. (1944) 1957. The Great Transformation. Boston: Beacon Press.

Polillo, Simone. 2011. "Money, Moral Authority, and the Politics of Creditworthiness." American Sociological Review 76: 437-64.

———. 2013. Conservative versus Wildcats: A Sociology of Financial Conflict. Stanford, CA: Stanford University Press.

Pongratz, Hans J. , Stefan Bernhard, and Lisa Abbenhardt. 2014. "Fiktion und Substanz: Praktiken der Bewältigung zukunftsbezogener Ungewissheit wirtschaftlichen Handelns am Beispiel der Gründungsförderung. " Berliner Journal für Soziologie 24: 397-423.

Poovey, Mary. 2008. Genres of the Credit Economy: Mediating Value in Eighteenth- and Nineteenth-Century Britain. Chicago: University of Chicago Press.

Popper, Karl. (1949) 1963. "Prediction and Prophecy in the Social Sciences. " In Conjectures and Refutations: The Growth of Scientific Knowledge, 336-46. London: Routledge & Kegan Paul.

——. (1957) 1964. The Poverty of Historicism. New York: Harper Torchbooks.

——. 1982. The Open Universe: An Argument for Indeterminism. London: Routledge.

Portes, Alejandro, and Julia Sensenbrenner. 1993. "Embeddedness and Immigration: Notes on the Determinants of Economic Action. " American Journal of Sociology 98: 1320-50.

Postlewaite, Andrew. 1987. "Asymmetric Information. " In The New Palgrave: A Dictionary of Economics, edited by John Eatwell, Murray Milgate, and Peter Newman, 133-35. London: Macmillan.

Prato, Matteo, and David Stark. 2012. "Attention Structures and Valuation Models: Cognitive Networks among Securities Analysts. " COI Working Paper December 2011. New York: Columbia University, Center on Organizational Innovation.

Preda, Alex. 2006. "Socio-Technical Agency in Financial Markets: The Case of the Stock Ticker. " Social Studies of Science 36: 753-82.

Priddat, Birger P. 2012. Diversität, Steuerung, Netzwerke: Institutionenökonomische Anmerkungen. Marburg, Germany: Metropolis.

——. 2013. Unentschieden: Wirtschaftsphilosophische Anmerkungen zur Ökonomie. Marburg, Germany: Metropolis.

——. 2014. "Prognose als plausible Narratio. " In Die Ordnung des Kontingenten: Beiträge zur zahlenmäßigen Selbstbeschreibung der modernen Gesellschaft, edited by Alberto Cevolini, 251-79. Wiesbaden, Germany: Springer VS.

Putnam, Ruth A. 2006. "Democracy and Value Inquiry. " In A Companion to Pragmatism, edited by John R. Shook and Joseph Margolis,

278-89. Malden, MA: Blackwell.

Radner, Roy. 1968. "Competitive Equilibrium under Uncertainty." Econometrica 36: 31-58.

Ravasi, Davide, Violina Rindova, and Ileana Stigliani. 2011. "Valuing Products as Cultural Symbols: A Conceptual Framework and Empirical Illustration." In The Worth of Goods: Valuation and Pricing in the Economy, edited by Jens Beckert and Patrik Aspers, 297-316. Oxford: Oxford University Press.

Reichmann, Werner. 2011. "The Future-informed Market: The Contribution of Economic Forecast to the Stability of Markets." Unpublished manuscript. Cologne: Max Planck Institute for the Study of Societies.

——. 2012. "Scientific Failure: The Meanings of Economic Forecasts." Presented at 107th Meeting of the American Sociological Association, Denver.

——. 2013. "Epistemic Participation: How to Produce Knowledge about the Economic Future." Social Studies of Science 43: 852-77.

——. 2015. "Wissenschaftliches Zukunftswissen: Zur Soziologie der Wirtschaftsprognostik." Unpublished manuscript. University of Konstanz.

Reinhart, Carmen M., and Kenneth S. Rogoff. 2009. This Time Is Different: Eight Centuries of Financial Folly. Princeton, NJ: Princeton University Press.

——. 2010. "Growth in a Time of Debt." American Economic Review 100: 573-78.

Reisch, Lucia A. 2002. "Symbols for Sale: Funktionen des symbolischen Konsums." In Die gesellschaftliche Macht des Geldes, edited by Christoph Deutschmann, 226-50. Leviathan, Special Issue 21.

Rescher, Nicholas. 1998. Predicting the Future: An Introduction to the Theory of Forecasting. Albany: State University of New York Press.

Richins, Marsha L. 1994. "Valuing Things: The Public and Private Meanings of Possessions." Journal of Consumer Research 21: 504-21.

Ricoeur, Paul. 1979. "The Function of Fiction in Shaping Reality." Man and World 12: 123-41.

——. 1991. "Imagination in Discourse and in Action." Translated by

Kathleen Blamey. In From Text to Action, 168-87. London: Athlone.

——. 2002. "Cinque lezioni: Dal linguaggio all'immagine. " Aesthetica Preprint 66. Palermo: University of Palermo, International Centre for the Study of Aesthetics.

Ridgeway, Cecilia L. 2001. "Gender, Status, and Leadership. " Journal of Social Issues 57: 637-55.

Riles, Annelise. 2010. "Collateral Expertise: Legal Knowledge in the Global Financial Markets. " Current Anthropology 51: 795-818.

Robin, Corey. 2013. "Nietzsche's Marginal Children: On Friedrich Hayek. " The Nation May 27, 2013: 27-36.

Roehrkasse, Alexander. 2013. "Discipline and Coerce? Imprisonment for Debt in the Market Revolution. " Presented at Economic Moralities Conference, Max Planck Sciences Po Center, Paris.

Roemer, Paul. M. 1990. "Endogenous Technological Change. " Journal of Political Economy 98: 71-102.

Rona-Tas, Akos, and Alya Guseva. 2014. Plastic Money: Constructing Markets for Credit Cards in Eight Postcommunist Countries. Stanford, CA: Stanford University Press.

Rona-Tas, Akos, and Stefanie Hiss. 2011. "Forecasting as Valuation: The Role of Ratings and Predictions in the Subprime Mortgage Crisis in the United States. " In The Worth of Goods: Valuation and Pricing in the Economy, edited by Jens Beckert and Patrik Aspers, 223-46. Oxford: Oxford University Press.

Rorty, Richard. 1980. Philosophy and the Mirror of Nature. Princeton, NJ: Princeton University Press.

Rosa, Hartmut. 2005. Beschleunigung: Die Veränderung der Zeitstrukturen in der Moderne. Frankfurt am Main: Suhrkamp.

Rosenberg, Nathan. 1976. "On Technological Expectations. " The Economic Journal 86: 523-35.

Rössel, Jörg. 2007. "Ästhetisierung, Unsicherheit und die Entwicklung von Märkten. " In Märkte als soziale Strukturen, edited by Jens Beckert, Rainer Diaz-Bone, and Heiner Ganßmann, 167-82. Frankfurt am Main: Campus.

Rothschild, Kurt W. 2005. "Prognosen, Prognosen: Eine kleine

Prognosendiagnose. " Wirtschaft und Gesellschaft 31： 125-33.

Sabel, Charles F. , and Jonathan Zeitlin. 1997. "Stories, Strategies, Structures： Rethinking Historical Alternatives to Mass Production. " In World of Possibilities： Flexibility and Mass Production in Western Industrialization, edited by Charles F. Sabel and Jonathan Zeitlin, 1-33. Cambridge： Cambridge University Press.

Sahlins, Marshall. 1972. Stone Age Economics. New York： Aldine.

Salmon, Christian. 2007. Storytelling： la machine à fabriquer des histoires et à formatter les esprits. Paris： La Découverte.

Samuelson, Paul. 1969. "Classical and Neoclassical Monetary Theory. " In Monetary Theory： Selected Readings, edited by Robert Clower, 171-90. Harmondsworth, UK： Penguin Books.

Sargent, Thomas J. 2008. "Rational Expectations. " In Concise Encyclopedia of Economics, edited by David R. Henderson, 432-34. Indianapolis： Liberty Fund.

Savage, Leonard J. 1954. The Foundations of Statictics. New York： Wiley.

Sawyer, John E. 1952. " Entrepreneurial Error and Economic Growth. " Explorations in Entrepreneurial History 4(4)： 199-204.

Schmidt, Vivien A. , and Mark Thatcher, eds. 2013. Resilient Liberalism in Europe's Political Economy. Cambridge： Cambridge University Press.

Schneider, Steven. 2009. The Paradox of Fiction. In Internet Encyclopedia of Philosophy. http：//www. iep. utm. edu/fict-par/.

Schön, Donald A. 1983. The Reflective Practitioner： How Professionals Think in Action. New York： Basic Books.

Schoon, Ingrid. 2001. "Teenage Job Aspirations and Career Attainment in Adulthood： A 17-year-Follow-up Study of Teenagers Who Aspired to Become Scientists, Health Professionals, or Engineers. " International Journal of Behavioral Development 25： 124-32.

Schularick, Moritz, and Alan M. Taylor. 2012. "Credit Booms Gone Bust： Monetary Policy, Leverage Cycles, and Financial Crises 1870-2008. " American Economic Review 102： 1029-61.

Schumpeter, Joseph A. (1912) 2006. Theorie der wirtschaftlichen

Entwicklung. Berlin: Duncker & Humblot.

———. (1927) 1952. "Die goldene Bremse an der Kreditmaschine: Die Goldwährung und der Bankkredit. " In Aufsätze zur ökonomischen Theorie, 158-84. Tübingen, Germany: Mohr.

———. 1934. Theory of Economic Development: An Inquiry into Profits, Capital, Credit, Interest and the Business Cycle. Cambridge, MA: Harvard University Press.

———. 1939. Business Cycles: A Theoretical, Historical, and Statistical Analysis of the Capitalist Process. 2 vols. New York: McGraw-Hill.

———. (1942) 2014. Capitalism, Socialism and Democracy. 2nd ed. Floyd, VA: Impact Books.

Schütz, Alfred. 1962. Collected Papers I: The Problem of Social Reality. The Hague: Martinus Nijhoff.

———. 2003. " Das Problem der Personalität in der Sozialwelt: Bruchstücke. " In Theorie der Lebenswelt 1: Die pragmatische Schichtung der Lebenswelt. Vol. 1 of Alfred Schütz Werkausgabe, edited by Martin Endreß and Ilja Srubar, 95-162. Constance, Germany: UVK Verlagsgesellschaft.

Searle, John R. (1969) 2011. Speech Acts: An Essay in the Philosophy of Language.

———. 1975. "The Logical Status of Fictional Discourse. " New Literary History 6: 319-32.

———. 1995. The Construction of Social Reality. New York: Free Press. Seligman, Adam B. 1997. The Problem of Trust. Princeton, NJ: Princeton University Press.

Sewell, William H. 1996. "Three Temporalities: Toward an Eventful Sociology. " In The Historic Turn in the Human Sciences, edited by Terrence J. McDonald, 245-80. Ann Arbor: University of Michigan Press.

———. 2008. "The Temporalities of Capitalism. " Socio-Economic Review 6: 517-37.

———. 2010. "The Empire of Fashion and the Rise of Capitalism in Eighteenth-Century France. " Past and Present 206: 81-120.

Sewell, William H. , Archie O. Haller, and Murray A. Straus.

1957. "Social Status and Educational and Occupational Aspiration." American Sociological Review 22: 67-73.

Sewell, William H., and Robert M. Hauser. 1975. Education, Occupation, and Earnings: Achievement in the Early Career. New York: Academic Press.

Shackle, George L. S. 1958. "The Economist's Model of Man." Occupational Psychology 32: 191-96.

——. 1964. "General Thought-Schemes and the Economist." Woolwich Economic Paper 2. Woolwich, UK: Woolwich Polytechnic Department of Economics and Management.

——. 1970. Expectation, Enterprise and Profit: The Theory of the Firm. Edited by Charles Carter. London: George Allen & Unwin.

——. 1972. Epistemics & Economics: A Critique of Economic Doctrines. Cambridge: Cambridge University Press.

——. 1979. Imagination and the Nature of Choice. Edinburgh: Edinburgh University Press.

——. 1983. "The Bounds of Unknowledge." In Beyond Positive Economics: Proceedings of Section F (Economics) of the British Association for the Advancement of Science, York, 1981, edited by Jack Wiseman, 28-37. London: Macmillan.

Shapin, Steven. 2008. The Scientific Life: A Moral History of a Late Modern Vocation. Chicago: University of Chicago Press.

Shepsle, Kenneth. 2006. "Rational Choice Institutionalism." In The Oxford Handbook of Political Institutions, edited by R. A. W. Rhodes, Sarah A. Binder, and Bert A. Rockman, 23-38. Oxford: Oxford University Press.

Shiller, Robert J. 2000. Irrational Exuberance. Princeton, NJ: Princeton University Press.

——. 2003. "From Efficient Markets Theory to Behavioral Finance." Journal of Economics Perspectives 17(1): 83-104.

Simiand, François. 1934. "La monnaie, réalité sociale." Annales sociologiques, série D. Fascicule 1: 1-58.

Simmel, Georg. (1904) 1971. "Fashion." In On Individuality and Social Forms: Selected Writings, edited by Donald N. Levine, 294-323.

Chicago: Chicago University Press.

——. (1907) 1978. The Philosophy of Money. Translated by Tom Bottomore and David Frisby. London: RoutleKegan Paul.

——. (1908) 2009. Sociology: Inquiries into the Construction of Social Forms, Vol. 1. Translated and edited by Anthony J. Blasi, Anton K. Jacobs, and Mathew Kanjirathinkal. Leiden Netherlands: Brill.

Simon, Herbert A. 1957. Models of Man. New York: Wiley.

Smart, Graham. 1999. "Storytelling in a Central Bank: The Role of Narrative in the Creation and Use of Specialized Economic Knowledge." Journal of Business and Technical Communication 13: 249-73.

Smith, Adam. (1776) 1976. An Inquiry into the Nature and Causes of the Wealth of Nations. Chicago: University of Chicago Press.

Smith, Charles W. 2011. "Coping with Contingencies in Equity Option Markets:The 'Rationality' of Pricing." In The Worth of Goods: Valuation and Pricing in the Economy, edited by Jens Beckert and Patrik Aspers, 272-94. Oxford: Oxford University Press.

Snow, David A. , and Robert D. Benford. 1992. "Master Frames and Cycles of Protest." In Frontiers in Social Movement Theory, edited by Aldon D. Morris and Carol McClurg Mueller, 133-55. New Haven: Yale University Press.

Solow, Robert M. 1957. "Technical Change and the Aggregate Production Function." Review of Economics and Statistics 39: 312-20.

Sombart, Werner. (1902) 1969. Die vorkapitalistische Wirtschaft, Part 2. Vol. 1. 2 of Der moderne Kapitalismus: Historisch-systematische Darstellung des gesamteuropäischen Wirtschaftslebens von seinen Anfängen bis zur Gegenwart. Berlin: Duncker & Humblot.

Sotheby's. 2011. Auction Results. Russian Art. 12 April 2011. http://www. sothebys. com /en /auctions/ecatalogue/2011 /russian-works-of-art-n08733 /lot. 254. html.

Soros, George. 1987. The Alchemy of Finance. Hoboken, NJ: Wiley.

——. 1998. The Crisis of Global Capitalism: Open Society Endangered. New York: Public Affairs.

Speer, Nicole K. , Jeremy R. Reynolds, Khena M. Swallow, and

305

Jeffrey M. Zacks. 2009. "Reading Stories Activates Neural Representations of Visual and Motor Experiences." Psychological Science 20: 989-99.

Staff, Jeremy, Angel Harris, Ricardo Sabates, and Laine Briddell. 2010. "Uncertainty in Early Occupational Aspirations: Role Exploration or Aimlessness?" Social Forces 89: 659-83.

Stark, David. 2009. The Sense of Dissonance: Accounts of Worth in Economic Life. Princeton, NJ: Princeton University Press.

Starr, Ross M. 1997. General Equilibrium Theory: An Introduction. Cambridge: Cambridge University Press.

Stehr, Nico. 2007. Moral Markets: How Knowledge and Affluence Change Consumers and Products. Boulder, CO: Paradigm.

Stehr, Nico, Christoph He of the Markets. New B Steiner, Philippe. 2006. " Encyclopedia of Econo irovski, 185-88. London: Routledge.

Steiner, Philippe. 2006. "Sociology of Economic Knowledge." In International Encyclopedia of Economic Sociology, edited by Jens Beckert and Milan Zafirovski, 185-88. London: Routlege.

Strange, Susan. 1998. Mad Money. Manchester, UK: Manchester University Press. Streeck, Wolfgang. 2006. "Wirtschaft und Moral: Facetten eines unvermeidlichen Themas." In Moralische Voraussetzungen und Grenzen wirtschaftlichen Handelns, edited by Wolfgang Streeck and Jens Beckert, 11-21. MPIfG Working Paper 07/6. Cologne: Max Planck Institute for the Study of Societies.

——. 2011. "E Pluribus Unum? Varieties and Commonalities of Capitalism." In The Sociology of Economic Life, edited by Mark Granovetter and Richard Swedberg, 419-55. Boulder, CO: Westview.

——. 2012. "How to Study Contemporary Capitalism." European Journal of Sociology 53: 1-28.

——. 2014. Buying Time: The Delayed Crisis of Democratic Capitalism. Translated by Patrick Camiller. London: Verso.

Ströker, Elisabeth. 1983. "Zur Frage der Fiktionalität theoretischer Begriffe." In Funktionen des Fiktiven, edited by Dieter Henrich and Wolfgang Iser, 95-118. Munich: Fink.

Sturken, Marita, and Douglas Thomas. 2004. "Introduction: Technological Visions and the Rhetoric of the New. " In Technological Visions: The Hopes and Fears That Shape New Technologies, edited by Marita Sturken, Douglas Thomas, and Sandra J. Ball-Rokeach, 3-18. Philadelphia: Temple University Press.

Sugden, Robert. 2000. "Credible Worlds: The Status of Theoretical Models in Economics. " Journal of Economic Methodology 7: 1-31.

———. 2009. " Credible Worlds, Capacities and Mechanisms. " Erkenntnis 70: 3-27.

———. 2013. "How Fictional Accounts Can Explain. " Journal of Economic Methodology 20: 237-43.

Swedberg, Richard. 2007. "The Sociological Study of Hope and the Economy: Introductory Remarks. " Presented at Hope Studies Conference, Institute of Social Science, University of Tokyo.

Taleb, Nassim N. 2010. The Black Swan: The Impact of the Highly Improbable. 2nd ed. New York: Random House.

Tappenbeck, Inka. 1999. Phantasie und Gesellschaft: Zur soziologischen Relevanz der Einbildungskraft. Würzburg, Germany: Königshausen & Neumann.

Tavory, Iddo, and Nina Eliasoph. 2013. "Coordinating Futures: Toward a Theory of Anticipation. " American Journal of Sociology 118: 908-42.

Taylor, Charles. 2004. Modern Social Imaginaries. Durham, NC: Duke University Press.

Taylor, George H. 2006. "Ricoeur's Philosophy of Imagination. " Journal of French Philosophy 16: 93-104.

Ter Horst, Klaus W. 2009. Investition. 2nd rev. ed. Stuttgart, Germany: Kohlhammer.

Thelen, Kathleen, and Sven Steinmo. 1992. "Historical Institutionalism in Comparative Politics. " In Structuring Politics. Historical Institutionalism in Comparative Analysis, edited by Kathleen Thelen, Sven Steinmo, and Frank Longstreth, 1-32. Cambridge: Cambridge University Press.

Théret, Bruno. 2008. "Les trois états dmonnaie: approche interdisciplinaire du fait monétaire. " Revue économique 59: 813-42.

Thompson, Edward P. 1967. "Time, Work-Discipline, and Industrial Capitalism."Past and Present 38: 56-97.

Thrift, Nigel. 2001. " 'It's the Romance, Not the Finance, That Makes the Business Worth Pursuing': Disclosing a New Market Culture. " Economy and Society 30: 412-32.

Tillich, Paul. 1986. Symbol und Wirklichkeit. Göttingen, Germany: Vandenhoeck & Ruprecht.

Tilly, Charles. 2006. Why? What Happens When People Give Reasons ... And Why. Princeton, NJ: Princeton University Press.

Tognato, Carlo. 2012. Central Bank Independence: Cultural Codes and Symbolic Performance. New York: Palgrave.

Tooze, Adam J. 2001. Statistics and the German State 1900-1945: The Making of Modern Economic Knowledge. Cambridge: Cambridge University Press.

Traube, Klaus. 1999. "Kernspaltung, Kernfusion, Sonnenenergie: Stadien eines Lernprozesses. " Lecture, November 29, 1999, Philipp University of Marburg.

TREC Development Group. 2003. "Paper for Arab Thought Forum and Club of Rome. " Amman, Jordan.

Trigilia, Carlo. 2006. "Why Do We Need a Closer Dialogue between Economic Sociology and Political Economy?" Presented at the First Max Planck Summer Conference on Economy and Society, Villa Vigoni, Italy.

Troy, Irene. 2012. "Patent Transactions and Markets for Patents: Dealing with Uncertainty. " PhD diss. , Utrecht University.

Trumbull, Gunnar. 2012. "Credit Access and Social Welfare: The Rise of Consumer Lending in the United States and France. " Politics and Society 40: 9-34.

Tuckett, David. 2012. "Financial Markets Are Markets in Stories: Some Possible Advantages of Using Interviews to Supplement Existing Economic Data Sources. " Journal of Economic Dynamics & Control 36: 1077-87.

Turkle, Sherry. 2004. " 'Spinning' Technology: What We Are Not Thinking about When We Are Thinking about Computers. " In Technological Visions: The Hopes and Fears That Shape New Technologies, edited by Marita Sturken, Douglas Thomas, and Sandra Ball-Rokeach, 19-33. Philadelphia: Temple University Press.

Ullrich, Wolfgang. 2006. Habenwollen: Wie funktioniert die Konsumkultur? Frankfurt am Main: Fischer.

Uzzi, Brian. 1997. "Social Structure and Competition in Interfirm Networks: The Paradox of Embeddedness." Administrative Science Quarterly 42: 35-67.

Vaihinger, Hans. 1924. The Philosophy of "As-If": A System of the Theoretical, Practical and Religious Fictions of Mankind. London: Routledge & Kegan Paul.

Valtin, Alexandra. 2005. Der Wert von Luxusmarken: Determinanten des konsumentenorientierten Markenwerts und Implikationen für das Luxusmarkenmanagement. Wiesbaden, Germany: Deutscher Universitätsverlag.

Van Lente, Harro. 1993. Promising Technology: The Dynamics of Expectations in Technological Development. Delft: Eburon.

———. 2000. "Forceful Futures: From Promise to Requirement." In Contested Futures: A Sociology of Prospective Techno-Science, edited by Nik Brown, Brian Rappert, and Andrew Webster, 43-63. Aldershot, UK: Ashgate.

Van Lente, Harro, and Arie Rip. 1998. "Expectations in Technological Developments: An Example of Prospective Structures to Be Filled in by Agency." In Getting New Technologies Together: Studies in Making Sociotechnical Order, edited by Cornelis Disco and Barend van der Meulen, 203-29. Berlin: de Gruyter.

Vargha, Zsuzsanna. 2013. "Realizing Dreams, Proving Thrift: How Product Demonstrations Qualify Financial Objects and Subjects." In Constructing Quality: The Classification of Goods in the Economy, edited by Jens Beckert and Christine Musselin, 31-57. Oxford: Oxford University Press.

Veblen, Thorstein. (1899) 1973. The Theory of the Leisure Class. Boston: Houghton Mifflin.

Velthuis, Olav. 2005. Talking Prices: Symbolic Meanings of Prices on the Market for Contemporary Art. Princeton, NJ: Princeton University Press.

Verganti, Roberto. 2009. Design-Driven Innovation: Changing the Rules of Competition by Radically Innovating What Things Mean. Boston: Harvard Business Press.

Vickers, Douglas. 1994. Economics and the Antagonism of Time: Time Uncertainty and Choice in Economic Theory. Ann Arbor: University of Michigan Press.

Wagner-Pacifici, Robin. 2010. "Theorizing the Restlessness of Events." American Journal of Sociology 115: 1351-86.

Wagner, Peter. 2003. "Social Science and Social Planning during the Twentieth Century." In The Modern Social Sciences. Vol. 7 of The Cambridge History of Science, edited by Theodore M. Porter and Dorothy Ross, 591-607. Cambridge: Cambridge University Press.

Waldby, Catherine. 2002. "Stem Cells, Tissue Cultures and the Production of Biovalue." Health 6: 305-23.

Walton, Kendall L. (1978) 2007. "Furcht vor Fiktionen." In Fiktion, Wahrheit, Wirklichkeit: Philosophische Grundlagen der Literaturtheorie, edited by Maria E. Reicheer, 94-119. Paderborn, Germany: Mentis.

——. 1990. Mimesis as Make Believe: On the Foundations of the Representational Arts. Cambridge, MA: Harvard University Press.

Wansleben, Leon. 2011. "Wie wird bewertbar, ob ein Staat zu viele Schulden hat? Finanzexperten und ihr Bewertungswissenin der griechischen Schuldenkrise." Berliner Journal für Soziologie 21: 495-519.

——. 2013. " 'Dreaming with BRICs': Innovating the Classificatory Regimes of International Finance." Journal of Cultural Economy 6: 453-71.

Ward, Thomas B. 1994. "Structured Imagination: The Role of Category Structure in Exemplar Generation." Cognitive Psychology 27: 1-40.

Warde, Alan. 2005. "Consumption and Theories of Practice." Journal of Consumer Culture 5: 131-53.

Weber, Max. (1894) 1988a. "Die Börse." In Gesammelte Aufsätze zur Soziologie und Sozialpolitik, edited by Marianne Weber, 256-322. Tübingen, Germany: J. C. B. Mohr.

——. (1906) 1988b. "Kritische Studien auf dem Gebiet der kulturwissen- schaftlichen Logik. " In Gesammelte Aufsätze zur Wissenschaftsle-hre, edited by Johannes Winckelmann, 215-90. Tübingen, Germany: Mo-hr.

——. (1913) 1981. "Some Categories of Interpretive Sociology. " The Sociological Quarterly 22: 151-80.

——. (1922) 1978. Economy and Society. An Outline of Interpretive Sociology. 2 vols. Edited by Guenther Roth and Claus Wittich. Translated by Ephraim Fischoff. Berkeley: University of California Press.

——. (1922) 1946. From Max Weber: Essays in Sociology. Transla-ted and edited by H. H. Gerth and C. Wright Mills. New York: Oxford University Press.

——. (1927) 2003. General Economic History. 8th ed. Translated by Frank H. Knight. Mineola, NY: Dover.

——. (1930) 1992. The Protestant Ethic and the Spirit of Capital-ism. Translated by Talcott Parsons. London: Routledge.

Weintraub, E. Roy. 1974. General Equilibrium Theory. London: Macmillan. Wenzel, Harald. 2002. "Vertrauen und die Integration mod-erner Gesellschaften. "In Politisches Vertrauen: Soziale Grundlagen reflex-iver Kooperation, edited by Rainer Schmalz-Bruns and Reinhard Zintl, 61-76. Baden-Baden, Germany: Nomos.

White, Harrison C. 1981. "Where Do Markets Come From?" Ameri-can Journal of Sociology 87: 517-47.

——. 1992. Identity and Control: A Structural Theory of Social Ac-tion. Princeton, NJ: Princeton University Press.

White, Hayden V. 1973. Metahistory: The Historical Imagination in Nineteenth- Century Europe. Baltimore: Johns Hopkins University Press.

——. 1978. Tropics of Discourse: Essays in Cultural Criticism. Bal-timore: Johns Hopkins University Press.

——. 1980. "The Value of Narrativity in the Representation of Real-ity. " Critical Inquiry 7: 5-27.

Whitford, Josh. 2002. "Pragmatism and the Untenable Dualism of Means and Ends: Why Rational Choice Theory Does Not Deserve Paradig-matic Privilege. " Theory and Society 31: 325-63.

Wieland, Volker. 2012. "Model Comparison and Robustness: A Proposal for Policy Analysis after the Financial Crisis. " In What's Right with Macroeconomics?, edited by Robert M. Solow and Jean-Philippe Touffut, 33-67. Cheltenham, UK: Edward Elgar.

Wiesenthal, Helmut. 1990. "Unsicherheit und Multiple-Self-Identität: Eine Spekulation über die Voraussetzungen strategischen Handelns. " MPIfG Discussion Paper 90/2. Cologne: Max Planck Institute for the Study of Societies.

Williams, Archibald. 1910. The Romance of Modern Invention. London: Seeley. Wilson, Dominic, and Roopa Purushothaman. 2003. "Dreaming with BRICs. The Path to 2050. " Goldman Sachs Global Economics Paper 99. London: Goldman Sachs.

Wisniewski, Tomasz Piotr, and Brendan Lambe. 2013. "The Role of Media in the Credit Crunch: The Case of the Banking Sector. " Journal of Economic Behavior and Organization 85: 163-75.

Witt, Ulrich. 2001. "Learning to Consume: A Theory of Wants and the Growth of Demand. " Journal of Evolutionary Economics 11: 23-36.

Woll, Cornelia. 2014. The Power of Inaction: Bank Bailouts in Comparison. Ithaca, NY: Cornell University Press.

Woodruff, David M. 1999. Money Unmade: Barter and the Fate of Russian Capitalism. Ithaca, NY: Cornell University Press.

Wray, L. Randall. 1990. Money and Credit in Capitalist Economies: The Endogenous Money Approach. Aldershot, UK: Edward Elgar.

Yip, Francis Ching-Wah. 2010. Capitalism as Religion? A Study of Paul Tillich's Interpretation of Modernity. Cambridge, MA: Harvard Theological Studies.

Yowell, Constance M. 2002. "Dreams of the Future: The Pursuit of Education and Career Possible Selves among Ninth Grade Latino Youth. " Applied Developmental Science 6 (2): 62-72.

Yuran, Noam. 2014. What Money Wants: An Economy of Desire. Stanford, CA: Stanford University Press.

Zachmann, Karin. 2014. "Risk in Historical Perspective: Concepts, Contexts, and Conjunctions. " In Risk: A Multidisciplinary Introduction, edited by Claudia Klüppelberg, Daniel Straub, and Isabell M. Welpe, 3-35. Cham, Switzerland: Springer.

312

Zelizer, Viviana. 2004. "Circuits of Commerce." In Self, Social Structure, and Beliefs: Explorations in Sociology, edited by Jeffrey C. Alexander, Gary T. Marx, and Christine L. Williams, 122-44. Berkeley: University of California Press.

Zipfel, Frank. 2001. Fiktion, Fiktivität, Fiktionalität: Analysen zur Fiktion in der Literatur und zum Fiktionsbegriff in der Literaturwissenschaft. Edited by Ulrich Ernst, Dietrich Weber, and Rüdiger Zymner. Berlin: Erich Schmidt Verlag.

Zittoun, Tania, Jaan Valsiner, Dankert Vedeler, João Salgado, Miguel M. Gonçalves, and Dieter Ferring. 2013. Human Development in the Life Course: Melodies of Living. Cambridge: Cambridge University Press.

Zuckerman, Ezra W. 1999. "The Categorical Imperative: Securities Analysts and the Illegitimacy Discount." American Journal of Sociology 104: 1398-438.